雷海宗文集

世界古代史纲要

雷海宗———

著

天津出版传媒集团

天津人民出版社

图书在版编目（CIP）数据

世界古代史纲要 / 雷海宗著. -- 天津：天津人民
出版社, 2016.3（2021.11 重印）
（雷海宗文集）
ISBN 978-7-201-10145-3

Ⅰ.①世… Ⅱ.①雷… Ⅲ.①世界史–古代史–文集
Ⅳ.①K12–53

中国版本图书馆 CIP 数据核字(2016)第 040762 号

世界古代史纲要
SHIJIE GUDAI SHI GANGYAO

出　　版　天津人民出版社
出 版 人　刘　庆
地　　址　天津市和平区西康路 35 号康岳大厦
邮政编码　300051
邮购电话　（022）23332469
电子信箱　reader@tjrmcbs.com

策　　划　任　洁
责任编辑　张　璐
特约编辑　金晓芸
装帧设计　王　烨
责任校对　曹爱欣

印　　刷　河北鹏润印刷有限公司
经　　销　新华书店
开　　本　880 毫米×1230 毫米　1/32
印　　张　12.625
字　　数　280 千字
版次印次　2016 年 3 月第 1 版　2021 年 11 月第 3 次印刷
定　　价　79.00 元

目　录

第一章 总论——中国与世界

一、世界史的分期及其意义

人类社会的发展过程,按其生产方式的不同,亦即社会性质的不同来划分其各个历史阶段,则有五个不同历史阶段,即氏族社会、奴隶社会、封建社会、资本主义社会与共产主义社会。但世界史的分期却不能完全按照社会发展史的五个阶段来划分,因为学习历史除了应具有这种科学的社会阶段的观念外,同时还需要具有严格的时代与年代观念,否则就不可能清楚理解历史上所发生的重要事变的内在联系及其前因后果。如就某一个个别的地区和民族的历史分期来说,则应在其历史的发展过程中,依其标志着生产方式发生根本变革的重大历史事件所发生的年代来分期。但世界史要讲授世界上所有地区和所有民族的历史,而这些地区和这些民族的历史发展过程不是平衡的,它们并不是在同一个时间内发生同样性质的社会根本变革的。所以世界史的分期只能参照社会发展的五个阶段而实际上则严格地按照年代划分成下列五个时期:

(一)氏族社会(公元前三○○○年以前)。这个时期是人对自然进行斗争的时期,也就是阶级出现以前的氏族社会时期。不过,在某些条件具备,发展较快的地区在公元前三〇〇〇年以前已开始出现了阶级,有了阶级压迫和阶级斗争,逐渐出现了国家。

(二)上古(公元前三〇〇〇年至公元五六世纪间)。在这个时期中,世界上几个历史发展较快、文明发生较早的地区都已进入了奴隶社会。阶级斗争主要是奴隶主与奴隶的斗争。但这些地区之转入封建社会,在时间上则有早迟之不同,其中以中国进入封建社会最早,而罗马最晚。不过到公元五六世纪间,世界上各主要地区都已先后进入了封建社会。

(三)中古(公元五六世纪间至十七世纪)。在此时期中,世界上各重要地区都已进入了封建社会,但很多落后地区仍停留在氏族社会阶段。

(四)近代(公元一六四〇年至一九一八年)。近代的特征是资本主义在世界范围内的统治与支配。但这并不是说,在此时期中所有的地区都能由封建社会进入资本主义社会,而是有的地区最早发生了资本主义,然后依照资本主义的规律向全世界进行扩张。资本主义扩张对世界各地区所引起的结果不外两个:一个是有些地区受到资本主义影响后,结合自己的社会条件也成长了资本主义;一个是有些地区在资本主义侵入时,其内部产生资本主义的条件还不够成熟或还没有产生资本主义的条件,因而一部或全部受到了外来资本的控制和支配,沦为半殖民地或殖民地。所以这个历史时期是以资本主义生产方式在某一个地区中开始取得支配地位开始的。其标志是某一个地区中资产阶级革命的完全胜利。资产阶级革命首先在西欧特别是在英国最早取得了胜利,故今日乃以英国资产阶级革命的开始——一六四〇年作为近代史的开端。近代史终结于一九一八年——第一次世界大战结束。因为就在这次世界大战末尾爆发了宣告资本主义在世界范围内统治结束的十月社会主义革命。

（五）现代（自一九一七年十月革命至现在）。这是如日初升的社会主义与日趋没落的资本主义二者之间的斗争的时期。总的趋势是社会主义在全世界范围内的发展并将取得最后胜利，资本主义在世界各地区统治的削弱与走向最后灭亡。在这个时期中说明上述问题的两个重要标志就是俄国十月社会主义革命的胜利与中国革命的胜利。

二、世界上的人种和语言

人种不能决定甚至也不能影响历史的发展。任何一个民族和国家历史发展的快慢，是与形成这个民族及组成这个国家的人种的血统无关的。任何一种人种都没有被赋予较其他人种更能创造历史和文明的先天优越性。同样地，任何一个民族和国家的落后，其中也没有人种差别上的原因。但人种却是人类历史的一个必需的表现形式，因为历史是以"人"的活动为主体的，所以必须知道在历史发展的长期过程中曾有多少种族在活动，然后才能对世界历史有一个具体的概念。而某一个独特地区的历史过程又是通过这个地区中所居住的种族表现出来的，因此每个国家的历史除了社会性质的科学内容具有其一致性外，在其形式上还都具有自己独特的风貌。所以要想具体了解世界上每一个民族和国家的历史，不能不先弄清楚它的人种的来源和系统。

从古至今世界上存在着许许多多的种族，但如果从人种上来分，则除了一些到今日为止还未能弄清的种族以外，归纳起来共有四大人种，即蒙古利亚种、澳大利亚种、尼革罗种和高加索种。换言之，世界上的许许多多种族都是由这四大人种中一次又一次地分化出来的。如果要想从血族上来判断哪些小种族属于同一大种族是不可能的，因为任何一个种族都不曾一直保持着远古以来的纯血统，都是经过混血的。我们只能从语言系统来分别出哪些小种族基本上是由哪一大种族分化出来的。现将世界上的人种与语言表列于下：

(一)蒙古利亚种

(A)汉藏族——汉藏语系

　(1)汉族

　(2)藏缅族　(a)藏族　(b)缅族，今日除缅甸以外，有许多居于中国境内。

　(3)苗瑶族　(a)苗族　(b)瑶族

　(4)傣族　(a)僮族　(b)掸族　(c)黎族　(d)越族　(e)寮族(f)暹罗族

(B)阿尔泰族——阿尔泰语系

　(1)突厥族　(a)唐努乌梁海族，现居于蒙古人民共和国和苏联之间。　(b)维吾尔族　(c)柯尔柯孜族　(d)哈萨克族　(e)土耳其族

　(2)蒙族　(a)匈奴族（ⅰ）匈牙利族（ⅱ）芬兰族（ⅲ）爱沙尼亚族（ⅳ）鞑靼族　(b)蒙古族

(C)通古斯族——通古斯语系

　(1)女真族　(a)满族，今居中国与苏联境内。　(b)鄂伦春族(c)索伦族　(d)达呼尔族　(e)或说中古时期中国史上的鲜卑族亦属于通古斯族，但今日鲜卑族已不存在，故不能肯定此说。

　(2)朝鲜族

　(3)大和族

(D)印第安族，即今日居于新大陆之印第安人，就其血统上来讲是蒙古利亚种，他们最早在公元前二万年至一万年

间才开始进入新大陆,但就其语言上来讲,印第安语却与任何一种语系没有联系。

（二）**澳大利亚种** 关于澳大利亚种的材料,今日所知不多,且其彼此间的联系也不能知。

(A)达罗毗荼族,今居印度南部和锡兰岛。

(B)马来族,今居马来半岛、南洋群岛。

(C)印度尼西亚族,绝大多数居于南洋群岛。

(D)澳大利亚族。

(E)中西非洲各族。

(三)尼革罗种

(A)中非各族

(B)南非各族

(四)高加索种

(A)闪族——闪语系

(1)巴比伦族

(2)亚述族

(3)腓尼基族

(4)亚兰米族

(5)犹太族

(6)阿比西尼亚族

(7)阿拉伯族

(B)含族——含语系

(1)埃及族

(2)利比亚族

(3)索马利族,埃及南部之人,自称索马利。

(C)雅弗族(语系)——印度欧罗巴族(语系)

(1)雅利安族 (a)印度族 (b)玛代族,今居波斯北部。

(c)波斯族,波斯族到近代在东部的一部分人又分化出来为阿富汗人。

(2)西亚各古族

(3)希腊拉丁族 (a)希腊族 (b)拉丁族——罗马族（ⅰ）意大利族（ⅱ）罗马尼亚族(ⅲ)法兰西族(ⅳ)西班牙族,到近代经过了向新大陆的殖民又分化出现在除巴西以外的拉丁美洲各族。(ⅴ)葡萄牙族,到近代经过了向新大陆的殖民,又分化出现在拉丁美洲的巴西族。

(4)科尔提族 (a)高卢族,今日法国之主要人种。 (b)不列颠族,今日英国之主要人种。 (c)苏革兰族,今日苏革兰岛上仍残留有一部分,其他大部分已在历史发展过程中与英人同化。 (d)威尔斯族(e)爱尔兰族

(5)斯拉夫族 (a)东斯拉夫族 （ⅰ）大俄罗斯族,即今日所称之俄罗斯人。 （ⅱ）白俄罗斯族 （ⅲ）乌克兰族:小俄罗斯族 (b)南斯拉夫族,今绝大部分居于南斯拉夫与保加利亚境内。 （ⅰ）塞尔维亚族（ⅱ） 克罗阿提亚族 （ⅲ）斯洛文族 （ⅳ）保加利亚族 (c)西斯拉夫族 （ⅰ）波兰族 （ⅱ）捷克族

(6)日耳曼族 (a)东日耳曼族 （ⅰ）哥特族 （ⅱ）汪达里族 (b)西日耳曼族 （ⅰ）德意志族 （ⅱ）荷兰族 （ⅲ）英吉利族——美利坚族 (c)北日耳曼族 （ⅰ）丹麦族（ⅱ）瑞典族 （ⅲ）挪威族 （ⅳ）冰岛族

(7)其他(大约属于高加索种,但又不属于以上六种者)(a)亚美尼亚族,今大部居于苏联、土耳其、波斯境内亦有。 (b)格鲁吉亚族 (c)拉脱维亚族 (d)立陶宛族

(五)不详之种族及语系

(A)倭奴族,今居于日本境内北部北海道地方。一般意见认

为此族属高加索种。倭奴族在日本早期历史上居相当重要之地位,后其地位为大和族所取代。

(B)苏摩族

(C)阿尔巴尼亚族

(D)瓦斯康族,今日所留者不到一百万人,居于西班牙与法国交界地方的山岭中,大部仍在西班牙。这种人在上古时经常与罗马帝国发生冲突,中古时也不断反对西班牙和法国对他们的入侵。

三、上古世界之文明古国

上古世界有五个重要的文明地区,即中国、印度、巴比伦、埃及与希腊罗马。

其中前四个地区又有几个共同的特征而有别于希腊罗马。其一是这些地区在公元前三〇〇〇年左右大致同时进入了阶级社会,并出现了国家机构。其二是这些地区都是"河流文化",它们的文明都是在一个或两个大河流域之内发展起来的。

但在公元前三〇〇〇年以前,全世界都还处在氏族社会阶段之时,这些河流地带并不是人口聚居最多的地方。因为这些河流附近有很多沼泽,不易开发,同时这些河流在夏末秋初之际经常决口,给当地居民带来了生命的威胁。因而在生产力还很低落之时,在这些地方进行农业生产是很困难的。直到公元前三〇〇〇年左右,始有外来的大量人口集中到这些地方,并大规模地开发这些地方。河流地带的大规模的开发起来,表现出当时在生产工具与生产技术上已有了很大进步,这又是与人类当时已开始使用金属——红铜工具分不开的。红铜工具之出现,引起了社会性质上的根本变化。生产提高的结果,有了剩余生产品,因而出

现了阶级、国家。随着工具的进步,人对这些河流地带——最肥
沃的地区的开发更迅速、顺利了。同时在国家出现后,奴隶主阶
级有可能以政治强力来联合或强迫其他部族与本国人民集中劳
动,筑堤修堰,防治洪水,并积极兴修水利、利用河水来灌溉。而
统一管理用水和组织劳动力共同治水的结果又使国家机构强化
了。水利灌溉工程的修建,使这些河流地带的肥沃土地得以充分
为人所利用,农业生产因之大大提高。故自公元前三〇〇〇年前
后起,在黄河、印度河、两河与尼罗河流域出现了四个世界上最
早的文明中心。

由以上事实,我们可以明白这样一个道理:决定社会历史发
展的绝不是自然环境,自然环境仅只是在一定限度之内影响着
社会历史的发展,加速或延缓历史发展的过程。但这种影响又随
着社会生产的提高和人对自然控制、利用能力的增强而逐渐减
弱。推动社会历史向前发展的唯一决定力量是社会生产方式。

四、上古的中国

中国是世界上最早的文明古国之一,在古代世界历史上,中
国占有重要的地位。因此我们在学习世界史的过程中要注意两
个问题:第一要注意中国与世界其他地区的联系和彼此间的相
互影响;第二要注意中国对世界人类文明发展的贡献。同时,我
们中国人学习世界历史,则必须要从中国的角度来看世界,这样
就能够在很大程度上纠正过去把"世界史"看成"西洋史"的错误
看法。

甲、地理环境

中国地域广大,各地区自有其特异的地理形势,自成系统。上古中国的地理环境可以三条大河作中心来分别讲述:

一是黄河流域。在古代中国人对河流的一般称谓是"水","河"则是黄河的专名。就自然区域的区划看,黄河流域应包括辽水流域,这两个地区自新石器时代晚期起,发展已有其一致性。黄河流域是黄土地带,这是由几万年以来从北方吹来的黄沙积累而成的。整个的华北平原至今还几乎都是黄土,这个黄土地带的特点就是没有森林,甚至"树林"也不多见。只有今日的山东地区由于山多,在山的周围地方才有较多的林木。此外,这片地区不过覆盖着极深的茂草,开发这里是比较容易的。但是由于黄河时常决口,造成严重的水灾,并在河两岸留下了许多浅湖。同时华北平原一带缺乏雨水,常致旱灾以及与旱灾同来的蝗祸,这就造成了不利于开发、生产的条件。

黄河流域很早就发展起了农业,不过在这个地区种植要受到气候的很大限制。这个地区虽然不是太往北的温带(北京所在的纬度在罗马之南),但属于大陆性气候,因此一方面雨量较少,一方面气候又较寒冷,农作物的生产季节只有四个月至六个月,一般的收获季节就在秋季,并且每年只能有一次收成。所以在古代"秋"字有两种用法:一是秋季;一是收成。古代黄河流域所种植的农作物主要是麦、黍、稷,另外也有稻。

一是长江流域。古代称长江为"江"。长江流域包括淮水流域与汉水流域。这个地区是茂林修竹地带,淮水以南地方直到南朝时还生长着丛密的茂林。所以古代中国人开发这个地区较黄河流域为晚,并曾付出比开发黄河流域更大的劳动力。

就这个地区的气候和自然环境讲,要比黄河流域更有利于农业生产。这里土地肥沃、长江的水灾又不像黄河那样严重。同时,由长江口直到武汉这一带地区的气候都受到海洋气候影响,每年有自太平洋吹来的季节风雨,因此少旱灾和蝗灾。农作物的生长季节也较长,有六个月至九个月的期间,每年可以收成两次,甚至三次。在这些有利条件下,农民很早就发现了谷物中收获量最大的是稻,所以这个地区的种植物主要是稻。

最南是珠江流域。这里已近半热带地区,森林很多,开发这里比较困难。所以这个地区的彻底开发是利用上述两个地区已开发后所发展了的社会生产力来进行的。从中国方面看,这里是开发最晚地区,但如就全世界来看,这里却是世界上所有近半热带地区中开发最早的地区(埃及情况特殊,不能作比较)。

这几个地区所构成的中国有一个特点,即中国是一内陆国家,而非海洋国家。中国的这种地理特点影响了古代中国人海上活动的发展和对海的认识。在古代中国人所活动的地方——当时在政治、经济和文化上可以称为中国的地方,海岸线一般是平直的,没有什么港湾,同时在沿海一带,特别是华北沿海一带在古代满布着浅湖,阻碍了人与海的直接接近。加以中国内地能供给人们丰饶的物产,不需要以海产作为副食品。这种情况就造成了古代中国人对海的一种看法:他们认为海是没有用处的,是阻碍交通的(这点与希腊、罗马人的看法正相反)。如《山海经》中就反映出这种观念,把海看如喜马拉雅山,认为它是不能逾越的,并且也不想去逾越。因而有两个名词出现,称离中国很远的地方人类所能到达的最边远到海的地方为"四海","四海之内"是人所居住的整个地方;"海外"则是鬼神所栖止的地方。但这并不是说古代中国人当社会经济发展已有可能和需要之时,仍然不能航海。在秦汉时候,港湾较多的今福建、广东沿海一带已成为中国的一部分的时候,中国人即开始到海上去活动。此后尽管因为内地物产丰富,中国人对利用克服海洋一事始终不太积极,然而就航海技术上讲,中国人自唐宋以后,就已经是世界上第一流的海上活动家。到元代（公元一三五〇年前后），由于国内社会经济的发展，中国不仅已与南洋建立了密切的商业关系，并向南洋大量移民。由此而后直到明代，中国的航海技术始终远在欧洲人之上，海船的建造也比欧洲人更科学、更巨大。今日中国的海员也还是第一流的卓越的航海家。

乙、民族和文化

旧石器时代的全部时期直到新石器时代初期（约两万年前）这一段原始人类活动时期中，种族的分化和固定的分布在某一地区的现象还不甚显著。因人类在此时尚未从事农业，所有的人都是"猎户"，任何地区的人都还没有定居生活和土地、房屋等财产，只有一些衣服、武器等类的动产。所以当时整个旧大陆人类的流动性很大，人数不多，分化不大的原始人群，不断地由一个地区移向另一个地区，然后经过一段时期（可能是几千几百年）又流动到别处去，其中也或有一部分人被留下来。因此在旧大陆发掘出来的旧石器时代的石器的种类和形式基本上都是一样的，只能靠出土的地方来区分它们。但到新石器时代初期以后，这种情况就改变了。由于农业的出现，人类逐渐分别地在一些地区上定居下来。在此以后，各地区和诸种族乃在原来新石器时代初期以前的共同文化的基础上各自独立发展，形成了自己的文化，所以今日在旧大陆上发掘出来的新石器时代中期和晚期的石器、陶器形式，虽然基本上仍相似，但已各有其独具的特征。

中国人——汉族的直系祖先就是最初定居在中国这块土地上，独立地创造了中国新石器时代的文化，发展了社会生产，从而把氏族社会推向阶级社会，创造了中国古代文明的人。但在十九世纪晚期，当西方资本主义已进入帝国主义时期之后，一些西方的江湖学者写出了一些牵强附会、别有用心的书籍来，他们宣称在中国地方最早建立起国家创造了文字和历法的是自西方（巴比伦、埃及等地）来的种族，企图令人相信只有"西洋"人才能创造出高度的文化。因为在古代五大文明古国中，除中国外其他四个都是高加索种人——即"西方"人所建立的国家，否定了中国古代种族和文化的独立性，就最后为所谓西方种族的优越性奠定了理论基础，从而得出了帝国主义对殖民地统治的"合法"借口。这种荒谬言论自然是无中生有的。我们可以从下列三件事实证明这种说法之不可信。第一从所有中国古代传说和史书记载上找不出任何"中国人种西来"的痕迹。这种现象并不是偶然的，将之与印度对比一下即可明了。印度在上古时代没有历史记载，但是他们却流传下来关于雅利安人进入印度的传说。而中国的史学自古就是很发达的，传说的历史故事非常丰富，如果真有西方来的种族在此创造了高度文化的话，决不会没有一点痕迹保留下来。第二从地下发掘出来的中国的新石器时代的器物看，其中有一些土鬲、土鼎是中国独有的东西，足证当世界各地还处在原始社会阶段之时，中国已有了自己的独特创造。第三汉族是世界上所有重要种族中唯一不食兽乳的人。其原因推测有以下两种可能：其一就是当人类尚未知道驯畜或刚开始驯畜，还不知兽乳可食之时，就已经有一支人分离出来独立发展了，这支很早分化出来的人就是汉族的祖先。其二就是当人类知食兽乳以前就分出去的一支人，后来在别的地方开始发现了兽乳可食，而留居在原地的人，即汉族的祖先，始终不知此事。由上述事实可证"中国人种、文化西来"说完全是帝国主义御用学者故意制造出来的便利其侵略的谬论。

所以，完全可以得出这样的结论："中国人是土生土长的，中国的文化是土生土长的。"但这样讲并不等于说古代中国是与世隔绝的,恰恰相反,中国自古以来就与外界有交通,因此也必然和其他种族有过文化上的交流,从而彼此丰富了自己的文化。

中国自古以来就有三条对外交通的大道。其一是天山北路,即阿尔泰山与天山之间的大孔道,这条路在汉以后才称为天山北路,自北路向西可到中亚、巴比伦,更西直到地中海东部,向南可到印度。这条路线所经之地多山,在多雨的年份,山林茂密,很难通行,只有在干旱的年份,较易通行。其二是天山南路,自天山以南沿塔里木河向西,越过帕米尔高原即可到达中亚,然后再西进至巴比伦及地中海东部,向南则可到印度。这条路线经过之地多沙漠,但沙漠中有许多绿洲,雨多的年份,反易通行。其三是南方大道。这条道路在现在中国的西南地区,主要是云南地区,自此经过崇山峻岭和半热带的森林,可至现在的缅甸,然后转往印度。这条路虽极难通行,但很早就为古代中国南方,特别是西南地区的人所利用。

这三大通路在古代中国历史上曾占有很重要的地位。天山南北路一向是中亚游牧民族侵入中国西北地区——甘肃一带,汉以后所称的河西之地——的两条大路。反之,也是中国通过河西走廊向西发展和对外交通的两大干线。这种交通在中国方面来说,政治和文化上的意义较大,而商业要求则是次要的。中国的丝很早就经过这两条大道输往亚洲西部,甚至辗转到了希腊,相当于中国战国时代的希腊记载中已有关于中国丝的记载,当时希腊人称丝为"sericon",而称中国人为"Seres",即"丝人"。今日世界上各国文字中之丝字皆来自中国之"丝"字。当时西方人且将这两条大道,特别是天山南路称为"丝路"。但中国方面却无此记载。关于南方大道,历史上记载很不清楚,在汉初张骞通西域时始知已有商人经由此路通往印度,利用此路来往的时间当更早许多。同时由中国和印度都是世界上最早种稻和驯象作战的国家来看，可能两地之间很早就有文化上的交流。

丙、上古中国历史的概述

上古中国历史的发展大致可分为三大阶段，第一阶段是氏族社会转入阶级时期，约当"虞"夏两代。第二阶段是统一形式下封建分裂时期——商殷至战国，第三阶段是大一统时期——秦至南北朝。

在中国古书上并没有"虞"这样一个朝代的名字，这个名词是战国时代的一派哲学家把夏以前一段历史时期附会出来的一个独立的朝代的名称，我们姑且将它作为夏以前的一千年左右的一段历史时期的代名词。这一阶段的中国历史颇具有其特点。从生产上看，此时基本上还处于氏族社会晚期阶段，生产工具是石制的，日用器物为石器、陶器和土器。一般器物与世界各地区约当公元前三〇〇〇年前后所用的器物形式大致相似，但已具有显著的特征，以陶鬲、陶鼎为代表，这两种器物到青铜时代更成为中国的独立文化系统中最有代表性的东西。在这个时期，推测已当有红铜器了。虽然直到今日中国出土文物中仍无红铜器物出现，但相信各地进行大规模发掘后，一定会出现。因为按照人类进行生产的过程来说，在能制造青铜器之前，必然是先会制造红铜器（其原因在第五章中再讲）。

由于金属工具之出现，可以假定此时氏族社会已处于崩溃状态，而开始转入阶级社会。这一转化过程是很长的，中国古代传说中尧舜禅让至禹而后传子的这一个时期可能就是全部转化完成的时期。而所谓"虞"代就正是这样一个由氏族社会转向奴隶社会的过程。与此同时，许多部族也就转化为许多初期的小国家,传说中此时的政治景象是"天下万国"。而国家出现后国与国之间的掠夺性的征服战争也就开始了。互相征服的结果,在古代中国这块地区上逐渐出现了一个有限度的统一政治形式。在公元前二〇〇〇年左右,中国初次出现了统一的形式,即夏。

据传说夏代约在公元前二〇〇〇年至公元前一五〇〇年左右,其主要控制地区为今日陕西、山西、河南交界的地方。最初是由许多小国中的一个征服了其他的许多小国,在这许多小国仍然存在的基础上建立了一个有限度的统一,夏国的王可以号令其他诸国并迫使他们负担一定的经济上的贡纳。这种有限度的统一的出现,一定是由于这个领袖小国的社会生产的发展已达到了相当高度,具有了相当的经济实力。就工具上讲,此时应当是青铜器出现的时代了。

到商殷时代(约公元前一五〇〇—公元前一〇二七年)政治上的统一趋势更加强起来。就今日所知的各方面材料看来,殷代实已处于奴隶社会的末期,而封建制度的萌芽也就在此时。

殷代冶炼青铜的技术已经很高,青铜工具制作非常精良,故而到此时生产已大大提高,交换和交通也大大发展起来。生产的提高,使殷代统治阶级有可能剥削更多的剩余生产物,从而以之加强了国家机构的效能,具有了维持比较强化的统一政治局面的可能。而统一的加强又影响到社会性质的改变。因为统一加强后,战争减少了,战争减少后影响了奴隶的来源和补充,奴隶制度的发展乃受到很大的限制,这就促使了封建制度较快的萌芽。

但封建制度在中国较早的出现,并不能完全以上述说法来解释。就上古世界的一些文明地区来看,奴隶制度的高度发展都是在工商业发达的地区,而以农业生产为社会主要生产的地区,大量使用奴隶劳动的情况则不多见。这是因为在工业生产和商业活动中更需要集中的劳动,而也只有需要集中劳动的场合下,使用奴隶劳动才是必要与合算的。一方面是便于监督,一方面是由于在工业生产和商业运输的劳动上只要多增加一些奴隶的劳动时间和劳动强度,就能多创造出一些价值。因此在残酷地监督下无限地强迫奴隶进行劳动才是有意义的。而在农业生产上,恰正与此相反,农业生产中并不需要许多人同时集中在一小块土地上劳动,在一块相当大的土地上只要一个人就够了,这样,对奴隶劳动的监督就比较困难。同时由于农业生产的性质,一年四季无限制的劳动,并不能绝对增加收获量,因农产品收获量的增加,主要是靠生产技术的改进。而生产技术的改进在古代农业生产条件下,主要靠直接劳动者生产积极性的提高,如对自然灾害的主动克服、细致的日常劳动等。因而在这种场合下,强迫奴隶增加劳动时间并不可能达到增加产量的目的。然而,在由氏族社会刚转入阶级社会之初,社会生产力还很低的时候,奴隶主只能尽量地减少劳动者的必需的生活资料来榨取当时所能取得的最多的剩余生产品,故在此时在农业生产上使用奴隶劳动对奴隶主来讲是有利的。但随着生产力逐步提高后,奴隶主很快就发现了如把土地分散给劳动者耕种,用"地租"的剥削方式来剥削要比无限制地榨取奴隶的劳动对他更有利一些,因为当农民看到自己有可能占有一部分自己的生产物后,便提高了生产积极性,努力想办法改进生产技术来提高产量,以便有可能使自己占有更多的生产物,而同时剥削者也就能从中剥削到更多的剩余生产品了。所以在以农业生产为主要生产的地区中,奴隶制度的发展都不是很高、很长期的。就中国来说也是如此。在殷代,当奴隶制度还未发展到很高的时候,封建的剥削制度就已经开始萌芽,且日益扩大其统治范围了。

从殷商文化上也可以看出殷代已是一个长期发展了的阶级

社会,而非初期的阶级社会。这一点主要表现在以下几方面:一、殷代的青铜器制造得非常精美,就其质量和制作的技术上看,当是青铜器晚期时代的器物,是长期发展的结果,推想开始制造和使用最晚当在夏代。二、今日所发现之殷代文字——甲骨文已很复杂,已有各种指事、会意、形声的字,可见已是经过相当长期的发展过程了。三、蚕桑业最晚到此时已发展起来。而世界上其他地区之经营蚕桑业还要迟两千年左右,并且都是学自中国的。四、殷代已有发展得很高的历法,历法的发展是和农业分不开的,有农业后,人们才开始观察自然,了解季节变化,以便及时耕作,从这里逐渐建立了一套制度,即是历法。历法中主要要解决的问题是年和月的配合问题,殷代已有置闰的制度,年与月基本上已能配合。以之与埃及、巴比伦的历法比较,可知置闰的制度是较晚的发展,历法当不是自殷代开始的。传说中夏代就已有历法,虽然我们不能确知夏代已有历法,但由殷历的发展程度上看,推想夏代应已有历法,可能后来所谓的"夏历"即是夏代的历法,由于农民的保守习惯,在殷代改历后沿用"夏历",得以流传至今。

　　到西周时代(公元前一〇二七—公元前七七一年),中国已确入了封建社会。此时在政治、社会上基本上可分为两大阶级——"士"与"庶","士"就是占有土地的整个的统治阶级——封建贵族。"庶",广义讲是一切非"士"之人,狭义讲就是指农民。封建土地占有与分配制度是从周王开始的金字塔式的分封制度,从周王起领有土地的贵族除保留相当一部分土地归自己直接控制外,皆层层地向下分封,直到最下层贵族为止。实际上,在周的王畿之内与各诸侯国中都平行地实行着这种制度。不过从理论上说,这种制度是由周天子——中央来领导的,因为全天下的土地都是由周王的名义分封下去, 而诸侯国的土地也是受自周王的。因此周王对各诸侯国，在理论上存在有一定的控制权力。而事实上在西周时代，周王对各诸侯的控制力也是相当强的，能够维持一个比较稳定的形式上的统一局面。但这种力量不是由于封建理论——礼的作用，而是因为周王所直接控制的王畿的实力比起各诸侯国来要强大多倍。王畿不但是各国中最大的，而且是自古以来经济和文化发展最高的地区。如今日所发现的西周铜器多是王畿之内的，诸侯国的则罕见。《诗经》中认为可靠的作品也多是王畿之内的。各诸侯国之诗则多是西周以后出现的作品。所以到春秋时代，各诸侯国的经济实力和文化发展起来之后，王室的衰微以及封建割据局面与封建战争的出现，也就是很自然的事了。

春秋时代（公元前七七一——公元前四七三年）政治、经济与社会方面的情况虽然基本上仍与西周相似，但已在西周时代旧的社会基础上孕育出了许多新的因素。总的原因是由于中国当时封建经济的发展趋势所致。

就全国的政治局面来说，由于西周时代约二百五十年间各诸侯国经济的发展，主要是耕地面积的不断扩大，许多诸侯国的实力现在已经与经过一次大动乱后丧失了王畿西部土地的东周王室相抗衡，甚至超过了周王室。因此各国不再服从周王室。实际上已是走向了独立，各国之间的战争频繁起来。不过，在理论上周王的政治领袖地位还未被否定，故还能维持着一定限度的统一，只是这种统一的局面已不是靠周王室的实力来维持，而是靠一些"霸主"与周王的名义来维持。

就社会经济方面来说，各国内部都发生了重要变化，出现了新的经济因素。此时各国周围的大量荒地都被开发出来，出现了相当大的一部分不属于旧的直接的封建系统之内的新垦土地，不管它的实际占有者是旧的封建贵族，或是平民，但它在名义上总是属于个人的，不是受封而来。因此这些土地不受旧的封建义务所限制，是可以自由买卖的。所以就这些土地占有者的社会身份来说，这是在对农民进行封建剥削制度范畴之内新兴的一个阶层，即所谓的地主阶级。这个新的土地制度和新兴阶级对旧的金字塔式的封建土地占有制度形成一种压力，它们想把旧的封建土地也兼并掉，完全建立起一种新的土地占有制度。这种新的土地制度可给予当时生产力条件下农业生产发展的最大可能性。其次是与农业发展的同时，手工业也发展起来，交换的要求增加了，交换的范围扩大了，商业就发展起来，这时社会上乃兴起了一个在庶人阶级中有自己独特要求的商人阶层。他们具有一般平民所没有的庞大财富，并且因其经济上的势力而其社会地位也逐渐重要起来。尤其是在当时土地可以自由买卖的条件下，他们可以利用其财富购买土地，这样他们又具有了新兴地主阶级的身份。所以在此时这些商人和地主阶级的要求基本上是一致的。这些新兴地主和商人代表着春秋时代开始出现并发展起来的新的社会经济因素，而与旧的贵族领主经济对立起来。

新兴地主、商人和旧贵族在经济和社会地位上的对抗也反映到社会意识形态上，开始出现了系统的新的哲学体系。其中最重要的有两大哲学体系，代表新意识的是邓析（卒于公元前五〇一年），他是当时商业最发达的郑国人，从新兴阶层的利益出发，他对现存的社会制度提出许多批评。代表旧意识的是孔子（公元前五五一——公元前四七九年）。他的思想在当时基本上从旧的贵族利益出发，要求维持旧法——礼，也就是旧的社会制度，但他又主张旧制度必须合理化，认为在按旧制度办事情的情况下，必须作得合情合理才不会遭到一般人的反对。孔丘思想是在维持旧制度的前提下要求进行适当改良的思想。

春秋时代所产生的社会矛盾到战国时代已剧烈化，已面临必须最后解决的时机，而战国期间也果然逐渐地最后把它解决了。

战国时代（公元前四七三—公元前二二一年）总的趋势是新兴地主、商人在社会上逐渐得势并取得胜利的时期。这时出现了一个新的名词叫作"素封"，意即无封建的爵级，而其势力与财富却有如王侯者。这些"素封"在各国内部提出了他们的政治要求，并开始用实际行动来贯彻它。他们的政治要求总起来说有两方面。其一是要求社会政治上的改革——变法。主要是废除旧的"封建"土地占有制，要求全部的土地都能自由买卖，以根除领主经济，废除贵族的特殊社会身份和政治特权，要求所有人在法律上的平等，以打倒领主阶级在社会上和政治上的势力，从而夺取国家政权，使得国家的全部机构和社会制度完全按照他们的要求来进行改造。其二是要求国家的统一和集权，集权对地主阶级来说有特殊的意义，因为地主阶级虽然占有土地，但是他不像领主那样在占有土地的同时又具有对农民进行直接统治的政治权力，因此地主阶级要求能有一个代表全体地主阶级来对农民进行压迫的集中政治机构，这就是郡县制度在战国时代出现的原因。统一对商人说来有特殊的意义，商人要求国家对商业活动能给予便利，要求改变不利于商业活动的国内封建割据局面，统一度量衡等，而这些措施必须在统一的政权之下才能实行。可是新兴地主、商人依靠自己的经济和社会势力并不能从根本上打倒旧的领主阶级。他们的手段是利用国内最大领主——国君与国内其他领主之间的矛盾，支持国君来消灭国内封建割据的领主势力，使国君成为一个真正专制的集权的王。使得新制度首先能在一个国家的范围内取得全部胜利，从而向外发展，争取全天下的最后统一。战国时代变法之议在各国都发生了，郡县制在各国都逐渐推行，王权愈来愈集中，各国间的兼并战争愈来愈激烈，因而统一的趋势也日益加强，最后七个大国之间，不断爆发着争夺天下最后统一的大规模的战争，这些情况都是反映了新兴地主商人的这种历史要求。然而这些工作的进行在各国内部却不是平均发展的，这些工作只是在秦国进行得比较彻底，这就是秦在最后统一中国的根本原因。

此时思想上的斗争随着社会矛盾的尖锐化而日趋激烈起来。由于一向占统治地位的封建领主此时已威风扫地，新的统治阶级未取得绝对的统治地位，所以社会上各阶层的人物都有机会来自己表述他们自己的意见了，因而出现了"百家争鸣"的局面。但这些纷纭的诸子学说，归纳起来也不外是代表着新旧两派的思想，或者拥护旧制度的存在，或者主张变革。并且两派的壁垒日渐明显。其中完全代表旧意识的是"儒家"思想，他们主张返回各国"变法"之前的社会状态中去。战国时代儒家思想之仍然存在，是因为它在各国中还具有或多或少的社会基础。而鲁国则是儒家思想的大本营，因旧的势力在鲁国始终未被打倒，其国内政治、经济各方面的情况，基本上仍停留在春秋时代的状态中，故当时人称儒家为"邹鲁之士。"

自秦（公元前二二一——公元前二〇七年）开始中国出现了封建大统一的局面。秦之能够统一中国是因为它最早地全部贯彻了新兴地主商人的要求，所以在秦统一后，新制度乃开始在全中国范围内彻底推行，因而出现了一个全新的局面。这是中国历史发展过程中的一个极端重要的阶段。秦以后的中国封建社会完全是在此基之上向前发展的。和秦以前初期的中国封建社会不同，其主要特征就在于从此之后中国国家的统一和集权的"大一统"局面成了一种常态。

就国内民族关系来说，秦的统一也是一个重要的历史阶段。

秦以前的中国基本上是汉族的中国，秦统一后的中国就开始成为一个多民族的国家，许多汉族以外的少数民族开始成为中国统一国家之内的一个成员。当然这个加入的过程是通过内部统一后的汉族中国统治者的征服来完成的，并且是以被压迫的地位而存在的。秦时中国东北边疆的通古斯族，西北边疆的当时葱岭以东诸族，主要是突厥族、北方的东胡（可能是蒙古族或通古斯族的一种）和匈奴人、南方的百粤（苗、瑶、傣等族），皆开始入居中国。秦汉时代（公元前二二一—公元一八四年）是"大一统"中国的第一个时期。在这个时期中，战国以来存在着的两种社会矛盾继续以不同的形式进行着斗争。一个是新兴势力取得统治地位后对旧的残余势力的斗争，一个是由于新兴势力内部地主和商人之间的固有矛盾随着旧势力的消灭和社会的发展日益扩大而展开的斗争。

对旧势力的继续斗争是一件很自然的事情，因为秦的统一是暴风雨式的，而六国原来旧势力的社会基础不可能在统一战争中一下子被消灭掉，所以统一后进行消灭旧社会基础的措施以及旧势力之反抗，在一个相当时期内仍然是不可避免的。这个斗争由秦始皇开始，到汉武帝时最后以新兴制度的彻底胜利和旧的社会基础的彻底消灭而告终。

意识形态上的继续斗争，以及这个时期中统治者文化政策的发展最好地说明了这个矛盾的斗争过程。秦始皇时候"焚书坑儒"的意义，可以从当时秦太子的话中看出：即"诸生皆诵法孔子"，可见所坑之人都是主张儒家学说的。战国时代以鲁国作为基础的儒家学说，此时所以声势浩大起来，以至于必须用国家力量来进行镇压的原因，就是由于此时六国的王孙遗臣以及社会上旧的残余势力都联合起来利用儒家学说作为其反对大一统和维持分裂局面的武器，因而引起了秦始皇的"焚书坑儒"。既然如此,那么这种用国家力量来抑压旧意识的手段,也一定要等到旧的社会基础已经消失不再成为新制度的威胁时方可停止。由六国的旧势力在秦末农民起义中还曾经有过剧烈的活动以求恢复旧局面这一点上看,这种旧社会基础到秦末还是存在的。所以汉统一后仍继续禁看古书和禁止根据古书来批评当时政治的政策,直到公元前一九一年汉惠帝时始废"挟书令",这个措施标志着"据古非今"的思想已经没落了,旧的分裂势力已不再能起作用了。于是到汉武帝时候,才出现了"尊儒"的问题,"废黜百家,独尊儒术",当然这并不是因为旧的势力和旧的局面在汉武帝时又复活了,而是因为作为一种政治思想来说的儒家学说在此时又改变了它的论点,由反对中央集权转为拥护中央集权。西汉的儒家学者硬说孔子一直就是主张"大一统"的,并说孔子在当时就应该实现他的大一统思想,因而尊孔子为"素王"。他们颂扬汉王朝,说汉朝才是真正在现实政治上实现了孔子的主张。显然他们是企图把孔子当时所尊重的西周和春秋时代那个按旧封建系统存在的"周王"和现在中央集权的这个"皇帝"的性质等同起来。按照这种企图来解释《春秋》的书——《公羊传》《穀梁传》出现于这个时候。而第一个把这种思想系统化的是汉武帝时的大儒董仲舒,他曾说:"《春秋》大一统者,天地之常经,古今之通谊也。"认为人类社会当然是要大一统的。儒家学说在此时的转变,正好说明了它最初所代表的社会势力已彻底消灭,因此已经取得了最后胜利的新兴势力才不怕公开把它提出来,并将之改造成为适合自己需要的一种学说。孔子所建的儒家学说,作为一种哲学思想来看,首先它能够在整个封建主义范畴之内最好地解释了社会上剥削者与被剥削者——"劳心"者与"劳力"者,"君子"与"小人"——存在的合理性,所以在根本的观点上,作为一个封建剥削者的新兴的地主阶级意识和孔子的哲学思想并不是对立的,而是一致的。只是孔子哲学的另一个重要观点,即从现存的统治秩序出发,主张"君君臣臣父父子子"的观点,在新兴势力要求摧毁旧势力的时期是不能被新兴势力所接受的,可是当旧的社会基础已被彻底消灭,新兴势力已经成为最后统治者而不怕被别的势力所推翻的时候,这种巩固现存统治秩序的观点又是为新兴势力所欢迎不及的了。所以,儒家的哲学体系从汉武帝时开始就被定为了官方哲学。而出现在战国时代因反对旧势力而多少带有一些反抗或不满现存统治秩序的其他诸子哲学都被新统治者摒弃了。这就证明了此时新兴势力的完全巩固。此后两千年间,中国历代取得统治地位后的封建统治者都尊奉孔子,就是基于孔子哲学体系的这两项重要内容。至于孔子的反映自己时代要求的具体政治思想,从汉代开始历代大儒则都不客气地按照历代的实际情况来或"传"或"注",以使孔子来符合自己主观的要求。

至于新兴势力内部,地主阶级和商人的矛盾,自战国以来就存在着,但战国时代因社会生产条件限制,地主经济在社会生产上占优势,而商业资本的活动则受有一定限制。所以在新政权内部地主较商人在政治上居于优势。至秦以后,冶铁技术的发展使得铁器在生产上的重要性日益增加,手工业获得了大规模发展的条件,因而促进了商业的发展,社会上的商业金融活动兴起了。这时有所谓"子钱家"出现,可见商业资本之活跃。但秦代和西汉初年,政权仍多反映地主阶级利益,对商人活动虽给予便利,但对日益增长的商人势力则采取压抑政策。如秦始皇琅琊台刻石:"皇帝之功,勤劳本事,上本除末,黔首是富。"汉初的土地税是十五分之一,后又改为三十分之一,这都是优待大地主阶级的政策。所以随着经济的发展,尤其是旧势力的日趋消灭,新势力内部地主和商人的矛盾也就日益表面化了。到汉武帝时候,正是汉初经济经过长期休养和恢复后发展到高峰的时候，也就是旧势力完全消灭之时，因此也是这种矛盾表面化之时。汉武帝解决这个问题的方法就是实行了一种均衡二者势力的政策。取消对商人的压抑政策，使商人参加到政权中来，为国家经营商业，这样政权内部有了代表商人利益的人，商人的活动也可以和地主阶级一样用政权力量来支持了。从而皇帝就可以高踞地主和商人的矛盾之上，利用两者彼此牵制，造成皇权的最高地位。在汉武帝这种新政策下，国家的经济实力大大增强起来，由于放任商业的发展及国家使用大商人代之经营商业，国家的财政收入大大增加了，因此有力量来解决百年以来的边疆问题，扩大了疆域，奠定了今日中国之版图，使汉族成为百年来和周围外族斗争中的胜利者。这种政策此后百年中也为西汉王朝的历代皇权势力所仿效，但在这方面能如汉武帝那样成功的却不多见。地主和商人的矛盾始终存在着，就在汉武帝死后不久，汉昭帝时，因商人势力的日盛，地主阶级曾展开过一次反攻，企图仍像汉初那样把商人压在地主之下，因而有过一次辩论，其记录清楚地留到现在，即《盐铁论》。虽然这次辩论未对当时国家政策有什么直接影响，但可以说明这个问题并未获得解决。至于它的发展方向，皇权则能起决定性的作用。如果说汉武帝是处理这个矛盾的成功例子，那么王莽便是处理这个矛盾的失败例子。王莽的主观企图与武帝相同，也想用皇权来影响两者，但王莽所用的办法却正与武帝相反，武帝是采取放任二者而从中操纵利用之，而王莽则是用皇权生硬地同时对二者进行干涉。他想限制地主和商人都只在一定范围内活动，故他限制土地占有的数量，限制高利贷。以阻止经济的发展来巩固皇权的空想企图终于引起了这两个阶层和农民群众的同时反对。农民首先起义推翻了王莽的政权，而在农民起义发展过程中，地主集团也乘机出来组织武装反对王莽政权,并最后夺取了农民的胜利果实,而建立起了完全代表地主阶级利益的东汉政权。

故东汉政权建立后,"门阀"开始萌芽,所谓"门阀"就是一个为国家政权和社会所承认的具有巨大的经济实力和政治影响的大地主集团。东汉时代,商人已经失去了他们在西汉时代所具有的显赫势力。就这一点来说,此时地主阶级已在长期与商人的斗争中取得了最后的胜利。

东汉政权完全是代表大地主利益的政权,因此对农民的剥削很重,而且具有种种特权的门阀大地主,比起国家政权和一般地主来对农民的直接压榨又要厉害得多,故在东汉时代敌对阶级的矛盾特别尖锐,阶级斗争自东汉初年起就很激烈,从公元八〇年以后不断爆发着农民起义。公元一八四年更爆发了全国性的黄巾大起义,各地门阀大地主乃组织地方武装来镇压农民起义。他们在镇压了农民起义之后,就公然在各地进行割据,对农民进行直接统治。虽然不久后,又有统一政权形式出现,但它并无力控制门阀。魏晋时代的政治局面基本上就是这样一种形势。

由于地主集团对农民取得了直接统治的权力,对农民就剥削和压榨得更多了,因此地主阶级的生活乃日趋穷奢极侈。门阀政治与地主阶级对农民之极度剥削所造成的直接恶果就是引起了所谓的"五胡乱华"。

五胡乱华就其开始的时期来说,可以说是一个反抗封建剥削的阶级斗争,而不是因外族入侵所引起的种族斗争。因为最先发动的是匈奴人。这些匈奴人在中国边疆本已定居了二百年左右,多集中在并州一带(今内蒙古南部和西北部、西部),此时只是由于受到汉族地主过度的剥削才发动了起义。但当匈奴人发动起来之后,中国统一的国家政权因门阀存在的原故,非常软弱无力,匈奴人很快就进到了中国的腹地,这时国内和国外的北方诸游牧民族也乘机侵入了内地的农业地区，乃形成了游牧民族对农业人口汉族的侵掠，到了此时斗争才具有了种族斗争的性质。而西晋政权在面临这样一个情况时，更加无力抵御。公元三一六年，西晋政权为"胡人"所颠覆。

"五胡"打败汉族后，彼此间又进行了一个时期的斗争，最后鲜卑人取得了胜利，统一了黄河流域。之后这些胡人就都在黄河流域定居下来。开始了南北朝时代。

南北朝时代的南朝仍是门阀当权，由地主集团决定政府官吏人选的九品中正制（自曹丕开始推行）依然存在，皇帝不过是傀儡。北朝方面，经过了拓跋宏的"汉化"之后，胡族完全接受了中国的整套制度和文化，胡族的统治者也就转变为和汉族大地主一样的胡族门阀大地主。但北朝的中央集权却始终比较强大，对胡族和汉族的门阀大地主还能够控制，所以国家力量比较集中，最后终能战胜南朝政权，统一了中国。

五、上古时代的中国与世界

上古世界史的一个基本情况，就是各地的分别发展。当时生产力低下，交通工具简单，世界历史发展尚无打成一片的可能，直到中古时代基本上仍然如此。到近代资本主义出现，世界历史才有走向一元化的趋势。但各地区之间的文化交流仍是不断发生：例如到上古晚期中国的丝绸已输往西亚及欧洲，印度的佛教及一部分自然科学知识传入中国，张骞输入了多种西方植物。另外，间接的商品交换，在亚欧大陆的大部相当普遍地存在。

这一段历史中，中国有它特殊的地位，在某些重要方面中国的发展程度特高。早在殷周时代，中国内部各区的发展已显特殊。例如齐国，殷代已有，前后大概维持了一千年以上；楚国是否殷代已有,尚难确定,但由周初到战国,最少也维持了八百年。这都是逐渐扩大而始终有一个政治中心的列国,都是内部有统一的经济生活的大单位,经济政治的发展千年上下一线相传,始终不断,乃是经济不断上扬,政治比较稳定的征兆。齐国或楚国一国,最后都大过上古时代中国地区以外的任何较为持久的国家,例如埃及或巴比伦。上古时代中国内部的列国,其中经济发展与政治稳定已超过世界任何一个整个地区。

再进一步,整个的中国在上古时代已成为世界上唯一基本上统一且永久统一的大国,自公元前二二一年秦并六国后,中国即基本上永久统一。这在经济上必有它的强固条件,农业技术及农业生产必占特高的地位,否则如此宏大的“长治久安”是不可想象的。具体的数字,当然不可能举出,但长期的统一必有经济条件为基础。反之,在广土众民的基础上长期不断的较为稳定的政治局面,必使生产力及生产技术可不中断,可不临时倒流(中国以外的世界各地多有中断及倒流的现象),这反过来又推进政治的稳定及统一。经济政治如此互为因果,发展不断向上。这是中国所特有的现象。

其次,除生产力的特殊发展外,中国又很早就有了全国性的交通网。先秦列国,至迟到战国时代必已有内部的交通干线;秦统一后,修建了普遍天下的驰道。这种官道系统,后代所谓“驿站”,历朝始终维持。这是经济统一体及政治统一体的神经系统,反转来又增进经济的流通及政治的统一。中国可说是近代资本主义出现前,世界上范围最大及时间最久的统一市场。因中国基本上是农业国,交换当然不像资本主义国家的那样重要,但自秦统一后的两千年中,全国性的交换始终存在,较大的商业资本活动始终活跃。

如此重大的基本情况,当然要反映到政治上和文化上。政治的反映，就是永久性的统一，不似印度、两河流域、波斯、西亚各国、罗马的统一之倏起倏灭。只有较高的经济发展，才能保证如此长久的政治统一。在语文上，在汉语的范围内，也是长期的基本统一。渊源于甲骨文字体系的文字（根源可能更早），秦以下更是完全统一。语言也基本统一。某些地方的汉语因地理或历史的关系而有方言的分化，但这是面积较大的资本主义国家所同有的现象：其大凡抵中国一省的，无不有方言的分化，甚至其小只抵中国数县的国家，也间或出现方言。实际在全国范围内汉语在语法、结构及绝大部分语汇方面，完全一致。较大资本主义国家，基本上也不过如此。

在思想意识及生活习惯上，秦以下的中国也是基本上统一的。统治阶级的儒家思想占统治地位：不分地域，不分阶层，大家都宗仰经汉儒解释过的孔子。但人民另外又有对立的阶级思想，就是大众化的道家思想，其中后来又间或夹入佛教及摩尼教一部分有革命意义的思想意识。除了比较根本的思想意识外，在风俗习惯及生活方式上，全国各地可说是呈显一种在基本一致基础上多样化的丰富场面。

这样的一个中国，在古代的世界，唯一可与它比拟的就是埃及。在经济、民族、文化、政治的早期统一上，埃及绝似中国。但埃及面积极小，实际面积（沙漠除外）尚不抵中国先秦时代一个中等国家。埃及的自然条件单纯，开发条件特殊，很早就可以说使它不得不统一。这与中国在广阔的复杂的自然条件下统一之代表高度的复杂的生产力发展及政治发展，除形式上相同外，实质上是不能相提并论的。并且到最后埃及仍不免灭亡：民族灭亡、语言灭亡。上古晚期被希腊征服后，埃及就开始希腊化，最后到中古初期而完全阿拉伯化。

中国的特殊发展，产生了中国的历史特征，就是人民性和民族性的突出表现。在封建范畴内,中国发展最高,经济最富裕,政治最统一。在这种较高的基础上,人民也有较高的组织力和斗争性。所以农民起义,中国在世界上占第一位;次数多、规模大,在封建范畴内推动生产、发展文化的影响也大。

其次,关于民族性。在资本主义以前的全部世界历史中,爱国主义在中国发展最高。历代游牧部族乘中国内部阶级矛盾尖锐时入侵中国,中国各阶层均起而反抗。统治阶级往往不久就为本阶级的利益而与侵略者妥协,但人民却继续斗争,可以坚持数百年而不断。最后的结果,入侵的部族不是被驱逐,就是被同化。中国为唯一在封建社会阶段即已发展为民族的特例。封建社会只有发展到一定的高度,方能产生民族。世界各地在封建范畴内均发展较低,所以没有民族出现,它们成为民族一般为进入资本主义社会过程中的事。所谓"中国封建社会长期停滞",实际并非停滞,而是在封建范围内长期发展及高度发展。

第二章 印 度

一、自然环境

印度是亚洲南部的一个大半岛，突出在阿拉伯海与孟加拉湾之间，半岛北面又有喜马拉雅山阻隔了它与大陆的联系，因此，西北角的山隘乃成为古代印度与外界交通的孔道，同时也是外来游牧民族入侵的通路。

半岛南部为德干高原，高原北面横亘着文底耶山，半岛中部及北部的一部分地区为平原，有恒河和印度河流贯于其间，恒河、印度河皆发源于喜马拉雅山，分东西向流入孟加拉湾与阿拉伯海，两河流域地方土地肥沃，特别是印度河上游五大支流的地方，这块地方在印度历史上称之为"旁遮普"(Puujab)，意即"五河之地"，是古代各小国争战最激烈的历史舞台，也是外族侵入后最先攻占的地方。

印度处在热带半热带的有季节风雨的地区，全年可分为两大季节，每年六月至十一月为雨季，在这时期，带雨的风从西南海上吹向半岛，半岛南部、中部和北部的大部分地区因之皆有大雨；自十二月至五月又为一季，此时风向已转为东北风，半岛大部分地区亦随之转趋凉爽干燥。但是半岛西北部却比较特殊，那里不受季节风雨的影响,因此冬季多雨,夏季反而燥热无雨。

在印度古代的文学作品中,流露着一种对自然的恐惧意识,因为古代印度居民所感受到的大自然的可怖的威力,比较其他地区的人更为深刻。印度地方在雨季当中常有热带风暴发生,当此之时,狂风暴雨数日不停。同时,洪水经常暴发,引起河决,水灾乃遍及于整个平原地带,雨季过后,旱灾蝗灾又相继而来。此外,印度在古代是个遍布热带森林的地方,这种热带森林生长得非常迅速,林木密结成为一个整体,在远古时代,这里曾经进行着人与森林争夺土地的斗争,森林中的毒蛇猛兽又始终是绕林而居的古代印度人的最大威胁,加以热带疫病在这里非常流行,特别是恶性疟疾,在印度古代的文学作品中,很多就是祈祷疟神不要光临的诗篇。

大自然的毁灭力量给予古代印度居民以不可磨灭的印象,在人还无力战胜自然控制自然之时,这种恐惧情绪自然地表现为宗教性的崇拜,将各种自然现象人格化、神奇化起来,想象它为各种的神,于是出现了各种神话和传说。到进入阶级社会后,这种恐惧意识首先为统治阶级中的教士所利用,故意制造出种种的鬼神故事和解免灾祸的办法,以求达到他们在经济上剥削人民,在精神上统治人民的目的。宗教迷信一向是统治阶级控制人民的有力武器,而在印度又因人们对自然现象的特殊恐惧,使得印度的统治者有可能将这种由恐惧而发生的迷信崇拜有意识地发展得特别高,以致影响到以后印度的意识形态中。

二、国 名

印度从古至今始终没有一个概括整个印度半岛的名称,"印度"这个名字是波斯人首先称呼起来的,因为印度河邻近波斯,波斯人乃以河的名字称印度北部和中部地方为"印度斯坦"（Hindustan）这个名称后又传至希腊、罗马和中国。希腊文和拉丁文中写作"印度"(India)，欧洲各国文字亦沿用此名。中国在汉时译为"身毒"，隋唐作"天竺"，宋时始作"印度"。

在印度古代神话传说中有一名王名婆罗多，因此也有人称印度为"婆罗多"国(Bharata-varsha)。一九四九年印度独立后，正式规定以印地语为国语，正式国名称为"婆罗多"。但十五年间印度官方使用的语言和外交上使用的语言仍为英语，而在用英语时，国名仍称为"印度"。

三、身毒时代

根据印度古代的传说和地下发现的材料来推断，最早在印度北部活动的有三种人，这三种人我们分别称之为土人、达罗毗荼人(Dravida)和蒙古利亚人。

土人和达罗毗荼人都属于澳大利亚种。不过，土人开始进入印度的时间较早，而且人数很少，文化程度很低，始终停留在氏族社会阶段。达罗毗荼人约在公元前三〇〇〇年(也可能在四〇〇〇年)左右自西北方进入了印度，以后又逐渐从印度西北部繁衍到印度北部的全部地区。蒙古利亚人与达罗毗荼人先后同时，亦从东北方进入了印度，他们人数不多，可能是自现在西藏地方越过喜马拉雅山进来的。这三种人进入印度后系以达罗毗荼人为主在印度北部建立了国家。身毒时代的历史，实际就是达罗毗荼人的历史。

一九二三——一九二四年在印度河流域发掘出这个时代的三座古城：在印度河上游，今旁遮普地方发现了古城哈拉伯(Harappa)，在印度河下游，今信地(Sind)地方发现了古城谋痕犹达娄(Mohenjo-Daro)与旃都达娄(Chandhu-Daro)。根据三城所在的地层情况可以推断其存在的年代约为公元前二五〇〇年左右,不过,城市遗址及城中发现之器物、工具、文字显示当时的生活方式已相当复杂,文化已达到相当高度,这种现象必然是长期发展的结果, 推论可能在公元前三五〇〇年左右他们已出现了阶级国家。

这三座古城在各方面都很相似,是属于同一文化的。并且三城都是经过设计的城市,街道方正,建筑整齐,显然在建造时有通盘计划, 当是身毒时代晚期的城市。建筑材料主要是用窑砖(这是今日所发现的最早的窑砖),极少用木料和石料。

三城中以谋痕犹达娄保存得最完整。全城面积约一平方英里,城内有两条正街,宽度皆在三十英尺以上,旁街宽度平均也有十五英尺,路面皆为泥土压成。城内最大的建筑物是一座大浴室,长一百七十英尺,宽达九十英尺,猜想此浴室可能有宗教上的用途。一般住宅都是楼房,高三层或五层,其中大者都有浴室,小者则无浴室。居宅建筑上的特点是无窗。宅内都有砖彻的水井,并有系统完备的排水设备。值得注意的是正街两旁的房屋,就其建筑形式看来,显然是许多商店。

城内未发现人的骨骸。就发掘出的各种器物看,其中有各式农具,可见农业在当时已占很重要的地位;有手工业制造方面所需用之各类工具,可见已有从事各种手工业制造的工人;此外,还有一些与商业有关的度量衡, 以之与商店建筑互相印证,可见当时商业已相当发达,城市已成为交换的中心,聚集了许多商人。

在种植物方面:发现有麦、枣以及各种瓜类,并且发现了棉花,由此证实了印度是世界上最早植棉的国家。牲畜发现有牛、水牛、绵羊、山羊、猪和象。家禽有鸡,手工艺品中有陶器,其中有素陶与彩陶；纺织品发现有纱，也有布；各种金属器物，有红铜、锡、铅、金、银制品，此外，还有青铜器。由其制作技术之精良可看出是青铜器晚期的产物；并发现有河船与海船，可见当时已能至海上航行。

发掘出的器物中最值得注意的是一些玺印，这些玺印上刻有各种动物形象及文字，文字可惜今日还无人能读，另外还发现了许多赌具——骰子和赌盘，这两种发现足以证明当时文化水平已达到了相当高度。

当时已出现了宗教组织和教士，因为就发现的许多青铜与石的雕像看来，其中有些人像形体颇为怪异，是一种想象之作，显然是各种神像。

以上各种发现，反映了当时人生活的各个方面的情况。从商店数量之多、手工艺品制作之精美以及文字与赌具之发现来看，可以想见当时生产已相当发展，已有许多可供交换的剩余生产品。大城市既然是当时交换的中心，地方性的交换当更为发达。同时，从居宅建筑的种种差别上也可以看出阶级分别已确立了，复杂的政治组织也已建立。结合以后印度历史的发展情况来推断，此时印度当是奴隶社会。

这些城市到公元前二〇〇〇年左右都被毁灭了，毁灭的原因尚不可知。不过，从其遗址上并不能看出有自然灾害侵袭的痕迹，一定是因为受到外来的人为的暴力摧毁之故，而这个外来的暴力就是雅利安人。

雅利安人在公元前二〇〇〇年左右自西北部侵入了印度，当时他们还是一些文化很低的部族，其生活还是以畜牧为主，农业为副，自公元前二〇〇〇年至一〇〇〇年间，先后共有五批雅利安人分别进入了印度，他们自印度西北部逐渐向东发展，最后分布于北部的全部地方。

"雅利安人"一字在古代印度欧罗巴语中意为"贵者"（统治者），这是那些侵入印度的印度欧罗巴人在其征服了印度当地的居民之后用以自称的名字。由于他们进入印度时，已从亚洲西部文化较高的印度欧罗巴人那里接受了铁制兵器和骑马作战的技术，因此能够很快地战胜并征服了达罗毗荼人。雅利安人的征服手段是异常残酷的，在早期梵文中达罗毗荼人写作"dasa"(阳性字)，意为"敌人"；或是"dasi"(阴性字)，意为"奴隶"。由此可见在其进行征服的过程中，达罗毗荼人的男子皆被雅利安人当作敌人杀死了，女子则被变为奴隶。达罗毗荼人在当时虽曾经激烈地抗拒这些入侵的"野蛮人"，但最后还是失败了。结果，一部分达罗毗荼人被雅利安人征服了，其余未被征服的也被迫向南逃迁。因此，直到今日达罗毗荼人仍集中于印度的中部和南部。

四、吠陀时代
(公元前一五〇〇—公元前八五〇年)

雅利安人进入印度后，逐渐改变了他们原有的生活方式。到公元前一五〇〇年左右的时候，最先进入印度的一批雅利安人已开始定居下来，已以农业为其主要生产。他们在达罗毗荼人的文化基础上重建了奴隶社会。

从雅利安人最早的文学作品（也是他们的宗教经典）——《吠陀经》中看出，此时在雅利安人的社会中已出现了严格的阶级差别，出现了四个种姓：第一种姓称为刹帝利（武士），他们是政治上的贵族；第二种姓称为婆罗门（僧侣），他们是宗教上的贵族，利用他们在宗教上所具有的势力与刹帝利合作，共同统治人民；第三种姓称为吠舍（庶民），包括农民、商人、手工业者；第四种姓称为首陀罗(奴隶)其具体身份不清楚,还不能断定他们是属于国家的奴隶,抑是属于个人的奴隶。四种姓中的前两种姓都是雅利安人,吠舍种姓就理论上讲也是雅利安人,不过实际上包括有投降雅利安人或未被雅利安人杀死的达罗毗荼人。首陀罗则全部为达罗毗荼人。种姓之间的人固然身份上有高低,但还有许多不在种姓之内的人,这些人被称为"贱民",他们的社会地位比首陀罗还要低下,从事一些极为卑贱的工作。这些贱民最初可能是一些文化很低的土著部族,雅利安人进入印度后未把他们包括在种姓之内。种姓的分别,实际就是统治阶级和被统治阶级的分别:刹帝利和婆罗门是统治者,吠舍、首陀罗和贱民则是被统治者,"种姓"(varna)一字,梵文原意为"颜色",因雅利安人肤色较白,达罗毗荼人肤色较黑。所以,最初是按皮肤的颜色来分别种姓的。而皮肤颜色的分别实际就是征服者与被征服者的分别。

在吠陀时代初期,种姓之间的划分并不太严格,在刹帝利和婆罗门种姓中也有混血的情形。之后,随着阶级社会的发展,阶级斗争的逐渐尖锐化,种姓制度遂日益严格起来,形成了一个不可逾越的社会阶级制度。

在吠陀时代的六百多年中,我们既不知道一个历史人物,也不清楚任何事故发生的年份,仅能自《吠陀经》中大致了解到当时雅利安人的政治社会发展过程:在雅利安人初入印度之时,还维持着原有的氏族组织形式,以氏族和部族为单位,各自征服当地的人民,占有当地人民的土地。到公元前一五〇〇年后,雅利安人始成为土著,定居于一定的地区,开始对当地人民进行统治与剥削,他们原有的氏族组织也就逐渐复杂化变成维持其政治与剥削的国家组织。在此时,原来雅利安人的氏族成员也开始分化,一小部分变成统治者——刹帝利与婆罗门,而绝大部分成为被统治的劳动者——农民（吠舍）。雅利安人新建立的许多小国出现了。这些小国间并不断发生混战，彼此攻并。

与此同时，在生产力方面也起了很大的变化，农业已成为雅利安人的重要生产，畜牧业渐居于不重要的地位。根据《吠陀经》的记载，最迟到公元前一○○○年，雅利安人已知使用铁制农具，有了铁犁。铁犁的出现必然会引起生产上的长足进展。

此时，雅利安的宗教为婆罗门教。婆罗门教最早的经典是《吠陀经》。《吠陀经》共有四种：《黎俱吠陀》(Rig-veda)，在公元前一○○○年以前已完成；《娑摩吠陀》(Sama-veda)、《夜珠吠陀》(Yajur-veda)与《阿闼婆吠陀》(Atharva-veda)都是赞颂祈祷神明的诗歌。《夜珠吠陀》中除诗歌外还有部分记述宗教典礼的散文。《阿闼婆吠陀》则全为巫术咒语。

婆罗门教中最重要的神祇为"天神"(Varuna)、"大力神"(Indra)、"火神"(Agni)和"酒神"(Soma)。其中大力神和火神是在雅利安人进入印度后才开始重要起来的。因为印度的可怖的风暴与森林自燃景象都是雅利安人所未经的，于是象征着暴风雨和火的大力神和火神乃变为最受尊崇的对象。

五、列国时代
（公元前八五○—公元前五五○年）

在列国时代的三百年当中，印度的政治局面与前一个时代基本上是相似的，仍继续着列国并立、互相混战的局面，其间胜负经过虽皆不可知，但是，总的趋势是由分散走向统一，因此就在混战和兼并中小国逐渐被吞并，而出现了几个较大的国家。

这种局面出现的根本因素是经济向上发展的结果。首先，由于铁制农具——特别是铁犁的使用 (公元前一〇〇〇年左右时期开始使用),生产向前跃进了一大步,伴随着生产的提高而来的是交换的增加,商业交通亦因之发展起来,各地区在经济上的联系加强了,因而在政治上也开始要求走向统一,以求适应这种日益发展的经济趋势。最初,这种统一还是通过了军事征服来实现,也就是在上述的兼并战争的过程中逐渐实现的。但是,这种局面之能以固定下来,除了上述的经济发展的客观要求之外,直接的政治上的原因就是因为随着生产的提高, 统治者的剥削所得也增加了,他们以剥削所得的一部分作为维持其统治的用费,使得任何一个在兼并战争中取得了胜利的小国的国家统治工具加强了,有可能统治日益广袤的领土,因而,军事征服的成果也就被巩固下来。

传说此时在印度中部、北部和西北部曾有过十六个比较重要的国家,这十六个国家有些是君主国,也有些是共和国,到列国时代晚期则有四个国家先后强大起来。先是恒河上游的科娑腊(Kosala)强大起来,继而在恒河下游又有摩揭佗(Magadha)兴起,灭科娑腊,最后统一了印度北部。同时,在印度西北部也有犍驮罗(Gandhara)兴起,当其极盛之时,势力曾超出今日印度的疆界,直达到阿富汗的南部。在印度中部,阿宛提(Avanti)亦开始强大起来。

列国时代晚期,印度第二次有了文字。因为雅利安人进入印度后, 摧毁了达罗毗荼人的文化, 达罗毗荼人的文字亦随之湮没,此后,印度曾有一千余年没有文字。到公元前七世纪左右,始有达罗毗荼人自巴比伦学来流行于当地的一种闪族的字母,以之拼写出达罗毗荼语。最初这种文字只应用于吠舍种姓之中,又经过数百年,这种字母才为雅利安人所接受,以之拼写出雅利安人的语言,即早期的梵文。再后,这种字母又通过佛教而传入锡兰、缅甸、暹罗与西藏。

同时，在列国时代晚期印度开始有了哲学。印度早期的哲学思想最先出现在两类宗教书籍中：一类是《梵典》(Bramana)，这是婆罗门人所写的注释《吠陀经》的书；一类是《乌帕尼娑》(Upani-shad)，这是一种依据《吠陀经》来解释自然现象及社会事物的神学推理的书。这两种类书出现于公元前六〇〇—公元前五〇〇年间。其中心思想是"轮回"与"业缘"，就是说一切生物包括神在内都要不断地生死轮回，而其所以要轮回则是因为有"业缘"之故，这就是说一切生物在今生所造下的善恶因素（业），将决定其来生的结果（缘）。今生结下的"业缘"，经过"轮回"报应于来生。

宣扬这种思想，目的就是要令人安分守己，安于天命，不行非分之事，不作非分之想，无视今生的一切痛苦，因为所谓"善""恶"的标准，就是已经成为事实的阶级统治的秩序。这纯粹是统治阶级进一步麻痹人民的精神武器，企图以这种思想来加强他们对被压迫阶级的统治。

六、大战时代
（公元前五五〇—公元前三二一年）

到大战时代，印度政治上走向统一的趋势更加显著，各国之间的兼并战争也日趋激烈，小国多已被吞并。不过由于印度缺乏历史记载，因此，各国之间所发生的战争的前后关系尚无法了解。

根据其他国家的记载知道印度在此时除内部进行着混战外，还曾发生过两次外族入侵的事件。第一次波斯王达拉雅夫一世(Darayarus I)的入侵。波斯军队一度占据了印度河上游犍驮罗地方，并曾派人自印度河上游下航至海中探测。但不久，即因其国内发生内乱而撤军。这次入侵的经过，仅见于波斯史书中，时间约为公元前五一七——公元前五〇九年。印度对此事并无任何记载。

第二次是马其顿王亚历山大(Alexander)的入侵(公元前三二七—公元前三二五年)，此次入侵始末也只见于希腊记载。亚历山大曾经征服了印度的西北部，占领了整个旁遮普地方。公元前三二五年亚历山大撤退出印度后，仍留有少数军队驻守。

亚历山大大军于公元前三二六年二月渡过印度河，这是印度史上知道确切年月的第一次事件。

亚历山大侵入印度之时，摩揭陀国仍很强大，但因其国在印度东北境，所以未曾与亚历山大发生正面冲突。到亚历山大大军撤退后，摩揭陀国内新兴起的孔雀王朝组织了一支大军与希腊驻军作战，结果将希腊军队全部逐出印度，并在公元前三二一年统一了印度北部和中部，建立了摩揭陀帝国。

在这个时期，印度哲学继续向前发展，在发展过程中初次出现了各种反映人民意识的哲学思想体系。但是，由于当时时代条件的限制，各种哲学思想的派别都不免要带有浓厚的宗教色彩，所以它们往往以各种宗教派别的形式出现。在各派之中以耆教和佛教这两派对后世的影响较大，特别是佛教，其影响之地区又远超出于印度以外。

耆教，或称"耆那教"(Jaina，耆那意为圣人)，其创始人为大雄氏(Vardhamana Mahavira,?—公元前四七五)。耆教的教义主要是从反对《吠陀经》和婆罗门出发的。它否认《吠陀经》的神圣性，认为人人都可以研读《吠陀经》。同时，它否认种姓上的差别，认为任何种姓，即任何阶层的人都有可能在个人进行自我人格修

养的基础上,修行成为圣人(耆那)。这种说法,实际上等于否认
了婆罗门人在宗教上的特殊优越地位,并企图从理论上推翻婆
罗门人对人民精神上的控制。但是,在另方面,耆教徒却认为在
一切行业中只有工商业才是最高尚的工作。因此,他们特别提倡
工商业。由此可以看出,耆教运动是代表城市中上层工商业者的
一种运动,这个运动的群众基础狭窄,所以发生的影响不大。到
以后这个运动更为城市中的大商人所把持过去,其信徒渐渐地
不屑于从事生产劳动,而专以放债为生,变成一些高利贷者。

佛教(Buddha),亦称浮屠教,其创造人为乔答摩(Gautama),
又称释迦牟尼(Sakyamuni,公元前五六三—公元前四八三年)。
"释迦"为其氏族之姓,"乔答摩"为其家族之氏,"牟尼"意为"修
道成功之人"。他原来出身于统治阶级,为喜马拉雅山麓一个小
城的城守之子,在其青年时忽然放弃了自己的贵族地位出家去
求真理。其间经过许多波折,最后在森林中苦修了几年后,宣称
了解了人生的真谛。他自己曾在中下层种姓中宣传他的教义,并
且组织了许多团体——僧迦(sangha)到各地传道。

释迦牟尼所建立的思想体系,也就是佛教的思想体系,是从
当时存在着的严格的"种姓"制度出发来提出和解决问题的。从
这种思想中可以看出:在消极方面,他否认了存在着的种姓制
度,提出"众生平等"的口号,就是认为任何人都有可能修执成为
"阿罗汉"(arhat)——佛教最高理想的人格,这就意味着种姓制
度并不是决定人们贵贱的不可逾越的界限。同时,修执成为"阿
罗汉"又完全要靠自己个人的努力,而不能依靠任何神的帮助,
这也就是说求神的帮助并不能达到这个目的,因为他虽然没有
直接否认了神的存在,但是他却认为"阿罗汉"是比神更高的人
格。这样,等于否定了当时为统治者用来威胁人的各种神的可
怖威力的不可克服的至高无上性。在积极方面,他以为任何人在

今生都有可能成为"阿罗汉",也就是都有可能修行成"佛"而进入佛教最高理想的境界——涅槃(Nibbana)。进入涅槃的人,就可以超脱轮回,不再像一般人死后那样,要经过轮回,重新去经历人生的痛苦,这是针对原来占统治地位的婆罗门教教义而提出来的主张。它否定了原来依照统治阶级的"善""恶"标准来进行轮回的不可避免性,在当时的印度社会中,这是一种具有革命意识的思想,它不能不取得当时社会多数被统治阶级的信仰,并成为他们推翻原有统治者的有力的理论根据。

佛教思想产生的社会意义是什么呢?从佛教思想产生后印度的历史发展情况看来,佛教思想所代表的是当时社会上新兴起的一个阶层的思想,这个阶层就是那些自吠舍种姓中分化出来的新兴的地主商人。他们在雅利安人统治印度的一千年间,已逐渐在经济上具有了相当势力,因此他们要求取得政治上的地位。佛教思想正是反映了这些新兴地主商人的这种要求,从理论上否定了原来统治阶级的不可动摇的地位。佛教思想与耆教思想的不同,就在于佛教的全部思想不仅只反映了当时一个特定历史阶段的新兴地主商人的一时要求。而且,它那些一般性的口号和主张,在一定程度上还符合了其他所有当时或以后在政治上没有地位的人,也就是被统治阶级的愿望。因此,当时它的群众基础比较耆教宽广得多,并且也是它能够流行久远的一个根本原因。

当佛教思想兴起之际,摩揭陀正是印度北部的一个最强大的国家,摩揭陀王曾抱有统一的野心,但是,为了击败各国中的旧的统治者——刹帝利与婆罗门人的势力,摩揭陀王就必须争取各国中其他的势力来支持他,各国中出身于吠舍种姓的新兴地主商人阶层,正是这样一个能够为他所利用的具有实力的新的实力集团,而当时这个代表新的经济形态——封建的经济形态的新兴地主商人也正要求推翻原有统治者以取得政权,并通过政权来扩大其经济上的利益,因此,他们也愿意支持摩揭陀王来统一全印度,从而实现他们的要求。

在这样的社会和政治的历史条件下,代表新兴阶层反对旧统治者的佛教思想,乃成为这个时期中反对各国原有统治阶级的政治斗争的有力武器,因而大大的帮助了摩揭陀王的统一事业的进行。佛教思想就是在这种情况下,被摩揭陀王和其他新兴的政治势力所提倡和宣传,而逐渐走上了它的极盛时代。

到摩揭陀王实现了统一全印度的事业,建立起了一个印度史上空前强大的帝国之后,佛教乃在实际上成为了帝国的国教,并且在新的统治者有意识地利用之下,在印度国内逐渐变质,失去了它原有的革命意义,而成为帝国向外扩张及对内进行剥削的护身符。

七、帝国时代
(公元前三二一——公元前二六年)

公元前三二一年,摩揭陀王国孔雀王朝创业王旃陀罗笈多(Chandragupta,公元前三二一——公元前二九七年)取得了国内和各国中新兴地主商人的支持,驱逐了希腊驻军,并且摧毁了社会上原来占统治地位的奴隶主阶级,也就是摧毁了原来雅利安人所建立的许多小型的奴隶主国家,统一了印度北部和中部,建立起了一个封建大帝国。帝国首都仍建立在其旧都波吒厘子城(Pataliputra)——今帕特那(Patna)。

帝国在军事上非常强大,它拥有一支包括有九千头象组成的象队,和三万骑兵,六十万步兵的大军。

帝国创业王的首相旃那迦(Chanakya,或名廓提腊 Kautilya)曾经写过一本书——《政务书》(Arthasastra)。这本书虽然经过后人加以增删,但是存留于后世的这本书的核心思想仍然是旃那迦的根本思想。根据这本书,我们大致可以了解帝国初期的政治经济和社会情况。

印度在佛教开始兴起到摩揭陀帝国成立这一段时期中,社会性质发生了很大的变化,首先从《政务书》中所记载的帝国初期政治经济上的一些情况中,可以看出印度到此时已进入了封建社会。因为《政务书》中所讲到的各种剥削人民的方法(主要是对农民的剥削方法)完全是封建式的一种剥削方法。同时,《政务书》中也没有一个字提到怎样来榨取压迫奴隶,由此可见从佛教开始兴起到帝国成立的二百年间,是印度从一个不是高度发展的奴隶社会转化为封建社会的这样一个向上发展的过程。帝国成立同时也就表明了封建社会的确立。

可以这样说,印度的封建社会萌芽于公元前五〇〇年前后,而到公元前三二一年已完全确立。

《政务书》中讲到国家的最高目的有四个:(一)征服邻国,扩充领土;(二)保有已经征服的领土;(三)增加国内的财富;(四)享受国内的财富。根据以上四个目的,政府制订并实行它的对外和对内的政策,在对外方面主要是用战争和外交来达到其扩充领土的目的。它提倡在外交上使用高度的阴谋与欺诈的手段。在对内方面也采取各种办法来剥削人民,搜刮财富。政府设立各种行政机关,管理监督各地人民的经济活动。因为农业生产是财富收入的根本泉源,所以政府在人民的各项经济活动中特别注意到农业,对于每个农民的收入都有精确的调查,结合其他方面的记载知道当时一般农民要以其全部收入的四分之一来纳税。此外,政府还采用了许多特别的"征收"方式来占有人民的财富,在《政务书》中讲到有几种办法:第一种办法是对法律习惯不予保护的异端者和无家人保护的富孀平时多加监视,以便相机掠夺其财产。第二种办法是鼓励盗寇抢劫商人和富户,待其满载而归的时候再下手将其捕捉,没收其全部赃物。第三种办法是利用宗教迷信,制造各种神道显灵的谣言,引诱善男信女对寺庙多加布施和贡献,然后,政府与寺庙平分所得利益。其他方法还有使用侦探来刺探人民的秘密;或是利用人的弱点,故意布置圈套,或是派人在人民中间挑拨是非,造成纠纷,然后由政府对之加以罪名,没收其财产。

《政务书》中所讲到的各种方法,都曾经为帝国中央政府官吏和地方政府官吏所奉行。

《政务书》中所显示出的明目张胆的不加任何掩饰的压榨人民的统治方法赤裸裸地暴露了统治阶级的本质,暴露了统治阶级的各种设施和国家工具的最后目的就是剥削。在这方面,印度只不过是一个突出的典型而已,其他各国从古至今的统治阶级其本质也无不如此。

值得注意的是佛教在帝国时代开始大盛。帝国的王公贵族几乎人人都信佛教。他们同时也宣传鼓励人民信仰佛教。佛教在当时等于是帝国的国教。从这点,我们可以了解印度统治阶级有两套统治方法,一套是在他们自己内部运用的,就是《政务书》中所讲的那一套政术。另一套是在人民中间运用的,就是宗教——佛教,统治阶级有意识地有作用地在帝国内部推行佛教,因为佛教不但有利于帝国内部的统一及帝国的内外发展,而且他们还可以利用佛教中出世思想的一面转移人民当前的视线,从而掩饰了统治阶级的狰狞面目,更便利了他们对人民的榨取。

关于帝国的工商业方面的情况,《政务书》中记载不多,只知当时主要的输出品有药草、毒药、香料、珠宝、织绣品和各种金属

（铜铁金银）器具，并且有很好的钢铁制成品输往波斯以西各国，虽然在此书中没有关于工业的技术发展情况的记载，但从这点也可以看出当时手工业已相当发达，手工生产技术已相当高，并且已经能够制造比较大量的钢铁了。关于印度在帝国时代已能生产较大量而且较精良的钢铁的事实，在中国、希腊及西方各国的史书中也有记载。

关于商业方面没有具体记载，但可以看出当时已有一种对商人不利的宗教政策开始萌芽。统治阶级中有一些人假借宗教上的某种说法为根据，宣传印度人特别是属于前三个种姓的人不能出海，如若出海，即将丧失其种姓身份。这种说法的出现反映出来帝国内部统治阶级——新兴的地主阶级与商人之间的斗争。在摩揭陀统一印度的过程中，新兴的地主商人曾一度联合起来，支持了摩揭陀王的统一，推翻了旧的统治阶级，建立起代表新兴地主商人利益的摩揭陀帝国。但是，在帝国基础已经巩固之后，新兴的地主与商人之间却又发生了斗争，由于地主阶级势力比较强大，以及在封建经济形态确立后，由于地主在经济上要求巩固稳定的小农生产，乃利用宗教迷信制造出这种说法来限制海外商业的活动，也就是限制了商人势力的发展，在这次斗争中，商人势力终于被压抑下去。此后，新兴地主阶级乃成为帝国最主要的当权阶级。

印度本是一个以农业为主的国家，商业手工业一向不太发展，因此，以农业经济为基础的封建地主阶级在国内社会上和政治上的势力大大地胜过了商人，所以地主能战胜了商人。但从这时起，由于这种符合于封建地主经济要求的宗教禁忌的影响和当权的地主阶级的公开压抑，以致更加阻碍了印度的商业与手工业的向前发展。

在摩揭陀统一印度建立起帝国的过程中，佛教曾发生过一定的作用。因为种姓制度在国家出现后已有的社会阶级之上又加上了一种人为的划分，以致造成社会各阶层之间的日趋分裂。佛教的"众生平等"观念则便利于社会各阶层的联合，也就是便利于摩揭陀的统一，并巩固其统一。因此在帝国成立后，孔雀王朝更加提倡佛教。此时佛教不但成为帝国加强其内部统一的有力工具，而且又成为其向外扩张，征服其他地区的有效的精神武器。

孔雀王朝各王中提倡佛教最久的是阿育王(Asoka，公元前二七四—公元前二三六)。他在位时间是帝国的最盛时期，当时帝国的疆域曾包括有德干高原北部，阿育王最初实行以武力征服的政策，但是施行的结果，并未收到显著的效果。因此他很快地就改变了原来的政策，开始以佛教来补偿武力之不足。阿育王自己曾舍身出家，以示提倡佛教。他在各地建竖佛塔碑石，并派大批僧侣到帝国以外各地方去宣传。这些僧侣传道所至的地方范围极广，向南，不仅到达了印度南部全部地区，并且过海到了锡兰岛；向西，过印度河进入了伊朗高原及两河流域，甚至到达了叙利亚；向北，到达了中亚和今日中国的新疆，后来传入中国内地的佛教就是自中亚一带传入的。这样，帝国武力所不能及的邻国和帝国控制力量薄弱的边区，都得以借佛教的思想传播渗入了它的发源地国家的政治影响。因此，阿育王时代是佛教的极盛时代，而佛教的极盛时代，也就是帝国势力最稳定的时代。

但是，佛教在帝国时代逐渐发展到极盛的过程，也就是佛教逐渐变质，成为新政权的统治工具的过程。在佛教初兴起的时候，它虽然是代表当时新兴的地主商人要求在政治上取得地位的一种运动，不过它也符合于当时在政治上毫无地位的广大人民的要求，因此它还不失为是一个人民运动。但在新兴地主商人支持摩揭陀王国统一印度的过程中，随着新兴地主商人之掌握了政权，如前所述，佛教的作用也就开始变质。因此，在其教义方面也开始有了改变。

释迦牟尼创始佛教时虽未否认"轮回""业缘"的说法，但重要的却是以为任何人都能依靠自己的修持达到超脱"轮回"与宇宙化为一体的境界。佛教思想最初反对婆罗门教教义的革命意义就在此，而到此时，"轮回"说又开始被提倡起来，如在阿育王所竖立的碑石上刻的经文多是劝人安分守己，多积善业，以求来世的内容。佛教到此时在印度境内已完全丧失了它的积极意义，而成为了麻痹人民思想意识的统治工具。

八、帝国时代的自然科学

自然科学在摩揭陀帝国成立之时已经有了很大的发展。在此以前，当有一相当发展阶段。但由于缺乏文字记载，因而无法推测其具体的发展过程。不过，根据帝国时代的炼钢情况及其他自然科学所已达到的水平，可以推知这些成就当是长期发展的结果。

帝国时代最重要的科学是数学。根据最早的记载，知道在公元前二世纪时印度已经有了几何学和四则，不过在四则中，只有加减乘三则特别发达，印度数学对以后世界数学的发展贡献很大，重要的有下几种发明：

（一）数目字。在公元前三世纪时，印度已发明了一种很简便的数目字，这种数目字以后愈益简化，到公元后三世纪已经近似现代数学上所用的数目字了。到中古时代，阿拉伯人建立了伊回帝国，势力向东发展与印度接触后，印度的数目字为阿拉伯人学去，经由中古回教世界而传至欧洲，而欧洲又最早发展了资本主义,这种数目字又随着资本主义的扩展而普遍到全世界,即现在所谓的阿拉伯数码。

(二)数字位。数目字的发明只解决了书写数字及简单计算方面的困难,但在较大数字计算方面仍存在着很大的技术问题。到公元前二世纪以后印度又发明了数字位,解决了进位问题,能够把孤立的数字结合起来运用了。这样,数学向前发展过程中的一个最重要的问题才被解决。

(三)零。公元前二世纪时印度数学创造了代表"无"的数目字——零。最初零写为一点,后始写作"0"。在数字位发明后,又以零来解决补位问题,数学上的最大技术问题至此完全解决了。此后,印度的数学乃有了长足的发展,并且也促进了世界数学的发展。以上三种发明是印度数学对世界的最重要的贡献,自公元前后直至十四世纪,印度的数学始终闻名于世界。

今日所能知道的印度古代的大数学家是雅利亚波陀(Aryab-hata,活动时期为公元四七五—五○○年),今日所知的印度数学,都是由他一脉相承下来的。

至于数学以外的自然科学,如天文学、物理学、化学等多自巴比伦、希腊等地传来,印度自己独创的见解不多。

九、帝国的衰亡

继摩揭陀帝国孔雀王朝之后的王朝是珊珈王朝 (Sanga,公元前一八四—公元前七二年)。关于这个时期,我们所知的事只有两件:其一是珊珈王朝统治时代一反孔雀王朝之宗教政策,排斥佛教而提倡婆罗门教。就印度历史发展之前后关系上看,佛教所代表的是要求统一的势力, 因此它适合于当时政治上逐渐走上统一的客观趋势,以及大一统的封建专制制度的建立,因此在帝国成立前后,佛教能以大盛。而婆罗门教所代表的则是统治阶级内部主张分裂局面的一部分势力, 这个帝国统一后所出现的分裂势力并不就是统一前的旧势力,而是在封建经济条件下,主张地方割据的新的分裂势力。由于在这个时期中婆罗门教的复兴,可以看出此时帝国已开始衰落,因而这种主张分裂的势力乃得逐渐抬头。

其二是塞族的入侵,公元前一五○—公元前一四○年间,塞族开始侵入印度,曾经攻占了旁遮普地方。

公元前七二年珊珈王朝为堪瓦王朝(Kanva,公元前七二—公元前二六年)所代。堪瓦王朝是统一帝国最后的一个王朝。当其时帝国内部实际已无力维持统一的局面。同时,帝国边疆仍不断的受到塞族的侵扰。王朝勉强维持了四十余年,至公元前二六年即灭亡。

十、印度之分裂

公元前二六年堪瓦王朝之后,统一的帝国灭亡。此后印度北部和中部有数十年陷于混乱局面。随后又有外来势力进入印度北部建立了外族的贵霜王朝。

在公元前二六年至公元二三六年间, 印度境内有两个小王朝存在。先是在印度南部——德干高原的中东部地区出现了一个小王朝——安度罗王朝 (Andhara, 公元前二六—公元二三年)。此王朝提倡婆罗门教。不久,在印度西北部,以前犍驮罗地方出现了另一小王朝,即贵霜王朝(Kushan,公元四五—二二五年)。贵霜王朝是中国史上所称的大月氏人所建立的王朝,大月氏人原居住在中国的西北边疆, 在公元前二世纪时为匈奴人所迫,向西迁徙,进入中亚,征服了大夏。此时大夏已经"希腊化",

因而,大月氏也从这里接受了希腊文化的影响,成为一个"希腊化"的民族。大月氏人当其在大夏的势力已巩固后,开始向南发展,攻占了今日之克什米尔,并渡印度河占领了犍驮罗地方,建立了贵霜王朝,但其根据地仍在大夏。贵霜王朝最盛时期领土曾包括有印度西部及北部之一部分。

贵霜王朝各王也多信奉佛教,其中尤以迦腻色迦王二世(Kanishka,一二〇——一六二年)提倡最久。迦腻色迦曾经想凭借政治力量来否认种姓制度,想在现实生活中彻底地实现佛教的"众生平等"理想,但是实际并未能做到。因为,就在二世纪中《摩拏法经》(Dharmasastra)出现了,这是一本以婆罗门教的理论来肯定了种姓制度,并且具体而繁琐地规定了种姓制度各个方面的细节的书,从这点可以看出这时婆罗门教又已抬头,而佛教与婆罗门教的斗争正在进行着,不过佛教凭借着政治势力暂时获得了胜利。但佛教到此时内部已发生变化,开始分裂为两个派别。新起的一派自称为大乘派(Mahayana),而原有的佛教思想则被称为小乘派(Hinayana)。贵霜王朝所提倡的是大乘佛教。

小乘佛教与大乘佛教的基本不同点在于小乘的最高理想人格是阿罗汉,而大乘的最高理想是成为菩提萨埵(Bodhisattva),或称菩萨。菩萨与阿罗汉不同,菩萨是已经修执成道,本可以超脱轮回进入涅槃的人,但却自动的不入涅槃,而继续轮回,再生入世以普渡众生。此外,小乘派认为修行只能靠个人自己,大乘派认为这种修执成道又自动入世的菩萨可以靠助别人来修行,人得到他的帮助在个人修执方面可收事半功倍之效。后来,大乘教派中的又一派别——净土宗的思想更进了一步,认为只要诚心信仰菩萨,菩萨就能度人成佛。佛教发展到了大乘教派,尤其是到了净土宗之时,实际上已完全成为一种宗教迷信,已失去了最初释迦牟尼所创立的佛教思想中的哲学思想,失去了那种促使人们进行自我的深刻修养的人生哲学意义。印度各种哲学思想虽都带有宗教迷信的色彩，但佛教思想之完全成为宗教，则系大乘兴起以后的事。

大乘佛教又分有许多派别。净土宗这一派，在印度本土势力并不大，但后传入了中国，自唐以后在中国下层社会却非常流行。净土宗信仰的菩萨阿弥陀佛(Amitabha)，也称无量寿佛(Amitayus)，据说阿弥陀佛居住在西方极乐世界(Sukhavati)，信他的人只要念一声阿弥陀佛，死后即会被他接往极乐世界。后来在净土宗中又附会出来一位观世音菩萨(Avalokitesvara)，说观世音是阿弥陀佛的使者，专门到人世来作度脱信徒的工作。

大乘佛教的一些派别传入中国后所造成的重要影响有两方面。一方面就是宗教迷信——净土宗的发展；另方面，则是保存佛教原来的哲学思想较深的禅宗，禅宗在唐以后流行于中国上层社会之中，佛教的主张自我修养的思想与中国原有的儒家思想相结合而形成了中国宋明两代的主张"格物""致知"的唯心的哲学思想——理学。

同时，在贵霜王朝时代，印度经大月氏人那里接受了希腊文化的影响，结合了当地佛教的发展，在犍驮罗地方出现了所谓"犍驮罗美术"，其中特别是雕塑的艺术，在技术方面完全接受了希腊雕塑技术的影响，如释迦牟尼之头像即系摹仿希腊亚波郎神之作。以后，犍驮罗美术随佛教而传播到中国来，引起了中国绘画艺术上的革新，同时中国到南北朝时也开始雕塑佛像。

贵霜王朝之提倡佛教，一方面固然是要愚民，一方面也是要铲除旧的势力——婆罗门人存在的影响，要打破因种姓制度而造成的社会上的分裂趋势，并企图借佛教的势力来统一印度。但是这个目的并未能实现。

安度罗王朝与贵霜王朝先后灭亡后，印度又一度陷于混乱状态。到三一九年始有另一个统一的势力出现，即笈多王朝 (Gupta，三一九—五三五年)。笈多王朝统一了印度北部中部的大部地区，仍建都于摩揭陀旧都波吒厘子城。其创业王为娑穆陀罗笈多(Samudragupta，三三〇—三七五年)。

笈多王朝第二代王旃陀罗笈多二世(ChandraguptaⅡ，三七五—四一三年)，中国史上称之为超日王，当其在位时为笈多王朝最盛时代，其时印度社会又形安定，由于生产渐趋恢复，故人民生活也比较安定了。正在此时，中国僧人法显到达印度来求佛法，归国后写了一本《佛国记》，记述自己在印度的经历。这是有关五世纪初期印度内部情况的最重要的史料。《佛国记》中曾经提到印度中部某些地区的富庶情况，但也记述了印度北部一些地方的荒凉与残破的景象，甚至这些地方的城市居民不过数十户，有些交通大道也成为了虎狼出没的地方。这种荒凉残破的情况必然是由于在摩揭陀分裂后印度长期陷于混乱局面下造成的，战乱结果使印度的社会生产都遭到了破坏。

印度大部地区的生产在战乱中遭到破坏，生产停顿，个别地区的生产到此时又形恢复与繁荣，这就造成了笈多王朝时代印度各地区在经济上的发展不平衡的状态，其结果必然导向政治上的分裂。笈多王朝时代虽然暂时仍维持着统一的局面，但分裂的趋向已很明显，从《佛国记》中所记佛教至此已开始衰败，有九十六种外道皆甚兴盛，各自拥有信徒。可以看出，由于印度的经济发展的不平衡状态及政治上之分裂趋势，使婆罗门教在此时又开始兴起。

五三五年笈多王朝亡，印度又长期处于分裂状态，在此后一千年间始终未再统一。

十一、印度教之成立

在笈多王朝时，婆罗门教又逐渐恢复了它的势力。但此时的婆罗门教与佛教兴起以前时的婆罗门教在性质上有所不同，它是古代的婆罗门教的一种新的发展，为区别两者起见，历史上称后期的婆罗门教为印度教。

印度教可说是古代婆罗门教与大乘佛教的混合体。它是在最严格的维持种姓制度的基础之上，加入了大乘佛教的消极厌世接受现状的思想而形成的，并为婆罗门人所控制的一种宗教。印度教不但将种姓制度重建起来，而且更将它严格化繁琐化，在四大种姓之内，又分记出许多小种姓。故此后在印度社会上发生作用的种姓制度不再是原来的四个大的种姓，而是分记出来的无数个小种姓了。

印度教约在五〇〇年成立，它的成立代表着婆罗门种姓在政治上的胜利。因为从形式上看，印度教与古代婆罗门教最大的不同就在婆罗门与刹帝利这两个种姓的地位互相调换了。婆罗门种姓压倒了刹帝利种姓，变成四种姓中的第一种姓。这种变化是在婆罗门教与佛教的斗争中发生的，而这种变化又因下层种姓的接受而成为事实，婆罗门人在对佛教的斗争中为争取广大群众的拥护使用了一种策略，他们到各地去向贱民进行宣传，假托神的意旨宣称，凡是拥护婆罗门人的人，神都可以使之进入种姓之门，并且进入种姓之门后，仍允许保持其原有的信仰。同时，婆罗门人又乘机宣扬婆罗门种姓应高于刹帝利种姓。大批贱民因此进入了种姓之门，而给予他们种姓地位并保障其地位的婆罗门人自然也受到了他们的拥护。婆罗门人即以这种手段战胜了佛教，在宗教上建立起印度教的绝对优势，并且使社会上承认了他们是第一种姓，在政治上取代了刹帝利的地位。印度教成立的过程，实即婆罗门种姓与刹帝利种姓进行斗争，并取得胜利的过程。

印度教特别尊崇的神祇有三个：即梵王(Brahma)是开发(创造)的神，湿婆(Siva)是破坏神；毘湿纽(Vishnu)是保存的神，三神所代表的是一种循环的思想，这种思想企图说明宇宙万物的变化不过是这三个阶段的循环往复，并没有本质上的变化。这样，就肯定了一切现存的社会制度虽也不断的发生演变，但其根本的性质是不可变易的，使人民安于接受现状。这是印度社会经过几度动乱后，其最后取得胜利的统治者所建立的思想体系。除以上三大神外，印度教对其他宗教迷信一概兼容并包，因此它所包容的神祇的数目多到无法计算，有人说印度教的神比印度人还多，这种说法当然不符事实，不过印度教的神的数目的确为世界上一切宗教之冠。

印度教的经典共有三种：一种是史诗，有《摩阿婆罗多》(Mahabharata)与《罗摩耶那》(Ramayana)两篇长诗，这两篇史诗最早出现于公元前二世纪时，但在笈多王朝时开始完成初步的定本。诗中包括有许多历史故事和古代的神话传说，而更重要的是包括有印度教的许多神祇和印度教的中心信仰。其中尤以《摩诃婆罗多》史诗的"婆戛瓦基阅"(Bhagarad-gita)神颂，充分表达了印度教的全部思想。第二种是《原神记》(Purana)，它是一本神谱，其中历述了各种神的来历与其所掌管的职务，以及印度教的教义与礼拜仪式等。

第三种是《摩拏法经》(Manava Dharmasastra)。摩拏是印度古代神话中的一位半人半神的英雄。婆罗门人假托此书是他所写的，《摩拏法经》制订的形式颇似近代国家的法典，但宗教色彩非常的浓厚，它的目的就是用宗教的名义，而以法典的形式具体而繁琐地规定了每一个人的地位身份以及人与人之间的关系，规定了人民生活的各个方面。《摩拏法经》对印度人民的现实生活和思想发生了极大的影响。

《摩拏法经》主要的内容是对种姓制度应有的根本认识。认为种姓是与生俱来的，不但在原则上不能更改，就是在施行细节上也丝毫不能变动。种姓不能变更，只能分化。因此，印度各小种姓不断分化的结果，其总数达到两三千之多。而种姓又是与各种职业相联系的，同一大种姓之内分散于各地方从事同一种职业的人又各自组成一个小种姓。婚姻也只能限制在同一小种姓之内，并且个人的社交生活也不能越出自己种姓的范围，不同种姓的人不得互相接触，不得在同一个房顶下居住或同桌而食。各种姓皆设有种姓公会，监督各种姓中人的活动，使之严格遵守种姓制度的各种规则，如有触禁章者，轻则由婆罗门人代其"清洗""罪行"，重则逐出种姓之门。除此之外，法经还规定了其他许多重要条例：如种姓中人不能与贱民接触，甚至贱民的影子碰到婆罗门人身上，婆罗门人即刻要洗涤身体；如对母牛的崇拜，印度人认为母牛是神圣的，不能强迫它工作或干涉它的行动，当然更不能宰食。因此，直到今日印度所有的母牛比任何国家都多。

《摩拏法经》的根本精神是要人从思想上接受和承认一切现存的社会制度是合理的。个人生活上的痛苦都是前生所种下的"因"所致，因此要认识今生的痛苦乃是不可避免，并且也不当求免的。如果有意避免今生的痛苦，那只有加深自己的罪恶，种下恶因，而来生将遭到更多的痛苦。一个人最高的道德即是接受忍受一切现状，等待因果转回来解决自己的一切问题。这样，以因果轮回的宗教说法来解决现世社会所存在的一切问题的结果，就是避免对现存的极端不平等的社会制度怀疑与动摇，因而大大的加强了它。

《摩拏法经》最早出现于一世纪，至笈多王朝时代始有初步定本，它是在婆罗门教与佛教斗争时间完成的。在《摩拏法经》中刹帝利种姓被降到第二位。所以，印度教的成立从统治阶级方面的关系来看就是刹帝利种姓与婆罗门种姓之间的斗争。在婆罗门人争取了广大贱民战胜了佛教，并在政治上压倒了刹帝利种姓，强迫他们承认现成事实而取得了第一种姓的地位后，印度社会从此变成了为婆罗门控制下的社会。婆罗门人施行的是一种纯粹的宗教性的统治。《摩挲法经》就是最有权威的法律，印度教教士就是实际社会政治生活的支配者。教士们的整个思想体系就是迷信，他们反对一切新的事物，新的思想，因此在教士统治下的印度，可说是愚民政策施行得最彻底的地方，社会上所存在的一切问题很少能解决或改善。因而印度社会此后乃成为了最典型的由教士所支配的社会，也就是成为了世界上一切封建国家中进步最慢的一个。

在另方面，印度教的成立标志了耆教与佛教势力在印度的最后削弱。在今日印度的耆教徒和佛教徒不过只有几十万人，六世纪以后，佛教只能在印度以外地区继续发展，并且还有了新的发展，如大乘佛教之在中国，小乘佛教之在尼伯尔、锡兰，佛教所以能在尼伯尔、锡兰发展下去，是因为这两个地方在佛教初传入时还很落后，还没有完全脱离氏族社会阶段——比较平等的社会，虽然已经有了阶级分化，阶级统治并不严酷。因此在佛教传入后，众生平等的原则基本上还符合其社会现状，以后，阶级分化日益深刻后，佛教则又成为当地统治者的统治工具。当然，随着佛教在这些地区所起作用的不同，它的教义的各方面也曾不断的分别在不同时间内被突出的强调或阉割。

自摩揭陀帝国成立起，到印度开始分裂止，前后约八百年的期间，印度社会上一直存在着的一个问题即为婆罗门教与佛教的斗争。如前所述，两教在社会和政治上所起具体影响不同。佛教利于统一，而婆罗门教则利于分裂。因为佛教所提倡的"众生平等"的口号，不会使社会上因生产关系所必然会出现的阶级区别以外再有任何人为的更深的种姓阶层区别的存在。而婆罗门教不但把一般的阶级区别正式规定下来，而且把种姓制度所引起的社会分裂现象也维持了下来，使这种分裂日益加深。而两教斗争的结果，最后是继承婆罗门教衣钵的印度教取得了胜利，这就决定了印度社会在此后必然长期地走向分裂。

当然，印度社会之走向长期分裂是有其更深的经济根源的。印度在公元前五世纪以后，社会生产曾一度发展，因而使得社会上出现了一批新兴的地主和商人，就是在这个新兴阶层的力量推动下，凭借着佛教这个武器，印度曾一度达到了统一。但是当时印度经济上的发展仍是有一定的限度的。当时无论农业手工业或是在农业手工业基础上发展起来的商业，其发展程度都不够高，生产技术也还幼稚，整个的社会生产还未提高到使印度全部成为一个大的经济单位的程度，所以摩揭陀统一后的经济发展速度不足以克服封建经济所必然存在的分散因素，使统一成为常态，像中国秦汉以后那样，从而也就使得任何封建社会都必然具有的分裂趋势占了上风，使得分裂的局面成为了常态。

印度教的胜利不过是印度长期分裂的一个标志而已。

笈多王朝之后的一千年之间，印度始终未再统一。同时，印度社会在教士统治之下始终处于瘫痪状态。社会的分裂状态，又促成了国内政治力量的削弱，使印度无力抵抗外来的侵略，故此后印度不断遭到外来势力的侵扰和统治。而转过来，外力的侵入更加深了印度社会的分裂，因为这些外族只能征服一个小区域，并且最后都同化于印度社会中，自成一个或数个种姓。因此，五○○——五○○年之间的印度比以前时期还要混乱和分散。这一时期所遗留下来的历史材料，除有关回教民族部分外，更加漫无头绪，所以对后人来说，这一时期中的印度历史情况也就更不清楚了。

第三章 巴比伦

一、地　理

历史上所谓的"巴比伦"就是指两河流域——底格里斯河与幼发拉底河中下游的平原地带。两河流域一名源自希腊名词"Mesopotamia"，原意为"河中间的地方"，后乃用以概括了两河流域的全部平原地区。底格里斯河与幼发拉底河在古代是各成水系分流入海的。"Tigris"与"Euphrates"是拉丁文的写法，当地人最古的写法是"Diglath"与"Ephrat"。这两条大河在古代泛滥成灾，因而给予古代巴比伦居民以极为深刻的印象。

这些印象经过世代的传说，乃逐渐集中形成为一个完整的系统的故事流传下来。今日在世界大部地区中都普遍流传着洪荒时代全人类曾遭遇过一次大洪水的故事，实际上那只是巴比伦的洪水故事。世界上四大河流文化，除埃及以外都有关于古代时期的洪水传说。在古代的中国、印度和巴比伦都有着不同的洪水故事流传下来。这些洪水的传说并不是人们凭空虚构的，它确实是根据古代时期这些大河流域所经常发生的洪水灾害事实，以及这些地区人的古代祖先长期与洪水作斗争的经验，或是特别严重的一次水灾所造成的深刻影响而产生的，两河流域所有的古城今日已大部被发掘出来，在这些城市的遗址上还可以清晰地看出被洪水淹没的痕迹。由此，足证"洪水"问题的确是人类早期社会中一件对人影响重大的事件。但巴比伦的洪水故事在今日世界中所以能比其他两个地区的洪水故事更为突出的流行，以致于人们不觉察到这只是属于巴比伦地区的原因，这就是因为巴比伦的洪水故事后来为犹太人抄袭了去，与犹太教的宗教内容联系起来，成为犹太教《圣经》的一个组成部分。后又经由犹太教为基督教所采用，随着信仰基督教的资本主义国家的影响，这个传说也就散布到了全世界，使原来源出于巴比伦的洪水故事也在全世界之内流传起来。

传说在公元前四〇〇〇年左右两河流域已出现了许多城市，每城又各自为一个小国，并传说在公元前三〇〇〇年前不久，在两河中下游之间有一个大城名其市(Kish)。其他有名城市见于传说的还有邬尔(Ur)、邬鲁克(Uruk)、拉戛施(Lagash)、拉尔撒(Larsa)、邬玛(Umma)、埃利都(Eridu)与尼浦(Nippur)。这些传说中的城市都已被发掘出来。

根据地下发掘材料及古代巴比伦的文字记载，知道两河流域中下游地方很早就已分划为南、北两区。在南区——两河下游地方活动的人自称为苏摩人(Sumer)，故古巴比伦时亦称此区为苏摩。苏摩人的文字、语言与后世各种族之文字、语言皆无联系，其外表形貌也很特异，因此至今还不能判断他们到底是属于哪一人种。在北区——两河中游地方活动的是一种闪人(Shem)。由于北区最早强大的城市名阿卡德(Akkad)，故后亦称此区为阿卡德。

苏摩地区是两河流域最早的政治经济中心。

二、苏摩时代
(公元前二九〇〇—公元前二四〇〇年)

在我们知道苏摩人的历史的时候，苏摩地区的文化已发展到相当高度，其经济生活的各方面——农业手工业与商业都已相当发达。

在公元前二九〇〇年前的时候，苏摩人不仅是开始，而是相当普遍地使用牛耕了。到了今日为止，我们还没有发现有比苏摩更早使用牛耕的地区。用兽力耕田代表着农业技术上的一个大进步，也是农业生产力相当高的一种表现，并且在此时苏摩地区已出现了许多专门培植蔬菜、水果的菜圃和果圃。蔬菜、水果的种植已成为独立的园艺，这也是农业技术发展很高的另一表现。

为了充分利用两河流域的水源，以保证农业生产的顺利进行，苏摩地方在此时已修建起了大规模的人工灌溉工程，依自然的区域划分，各自组成为一个大的灌溉系统，以调剂河水泛滥时期及以后的水量。在两河流域，地方水利和农业生产有极密切的关系，因这里的土质为一种胶性极大的肥沃土壤，极利于农业生产，但在无水干旱的时候，这种土壤却会变得坚硬如石并发生龟裂，农作物将枯死，故必须经常保持一定的湿度。可是河水和雨水的来去与有无却和当地农业生产的需要不一致，所以必须用人力来和自然作斗争，防止它的灾害并利用它来服务于农业生产。在这里，到了每年的十一月至十二月这一时期中，才是多雨的季节。这时雨水非常充足，但两河的水位却并不因此上升；三月至九月之间则是两河泛滥的季节，此时必须积极地治水，即防洪和储水，因为一进入十月后，河水即完全退尽，而此时又是干旱无雨之时。可是十月却正值农作物生长的季节,所以必须在十月以前储存一定的水量以备用。故人工灌溉系统的建立与组织大规模的合作具有重大意义。这也是当时国家机构最重要的职能之一。

在手工业方面,原始社会时代所旧有的编织、纺织、制造陶器与红铜器等手工业仍继续发展, 在公元前三〇〇〇年左右时还没有出现其他新的手工业。但过了二百年后(公元前二七〇〇年左右),青铜出现了。由于两河流域缺少锡矿,故最初青铜器的制造量还很少。到公元前二四〇〇年左右,两河流域对外的交通扩大了,多瑙河中下游地区出产的锡开始大量输入,青铜器至此时始较大规模的制造。

两河中下游地方没有山,因此缺乏建筑用的石料与木料,所以在建筑方面只有神庙和王宫的建筑才能用一些从远方交换来的石料和木料,一般建筑都是用土砖(日晒砖)。制造土砖也是一项重要的手工业。

在公元前二九〇〇年以后, 两河流域地方的商业已相当发达,对外进行交通与交易的区域已很扩大,就其对外的输入与输出看来,两河流域主要从各地输入手工业的原料。其中如自阿拉伯半岛阿曼地方和亚美尼亚输入红铜;自多瑙河中下游地方输入锡;自小亚细亚、叙利亚及依兰地方输入金银;自叙利亚、阿拉伯半岛及伊朗高原输入毛绒;自埃及和阿拉伯输入木棉。此外,还自印度输入各种颜料与香料。

这些原料输入后,经过加工制造,做成各种成品后再向外输出,主要是向两河流域附近一带的许多文化较低的部族输出。输出品主要包括有精锐的青铜武器,图案美观的布与陶器、脂粉、加工的皮货、装饰品及各种家具、用具等。由此可以看出其商业性质:双方不是对等的商品交换。同时也可以看出此时两河流域的经济发展是较其附近各地区为高的。

苏摩时代的巴比伦还未能统一，仍是许多小国割据的局面，这些小国各以一个大城为其国家之经济与政治中心，各国皆有世袭之王。在理论上，王并不是以他实际的政治地位来统治国家，而是以一种宗教上的名义来统治国家。根据其宗教上的说法，各城都有一个城神，国家所属的全部土地都为城神所有，但城神不能直接管理其土地与人民，因此特别委派一个人代他全权处理一切，这个人就是王。神将全国土地全部租佃与王，王再将土地分配给人民耕种。王代神统治和管理着全国的土地与人民，故王的另一称号是"城神的佃户"。从这里也可看出王是由原始社会的巫人演变出来的，因此还保留着一些巫人的色彩。

土地在理论上虽然是属于神的，但实际上全部土地分为二部分，其中相当大一部分土地是庙产，也就是直接受王控制的土地。这部分土地由王及其手下人直接经营，分配农民耕种。从事耕种庙产的农民不能随意脱离土地，其收获的全部都要缴给神庙，他的口粮则由神发放。所以他们的实际身份等于奴隶。另外一部分土地不与神庙发生直接关系，多掌握在小农手中，这些小农在平原地带则经营农业，在近山地带则经营畜牧业。当时还没有固定的税收制度，这些自由农民和牧民每年都要自发地向神贡献。这种贡献从表面看乃是一种社会习惯，但实际等于一种法律，没有人敢破例不贡献，因为当时神权的统治是很强固的。此外王与其手下的教士又大量的制造与发展宗教迷信，诱使农民和牧人自愿地拿出收获物的大部分。这些农牧民的生活比前一种"农民"的生活则稍好。由于这些尚且占有生产资料的自由农、牧民的大量存在，以及王对他们的榨取在名义上不得不使用"神"的名义，而还不能使用直接的政治强力来使其提供剩余劳动，可以说这个时期巴比伦的社会还不过是刚由原始社会进入奴隶社会,即奴隶社会的最初期。

神庙除占有大量的土地外,还设有许多大手工作坊,这些手工作坊由教士直接管理,也就是由王直接受理。在其中工作的人大部分是奴隶。不过也有少数被迫在内工作的自由人,而其生活、地位实际也与奴隶相差无几。

当时各城皆有自定的统一的度量衡制度,由各城的王划一规定,在王的手工作坊中统一制造,这是王剥削其人民的另一种办法。

在苏摩时代,各城之间的战争很频繁。战争的原因主要有二:一是争夺土地,亦即争夺剥削的来源;一是争夺水源,在河水泛滥或天气干旱之时,上下游的国家间往往因放水、截水而发生冲突。各城之间的战争有时是双方单独进行的,有时也采取联合形式。但混战的结果始终没有统一的局面出现。

三、阿卡德时代
(公元前二四〇〇—公元前二二〇〇年)

关于北区阿卡德人在公元前二四〇〇年以前的历史至今还不能了解,但可推想,其时两河流域中游是比较落后的地区,当苏摩地区已有国家出现之时,阿卡德地区仍处在氏族社会阶段。至公元前二四〇〇年前不久,由于不断地吸取了苏摩地区的高度文化及进步的生产技术,因而能够加速其自身的发展过程,更迅速地建立起了国家。同时它的发展又带动了邻近的各个地区。

在公元前二四〇〇年前后,阿卡德城已强大起来。

阿卡德的第一名王为沙鲁金(Sharrukin,或称撒尔根 Sargon I,公元前二四〇〇年)。他征服了阿卡德地方的许多城市,使之成为自己的附庸国。在公元前二四○○年前后他已能控制阿卡德地区的大部了。其首都建在底格里斯河东岸的埃施努那(Eshnunna)。之后，他开始向南发展，侵入了苏摩地区。苏摩地区的各小国曾联合起来抵抗这些北方来的"野蛮人"，但结果还是被沙鲁金打败，臣服于阿卡德。由于当时生产水平很低，各区之间的交通联系还很困难，因此，沙鲁金虽然征服了两河下游的全部地区，但并不能统一管理，所以沙鲁金仍维持苏摩各城原有的独立政治机构，仅令各城提出其剥削人民所得之一部分入贡阿卡德。

此后，沙鲁金时代的阿卡德还曾向两河流域以外的地区发展：向东南征服了依蓝(Elam)；向西南，打下了叙利亚地方的许多城市。其攻占叙利亚的动机，主要是为找寻矿产与开辟商业路线。沙鲁金死后，公元前二三○○年左右在位的阿卡德王那蓝辛(Naram-Sin)仍继承着沙鲁金的政策，继续向西发展，曾自叙利亚渡海攻占了基浦娄岛(Cyprus)。因此岛是地中海东部富有红铜矿的地方。后希腊且以此岛之名称作为铜的名称，今日欧洲各国文字中之"铜"字亦多来源于此。

阿卡德虽很快即强大起来，但其失败亦非常迅速。其失败的原因尚不可知，仅知到公元前二二○○年后两河流域地方即陷入混乱局面。

四、混乱时代
(公元前二二○○—公元前一九○○年)

在这段时期，两河流域局面非常混乱，历史事实也纷乱不清，各城之间彼此混战，敌友关系时常变换。同时边疆以外的许多部族也开始侵入两河流域，从西北方山地下来的部族占领了两河中游地方；另外从东北地方也有许多部族进入了两河下游的苏摩地方。

至公元前一九〇〇年前不久，苏摩地方各城开始联合起来反抗这些外来势力。其中曾有数城先后成为苏摩各城反抗外来势力的联合组织的领导者，但其反抗皆未成功。最后到公元前一九〇〇年巴比伦城起来担任领导反抗时才成功。

巴比伦(Babilu，Babylon)位置于幼发拉底河下游苏摩与阿卡德交界处，是属于阿卡德人的一个城市，在它领导苏摩各城成功地驱逐了苏摩地区的外族之后，又向北进攻，将阿卡德地区的外族一并驱逐了出去，同时在驱逐外族的过程中也统一了两河流域，结束了三百年间的混乱局面，建立起巴比伦帝国。

五、古巴比伦帝国
（公元前一八九三—公元前一五九四年）

古巴比伦帝国之极盛时代为名王汉穆拉比 (Hammurabi，公元前一七九一——公元前一七四九年)在位之时，当时帝国曾颁布了著名的《汉穆拉比法典》。从此法典中可清楚的了解到帝国政治、经济、社会各方面之情况。

在政治方面，此时，帝国已开始实施"流官"制度，以前各城的管理者——世袭的教士都已取消。这种统治方法的实施表现着中央集权制的确立。各地方官吏皆由帝国最高统治者——皇帝派遣，所有官吏都得服从皇帝的指挥和调动。这些官吏已不全是教士或旧贵族出身的人了，其中有些是平民。这是一种典型的流官制度，而这种流官制度的出现反映着奴隶社会范畴之内社会上的一种重要变化，它与过去分散着由教士来进行个别统治的分裂时代有显著的区别。首先,这是因为此时帝国的社会生产已大大地发展了, 两河流域已可以组成为一个大的整体的经济单位, 以前只限在各城自己区域之内进行的商业活动现在已逐渐转变为在大帝国范围之内来进行的商业活动, 各城之间的商业交往愈益重要起来。从而,交通商路发展起来,出现了全国性的交通网。只有在这种条件之下,帝国的统一才有可靠的经济基础,帝国的统一才能巩固。

《汉穆拉比法典》共二百八十二条,除其中一部分已模糊不能辨识外, 有二百五十五条被完整的保留了下来。归纳法典原文之内容可知当时巴比伦社会经济各方面情况如下:

一、财产权方面

当时巴比伦的土地仍分为两类,一类是王有土地,一类是个人私有土地。王有土地由王直接支配, 王自己保留其中的一部分,直接分配给农民耕种。这些农民的身份很不清楚,不像奴隶,至少有一部分不是奴隶。另一部分王有土地则由王颁赐给帝国的官吏, 作为他们的俸禄。这些取得土地的官吏除为政府服务外,还有服军役的义务。但他们对土地没有出卖或转让的权利,只能享用土地上的收益。在其离职或本人死亡之时,土地仍由王收回,另赐他人。个人私有土地的数量比王有土地稍多,这类土地可以随意买卖或转让。当时已有一定的税收制度,这些私有土地皆须向王纳税。由当时租佃制度之普遍可以看出这些土地多系集中在大地主手中。

从这一点上又可以看出此时直接生产者已大多不占有生产资料。所以在古巴比伦帝国时代奴隶制度虽始终未深度发展,但阶级分化已较苏摩时代深刻化了, 帝国的国家组织就是这个已经形成了的剥削阶级的工具。这个阶级的财产私有权被确定并受到保护,也就是剥削制度被牢固地确立了。法典就是适应这个要求而产生的。

法典中所规定的租佃制度尽可能地保护着地主的权益。土地的租额非常高，一般为土地上全年收获量的三分之一或二分之一，果园的租额更高，须交全年收获量的三分之二给园主。而且不论年成好坏，农民一定要按契约订定的数额纳租。

帝国的商业相当发达，流动资本相当多，商人与地主皆放高利贷。贷款利息从间接方面看出高达百分之二十至三十，并且高利贷行为为法律所保障。法典中规定：当债户无力还债务时，债主可以拘押债户之家人，强迫其还债。人质在被押期中死亡时，如系自然原因致死，债主不负责任，如因被虐待而致死，则债主须抵偿。抵偿办法视人质之身份而有所不同。如人质为债户之子，则以债主之子抵偿，如人质为债户之奴隶，则债主仅赔偿奴隶之主人三分之一"迈那"(Mina)白银，同时勾清其所欠之债务。另方面，当债户无力偿还债务时，也可将自己的妻、儿送至债主家中为债奴，债奴要无偿的为债主服劳役三年以抵债，第四年即可恢复自由。如债户以其奴婢为债奴，则债主或令其劳动三年以抵债，也可将其出卖，以卖奴所得之价款抵债，但若此债奴为其原主人生育子女，则债主不得将其出卖。

法律对财产所有权的保护从盗窃罪中也可看出，法典规定：盗窃神庙与王宫财产(指金银一类的财物)者处死刑。接受赃物者亦处死刑。盗窃神庙及王宫之牛、羊、驴、猪或舟船者须三十倍赔偿。如盗窃者贫穷无力赔偿三十倍时，则十倍偿之；如还不能偿，则处以死刑。抢劫他人财物者，一律处死刑。如抢劫者逃走，无法捕捉到案时，则发生劫案所在地的城邑及此城之城守负责赔偿失主的全部损失。如被劫者本人亦被杀死，凶手逃窜无法捕捉到案时，则此城邑与其城守须负责赔偿死者家属的损失。趁火打劫者，被人发现后，可以当场将其投入火中烧死。

同时,法律保障奴隶制度,法典规定:诱惑王宫或贫人(在法典中贫人与富贵者对称,这可能是奴隶主阶级中的两个不同阶层)的奴隶出门(城门)者,处以死刑。窝藏王宫或贫人的逃奴者,处以死刑。捉住逃奴后送交其主人者,主人须酬以白银两歇克(Shekel)。如所捉获之逃奴不肯说出其主人之姓名与住址时,捉获逃奴者应负责将其送往王宫,以便由政府找寻此奴隶之主人;如不将其送至王宫,则以窝藏逃奴论罪。

二、对自由人与奴隶的保护方面

法律对本国的自由人加以保护。法典规定:拐带自由人的子女者,处以死刑。这一条法令是针对奴隶社会特有的现象订定的,在法典的全部条文中只有四条是关于买卖奴隶的规定,其中有两条所说明的买卖对象都是外国人,由此可见巴比伦的奴隶多是外国人。至于上述的本国的债奴则显然与其他国家之债奴身份不同,也和本国的外籍的奴隶身份不同。这种债奴只在三年期限之中有奴隶身份,三年过后即可恢复自由,并且法律规定对一般债奴不得烙火印。故债奴只是一种追债的方法,不能将其视为奴隶制度的一部分,从这里也可看出本国籍的奴隶很少。

法律规定了奴隶可能得到的待遇。法典中有数条条文规定了自由人和女奴隶所生的子女算是自由人。法典中有一条条文规定了王宫或贫人的男奴隶如与一个富贵者的女子结婚,其所生的子女也算是自由人。从这点可以推想:王宫或贫人的男奴隶如与一个贫人的女子结婚,则其所生的子女必然算作奴隶,不过,男奴隶既然可与富贵者的女子结婚,那么无论男女奴隶一般都是有家庭生活的了。

法典中明确地规定了主人与奴隶的关系。主人对奴隶没有生杀之权。如果一个奴隶否认其主人时,则主人必须在法庭上提出证明并经过判决此人确是他的奴隶后,才可处罚这个奴隶,最重的处罚是割去他的耳朵。

三、关于自由劳动与奴隶劳动方面

法典对各种雇佣工人的工资都有详细的规定。其中有十几条是直接说明农牧雇工制度的,对农田之长工,牛牧、羊牧等的工资都有清楚的规定。如雇用一个长工,其一年的工资为大麦八斤(Gur),一个牧人的一年工资为大麦六斤,足证当时雇佣农牧工人的现象非常普遍。法典中最长的一条就是关于手工业工人的工资的规定,对泥瓦匠、木匠、成衣匠……的工资皆有详细的规定,并对专门技术人员,如医生、兽医等的待遇有所说明,如兽医给一头牛治病,治愈后牛主人须酬予六分之一歇克(Shekel,为一种银币)的医治费;医生为人接骨,其手术费为五歇克。由此可见在手工业方面雇工制度也是很普遍的。

关于奴隶劳动生产问题,法典完全没有提到,推论其原因可能是认为奴隶劳动是当然的事,由奴隶主人自己规定即可。不过,条文中屡次提到"贫人的奴隶",由这里可以看出当时奴隶数目相当的多,奴隶制度非常普遍。但结合以上在农业、手工业方面的雇工制度的普遍情况看来,奴隶大多是在家中服役的,特别王宫和富贵者奴隶,主要不是用在生产上,贫人的奴隶则可能是用在生产上。

法典中屡次提到王宫的奴隶,但从未涉及神庙的奴隶,而结合其他方面的材料知道在神庙中也有奴隶。但在王与神庙所直接控制的土地上是否使用奴隶劳动,则还不能清楚的看出。不过,法典中曾提及这样一个问题:即王将土地颁赐给某人作为其俸禄时,这块土地即由某人自己经营,同时并规定了如若某人不能或不善经营,以致土地荒废时又当如何处理的问题。由此可见专门在王的土地上从事耕种的奴隶是不多的,因为从上面例子看出由于王在赐土地时并不同时赐与奴隶,也就是在原来的土地上并无奴隶，所以才有受赐土地的人因需自己经营而产生的种种问题。因此可以说在王与神庙所有的这土地上可能使用一些奴隶劳动，但绝不是完全在使用奴隶劳动。

总之，就以上各方面的情况看来，可知奴隶制度在此时虽已很普遍，但并没有深度的发展。奴隶劳动在生产上不占重要地位，并且奴隶主要是外族人，他们多是购买来的。因此，当时奴隶的数不会很多，一定比自由人少。从而可以推断：当时巴比伦还是处在奴隶社会的低级阶段，即家长奴隶制社会。奴隶制度并未发展到很高阶段。

四、家庭关系方面

法律上承认一夫一妻制，但同时在法典中又规定了妻子不生育时，丈夫可以单方面提出离婚或再娶一妻。妻子犯奸时则处死刑(法典中未规定男子犯奸时如何处罚)。父或夫有权将其妻子儿女作为债务的抵押品。由这些方面可以了解到当时的家庭制度是以父权和夫权为中心的。

五、刑法方面

法典中一般刑法方面的规定都是依据报复主义原则来制订的，充分表现了所谓"以眼还眼，以牙还牙"的原始社会传下来的简单的复仇主义精神，如损伤了别人的左手时，法庭就要同样将被告的左手损伤。但是在阶级社会中，在报复主义的原则下必然还要有附加的阶级上的歧异待遇。因此，在法律上自由人伤害奴隶与奴隶伤害自由人所受到的处分就有差别。犯盗窃罪的贫人，在其无力赔偿法律所规定的罚金时，也就要被处以死刑。

法典中规定了犯以下几种罪的人处死刑：拐带人口者死罪，这是针对奴隶社会的特殊情况，对自由人的一种保障；抢劫者死罪，这是保护私人财产的；强奸者死罪；亲属内乱与临阵脱逃者死罪，这是保护现有的社会制度的；酒中掺假者死罪。从死罪的规定中最可看出当时社会上的几个重要方面。

在一般的法律制裁之外，巴比伦还行使着神断法。某几种案件，特别是有关巫术与诬告的案件一定用神断，其他法庭不能判断的案件也多由神断来解决。

从氏族社会到封建社会早期时候，世界各地都有神断法。一般常用的方法是水断法或火断法。巴比伦则是用水断法。把人捆起来投到水池中和河里，下沉者有罪，浮起来无罪。

这种神断法特别为教士所提倡，因用神断法可以提高神权，而提高神权自然是有利于教士阶级的统治的。这是神断法有助于阶级统治的一面，除此以外则纯粹是由于迷信。

《汉穆拉比法典》是古代世界上最大的法典之一，由上述的法典的各方面内容，并参考当时与其他方面的比较零散的材料，将其综合起来研究，则可以得出这样的结论：(一)当时巴比伦的土地相当集中，王及其左右之人控制着很大一部分土地。(二)私有财产制度已很普遍，公有财产的痕迹已完全消失。法律具体而又有效地保护了私有财产。(三)巴比伦当时为奴隶社会，不过系处在奴隶社会的早期阶段——家长奴隶制社会。一般说来，家长奴隶制这一阶段的奴隶制度在对奴隶的压迫方面要缓和些，而在对奴隶的待遇方面，巴比伦又比有些家长奴隶制的奴隶国家好一些。

六、巴比伦的文艺、学术与宗教

巴比伦的文字最早为一种象形文字，每一个象形符号即表示一个单字。后由于在泥砖上刻写之故，符号的象形成分日益淡薄，字体也日趋简化，渐变成为一种楔形体，到苏摩时代，这种文字已形成了一种特殊的体系，即所谓楔形文字。阿卡德征服苏摩后亦接受了这种文字,以之书写出阿卡德语。此时楔形文字已逐渐走向拼音,开始以几个楔形符号的组合来表示一个新的单字,并且个别的符号及其组合还表示出了各个音节。但迄至古巴比伦帝国灭亡为止,它始终未能变成完整的拼音文字,仍保留着几百个符号。

自阿卡德时代起,巴比伦开始有两种语言、文字并行,即苏摩与阿卡德的。由于苏摩人后来在政治上始终未占重要地位,故渐同化于阿卡德人,苏摩地方也逐渐改用了阿卡德语。不过阿卡德人接受了苏摩人的全部宗教,因此,苏摩语仍继续作为宗教上使用的语言得以保存下来。巴比伦人在政治上、商业上、文学上和日常生活上则完全使用阿卡德语。

古代巴比伦的文学作品今日已发现了一部分,其中包括有史诗、宗教诗及箴言。

史诗的内容主要是巴比伦古代的神话传说和英雄故事。如关于天地开辟和洪水的神话,传说中最大的英雄基尔戛蔑施(Cilgamesh)的故事等。在史诗中,基尔戛蔑施被赋予了人所想望的各种奇才异能,建立了许多丰功伟绩,他的故事后来影响到希腊的神话,希腊神话中的英雄赫拉克力(Heracles)的故事大部是从基尔戛蔑施的故事中抄袭来的。宗教诗中最重要的,对后世影响最大的是忏悔诗。箴言即格言成语,这种体裁最先出现于巴比伦,它表现了各阶层中人对事物的一种看法,其中有些是代表劳动人民的,也有些是代表统治阶级的。后来这些史诗中的各种神话传说、忏悔诗的主要思想和内容以及这些格言成语几乎全部为犹太人所接受或抄袭了去,构成了犹太教《圣经》的一个组成部分,后又收入于基督教《圣经》中,以致对后世西方世界的社会文化思想发生了重大的影响。

古代巴比伦的宗教可说是原始时代的巫术系统化发展的结

果。在原始时代，人还不能控制利用自然，对自然的威力感到无法抗拒之时，就产生了一种对自然的恐惧情绪，于是就在自己的想象中创造了各种自然神的形象。但是由于自然与生产的密不可分的关系，使人又不得不时时刻刻与自然作斗争，于是便企图以各种方法来祈求或制服甚至欺骗自然神，使之能发生有利于人民的作用，这种方法就是巫术。这种巫术逐渐发展并且日益系统化，而最后形成了一套完整的宗教信仰。这就是巴比伦人所信奉的宗教。因此，在巴比伦的宗教中最重要的神祇都是与人关系最密切的自然神，如天神、风神、土神、生殖神和日、月神。同时其中还普遍存在着许多对自然的恐惧情绪。如巴比伦人认为梦是吉凶的预兆，是神对个人的指示，特别是王的梦，往往关系着国家的命运，因此有许多教士专门负责占梦。自然界的某些异常的现象，如日食月食等也都被认为是代表国家的祥瑞和灾异，而对之有一套完整的解释。此外，巴比伦人有一种认为宇宙之间充满了恶神的观念，这种观念也是源起于对自然的这种恐惧情绪。

在巴比伦的宗教信仰中有一种生死循环的观念，这种生死循环的观念又是与农业生产有密切联系的。在开始有农业之初，人对谷物的冬死春生现象不能理解，认为必然有一种力量在后面支持着这种变化，因此把农业生产神秘化起来，从而出现了种种传说，后且加入了许多神祇，成为一套完整的神话故事。这一神话故事在长期流传的过程中又逐渐集中在闳穆兹(Tammuz，男神)与伊施坦(Ishtar，女神)两神身上，巴比伦在每年的一定时期都要举行纪念这两种神的盛大的祭祀节日，这也反应出了巴比伦人对农业的重视及其与农业生产关系之密切。

巴比伦的宗教对世界影响最大的一点是它的罪恶观念。当世界上其他地区的人还处在崇拜自然神的阶段时，巴比伦已更进一步地发展出了宗教的理论。巴比伦的教士已制造出一种罪恶观念来作为他们统治人民的精神武器。这种罪恶观念就是令人相信各人往往会有意或无意地犯了罪——得罪了神,因而遭受到各种痛苦,而受到了神的惩罚。这时,人必须虔诚地忏悔自己的罪恶,以求得神的宽恕。这种罪恶观念麻醉人心的地方就在于人自己是根本无法判自己是否犯了罪的,而自己只要是有痛苦,就可以被解释为这是神的降罚,也就是犯了罪。人既然不能避免痛苦,因而也就永远无力摆脱神的控制。

这种罪恶观念最便利于教士麻痹和统治人心。其危害性仅次于印度的轮回说。而就其在后世历史上的长期影响来讲,罪恶观念比轮回说的影响更为深广,因这种思想后来也为犹太人所接受,成为了犹太教的核心思想。之后又经由犹太教传予了基督教,随基督教之较印度宗教更广泛的传播,这种思想也就比轮回说有了更大规模的发展。

在巴比伦,宗教统治是与政治统治密切结合的。宗教不仅是一个统治力量,而且宗教组织本身就是一个统治机构,神庙占有相当大量的生产资料——土地。同时神庙又是一个金融机构,其剥削人民所得的大量物资变成为贷放高利贷的资金,神庙并设有各种手工作坊,且雇有商人为其经销商品,收购原料。国家教育亦为神庙所垄断,神庙兼有学校作用,教士兼任教师,专门训练培养一批"知识分子"来为统治阶级服务。

巴比伦还曾发展了自然科学——主要是数学和天文学。在世界各古国中,巴比伦的自然科学对世界的贡献和影响特别大。

由于丈量土地和兴建水利设施需要数学知识,巴比伦人很早就精通几何学和四则。巴比伦的数学制度是六进位制(十二进位制)。从巴比伦的数学符号中没有十倍数"百""千"等,而六的倍数直到几千几万都有符号来记录这一点上,可以看出六进位制在巴比伦非常流行,十进位制虽也同时被使用着,但并不普遍。

当时巴比伦的历法已有了很高的发展。历法的发展是密切与实际结合着的,特别是与农业有密切关系,因进行农业生产必须注意季节变化,及时播种、收割。人们从长期观察自然的经验中,掌握了一定的季节规律,乃逐渐订出了一种制度,这就是历法的最初来源。在历法的发展过程中,首先出现的是纯阴历,因人最先注意到月的盈亏,掌握了月的周期,并以月的几个周期来配合农业生产上的几个阶段,于是最早发现了十二个月的周期大约相当于农业活动的一个大周期,是为纯阴历。但在不久后又发现了十二月的周期并不能很准确地配合农业活动的一大周期,因为农业活动的一大周期是和以太阳为准的一个年周有关的,而十二个月并不就等于一个太阳的年周,因此又以太阳的年周为准,仍保留月的制度,而有了置闰的办法,是为阴阳合历。最初是每隔三年一闰,后又经修正,始改为现在的置闰办法。就历法之发展过程讲,中国的历法与巴比伦的历法完全相同,今日中国的所谓阴历实即经过不断修正后的阴阳合历。

此后,巴比伦又发明了七日为一小周期的制度。每至一周的第七日则减少工作,主要举行宗教礼拜,故称之为安息日。后此制度又为犹太人所接受,更与犹太教内容密切结合起来,成为一种固定的生活制度,经由基督教而传至全世界。继此分周制度之后,巴比伦人又将一日划分为几段。最初不过是结合农民日常的生活将每日分为几个阶段,后始将每日分为相等的十二段——十二时。再后更将每时分为两个小时,即每日合二十四小时。每小时又分为六十分。当时巴比伦且曾发明了一种计时的工具。这种巴比伦的划分日时的制度经由希腊、罗马,而一直流存到今天。

较巴比伦稍晚,中国亦曾独立发展出了这种制度,并创造了用水、土来计时的工具。

由于巴比伦人很早就在波斯湾上航行，夜间靠观测星位来定航行方向，于是就从观察星座上发展出了天文学。不过，这种早期的天文学还包含有很深厚的宗教迷信色彩，因为巴比伦人认为星都是神，认为星位的转移可以影响到人类世界，其后又以之与人的命运相联系起来，认为一个人降生时的星位将决定其一生的命运。当时，天文学家的任务就是替国家或个人来观察星相。所以，这时的天文学家实际也可说是星相学。后来这种星相学也被希腊、罗马人接受了去，经由他们而传至全欧洲。

巴比伦的医学也是迷信与科学的混合产物。根据当时医书上的记载，当时医学分为三科：内科、外科与驱鬼科。而其中最主要的一科是驱鬼科，因为从原始时代起，人们就认为疾病都是恶鬼附于人体所致，故以巫术驱鬼是治疗疾病的主要方法。其次才是内科、外科。当时巴比伦的内科、外科很有科学价值。内科主要是以药物治疗，药物有矿石、动物、草木三类。医生用药的方法则多是凭长期疗病经验积累起来的知识。外科在当时也已发展很高，因据当时医书上记载，巴比伦的外科医生已能作割肢手术。

七、公元前一七四〇年后巴比伦的概况

公元前一七四〇年后古巴比伦帝国开始混乱并逐渐走向衰亡。此后巴比伦这块地方在古代世界中虽仍旧占据重要地位，也曾建立起了许多大帝国，但这些国家都是由外来势力建立起来的。当地人自己在这里建立国家反而是例外的情形，并且即使能建立起来，其统治时间也很短促。因此，可以这样说，公元前一七四〇年以后的巴比伦已完全处于外来种族统治之下。

外来势力逐次征服了这个地区后，不仅在政治上不断的发生变动,即王朝的更替,而且还不断的引起了这个地区中种族与语言上的根本变化。因为征服者往往大量屠杀本地居民并将余下的大部变为奴隶,之后使自己定居下来,于是当地居民的种族成分的比例发生了巨大的变化,征服者的语言也就迅速的代替了被征服者的语言,使得巴比伦地方逐渐地完全失去了它原来的面貌。

公元前一七四〇年后,古巴比伦帝国开始分裂,内部形成割据局面。其中维持最长久的一个割据势力是两河下游近波斯湾地方的一个国家,它在这里维持了近四百年(公元前一七四〇—公元前一三七〇年)的偏安局面。同时外来势力也开始侵入了两河流域。公元前一七四〇年左右自波斯湾地方侵入的卡西人(Kassi)征服古巴比伦帝国的一部地区。巴比伦的旧王朝仍保有一部分土地,与卡西人并存了一百五十年,约在公元前一五九四年才完全灭亡。关于卡西人的历史我们知道得很不清楚,只知道他们统治巴比伦地方约六百年,并且经由他们将马传入了两河流域地方。公元前一一五〇年左右卡西人建立的王朝覆亡,其覆亡的原因及经过亦皆不能详知。

公元前一一四六年巴比伦当地人那布库督乌苏(Nabukudu-rusur),或称尼布甲尼撒一世(Nebuchadnezzar I,公元前一一四六—公元前一一三二年)统一了巴比伦的大部地区。此后,来自南方沙漠地带的游牧民族——亚兰米人(Aramaeus)在公元前一一〇〇—公元前九〇〇年间先后不断地侵入到巴比伦。这些亚兰米人到后逐渐定居下来,两河流域地方在其影响下,在语言和种族方面很快地发生了根本变化,亚兰米语和亚兰米人成为两河流域地方的基本语言和人口。不过,在亚兰米人侵入后,巴比伦仍是处在混乱局面之下,并没有一个新的统一王朝出现。

公元前九〇〇年后的巴比伦开始进入巴比伦历史上的亚述

时代。亚述人(Asshur)本是巴比伦北部两河上游地方的边民,在巴比伦文化影响下建立了国家, 当卡西人统治巴比伦之时已时常与亚述发生冲突,亚兰米人侵扰巴比伦时,亚述也时常乘机进犯巴比伦的边境地区。后其势力日强,终于在公元前九○○年左右征服了亚兰米人并占领了整个巴比伦。公元前七二九年亚述王底格里斯皮利色三世(Tiglath-pileser Ⅲ)正式在巴比伦城即位,亚述统治巴比伦地方前后约三百年 (公元前九○○—公元前六二五年),其统治手段异常残酷,巴比伦地方的人民曾不断起义反抗这些外族暴君。到公元前七世纪晚期巴比伦各地人民联合起来终于推翻了亚述的统治,并以领导起义的迦勒底人(Kaldi)为主建立了新巴比伦帝国(公元前六二五—公元前五三八年)。

新巴比伦帝国于公元前五三八年为波斯所亡。巴比伦地方此后乃成为波斯帝国之一省。至公元前三三二年波斯为马其顿王亚历山大征服后, 巴比伦地方又成为亚历山大帝国的一部分(公元前三三二—公元前三二三年)。

亚历山大死后,帝国分裂,亚洲西部地方,包括巴比伦在内为亚历山大部将西路科(Seleucus)所统治,建立了一个新国家,中国史书称之为 "条支"(公元前三一二—公元前一七一年)。在原来波斯地方也出现了一个新的势力,中国在汉时称之为"安息"。安息强大后,自条支手中夺去了两河流域地区,在前后的四百年(公元前一七—公元二二六年)间统治了这块地方。后安息又为波斯之萨珊(Sassan)王朝所亡。自公元二二六年直至六四一年止,巴比伦地方始终是波斯帝国的一部分。

总之,公元前一七四○年后的二千四百年间,巴比伦地方经过几番的种族征服与王朝的更迭, 其间只有极少时间是在当地人的统治之下, 主要是受着外族所建立的长期或短期的王朝所统治。

第四章　埃　及

一、地　理

埃及是世界上最大的一个绿洲。"绿洲"一词是埃及最先有的，埃及称沙漠中那些有水有生物的地方为"uahe"，意即"绿洲"。此词后经由希腊文而传至全世界。

古代埃及人自称其地为"Kemi"或"Kemet"，意为"黑土"。因流经沙漠地带的尼罗河泛滥过后，被其浇灌了的河两岸的沙土上便留下了一层黑色的淤泥，因而才给予了原是撒哈拉大沙漠一部分的埃及以一片可耕的肥沃的黑土。所以可以说埃及就是尼罗河，没有尼罗河就没有埃及。"Kemi"一字后来传到希腊，希腊文依其字法改写作"Aegyptos"，是为埃及之名的由来。

埃及除三角洲地方因能够受到地中海东部气候的影响在冬季有雨外，全国终年都不落雨，水源完全要靠尼罗河。但尼罗河虽带给了人以生命，同时也带给了人以灾害，因此，埃及人很早就建筑了人工灌溉的水利系统，使尼罗河水能充分为人所控制和利用。尼罗河是埃及人生活的泉源，故埃及人对尼罗河具有极深刻的印象，尼罗河乃被认为是神。此外，由于沙漠地带长年夏阳，埃及人对终年高悬于其顶上的光明炽热的太阳也不能不有深刻的印象,因此,在埃及神话中,太阳神居于极重要的地位。

埃及实际是一个蛇形的国家,因只有蛇头即尼罗河下游的三角洲和蛇身即三角洲以南的狭长的紧靠尼罗河两岸的一段地方才是唯一的大片的可耕种的地方,也只有这里和沙漠中少数的小绿洲上才是有人居住和有建筑的地方,除此以外,就是一片荒漠。这仅有的一条蛇形土地却特别肥沃。古代埃及人的耕种技术是非常简单的,他们从不翻耕土地,只将种子乱撒在田地里,然后放牛、羊、猪到田里将种子踏入泥土中。他们再不去操劳照顾这些庄稼,于是谷物就会自然地生长起来。肥沃的土地和人工灌溉的设备使古代埃及人在这种原始技术条件下也能得到高度的收获。所以,除非尼罗河水偶然不下来以外,他们从不用担心荒年。

由于农业是埃及人的唯一的重要的生产,因此按农业的生产劳动过程每年可分为三季:七月至十月为一季,这是泛滥季节,这时尼罗河水便溢出两岸,使埃及全国变为一个大湖。河水在十月底到十一月初开始退却,所以每年的十一月至二月时候为一季,这是播种季节。二月至六月为一季,这是收获季节。从这里可以看出,埃及的农业生产是与尼罗河密切相关的,而且在埃及国内只有尼罗河这一条大河——尼罗河没有支流,因此必须集中管理尼罗河,集中支配全国的灌溉,以便保障农业生产的顺利进行。就在上述的自然条件与生产条件影响下,埃及很早就形成了一个统一的国家,它是世界上最早出现的一个比较大的统一的国家。

统一的埃及就其整个所包有的面积来讲,与统一的巴比伦相差无几,但实际上可以进行生产并有人居住的地方却很小,仅只是尼罗河入海处的三角洲和从三角洲南端上溯到第二险滩的尼罗河两岸一段地方。由三角洲入海处到第二险滩共长一〇一〇公里(三角洲到第一险滩是九六五公里,第一险滩到第二险滩是三四五公里),但这一〇一〇公里的地方除三角洲外就其宽度来说,狭的地方却只不过几公里,最宽也只有几十公里,所以连三角洲在内其全部可耕地的面积不过三三六七〇平方公里,比今日瑞士的全部国土还小得多 (瑞士全国面积为四一三一〇平方公里)。埃及三角洲地方是埃及历史发展过程中最早的中心,也是埃及最早出现的城市所集中的地方。随着城市的出现国家也出现了,在埃及还未形成为一个统一的国家的时候,三角洲地方的城市国家就与叙利亚地方发生了海上的交通往来关系,叙利亚是这时埃及一切建筑、器具及部分燃料所需的木材的唯一来源。三角洲的城市很早就以其农产品与手工艺品来与叙利亚交换木料。

这些早期的城市曾被发掘出一部分,就其遗址看,各城皆有坚固的城墙,可见当时各城是独立的,而城际之间也一定时常发生战争,因此才建筑城墙以互相防御。在各个城市的中心都有一座大建筑——神宅,神宅又是祭祀神的教士的住宅,而这些教士实际上就是各地方的最早的统治者, 埃及王也是自他们中间分化出来的。推想最初这些教士大约是氏族社会中管理当地农业与手工业的人,因为随着埃及原始社会生产的发展,愈益需要一种更细致的分工合作,需要有专门管理灌溉事务的人,而熟悉这些事的人最初就是知识比较丰富的教士。但生产发展提高后,剩余生产品也就多起来了。起初这些剩余生产品作为公共所有,由教士负责保管,后教士乃假借神的名义将公有财产攫为己有,再后更进一步宣称土地人民也都属于神所有, 以神的名义将所有的土地变成了私有财产,并在占有大量土地的基础上通过神的名义来奴役和剥削所有的人民。到此时,阶级、国家开始出现了,教士集团乃成为最早的统治阶级, 而教士头目也就逐渐蜕变为统治阶级的头目——王。

二、统一的酝酿时期(公元前三一五○—公元前二八五○年)与埃及的统一

公元前三一五○年左右埃及出现了许多城市，而每一个城市也就是一个小国家。与国家出现同时，这些城市国家之间的战争也开始了。战争的目的一方面是为了掠夺财富，而更重要的一方面是掠夺能生产出财富的土地与人民。到后来，战争逐渐自两城之间扩展到包括数目越来越多的城市，而有了城市联盟出现。城市联盟的出现就其表面作用来看不过是一种共同征服与防御的组合，而实质上，这种联盟的产生却还有其经济背景存在，各城之间所以能够组成联盟主要是因为它们在经济上已有了一定程度上的合作。经济上的发展，使小国间经济联系的范围日趋扩大，因而使他们感到有合作的必要，而各城合作的结果则更促进了生产的发展，因之联盟组合的基础也就日益巩固起来。在这样的城市联盟发展的情况下，埃及终于逐渐形成为一个统一的国家。

在公元前三一五○—公元前二八五○年间城际战争与征服过程非常曲折，各城力量对比的变化也很快，不过到公元前二八五○年前不久已趋向于两个固定势力相对立的局面：三角洲地方(下埃及)与从三角洲的南端直到第一险滩的地方(上埃及)各以一个强大的城市为中心成为两个国家，而形成对垒的局面。约在公元前二八五○年时上埃及的势力终于战胜了下埃及的势力，把上、下埃及统一起来。自此时开始称上埃及之王美那(Mena)为"上下埃及之王"。自公元前二八五○年起至今日，在一般正常的状态下埃及国家始终保持着统一的形式。

历史家向来把上古时代的埃及统一后的历史分为"古王国""中王国"和"新王国"三个主要的时期。

埃及古代的历史书籍久已失传，今日所知最早的埃及历史学家是公元前三世纪时的埃及历史学家马尼陀(Manetho)。他著有《埃及通史》一书。当时埃及已丧失了独立，而为希腊人所统治，此时埃及已开始希腊化了，马尼陀就是一个希腊化了的埃及人，他为满足希腊人的要求，乃根据埃及神庙中所保存的许多古代史料用希腊文写出了这本《埃及通史》。马尼陀的《埃及通史》后亦失传，幸而此书的骨干部分时常为希腊、罗马历史学家所引用，故今日尚能知其梗概。马尼陀将埃及统一后至希腊人统治埃及时代按年代次序排列出三十个王朝，在今日历史学中讲授埃及古代史时尚沿用之。后有些历史学家往往又将希腊王朝列入，排作第三十一王朝。

古代史史学家曾将地下发掘出的许多埃及古代的文献、实物与马尼陀的《埃及通史》对照研究，使埃及古代的历史得以比较清楚地复现。

三、古王国时期
(公元前二八五〇—公元前二〇四〇年)

古王国包括第一王朝至第十王朝，而王国最盛时期则是前五个王朝的时候(公元前二八五〇—公元前二三五〇年)。这五个王朝中第一王朝(公元前二八五〇—公元前二七五〇)势力重心在上埃及——首都建于梯尼(Tini 或 Thinis)。第二王朝(公元前二七五〇—公元前二六五〇)势力重心在下埃及——首都亦设于梯尼。第三王朝(公元前二六五〇—公元前二六〇〇)、第四王朝(公元前二六〇〇—公元前二四八〇)与第五王朝(公元前二四八〇—公元前二三五〇)势力重心皆在上埃及,首都为门内斐(Mennefer),又称门斐(Memphis)。

统一的埃及的王被称为"法老"(Pharaoh),意为"大宅"。大宅是指王所居住的宫室。因为在教士的宣传下,王的地位越来越高,并且越来越神秘,以致后来王本身也被渲染为神了。于是一般人民也都不敢再直呼其称号,而以其所居住的宫室象征之,因而"大宅"乃逐渐成为了王的代名词。

一般国家的王还只不过是假借神的名义,被认为是受神委托代神来统治与管理国家的人,而埃及的王——法老本身就被当作是神,法老被认为是埃及人最崇拜的鹰神霍尔(Horus)的人世化身,同时他又是埃及人最尊崇的太阳神垒(Re)的儿子。此外,他还是埃及所有的神的主祭人。所以埃及实行着一种极端的神权统治。从这里也可以看出埃及王是从教士集团中分化出来的。这时,教士中的头目已变成为最高的统治者,而且被神秘化成为神的化身。同时,由教士集团蜕变出来的统治阶级其内部也已分化为二种人:一种是专门负责与神交往的教士;一种是以法老为首的一批人,他们虽未完全放弃其教士身份,但其主要的工作则是管理人世中被剥削的人民。

在法老之下的政府中最有权的人是首相,首相是法老的最有力的助手,他被特称为"人"。"人"是与法老的"神"对称的,因法老已居于神的地位,根本不能与人民接触,故特别要委派一个"人"来代他直接与人民联系。首相掌握着国家一切的行政工作。在这些工作中他主要管理着两项最重要的全国性的工作:他是最高的法官,一切有关法律的事务最后都上诉到他那里,由他来裁决;他又是一切公共建设、公共建筑、特别是灌溉工程的总管理人。

首相之下有许多机关和官吏分部分层来管理上述两项全国性的重要事务及其他方面的国家行政工作。

当时埃及全国分为四十二州(Nomes,为希腊名词):上埃及分二十二州,下埃及分二十州。各州有法老直接任命的州伯(Nom-arch)总理州内的一切事务。州原是埃及统一前的一些较小的单位——小国。它是由氏族社会时的部落、部族蜕变出来的,从各州的名称中,如"鹰""兔""豺"等还可看出原始社会氏族图腾的痕迹。

当时埃及全国土地的所有权不只在名义上,而且在实际上也是属于法老的。法老直接支配全国的土地,这些土地为经营便利起见分为许多大农庄。农庄中的农民的地位,就今天所知的材料看来,其中有自由民,也有奴隶。不过,两者的比例还不清楚。埃及一般的在土地上进行生产劳动的农民就其法律身份来讲,都是自由人,但是他们并没有在名义上由自己占有的土地,只是由法老分配给他们一小块土地来耕种,然后每年要向法老缴纳收获的大部分作为租税,缴税后的所余则仅能勉强维持其本人及其家庭的最低生活而已。所以就其实际地位与生活来讲,他们实与奴隶相差无几。

此外,这些农民不仅要替法老耕种土地,同时还要为法老服劳役。其中有些劳役是与生产有关的,如全国水利灌溉工程的建设与修整工作,这些工作多少是对农民有利的。但更多的劳役却完全是为法老及其左右贵族的个人享受服务的,如修建王宫、神庙等,而其中最主要的一项工作就是建筑法老的陵墓——金字塔。当时各个法老即位后第一件大事就是为自己建陵。在古王国时期金字塔的工程都非常浩大,往往终此法老的一生还未修建完工,而当新法老即位后,另一座金字塔又开始动工了。这样,农民生产以外的全部余暇便都在无偿的劳役当中消耗了。从这方面看这些农民的实际地位更近于奴隶了，因为他们除了从土地生产上取得了一些极少的维持生命的生活资料外，全部的可以从事劳动的时间都是无代价和无限制地由国家的统治阶级来支配，而自己对自己劳动力的支配是没有丝毫自由的。

所以，可以这样说：从表面上看，埃及的奴隶制度并不发达，一般的劳动者在名义上、法律身份上都不是奴隶，但实际上全国的人民，主要即上述的那些从法老手中领取土地来耕种的农民等于是法老一人的奴隶。

统治阶级内部的人——教士、州伯以及各级官吏也都从法老手中分配到数量多寡有差的一块土地。接受土地的人即有全权管理并处理其土地上的一切事务，包括对直接劳动者——农民的控制。埃及各地方都有自己的神和神庙，接受土地的人即成为当地神祇的主祭人，要负责管理当地的神庙，并代替法老直接分配土地给其所属的人民，并管理与统治当地的人民，故他们俨然是各地方的小法老。

在手工艺方面，除原始社会时已有的各种手工艺仍继续发展外，另外还有几种新的手工艺出现并发展起来，如珠宝、家具、冥器以及金、银、铜等金属器物的制作。这些新兴的手工艺都是为统治阶级的奢侈享受生活服务的，由于手工艺的这种性质就决定了埃及的商业活动主要是在本国之内。在古王国时期，商业交换基本上还是实物的交换。不过，此时已开始有了使用黄金与红铜作为交换媒介的倾向，特别在对外的交换上；地方性的小规模的交换则绝大多数用实物。

此时埃及对外的商业范围比其未统一时已扩大了，航海技术也有了很大进步，以前商船只能沿着海岸航行，现在则已能在地中海中活动了。

历史上称古王国的第三王朝至第五王朝时期（公元前二六

五〇—公元前二三五〇年)为金字塔时代,这一时期事实上就是古王国的黄金时代。从第三王朝开始,法老建筑的金字塔就逐渐巨大起来。金字塔的逐渐巨大,一方面显示出法老对人民的剥削残酷严重起来,一方面也表现了这时生产力已大大提高,劳动者有可能提供出更多的剩余劳动来被法老浪费, 而这时期生产力的提高则是与第三王朝时青铜器的出现分不开的。

随着生产力的提高, 在这个时期中埃及的文化也逐渐发展起来。埃及后世曾流传着关于文化英雄伊姆后帕(Imhotep)的事迹,传说伊姆后帕为第三王朝创业王邹色(Zoser)法老的首相,他曾经领导人民预防并战胜了各种灾害, 他是第一个想出切砌方石办法的人。又传说他是当时最有学问的人,曾写过许多书,其中主要为天文学和医学著作。因此到后来他被奉为埃及的医药神。这个传说的历史背景是第三王朝时期, 这是有其事实根据的,由于当时出现了青铜器,所以才使得文化、科学的各方面都有了较大的发展。大金字塔自第三王朝时开始建筑起来, 天文学、医学也是自此时起开始有了长足的发展。但各种文化、技术方面的发展,特别是天文学、医学的发展绝不可能由伊姆后帕一人在短时间内创造出来,它需要长期经验的积累,它一定是多少世代人民的智慧的结晶。而第三王朝以前的长时期就是这样一个酝酿过程,伊姆后帕可能是个集大成的人,把历代人民的零星创造总结和提炼并拿来较大规模地运用到实际生活中。伊姆后帕在这方面是有其一定的功绩的,因此,在古代埃及的传说中把他变成了埃及史上的文化英雄。

这个传说标志着埃及历史向前发展过程中一个在各方面都有着显著发展的阶段。

古王国到第五王朝以后开始衰乱。第六王朝(公元前二三五〇年左右成立)时埃及全国大乱起来,发生了统治阶级内部的混战,总的趋势是地方势力反抗中央。各地的州伯、教士纷纷起来反抗法老统治,同时他们彼此之间也因争夺法老的地位而互相混战。战争的结果,地方势力取得了胜利,摆脱了法老对他们的控制,各地方的州伯、教士皆独立起来。故在第六王朝后期埃及开始有一个新的政治局面出现。

自第七王朝起法老的地位虽仍维持,但法老对各地方的控制权已丧失无余。过去法老的大朝廷统治已分裂为各地的小朝廷统治。这二种形式的统治虽然都是建立在剥削与压榨农民的基础上,但这二种统治形式对农民的剥削压迫在程度上、方法上却有所不同,相对地来说,大朝廷的统治比较能顾及全国,对人民的剥削、压迫比较缓和。小朝廷在摆脱了法老的控制后,为了进行兼并战争,对人民的剥削和压榨则是非常严酷的。在各地方的教士、州伯的残暴榨取之下,农民生活陷于不堪忍受的极度痛苦中,因而引起了农民的不断反抗。在古王国晚期——公元前二二○○年左右终于爆发了埃及历史上也是人类历史上记载最早的一次农民大起义。

这次大起义绝不可能是一下子爆发起来的, 它一定是许多年来仇恨的积累和零星起义的一次总汇合。所以,在此以前,农民对统治阶级的剥削和压榨一定有过许多次的反抗, 但埃及历史上始终没有记载。只有这次起义,因其规模之大以及对统治阶级打击之深而留下了一些痕迹。

根据统治阶级事后的记载,此时各地的农民都蜂涌而起,各地都有起义的农民集团在活动, 证明这是一次因整个剥削制度所引起的整个阶级的群众性大起义, 所谓群众性的起义即是这个阶级中的每一个人都有着同样的感受与要求, 只有这种性质的起义才是不可抗拒的, 并且其结果一定是一个新制度的出现或旧制度的改善。

　　这时埃及全国各地都陷入了混乱局面,据说统治阶级的"治安"都无法维持了。起义尚未波及的地区的农民如果下田工作,必须自带武器或由地主武装保护之。一般人都不敢轻易出门旅行了,因为道路上充斥着"强盗"。象征着人民无限苦难的法老、贵族的陵墓,以及各地的神庙都是人民发泄仇恨的对象,人民抢劫了其中值钱的东西,然后彻底地破坏了它。只有在这个时候才彻底暴露出了阶级社会中所谓"神权"的真正作用,以及人民对"神权"的真正态度,国家存粮的仓库也遭到了"洗劫"。从以上各种事实可以想见当时埃及的大部地区都处在起义的农民控制之下。

　　另方面,从统治阶级的记载中还可以看出这次起义并不是普通的抢劫,而是一次反对旧制度,要求改善现有地位的一次革命斗争。据记载这些起义的农民建立了一些新制度。各地起义的农民都组织了人民法庭,拘捕来当地的旧权贵,加以审讯。当然其中对人民压榨最甚的一些人受到了他们应得的处分:他们的财产的全部或一部分被没收;一部分权贵被处死刑。特别值得注意的是据记载起义农民竟"擅自"将自己的生活水平提高到了"不合理"的程度,记载中指出了二点这种"不合理"的现象:其一是农民开始穿鞋;其二是劳动时间竟由农民自主了,农民工作了一段时间后,居然要到树荫下去休息一会,然后再继续工作。这项记载把过去埃及农民的痛苦生活完全揭露无遗。

　　最后,农民起义是被镇压下去了,其具体失败经过已不可知。

　　但这只是说革命的农民群众本身最后没有成立一个新政权,而旧统治的社会基础则在这次斗争中被摧毁了,因为我们看到在起义农民失败之后,埃及的社会和政治上起了很大的变化。首先是那些原来占统治地位的旧贵族阶层基本上被农民推翻了,仅只极少数属于旧贵族阶层的教士、州伯们仍能勉强保持其势力,未被农民打倒。代之而起的是另外一批原来在统治阶级内部并不得志的人物。他们在起义中,曾虚伪地站在农民一边,借助农民的力量扩张了自己的势力,形成为旧贵族阶层与起义农民以外的一种新兴的社会势力,也就是这些人在旧贵族阶层被打倒后,最后地篡夺了农民起义的胜利果实,组织起新的对农民进行统治的政权。而后,在这些新起的各地的统治集团之间又展开了更激烈的斗争,以争夺埃及的最后的统一权。在这场斗争中,埃及南部以塔庇城(Thebae)为中心所兴起的势力逐渐强大起来,最后平定了其他势力,在公元前二〇四〇年左右统一了埃及,建立起第十一王朝,开始了埃及史上的中王国时期。

我们推想可能就是这些新兴势力把那些自发的农民群众力量给镇压了下去,并且在最初一段时期中对农民群众的报复行为也许是很残酷的,因为只有这样才能把农民群众的革命威力压平下去,重新建立起阶级压迫的统治。但是旧的制度却一定不能再照样维持下去了,因为革命群众在斗争中所争得的东西不可能再全部失去,故这些革命群众的愿望与要求以及斗争后的既成结果一定会或多或少地反映到新的政权建立后的各方面的制度上,而这些制度总的说来对农民是比以前要有利的,不用说,这对埃及社会的向前发展也起了莫大的推动作用,这种结果完全现实地体现在中王国时代的各方面的变革和发展上。

四、中王国时期
(公元前二〇四〇—公元前一五七〇年)

中王国共包括七个王朝,即第十一王朝至第十七王朝。但实际上中王国时期包含有两个截然不同的阶段:外族——喜克沙苏人入侵以前是一个阶段，即第十一王朝至第十四王朝这一段时期;喜克沙苏人入侵后又是一个阶段，这个阶段包括第十五、十六王朝(喜克沙苏人建立的王朝)以及驱逐喜克沙苏人后的一个短暂的第十七王朝。自第十八王朝起即进入新王国时期了。

这里所谈到的中王国时期埃及历史上所发生的重要变革与发展主要是完成于中王国时期的前一个阶段。

在中王国时期，埃及的经济有着迅速的发展，首先是农业生产的全面发展。而农业生产所以能在这个时期有着飞跃的发展，主要是因为自中王国的开始时期在土地占有制度方面已发生了重要变革,变革的具体过程已不可知,但其结果则与古王国时期有着显著的差别。这时,土地在理论上虽仍属于法老所有,但实际上已为私人所占有了。其特征就在于土地已完全能由实际占有者彼此间进行自由买卖,而法老只是按规定收税而已。最初一般农民也都享有一小块土地。当然,在小生产基础之上,在土地自由买卖的条件下，大地主兼并土地的情形也就自然发生而成为一种普遍现象。为适应这种新的土地占有制度,一种新的税收制度产生了。在古王国时期,土地上的收益的大部分要缴纳给法老,当时税收制度很紊乱,其数量并没有一定的规定,这样一来,法老的征收量就可以跟着生产的发展而随时提高，而直接劳动者并不能从生产力的提高上丝毫改善自己的困苦地位，因而大大地限制了生产力的进一步发展。这时则已规定了一定数额的土地税,这对农业生产的发展有着很大的作用。因为,在最初虽然农民自己占有了一小块土地,但如果税收仍然是无限制的话,其结果和以前便无甚差别了,可是土地税固定后,农民有可能占有自己提高生产后的一部分成果了，因而大大提高了他们的生产兴趣。与农民生产积极性提高的同时,与农业生产有密切关系的水利工程不能不配合发展,所以在第十二王朝时(公元前一九九一——公元前一七七八年)，又大规模地兴修了一些水利工程。
这时在尼罗河下游的一片沼泽区内挖掘了一个极大的人工储水
库,埃及人称之为米利(Meri)湖,由运河导引尼罗河水蓄入此湖。
米利湖的兴建大大地保障和促进了埃及的农业生产的发展,因
为在尼罗河水上涨以前即可放水进行播种了, 从而延长了每年
农作物的生长季节。同时,在尼罗河水退却后,则可利用湖中蓄
存的水调剂河水, 使农田在尼罗河水位很低甚至干枯时也能得
到适量的灌溉。

无疑的,这些都是古王国末期农民起义之后的一个结果,是
统治者在起义后不得不对农民进行巨大让步的结果。

随着农业生产的全面发展,国家的收入也大大增加了,所以
中王国前一阶段的埃及国家具有着较古王国时期强大多倍的经
济力量, 这就是后来这一阶段中的王朝能够向外进行胜利征服
的经济基础。

与经济制度发生重大变革的同时, 中王国时期埃及的政治
与社会上也出现了一个全新的局面。在社会上, 那些在氏族社
会晚期所出现的, 在古王国全部时期中居于统治地位的一批统
治阶级, 作为一个阶级来看已完全居于失败地位。这些旧贵族
的绝大多数都已丧失了其原有的政治上和社会上的地位, 少数
人虽还保留一些土地,在社会上还能维持较高地位,但在政治上
已不再掌握实权,也就是说,这个阶级已经没有了政权。

中王国时期的政权形式与古王国时期有着显著的不同,与
古王国时期地方上存在着许多小"法老"的情况相反,中王国时
期的国家政权是高度集中于中央,即集中于法老一人身上。这种
情况是与旧贵族阶层的完全被颠覆分不开的。旧的各地的州伯、
教士都与土地发生着密切关系, 他们不但在政治上代表法老统
治一个地区的人民,同时他们还享有这一地区中的土地收益,因

此他们有着充分地制造分裂的力量，农民起义摧毁了他们的经济基础，因而在中王国时期就不会再有这样的政权形式了。现在法老重新委任了一些新人来主持地方上的政务，委任一批新的教士来管理各地方的神庙。这些人只是受法老之命在政治上统治当地的人民，这一批我们可以称之为"官僚阶级"的政治上的新贵族，和土地占有并不发生任何关系。而这个时期中的土地，如前所述，大部是掌握在私人手中，所以也可以说，这种新的集权形式也是适应着变革之后的土地制度而来的，或者说这是反映着那批占有土地的私人地主的政治要求。随着中王国时期土地兼并的发展，这个政权就愈来愈代表着那些私人大地主的利益了。

随着政权的集中，中王国时期军队的组织成分与形式也有了新的变化，古王国时期只在作战时才临时征调农民来组成军队，在经济上控制着农民的各地地方势力也可随意征调，现在国家军队的主干则是职业军，职业军的成分有二种：军队的领导者都是新起的官僚阶级的子弟；一般的士兵除少数招募来的埃及人外，大部分是从埃及以南仍然停留在氏族社会阶段的黑人中雇佣来的。这支军队直接受命于法老，实际是法老个人的军队，他们不带有任何的地方性质，他们只对法老一人负责。这支新的军队的组成提高并巩固了法老的权力，成为了新的统一政权的有力保障，从而消除了古王国时期的内战现象。集中的国家的军事力量使埃及在这个时期有可能向外进行扩张。

从第十一王朝起，在国内这些新的变革完成之后，埃及开始了大规模的对外战争。在第十二王朝时曾征服了下列几个重要的地方：首先向东北征服了西乃(Sinai)半岛，并向东征服了努比亚(Nubia，今英埃苏丹)；其次又通过了西乃半岛向北侵入亚洲，占领了叙利亚，并以努比亚为根据地继续向南发展，侵入伊提欧匹亚(Aethiopia,今阿比西尼亚),但未能将此地征服。

在战争中掳获了大批俘虏,这些俘虏皆被变为奴隶。所以,战争不仅扩大了埃及统治阶级的剥削面,并且源源不绝地供应了奴隶的来源,因而使得中王国时期埃及国内的奴隶制度开始大盛起来。过去埃及农民的生活实际虽与奴隶无异,但在法律上具有奴隶身份的人并不多,现在这些大批的外国俘虏则都成为了名符其实的奴隶,奴隶数目的比重逐渐增加起来,这些奴隶有一部分被用在农业上,主要集中在为国家统治者所掌握的大农庄中。奴隶劳动在大农庄中的大量使用,对中王国时期农业生产的进一步发展起了一定的作用。

埃及向外扩张的结果又使它获得了丰富的矿产,如努比亚的金矿,西乃半岛的铜矿。这二个地方的矿产完全归法老私人所有,法老使用奴隶和自由人的强迫劳役来开采这些矿藏。矿产的增加促进了埃及与外地的交换关系的发展,因为金、银可以被直接用来和外地进行交换所需的货物。

埃及此时与地中海中部最大的商业中心——克里特岛维持着密切的商业关系。埃及主要是以其农产品和手工业产品交换克里特的锡。当时埃及和红海间的海上贸易往来也异常频繁,码头设在今苏伊士土腰地方,由法老直接管理,无论本国或外国的商船皆须向其进行纳缴。

关于手工业方面的情况,没有直接的材料可为根据,只笼统的知道在此时各种手工业都已发展起来。法律并规定了从事手工业的人都要向法老纳税。可见此时在手工业中存在有个人生产的手工业,而非全部是使用奴隶劳动的。另外,从商业的发达情况中也可推知手工业是大大地发展了。

由于手工业和商业发展的结果,出现了像当时埃及首都塔庇这样的都市——基本上与农业没有关系的工商业城市。塔庇城是世界上第一个有计划设计的都市，它是当时埃及全国的重要商业与手工业的中心——全国的大商人和外国商人皆集中于此。塔庇城是法老有计划地建设起来的，城内街道方方正正，法老的王宫座落在城市正中，四周围绕着许多高大的商业建筑。从形式上看，它颇具有现代都市的风格。这种类型的都市都是在短时期内奠定基础的，在当时之有可能这样作一方面固然表现出了当时埃及生产技术之发展，而更重要的则是因为法老有可能集中运用全国的经济力量来建立这个城市。

中王国时期的这些经济、军事、政治上的成就当然是在对劳动者进行残酷压榨之下来完成的。因此，随着时间的发展，阶级矛盾又逐渐尖锐，终于在公元前一七五〇年左右爆发了埃及历史上的第二次奴隶与农民的大暴动，这次起义的经过没有详细的记载，只知道暴动席卷了整个埃及，起义者抢劫了法老的仓库，撕毁了赋税册子，再没有人去缴纳捐税了。统治阶级中人大多被起义者杀死，侥幸逃脱性命的都流亡到国外去了。在阶级斗争猛烈进行的过程中，社会生产也不可避免地会暂时遭到破坏，这时全国的水利工程因无人管理都崩塌和拥塞了。

这次起义动摇了埃及王国的基础，在此之后，应当是会出现一个新的局面的，可是正当农民暴动后不久，社会生产尚未恢复，新局面尚未出现之际，亚洲来的一支游牧民族却乘机侵入了埃及。

埃及人称此外来的侵入者为喜克沙苏人(Hikshasu，希腊名为 Hyksos)。喜克沙苏人来自叙利亚、巴勒斯坦一带，可能是一种闪人。喜克沙苏人具有较高度的作战技术，已知用马驾驭战车作战，埃及的步兵很难抵抗这些乘立的轻疾的马车上的外族战士的攻击，埃及人到此时为止还不知有马，在这些高昂的动物的冲进之下，不免心惊胆战，望风溃逃。

喜克沙苏人统治埃及约一百三十年，建立过两个王朝——第十五、十六王朝。因他们来自北方的势力，故其统治重心在三角洲，建都于哈瓦(Havar，希腊名称阿瓦利 Avaris)。对上埃及地方仍责成原来当地的埃及统治者治理，但每年须向其纳贡。

据当时埃及人的记载，喜克沙苏人的统治非常残暴，贡赋极重，因而引起埃及人民的长期反抗，在第十五与十六王朝时，埃及人民曾不断发动起义，企图推翻外族的统治。最后在公元前一五七〇年左右在塔庇城的势力领导下终于打败了喜克沙苏人。之后塔庇势力建立了第十七王朝。

第十七王朝不久即被推翻，塔庇地方的另一势力——塔庇王亚谋西(Ahmose 或 Amosis)建立了第十八王朝，将喜克沙苏人全部驱逐出埃及并迅速地统一了埃及全国。之后，第十八王朝更乘驱逐外族、统一全国之余威，发动了新的对外战争，建立起了一个较中王国时期规模更大、实力更强的帝国，是为埃及史上的帝国时代——新王国时期之开始。

五、帝国成立前之埃及文化

埃及文字的发展途径与巴比伦文字相似，也是从象形文字逐渐发展到拼音文字。在第一王朝时埃及已有了文字，第四王朝时发展成熟，字体很复杂，除有许多象形文字标示出个别的完整的单字外，还有二十四个象形文字具有独立字母的意义，以之拼写出各种单字，所以埃及文字是一种混合文字，共有七百多符号。

在数学方面，埃及纯粹采用十进位制。由于每年在尼罗河泛滥过后必须重新丈量田地的疆界，故埃及很早就发展了几何学。

埃及天文学的发展过程亦与巴比伦相似，但其天文学比巴比伦较早地削减了迷信色彩,而较具有科学性。埃及的历法最初亦经过由纯阴历进至阴阳合历这一阶段,而最后走向使用纯阳历。埃及是世界上最早使用纯阳历的国家,考古学家认为埃及最晚至中王国时候即已使用阳历了。埃及最先以太阳为准,依四季为年,又分一年为三百六十五天。将三百六十天合成为十二个月,每月三十天。每年年终最后的五天则不计入十二个月内,而算作岁除之期,在这五天内全国放假来庆祝。后此历法于公元前一世纪中期为罗马人学去,再传至欧洲,是即今日在全世界流行的公历的前身。

埃及的医学亦与巴比伦相同,分内科、外科与驱鬼科三种。

埃及古代的文学作品是今日发现最早的文学作品。公元前二千年左右埃及的诗、散文和小说在今日皆有发现。在其诗中除史诗外,还有类似短篇抒情诗的作品。其小说的内容有些纯是描写当时埃及人在红海和印度洋上航行的实际经验。一般小说就其主题来说则多是描写贵族生活的,并且是称赞和歌颂贵族生活的。

在埃及的宗教信仰中表现得最突出的一点就是"死后永生"信念的坚强。虽然自原始社会时代起,世界各民族都发展过死后永生的信仰,但最早集中强调这种信仰的是埃及。在埃及可以很明显地从两项事实上看出这种信念:其一是木乃伊(Mumiya)。埃及贵族用各种香料加盐来填充、涂抹尸体,使之干硬,即可保存永久而不腐朽。因他们认为尸体不朽是保障死后永生的必要条件之一。其二是金字塔。金字塔为法老和少数贵族的陵墓。他们把金字塔看作是其死后的家宅,因此在建造时也力求使之"永存不朽"。

今日在尼罗河畔遗存的比较完整的金字塔仍有七十多座,其中最大者是第四王朝法老库富(Khufu)的金字塔。此塔高达一百四十六公尺,底层面积为二百三十公尺见方,周围长度约一公里。据今日建筑家之估计,建造此塔用石需约二百三十万方,每方石平均重两吨半,而其中暴露在塔外部,可以看到的最大的方石重达三十吨。希腊人曾依据埃及人的传说记载,库富法老当时建造此塔时曾动员了埃及全国的农民,轮流修建,费时三十年始完成。

金字塔的建造,一方面突出地反映了埃及人尤其是贵族对宗教迷信的强烈信仰,一方面也表现出了埃及古代巨大的人力、物力被法老和贵族们榨取、消耗的情况。但金字塔本身也说明了当时埃及的生产力已具有相当水平,否则提供这些人力、物力当是不可能的事。同时金字塔的建筑技术更是埃及劳动人民的智慧与创造力的集中表现。

在古王国时期,对这种死后永生的信念的强烈信仰只在法老和贵族中间表现得特别显著,而支配了他们的实际行动,但一般人民并不太注意此事。因当时一般人民不必说梦想修建金字塔和泡制木乃伊,即便是最经济的保存尸体的方法也无能力做到。死后永生的信仰对人民来说也仅是一种观念罢了。所以这种信念对他们本身的实际生活并无多大影响,除了因为实现贵族们的这种信仰而付出自己的大量的无偿劳动,以致使自己的实际生活更为痛苦以外。但到公元前二二〇〇年的农民大起义过后,社会上的大变革也反映到宗教上了。在中王国时期,随着人民的社会地位的初步提高,人民在宗教上的地位也提高了。只是到此时死后永生问题在人民中间才比较被注意起来,这时复杂琐碎的宗教迷信的理论简化了,不再像以前那样需要普通人民很难具备的保障死后永生的诸种条件了,保存尸体的方法也简单易行了。并且教士们也开始强调任何人死后都可得到永生这一说法,例如以前乌西黎(Osiris)——尼罗河神与农神被认为是每年死后又复生的,象征尼罗河河水退而又来,以及谷物之冬死春生。这个故事原本与人世没有关联,现在在这个故事中又增添入了新的内容,并将其影射到人身上,认为凡是崇信礼拜乌西黎神的人死后生命就有保障。对于一般人民说来这是很简单易行的事。同时爱西神(Isis)——土神,在神话中本为乌西黎之妻,现在也被附会成是帮助乌西黎神复生的,以及这二个神的儿子霍尔——鹰神也都被认为是能保障人死后生命的神。这样,就使得以前与广大群众比较"接近"的神都与这种死后永生的信念发生了关系,因此,人民和"死后永生"的这个信念也就日益"接近",不再认为这是可望而不可即的事情了,于是在其实际生活中也可能考虑到这个问题了。在中王国时期,死后永生的信仰在人民中间开始受到了普遍的注意,以前只有少数人才能具有的宗教上的特权,现在也为一般人民所享受到了。这种信仰上的变化实际上是反映了当时人民社会地位已较古王国时期有所提高。

六、新王国——帝国时代的全盛时期 (公元前一五七〇—公元前一二〇〇年)

在埃及史的分期上,新王国时期包括第十八王朝至第二十王朝,但实际上在这段时期中的埃及历史,如依其本质来分,则应分为二个阶段:公元前一二〇〇年以前为一阶段,即第十八、十九王朝时,是为埃及帝国的全盛时期;公元前一二〇〇年以后为一阶段,即二十王朝时(公元前一二〇〇—公元前一〇九〇年)——帝国衰败时期。

埃及帝国全盛时期的第十八、十九王朝的首都仍在塔庇。称新王国时期为帝国时代,是因为这个时期埃及对外进行了较中王国时期更大规模的战争,胜利地征服了许多地区并将这些地区直接置于埃及王国的统治之下,因此,在这个时期的埃及王国统治范围之内,便包括了许多不同的种族,以及许多在经济上本无必然联系的地区,而其所以能形成一个统一的形式,纯粹是靠埃及在这个时期中的强大武力来维系。

在第十八王朝创业王亚谋西一世(Ahmose I,公元前一五七〇—公元前一五四三年)在位时,埃及已自喜克沙苏人的统治下解放出来,并自喜克沙苏那里学会了用马拖车作战的技术。到图特米斯一世(Thothmes I,或称图特谋西 Thutmosis I)时开始向外进行大规模的扩张,向北征服了幼发拉底河的上游地方,向南征服了努比亚的全部地区,并侵入了伊提欧匹亚,但未得深入。在这时有二种因素使得埃及有需要并有可能向外进行扩张:其一,也是主要的,是由于此时埃及内部的稳定发展,喜克沙苏人被驱逐后,那种残暴的剥削解除了,因而使得埃及的社会生产有可能恢复起来并逐渐发展,埃及的统治阶级开始感到有必要和有力量来向外扩张。而在向外扩张的过程中大量的俘虏被变为奴隶,对埃及生产的发展又起了很大的推动作用,从而使得埃及更有力量来巩固自己对征服地区的统治,并继续向外发展。其二则是由于喜克沙苏人的统治,对埃及来说是第一次受到外族统治。外族残酷统治的经历使后来的埃及统治阶级意识到了巩固国防的重要性,而巩固国防能力的最好办法则是以攻为守。当然这并不能构成埃及对外征服的唯一理由,主要的仍是第一个因素,但这个因素至少能成为埃及统治阶级动员全国人民投入狂热的征服战争中的一个有力的口号。

图特米斯一世之后重要的为女皇哈特写朴素(Hatshepsut,公元前一五〇一—公元前一四八〇年)统治时期。埃及从原始社会发展向阶级社会的过程中,并没有经过父系社会阶段,而是在母系社会基础之上直接进入阶级社会的。女权统治转到男权统治则是国家出现以后才发生的。因此母系社会的痕迹在埃及古代社会中仍很显著。埃及女子地位比其他古国女子地位为高，家族之财产则是由女子来继承的，所以一般贵族多是兄妹为婚，以保障家族财产不致分散，特别是法老兄妹为婚的制度，在埃及一直维持到很晚才消失。因为当时统治国家的虽然是男性的法老，但其所以能居于最高地位，则由于他是神，而从理论上来讲，法老的神权则是应该由法老家族中的女子继承，故法老的神权系得自其王后，也就是其姐妹方面，到女王哈特写朴素之时不过是将这种理论与实际统一起来罢了。她自己掌握了实权，统治着国家。可是女皇却服男装并戴假须，从这件事情上可以看出此时男权在埃及社会上已经确立不移了，女皇的统治只是一个暂时的现象。

图特米斯三世(公元前一四八〇—公元前一四四七年)时埃及继续向外扩张，征服了爱琴海中的一部分岛屿及叙利亚一带，并变这些地区成为埃及帝国的一部分，派总督直接治理之。图斯米斯三世之向海上发展，证明了帝国时代商业之发展，而需要控制一个大的商业世界。

埃及在亚门后帖三世 (Amenhotep Ⅲ，或称亚门诺飞三世 Amenophis Ⅲ，公元前一四一一—公元前一三七五年)之时，达到了埃及帝国的黄金时代，在此时期中，埃及内部及其征服领土内的统治都很稳定。

亚门后帖四世(公元前一三七五—公元前一三五八年)在位时，埃及在政治、宗教上曾发生一次大变动。亚门后帖四世立意废去过去埃及全国最崇拜的太阳神亚门(Amen)，而奉亚屯(Aton)神为帝国最高的大神，自己亦更名为伊赫那屯(Ikhanaton)。这是因为什么原因呢?这是因为亚门神本是塔庇地方的太阳神，虽然随塔庇城地位之日益重要而此神在宗教上的地位也日趋重要，以致成为埃及全国最高的大神,但在人民心目中,此神的地方色彩始终未能全部消除,因之也就妨害了具有全国权力的法老利用它来作为国家强有力的统一的象征。而亚屯神原为上埃及地方的落日神,过去它在神话故事中不占重要地位,可说是一个灰色的神。故而亚屯神与亚门神不同,在它身上既没有地方色彩,也没有内容丰富的也就是早已深入人心的固定化了的神话故事。因此当帝国极盛时代在位的亚门后帖四世欲想假借宗教措施以加强其对帝国的统治之时,亚屯神乃被选中作为帝国统一的象征,用以推行其世界帝国政策,使被征服地区的人民由信仰这个统一的神而致承认和服从于帝国的统一。为此目的,亚门后帖在埃及、叙利亚、努比亚三地为亚屯神建立了三个大神庙,并大肆宣传,将许多为人敬崇传说的神话故事都集中在此神身上,企图以亚屯神来完全代替亚门神过去的地位。

但亚门后帖四世的宗教改革却引起了以塔庇地方教士为中心的全国亚门神教士集团的强烈反对。亚门神教士的反对新宗教政策斗争的性质,一方面是因为亚门神地位的降低势必要促使亚门神教士社会和政治地位的下降,因而会丧失了他们的既得利益。但更严重的意义则是因为法老所以要推行这个宗教政策的目的主要是要加强帝国的统一之外,同时也是为了加强国内的统一,也就是要加强以法老为中心的中央政权的权力,而教士阶级过去是被委托分散在各地来统治人民的,在地方上他们可以独立地和人民发生直接接触,因而他们在地方上虽然没有经济实力,但他们的政治势力是相当雄厚的。现在中央政权之加强,将使他们完全附属于政府,也就是意味着教士们将丧失其在帝国中政治上的独立、半独立的地位,而完全沦为法老的附庸。因此,法老与教士势力集团在宗教问题上的斗争,实际上是原已存在着的中央与地方上政治势力矛盾的尖锐化,也就是帝国的中央政权为彻底消灭地方上的分裂势力的一个最后斗争。

最初亚门教士因为在政治上无力与亚门后帖四世进行直接的对抗，故只能利用人民的迷信、保守心理，提出一种"护教"的口号，鼓动各地人民出来反对法老的新措施。但由于帝国的专制政府实力强大，所以在亚门后帖四世在位期间反改革的企图并未能成功，"人民"的反对被压制了下去。因此，法老的新宗教政策得以在帝国范围之内推行了数十年。但法老与教士之间的斗争也继续了几十年，虽然教士的反对始终未能成功，可是法老也无法完全打垮教士的势力。

到亚门后帖四世死后，后继之法老又尚未成年之际，教士乃又乘机反攻，而取得了胜利。亚门后帖四世所建之亚屯神庙在此时皆被拆毁，亚门神又在帝国复辟了。故这一时期在埃及史上可说是一反动时期，地方势力又盖过了中央。同时，这些亚门教士又转而利用其逐渐恢复了的政治权势，尽量夺取土地，以巩固和提高自己的地位。当时以塔庇地方为中心的亚门神教士集团曾占有埃及全部可耕地的三分之一。而这些分裂势力在经济上的重新取得胜利必然会导向了帝国和统一国家的最后分裂，从而使上述的政治反动成为常态。故公元前一三〇〇年以后埃及的统一局面已无法维持下去，埃及国家开始衰败了。

帝国的衰败首先表现在对埃及以外地区统治的动摇上。公元前一三〇〇年后叙利亚人首先起来反抗埃及的统治。同时小亚细亚东部的势力——哈梯（Hatti）也强大起来，与埃及争夺对叙利亚的控制权，结果埃及在叙利亚的势力全部被哈梯逐出。

埃及对外统治之动摇，使得国内敌对阶级的矛盾加深了。当帝国之极盛时期，统治阶级为争取国内人民支持其对外的战争，曾在某种程度上减轻了对内的剥削。而加紧对国外被征服地区剥削与掠夺，以及由于这种大规模掠夺成功的结果，已使统治阶级奢侈成习,到此时,对外的剥削与掠夺既已不可能,而统治阶级仍要继续维持其奢侈生活, 就不得不以加紧剥削国内人民来补偿了。在统治阶级加紧榨取国内人民之下, 引起了公元前一二〇〇年顷的一次农民大暴动。

这次暴动的经过仍然不可详知。不过,从亚门神教士的那种分裂势力在这次暴动过后仍然稳定存在这一点上来看,这次暴动一定是很快地就被镇压了下去。因起义者首先打击的对象,应该就是这批当时在社会、政治上都居于优势统治地位的分裂势力,这个势力既然仍旧存在,就证明它的统治基础并未遭到应有的打击,那么,这一定是起义者在社会上还未曾能够形成一个强大的群众性的革命优势之前就被镇压下去了。因此,这次起义并未能发挥它在历史上所应起的积极作用, 这个结果就是旧的制度原封不动的或更坏的继续。新的局面既不可能出现,旧的又已不可能再发展,相反的,国内原有的基础也遭到了严重的破坏,因此,埃及帝国的实力较起义以前已更为削弱,帝国受到了致命的打击。

公元前一二〇〇年是埃及史上的一个转折点,从此以后埃及始终未再强大, 而且不断地受到外族的入侵和统治。并且从此以后,无论是埃及内部的短暂统一,或是由外族所建立起来的统一王朝,其统一的程度都是有限的。教士们的地方分裂势力在埃及始终占上风, 而这种长期的政治上的分裂必然会导致埃及社会生产的全面衰退, 因为埃及的生产活动是必须要依靠统一的政权来集中领导和控制的。

七、公元前一二〇〇年后之埃及

新王国时期最后的一个王朝是第二十王朝 (公元前一二〇

〇—公元前一〇九〇年)。这是一个在亚门神教士统治下的王朝,其首都仍在塔庇,这个王朝统治时期的埃及虽有统一之名已无统一之实。到第二十一王朝时(公元前一〇九〇—公元前九四五年)埃及便正式分裂了。此时实际上是塔庇地方的教士与另外一个地方势力争夺全国统治权之时,而并非是一个统一的王朝时期。

到第二十二王朝至第二十四王朝时 (公元前九四五—公元前七一二年),埃及即处在外族统治之下。第二十二王朝(公元前九四五—公元前七四八年)是利比亚人所建立的王朝。利比亚人以三角洲地方为其势力重心,并曾南进占领了塔庇城。塔庇地方之亚门神教士被迫南退,在埃及南部,包括努比亚地方又建立起另一王朝。故此时实是一个外族王朝与一个埃及本国的王朝两个势力对峙之时。但在马尼陀的《埃及通史》中反承认利比亚人的王朝为正统。

第二十三、二十四王朝时 (公元前七四八—公元前七一二年),是埃及内部大分裂与混乱之时。

第二十五王朝(公元前七一二—公元前六六三年)是伊提欧匹亚人建立的王朝。伊提欧匹亚过去一向是埃及侵略的对象,但在埃及的文化影响之下,其内部的发展加速起来,而组成了国家。到此时乃开始强大,乘埃及内部混乱之际侵入了埃及,建立起第二十五王朝。伊提欧匹亚王朝建立后不久,又有亚述势力侵入了埃及。公元前六六八年亚述攻占了塔庇以北的地区,将其划为亚述帝国之一省。伊提欧匹亚王朝在此打击之下开始衰落。公元前六六三年亚述再度进攻埃及,打下了埃及首都塔庇城,并将塔庇城彻底破坏。埃及的统治者,不论是伊提欧匹亚人或是本地人,不是被杀死就是被俘往亚述。第二十五王朝至此被灭亡。

亚述派总督来治理埃及。总督撒穆提克(Psamtik,公元前六六三—公元前六〇九年)原为埃及人,在就任总督的当年(公元前六六三年)就推翻了亚述的统治,宣布独立,建立了第二十六王朝(公元前六六三—公元前五二五年),并开始与埃及境内之亚述驻军及投降亚述之埃及势力进行战争。至公元前六二五年始控制了整个的埃及。

此时埃及已与希腊发生了密切的商业关系,希腊人且成为了埃及雇佣军的骨干。撒穆提克统一埃及之时主要即依仗希腊雇佣军的力量,因此撒穆提克不得不给予了希腊人许多特权。当时希腊商人遍布于埃及北部的各个地区,并曾在尼罗河口附近地方建立起来了一些城市。从此时起,希腊人在埃及的经济生活中曾居于重要的支配的地位,尤其是在商业上。到了第二十六王朝涅库(Necho,公元前六〇九—公元前五九三年)法老时,希腊人几乎操纵了埃及的全部商业。涅库法老时代的一些突出的行动,在某种程度上不能不说是企图摆脱希腊人的控制,以谋求自己在商业上独立发展的行动。

涅库法老在位时曾挖掘从三角洲尖端至红海的运河,后因财力不逮,中途而废。后涅库又曾雇用腓尼基人出海航行,企图寻求一条沟通大海的新航路,结果腓尼基水手们费时三年环绕了非洲一周后回到埃及。但因限于当时的社会生产条件,这次古代航海史上的伟大结果并未能为当时人所利用,甚至并不为当时人所注意。此事仅见于希腊人之记载,而希腊人之所以记它也是因为据说这些腓尼基水手绕行非洲时,一日在中午时分忽然发现太阳悬于其正北面。当时人认为太阳在正北面是不可能的事,故希腊人把它作为荒诞不经之事记载了下来。而这点却正足以告诉后人腓尼基人的确曾成功地绕航了非洲。涅库又曾想收复为埃及帝国全盛时期所有而现在已丧失了的亚洲属土。在其即位的第一年(公元前六〇九年),即向东北发展,征服了犹太,控制犹太地方约四年;并继续向北发展,企图夺取在新巴比伦帝国势力控制下的叙利亚。公元前六〇五年埃及与新巴比伦帝国在叙利亚境内大战了一场,结果埃及大败,涅库的恢复埃及帝国的梦想破灭了。

由涅库在位时的这三项突出的行动上来看,这些行动显然是由于商业要求所引起的。开运河和绕航非洲自不待言,向外扩充也是为了要控制更广阔的商业市场,但因缺乏国内雄厚的生产上的基础,仅仅由于商业上的企图是不可能成功的。由于这些行动的失败,也就意味着涅库法老想摆脱希腊人的控制的斗争失败了。

因此,到第二十六王朝末王亚米斯(Aahmes,或亚马西 Amasis,公元前五六九—公元前五二五年)在位时开始直接限制希腊商人势力的发展,并减少埃及军队中的希腊雇佣军。可是这种限制希腊人势力的政策也未能成功,希腊人的势力并未因此而稍衰。当时在三角洲南部的挪克拉提城(Naukratis)等于是希腊的城,城中几乎没有埃及人,而此城却是当时埃及的商业中心。

第二十七王朝(公元前五二五—公元前四〇四年)时是波斯统治埃及的时期。公元前四百年以后波斯势力开始衰败,埃及人纷起反抗波斯之统治,此时在各地出现了许多埃及人建立的小王朝。它们对外反对波斯,但对内又彼此混战。它们对波斯的反抗皆未成功。第二十八、二十九和三十王朝不过是这些地方性的王朝中的一个而已。

公元前三二三年马其顿王亚历山大侵入了埃及,他利用当时埃及人与波斯人之间的矛盾,很快的就控制了埃及全国。在亚历山大在位时,埃及成为了亚历山大帝国的一部分。

亚历山大死后,帝国分裂,其部将托勒密(Ptolemaeus)占据了埃及。这个希腊的托勒密王朝(公元前三二三—公元前三〇年)

被今日史家称为第三十一王朝。在这个希腊王朝统治埃及的三百年期间,希腊人的商业势力凭借政治势力之支持,在埃及更加顺利的发展下去, 因而在埃及北部沿海地方及尼罗河沿岸的各个城市中希腊移民日益增加起来,城市乃渐希腊化,城市的埃及人逐渐接受了希腊的风习和语言。故到此王朝末期时候,城市中的埃及人实际已变为希腊人——希腊化的埃及人了。但这种希腊化的情况仅限于城市之内,在农村中则始终未曾希腊化,而仍保留着三千年来埃及固有的生活习俗和语言。

公元前三〇年希腊王朝为罗马所灭, 埃及乃又沦为罗马帝国之一行省。罗马统治埃及的时间前后约七百年,在此期间埃及内部情况大致仍与以前相似。因罗马帝国东部之统治者多为希腊人,故埃及之希腊化仍然继续并逐渐侵入农村,但农村仍始终未全部希腊化。直到公元七世纪的中期, 阿拉伯人征服了埃及后,埃及始完全丧失了古代文化的独立性,而完全成为了回教及阿拉伯世界的一部分。

第五章　埃及、巴比伦的边区 殖民地与边外诸族

在古代东方世界中除上述的中国、印度、巴比伦与埃及四大古国外，在埃及与巴比伦之间及其周围地区还有许多种族建立的大大小小的国家。这些国家在古代世界历史发展的全部过程中占有相当重要的地位，关于这些国家的历史，今日还未能如埃及、巴比伦那样清楚地为人所知，而且其中有一些国家也只如昙花一现，存在的时间非常短促。但这些国家具有一个最基本的共同点，即这些地区的种族之进入阶级社会都是由于受到埃及或巴比伦文明的或多或少的影响所致。所以我们统称这些国家为"埃及、巴比伦的边区殖民地和边外诸族"。

所谓"埃及、巴比伦的边区殖民地"就是指埃及、巴比伦周围的那些原来发展比较落后的地区，当其还未有国家出现时，已为一个大国——埃及或巴比伦所控制。而这些地区也正因得以接受了埃及或巴比伦的较高文化，开始比其自身发展更为迅速地建立起了国家。"埃及、巴比伦的边外诸族"则是指那些原来比较远离埃及、巴比伦地区的原始部族，由于他们间接地受到了两大国文化的影响，或是由于他们曾侵入两大国而与之发生了直接的接触，从而接受了两者之一的影响，使其历史发展加速，能够更快地进入了阶级社会。

这些地区又可分为三类:(一) 全属埃及文化范围者;(二)全

属巴比伦文化范围者;(三)兼属两大文化范围者。

综观这些地区和种族最初与埃及、巴比伦所发生的交往关系不外两种情况。一是和平交往,通过文化交流和商业来往双方发生了接触。在文化交流方面,最初则是埃及、巴比伦对这些地区的单方面的输入。而相互间的通商关系——促使彼此间文化交流的重要手段之一——最初也并不是一种对等的交易,主要是由这些地区以原料和金银等矿产来交换两大国的手工业制成品。一是敌对关系,彼此间互相侵略和征服,而就在此过程中收到了文化影响的结果。

一、埃及文化的边区与边民

甲、克里特(Crete)

关于克里特的早期历史——原始社会时代的历史今日所知仍甚少。根据考古学家在此岛上发掘出来的一些公元前四〇〇〇年至公元前三〇〇〇年时期的新石器时代的器物,推断在此时克里特已与埃及发生了通商关系。根据在此岛上发掘出来的公元前三〇〇〇年以后各个时期的许多城市废墟和各种器物,可以看出公元前三〇〇〇年以后的克里特岛的历史完全是与埃及并行发展的,两者同盛同衰,同兴同败。就今日所能知道的两者在政治、经济关系上联系之密切这一点看来,其中似乎不是偶然的巧合。但因克里特的文字至今还无人能读,故此问题还不能贸然判断。

克里特是一个多山的海岛,除沿海地方地势比较平坦外,内地都是纵横交错着的小山脉,山间原谷也多是互相隔绝的,这样就造成了许多天然的小区域。虽然岛上可耕地很少，但在新石器时代晚期这里已有了农业。公元前三〇〇〇年左右时，岛上已出现了许多城市，这些城市可分为两类。一类是沿海城市，这是岛上航海与对外贸易的中心。一类是内地城市，这些城市多建在山上，其下有一小片平原，可以用来进行农业生产。但后一类城市在岛上的地位远不如前一类城市重要，因岛上很少平原，农产不丰，所以从很早时候起岛上人即以商业为其主要的经济活动，故海在其经济生活中占有极重要的地位。

在冬季至春季之间，克里特岛周围的风向无定，在当时航海技术条件下，人根本无法出海。但到夏季(很长，约半年)，风向即很规则，故岛上人皆乘此时期大批出海活动。他们除与埃及通商外，并且向北到爱琴海上，与海上各岛屿及爱琴海沿岸各地进行贸易，向东与小亚细亚西部沿海岸地方及腓尼基的许多城市通商。在公元前三〇〇〇年以后克里特已逐渐成为了东地中海的最重要的商业中心之一。

考古学家曾在此岛上进行了较为彻底的发掘，发现了许多城市遗址、器物和文字。就所发现的文字形体来看，最少有三种不同的形式，可分之为早、中、晚三期。但无论是哪一期的文字现在还都不能认读，故只能根据地下发掘出的其他材料将克里特的历史分为三个阶段。

初期(公元前二九〇〇—公元前二一〇〇年)。这一时期岛上最重要的城市是菲斯陀(Phaistos)，菲斯陀位于克里特岛南岸，为当时全岛之政治、经济中心。这一阶段正相当于埃及的古王国时代。

中期(公元前二一〇〇—公元前一六〇〇年)。此时岛上的势力重心已发生了变化，政治、经济中心转移到岛北岸的诺索斯城(Cnossos)。其时相当于埃及的中王国时代。

晚期(公元前一六〇〇—公元前一四〇〇年)。在中期之末全岛曾混乱了一个时期，岛上有被破坏的痕迹。但进至此时期后,诺索斯仍很强大,不但能控制和统一了全岛,而且在地中海上建立起了一个商业帝国。其势力范围向西达到了西西里岛,甚至意大利半岛南部也在其控制之下,向北发展到希腊半岛,半岛南部与中部皆为其所控制。当时希腊半岛中部的两个大城:迈其尼(Mycenae)与梯林斯(Tiryns)即为诺索斯所建,用以控制希腊半岛的商业。两城的建筑形式与同时期的克里特岛上的建筑完全相同。

从克里特岛上各个城市皆有大路直达诺索斯这一点上可以看出全岛的大小城邦皆已被诺索斯征服,受其控制,向其入贡。前一时期中的许多在经济上曾独立发展的城市, 此时在经济上的独立地位都已消失, 诺索斯一城包办了一切对外的种种复杂经济活动。在诺索斯城内外有许多规模很大的手工工场,其中最重要的是陶业和纺织业的工场。这些工场集中有大批奴隶在内工作,其成品的绝大部分是作为商品来输出的。在埃及、叙利亚、小亚细亚、希腊各地(甚至深入希腊以北的内地)与意大利的内地都曾发现有诺索斯的陶器与绒、布。

关于这一时期诺索斯对其商业帝国范围之内的控制情况,后来希腊曾有一个传说故事反映了这一时期克里特与希腊的关系,在这个传说故事中讲到公元前一五〇〇年左右(正是克里特最盛之时)诺索斯的王名弥挪(Minos),弥挪王的王后生了一个半人半牛的怪胎,弥挪王特为此半人半牛妖(Minotauros)修建了一座迷宫(Labyrinthos)。这时诺索斯已征服了雅典,弥挪王乃令雅典人每年贡献七对童男女来喂此妖物。后雅典王爱琴(Aegaios)之子提西阿(Theseus)长大了,武艺高强,自告奋勇要求将自己入贡往诺索斯,以便相机杀死妖物,为雅典人除害。他到诺索斯后结织了弥挪王的女儿雅丽阿德妮(Ariadne)，两人彼此相爱，雅丽阿德妮给了他一团绒线，让他在进入迷宫时将线头结在门上，然后在杀死妖物后得依线循路走出迷宫。结果提西阿杀死了半人半牛妖，安然回返了雅典。

这座迷宫就是诺索斯的王宫，现在已被发掘出来，虽然这座建筑只余少许断墙残垣，但由其全部地基系统中还可看出这座宫殿路线的复杂情况的确很像迷宫。至于雅典每年向诺索斯入贡童男女来喂妖物则是一种象征的说法，它是根据公元前一六〇〇—公元前一四〇〇年间希腊半岛中南部皆为诺索斯所控制这一事实而编造出来的，由此可见当时诺索斯对希腊地方的控制一定是非常严厉和残酷的。而诺索斯城的真正下场，也正像故事中的结尾——提西阿杀死了怪物，重返雅典——所象征的，在公元前一四〇〇年左右，自希腊半岛上来的一批人(阿卡亚人)攻入了克里特岛，将全岛彻底破坏，诺索斯城亦未幸免。希腊人破坏克里特岛的痕迹，在发掘出的诺索斯和其他许多城的遗址上仍然清晰可见。

公元前一四〇〇年以后，克里特岛上的人除一部分被希腊人所杀死外，另一部分有组织地流亡到外地去。但也可以推想还有一部分当地人接受了希腊人的统治，而逐渐希腊化，成为了希腊人，到公元前一一〇〇年左右时，原来岛上的人可说已完全消灭，此后居住在岛上的人从其语言上、生活方式上看，都已是希腊人了。至此克里特岛已成为希腊之一部分。

乙、努比亚、伊提欧匹亚与利比亚

关于努比亚、伊提欧匹亚与利比亚这三个地区本身历史的具体发展情况我们完全不知道，关于他们，唯一所知的只是当他们与埃及发生了关系时所发生的事情。

努比亚在埃及第十二王朝时 (公元前一九九一—公元前一七七八年)被征服,受到了埃及的直接统治,此后努比亚就与埃及有了长期的密切的政治、文化上的关系。许多埃及移民迁入其境内,使当地人大量地接受了埃及的文化,进入了阶级社会,但努比亚的边区地带始终发展得很缓慢。当埃及衰败之际,这个半埃及化的地区往往就脱离了埃及的羁绊,成为独立的国家,并且时常向北发展,侵入埃及,占领埃及边境的一部分地区。

伊提欧匹亚也是自埃及第十二王朝时起才开始不断遭受到埃及的侵略,但因其地多山,距离埃及本土又较远,故埃及始终未能将其征服。但伊提欧匹亚却因此接触了埃及较高的文化和生产技术,促进了它本身的发展,迅速地建立起了国家。关于其上古时代的历史, 我们唯一知道的一件具体事实就是在埃及衰败后,伊提欧匹亚人曾在短时期内征服并统治了埃及,即埃及第二十五王朝(公元前七一二—公元前六六三年)。

"利比亚"(Libya)是一希腊字,本意指除埃及以外的整个非洲,实即埃及以外的北非。到近代乃专用此字以称埃及西边的利比亚国。现在我们也仿照这种用法,专指近代利比亚国的古代区域。利比亚始终是一个游牧地区,人口很稀少。自埃及建立国之后,这个地区就与埃及有密切的政治上和军事上的关系,埃及经常雇佣当地人当兵,在埃及兴盛时又不断侵略它。利比亚人在埃及衰败时也不断侵入埃及边境,肆行抢掠,但他们始终未能征服全埃及,仅在短时期内占据了埃及的西北边疆的一部分,到埃及强大后再被埃及逐出。至于两者之间具体关系的全部过程今日尚不能知。

二、巴比伦文化之边区与边民

甲、印度欧罗巴人的迁徙

古代历史上在世界范围之内曾前后发生了三次游牧民族由草原地带向农业人口地区的大迁徙。其中第一次的大迁徙发生在公元前二○○○年左右，当第一次大迁徙的潮流还未过去，第二次的公元前一六○○年左右的大迁徙就又开始活动起来。此后到古代末期，公元三四百年间又有第三次的大迁徙。在这些进行迁徙的游牧民族中，主要是以所谓"印度欧罗巴"族为主，尤其是第一次迁徙，完全是印度欧罗巴人的活动，只是在后两次迁徙中才夹杂着其他种族的游牧民族。古代史上这三次游牧民族的大迁徙对古代世界农业人口的土著地带——奴隶制国家的历史发展发生了关键性的作用。在最初，它们所发生的作用都是破坏性的。在西方，第一次、第二次的迁徙先后破坏了两个大帝国——巴比伦与埃及。这两个大帝国的衰败、混乱，以至于古巴比伦帝国的最后灭亡，固然有其内在原因，但这些外来游牧民族给予他们的长期而剧烈的打击也是其覆亡的很重要的和最后的原因。此外，第一次或第二次的迁徙也曾影响了中国，曾在古代中国史书中出现的大月氏人实即此次迁徙的印度欧罗巴人的一支，他们已达到了中国的边疆，但被中国挡住，未得进入中国内部。公元三四百年间的游牧民族的第三次迁移，破坏了罗马帝国，同时又直接影响到了中国。因为其中的几支游牧民族曾深入中国内部，即中国史上所谓的"五胡乱华"，中国的一部分地区受到了这些游牧民族的严重破坏，只是这些游牧民族并未能像他们在罗马帝国内部所作为的那样，毁灭掉中国原有的政治和文化的基础。虽然中国在文化、语言和风习上曾受到了他们的很大影响，但始终未被其彻底改变，所以不久中国即在旧有的文化基础上，吸收了外来的新血液，重新恢复了自己的强大与安定。这是中国与西方古代各国历史发展的不同点。

公元前二〇〇〇年左右开始第一次大迁徙的印度欧罗巴人并不是一个统一的种族集团，这个名称的来源是因为十九世纪欧洲历史学家由于这些迁徙的部落与部族在其以后的历史发展过程中属于同一大的语言系统，故以为他们原来就是一个统一的种族集团，因而统称他们为"印度欧罗巴"人。今日我们仍用"印度欧罗巴"这个名称来统称这些从亚欧大草原地带向外迁移的许多游牧部族，主要是把他们看作为一个语言的集团，而不是把他们当作一个统一的血统种族集团。因为在迁移以前，最原始的印度欧罗巴人究竟是什么人现在已无从知道。当他们尚在亚欧大草原上活动之时，曾席卷了许多生活方式与之相同的不同种的部族，这些人后来都被其同化了，所以印度欧罗巴人的血统非常复杂，当其出现在历史舞台上时，早已不是原来种族的面目了。

这些自公元前二〇〇〇年左右开始同时自亚欧大草原向外迁徙的印度欧罗巴人，其最初的根据地究竟在哪里？近百年来关于这个问题曾有种种的说法，最后一般的判断趋向，认为其根据地当在里海以东以北地方。这一结论主要是从研究最早的印度欧罗巴人早期梵文的字汇中得出来的。从早期梵文的字汇中可以看出印度欧罗巴人最初居住生活的地方一定是在一个气候比较温和的草原地带，但在气候比较温和的自然条件下，季节的变化却又很显著。这个地方最多的树木是柳树和赤杨，而没有鱼和任何热带动物。旧大陆上合乎以上几个条件的，只有一个地方，即里海以东以北的地方。

当时他们主要靠游牧和畜牧为主，几年中小规模地移动一次。他们也已有了初步的农业，但因草原地带不利于农业生产，故农业很不重要。但特别值得注意的是他们当时已知用牛耕田，并用牛来拉车。同时他们又是最早会用马来作战的民族。

在公元前二〇〇〇年前后，每一次开始向外迁徙的印度欧罗巴人，其活动的范围非常广。其中最早向外发展的一支就是雅利安人，他们大约在公元前二三〇〇年时已开始向外活动了。雅利安人首先向东南发展，进入中国史书上所谓"大夏"的地方(今阿富汗及伊朗东部之一部分)，在此停留了数百年后，到公元前一五〇〇年左右又开始移动，分两支向外发展。一支向西进入了伊朗高原，后在此建立了玛代国和波斯国。另一支越过了印度高加索山(Caucasus lndicus，今印度库施山)，更南下进入印度河流域，征服了当地的土著——达罗毗荼人，在印度建立起了雅利安人的国家。

继雅利安之后，在公元前二〇〇〇年前后又有大批的印度欧罗巴人向外迁徙，其中有一部分人向西进入后日俄罗斯南部及东南欧地区。一部分人则东去进入了中央亚细亚，甚至到达了中国的西部边疆，大月氏人可能就是其中之一支，而大部分人是向南发展的。他们进入巴比伦范围之内或其边疆地带，都与巴比伦发生了直接或间接的关系。

在这些向南发展与巴比伦发生了关系的印度欧罗巴人中，最重要的又有三个部族，即哈梯(Hatti)、卡西(Kassi)和胡里(Hurri)——包括邬拉图(Urartu)。而上述雅利安人中在公元前一五〇〇年左右西迁入伊朗高原的一支，后来亦与巴比伦发生了接触。

乙、巴比伦文化范围内之印度欧罗巴人

最早与巴比伦发生关系的印度欧罗巴人是胡里人。在公元前一八〇〇年左右，胡里人已征服了两河流域上游地方的弥坦尼人(Mitanni)，占据了这块地方以及叙利亚北部地区，建立起胡里人的国家。两河流域上游地方和叙利亚一向是巴比伦文化的边区，并且巴比伦强大时也曾间或在政治上控制过这两个地区，故胡里人在此建国后，在文化、生活习俗方面都接受了巴比伦的影响。胡里的首都建在幼发拉底河上游的卡其米施(Cachemish)，此地恰是当时两河流域地方与叙利亚交通必经之要道，因胡里为一商业国家，故特于此地建都。其国家的最重要财政收入来源即依赖商业税之收入。农业、手工业在其国内经济生活中并不占重要地位。

胡里人除与最早的一些印度欧罗巴人一样，知道以马拖车作战的技术外，在其建国之后又逐渐发展了一种新的技术，即骑马。就今日所知之材料看，世界上最早会骑马的人就是胡里人。关于胡里人的历史，今日所知极少，只知它曾征服了两河上游地方的哈梯与亚述。公元前一五〇〇—公元前一四五〇年间为胡里帝国之极盛时期，此后即开始衰败，公元前一四〇〇年为哈梯人所征服。

继胡里人之后，卡西人亦自北方进入两河流域下游地方。他们最初和巴比伦的关系是受雇于巴比伦帝国为其佣军，之后进入巴比伦的卡西人日益增多，声势渐大，终而征服了巴比伦。卡西人在公元前一七四〇—公元前一一六四年间统治了巴比伦地方，成立了卡西帝国，但因其无多少文字记载传下，故其统治详情今尚不知。

哈梯人在公元前一八〇〇年左右开始自草原地带向外发展，最初是向西移动，到了东南欧一带，后又折回到小亚细亚，最后集中在小亚细亚的东部。此后他们即屡次向南发展，侵掠巴比伦与叙利亚一带。公元前一六〇〇年以后为胡里人所征服。但到胡里人势衰后，哈梯势力又转强盛。公元前一四〇〇年哈梯不但推翻了胡里的统治恢复了独立，并且还征服和统治了原来胡里的全部地方。

哈梯在其名王苏毕鲁黎巫马(Shubbiluliuma，公元前一三八五—公元前一三四五年)在位时，不但完全征服了胡里人，并且向西发展，征服了小亚细亚中部地方，开始建都于哈图沙施(Hattushash，在今土耳其首都安哥拉以东)。其后诸王更向南发展，夺取了原属于埃及的全部叙利亚地方。哈梯王在各征服地区广置藩属，派其子侄及族人为王以统治之。哈梯帝国最强大时势力曾及于小亚细亚西部直至爱琴海沿岸。

哈梯帝国的主要敌国有二：一是埃及，自公元前一四〇〇年以后哈梯即与之争夺对叙利亚之统治权；一是亚述，哈梯与之争夺胡里人之旧地。此三大国之间的关系非常复杂，分合无定。至公元前十三世纪初，哈梯与埃及之间曾发生了历史上最早的一次大国之间的复杂外交关系，而这个关系的重心和优势又是在哈梯这一边的。公元前一二七一年哈梯王与埃及王缔结了一项攻守同盟条约。条约内容主要有三点：(一)互相尊重对方领土之完整。(二)签约国的任何一方受到第三者的攻击时，另一国应立即出兵协助其抵抗。(三)如果签约国之一方内部发生了叛乱，经其要求，另一国也须出兵协助平乱。从这项条约的内容上我们可以看出，第一点的规定实际是等于埃及放弃了夺回叙利亚的企图。第二点的规定是哈梯联合埃及共同对付亚述的。而第三点规定，就当时的政治局面推想，可能是埃及单方面对哈梯要求的条件。因公元前一三〇〇年以后埃及内部即非常紊乱,所以埃及统治者企图借用外族力量来镇压其国内人民的反抗。当时哈梯除与埃及组成联合阵线以对付亚述外,并且还与卡西人统治下的巴比伦勾结,暗中鼓励巴比伦自背后攻击亚述。由以上种种情况可以看出,当时国际上的矛盾关系主要是操纵在哈梯手中。

但到公元前一二五〇年左右自哈梯西北方又有一批新的印度欧罗巴人进入了哈梯境内,给予了哈梯以致命的打击,其经过情形已不可知,只知在公元前一二〇〇年左右时哈梯即被灭亡。哈梯人大部被杀或被奴役,只一部分人得以向东北逃亡,退却到亚美尼亚地方,成为后日亚美尼亚人的一个组成部分。

在这个历史阶段中的哈梯人对人类文化的发展曾作出了极其重要的贡献,那就是冶金技术方面的贡献。他们不但是西方世界中最早制出最坚锐的青铜器的人,并且就今日所知的材料讲,他们还是世界上最早用铁来制作兵器的人。结合这个问题,我们顺便在这里谈一下铁器的使用以及铁器在人类社会发展过程中所起的作用问题。

人类很早就知道了金属这种物质,甚至可以说从人类开始用火以后就已有可能见到金属这种物质。因为石器时代的人类往往要利用火来烤弯木柄和烧裂石块以制造石制工具,在烧炼石块之时,其中有某些石头(矿苗)在经久的火烧之后就会变成流质,冷却后即改变了形状,而为人类所发现。但这时人类之发现金属只是一种偶然的无意识的发现,并且是极少量的,因此人在这个时期中还不可能利用这种金属。所以金属对人类发生重大影响的时候不是当它被发现,而一定是要当它已被制成生产工具并已能为人类较普遍使用的时候,而能达到这样一个阶段,则必须具有这样的条件,即金属在此时已能较大量的出产。而较大量的出产则不可能依靠人类偶然地和无意识地发现,必须是有计划、有意识地来生产才可以。而人类要想有意识地大量生产金属并将之制作成工具又首先要解决一个问题，即能有意识地控制能使矿石熔化的高度火力，只有到了这个时候，冶金技术才能成为一种专门的技术而出现，从而给人类创造了使用金属工具必需的前提条件。

由此可见，在原始和古代社会中对人类社会发展发生重大影响的是冶金技术的不断提高，而不是金属本身的被发现。金属的被发现可能是很早的，并且有些金属也可能是同时被发现的，如最重要的两种金属，铜和铁。但在人类使用金属的过程中，最早使用金属只能是在新石器时代晚期之时，即人类的生产能力已提高到能够有意识地控制某种金属的熔化火力的时候，而其过程则必然又是先普遍使用铜，而后再普遍使用铁。这个问题的关键就在于铜和铁的熔点不同上。人类最初所知道的几种主要金属的熔点如下：

银 960.5°　金 1063°　红铜 1083°　生铁 1150°—1250°　钢铁 1400°—1500°　熟铁 1500°(青铜的熔点则高于红铜，低于生铁)。

在这里面金和银的熔点最低，但金银的矿苗太少，并且它们的性能不适宜制作工具和武器，所以古代人只用它来作装饰品。除此以外，则以红铜的熔点最低，熟铁的熔点最高，如果人类在控制火力高度的能力方面必然是由低向高发展的话，那么人类只能最早使用红铜，而最后才使用熟铁。

到新石器时代晚期，人类偶然地发现了一些熔点最低的较纯的铜矿苗，在把它们当作石头敲打时并不像一般石头那样会破裂，反而可以把它随心所欲地敲打成为一件器物，这样就出现了最早的红铜器。但这种铜器质不纯，无甚实用价值。之后再进一步，人始掌握了真正的冶铜技术，将铜矿中所含有的杂质去除，使之变成纯铜。人类最早正式开始冶铜是在公元前四〇〇〇年左右,据今日所确知的,当时世界上有两个冶铜的中心,即两河流域与尼罗河流域(中国可能与之同时或稍晚)。公元前三五〇〇年以后,红铜器就在这两个地方被普遍使用了。

铜器的使用则又是到青铜器时期对人类的功用始形重要起来的。因红铜软而脆,易弯易碎,故其使用范围有限。而青铜却既硬又坚,可以做出很薄很利的刃。青铜器最早使用,据今日所知,也是在巴比伦与埃及这两个地方,但两者之中究竟何者最先使用尚不能知,就今日所发现之材料看,似乎巴比伦较早,但两地皆在公元前二四〇〇年左右开始普遍使用青铜。

人类知道"铁"这种金属是很早的,可以说在人类知道铜的时候就已经知道了铁。考古学家曾发掘出一些最早的铁,其存在年代约为公元前四〇〇〇年至公元前三〇〇〇年。经化验后知道这些铁是硕石铁,因硕石铁与地下的铁矿不同,它包含有某些普通铁所没有的特殊的物质,特别是镍和钴,一般的铁矿虽然有时也包含有这两种物质,但绝对没有纯钴,地球上唯一自然存在的钴就是硕石中的钴。也就是由于这点才使我们知道了最早的铁的来源。由于最早的铁是从天上掉落下来的,故古代的许多民族都称铁为"天降金属",认为铁是神物,常将小块的铁镶嵌在刀剑上作为装饰品,相信这块神铁能起一种保障他们生命安全的作用。此外在这个时期内的非硕石的小铁器也发现了一二件,这就是上面所说的那种当人类在偶然和无意识中发现已烧化了的铁矿石后,趁其还比较温软时即敲打之成为一种器物的铁器,这种器物都是很小很粗糙的。

如上所述,人类要想普遍使用铁器则必须首先解决铁矿的熔点火力问题,同时不但要能解决生铁的熔点火力,而且更重要的是要能解决熟铁的熔点火力问题,因为生铁非常脆,很容易折断,只能作一些较粗笨的器物,其用途远不如青铜广泛,而其熔点却比青铜高。人类能用铁器来代替青铜器则是能够大量制造熟铁工具以后的事。

　　当然，人既能控制了冶炼青铜的火力，在不久时间之后冶炼生铁，甚至在某种情况下冶炼少量的熟铁是有可能的事。如埃及很早就有铁匠，可能在公元前一五〇〇年前后埃及人就已有粗糙的生铁和熟铁的工具与石制和铜制的工具并用了。但它在此时绝对不能代替青铜，其原因当然是首先因为生铁的功用远不如青铜，少量的熟铁虽能冶炼，但在技术操作上是非常困难的，还无大量生产的可能。再加以古代人对铁的迷信看法，如最早的一些熟铁器多是用来祭神的，公元前一五〇〇年以前埃及教士就用铁器来祭神了，这种心理也妨碍了人们对普遍使用铁器的要求。所以这些最早出现的粗糙的铁器，只是被人当作一种比青铜器便宜的代用品罢了。此时它在人类的社会生活中并未像红铜和青铜的出现那样发生了重大影响。

　　铁器之在人类社会生活中发生重大作用，并日渐取青铜的地位而代之，则是自公元前一四〇〇年左右哈梯人高度发展了冶铁技术，能够控制了强度的火力，从而开始大规模的冶炼熟铁之后的事。从此时起，武器以外的一切工具都有可能开始用铁制造了。又过了二百年后，哈梯人已完全掌握了冶铁技术，冶炼出了精良的熟铁，用以制作兵器，至此铁始可能代替青铜。哈梯人之所以能是上古世界中最早真正将铁应用在作战与农业上的人，固然有其物质条件，因其所在地的小亚细亚东部直到亚美尼亚地方皆富有铁矿，但更重要的是哈梯人能够最早的控制了能够冶炼熟铁的高度火力并发展了冶铁的技术。这是哈梯人对人类的巨大贡献。

　　哈梯亡后，其技术传播至各地。至公元前一一〇〇年前后，西亚一带、小亚细亚及希腊等地都有了铁制农具，但农具本身大部分是生铁制成的,只在尖刃地方用熟铁。兵器则已开始全部用熟铁制造。世界其他地区在此时则还未用铁,埃及亦然。这可能是因为埃及当地缺乏铁矿所致, 故其地虽早在公元前一五〇〇年以前已知冶铁,但大规模用铁却是公元前八〇〇年以后的事,它是西方大规模用铁最晚的地区。

由上述铁器使用的规律来看, 中国也一定和其他地区一样很早就知道用铁了。中国最早有关铁的文字记载是《左传》中讲到晋国铸铁鼎(公元前六世纪时)。根据最近地下发掘的材料看,比较大量的用铁则是在战国时代。不过战国时代中国还不能冶炼较精良的熟铁,多是铸铁(生铁)。故铁在当时主要是用来制作农具,而一般兵器还都是用青铜制作,仅间或有几把为个别王公将帅特制的铁剑或其他兵器。中国之大量使用铁兵器是在西汉以后。

铁器在历史上究竟占有什么样地位呢?在社会发展过程中,工具发展的步骤是从木石工具到铜工具再到铁工具。但如就农具讲, 则是从木石农具到铁农具, 基本上没有一个铜农具的阶段。红铜农具可以说是绝对没有的,因红铜既贵又不坚利。在个别铜矿较多的地方,虽或有用青铜制作的农具,但这种农具的量极少,而且都是很小的。故历史上所谓的"铜器时代"特别是"青铜器时代"在铜的使用上首先是兵器,其次是用在为生产铜所必需的工具和其他为手工业所需要的工具上, 再次则是用在专为统治阶级享受用的器皿上。然而,自铜器出现后,尤其是青铜器出现后,农具的制作上却开始有了极大的变化,因为此时农具本身虽不是铜制的,但由于制作木石农具的工具已经是铜制的了,因而使农具在量上大大增加,在质上也有了很大的提高,同时相对地农具的价格却降低了,一般农民都可以有较多的农具了,这就促使了人类社会生产力的大大提高。所以铜器的出现,对人类由原始社会发展向阶级社会过程中起着决定性的作用。只有当铜器出现后，社会生产力才能提高到使人在生产过程中有了剩余生产物，从而提供了人剥削人的可能条件，故而它是原始社会转向奴隶社会的关键。

至于铁器的使用，就今日所知，它在世界上任何地区对人类社会发展所起的作用还未能发生与铜的使用相等的作用，未能使社会性质发生质的变化。铁器在很长时期内都是与铜器并用的，可见最初它并未发生任何独立作用，甚至最初无论生铁或熟铁在其使用价值上都不如青铜，只有到熟铁的产量已相当多，而且质量已达到了一定的水平时，铁始在生产上发生了作用。但其在青铜的基础上所促进的生产力提高的程度，相对地说来还是有限的，并不能使社会发生质的变化。故铁器的出现可以在奴隶社会，也可以在封建社会，当然我们也不否认铁器在长期封建社会发展过程中随着冶铁技术的改进，不断地提高了社会生产力，以致使得资本主义生产关系的出现成为可能。尤其是当资本主义生产关系发展到了一定程度，而机器生产出现时，铁不但在数量上开始空前大规模地被应用，并且在质量上也空前提高，从而给资本主义生产技术的革命——工业革命造成了物质基础。此后铁的用途再不是铜所能代替的了。

巴比伦文化范围内的印度欧罗巴人国家，除上述的三个外，还有邬拉图。"邬拉图"之名最早见于公元前一二七〇年左右时亚述人的记载。亚述人所称的"邬拉图"(Uruatri 或 Urartu)是指为某一种族人所聚居的高加索山南部与樊(Vana)湖之间的一块地方(包括今亚美尼亚和小亚细亚东北、伊朗西北部的一角)。最初的邬拉图人可能是与胡里人同种的。邬拉图在公元前九世纪时开始强大，建都于樊湖东岸之突施帕(Tushpa, 今土耳其东部之樊城)。关于这个国家的历史情况今日所知极少。苏联考古学家最近在此地发现了许多器物,但文字记载很少,且不能读。只知后来此国在公元前六一二年时为玛代所灭。其后又有扶利迦人、哈梯人等迁入此地。到上古晚期此地开始被称为亚美尼亚(Armenia)。扶利迦人与哈梯人都是讲印度欧罗巴语的种族,他们的语言与当地各种族的语言逐渐混合而成为今日之亚美尼亚语。

丙、公元前一六〇〇年后之新边民

公元前一六〇〇年左右,古代史上第二次游牧民族的大迁徙开始了。这次迁徙与前次不同,前次迁徙的游牧民族完全是印度欧罗巴人,迁徙的方向主要是从里海东、北部向南向东发展。这次迁徙的游牧民族则是两种人。其一仍是从里海向南迁的印度欧罗巴人。另一种则是从阿拉伯沙漠地方向北迁的闪人。这两种人后来都进入了原来为埃及或巴比伦所直接或间接控制的大世界中。

其中北向南迁徙的印度欧罗巴人主要是三种人:阿卡亚人(AchaiosAchaius)、铎利亚人 (Dorieis Dorieus) 与扶利迦人(Phrygios)。

阿卡亚人在公元前一六〇〇年后不久即进入希腊半岛。到公元前一四〇〇年以前他们已驱逐了半岛上克里特的势力,并在征服半岛中南部的许多原为克里特人所控制的城市过程中,接受了当地的文化,建立起了国家。原来克里特人所建立的大城迈其尼此时变成了阿卡亚人的政治、经济中心。阿卡亚人的势力日益昌盛起采,在公元前一四〇〇年左右且渡海到克里特岛上,灭亡了克里特。公元前一四〇〇年至公元前一二〇〇年间为阿卡亚人的全盛时代,希腊历史上称这一时期为迈其尼时代。

公元前一一九四年至公元前一一八四年间, 阿卡亚人在迈其尼城领导之下曾渡海侵入小亚细亚，灭掉了小亚细亚西北角上的特娄亚城。当时特娄亚城即是与阿卡亚人同时迁徙的扶利迦人之一支所建立的国家。他们在公元前一五〇〇年左右时穿过小亚细亚，定居于赫列斯滂沱(Hellespontos)之口，建立起了国家。根据考古发现，知道特娄亚是迈其尼的商业劲敌。特娄亚城是当时小亚细亚的陶业中心，而迈其尼此时亦以制造陶器出名，两者在地中海范围内的陶业上竞争得非常激烈，所以这次以迈其尼城为首的阿卡亚人之攻击特娄亚的战争，其根本原因就是由于商业上的竞争所引起的。但此时这次战争的经过成为了久远流传于阿卡亚人社会的一个传说故事，当然在其流传过程中，又不可避免地被增添进去了许多传说故事所特有的浪漫和英雄色彩，最后这个故事仍形成为荷马史诗之一的《伊利亚》(*Ilias*)。十九世纪七十年代初考古学家曾根据史诗所流传的事实，在特娄亚城所在地进行发掘，结果在这里掘出了几层城市，其中之一城按其存在之年代及其被破坏的情况来看，显然就是史诗中的特娄亚城。

铎利亚人开始向外迁徙后，首先进入了多瑙河流域，在此停留不久后又向南发展到提撒利亚(Thessalia)，最后到了丕娄波尼索半岛。此后有一时期又自丕娄波尼索半岛渡海，集中于克里特岛。铎利亚人与阿卡亚人在语言上本很接近，后来历史上所谓的希腊文化就是这两种人与更晚进入希腊半岛的印度欧罗巴人部族共同建立起来的。

扶利迦人则系由黑海西部一带进入到了爱琴海北岸地方，公元前一二〇〇年左右又东渡到了小亚细亚，活动了一个时期后集中在小亚西北部，后更侵入小亚中部哈梯境内，颠覆了哈梯帝国，并取哈梯的地位而代之。公元前一〇〇〇—公元前七〇〇年间为其势力最强时期。它的强盛不但由于其政治和军事上的优势,而且还由于它在经济上的富足,因为它是当时黑海与爱琴海间商业贸易的中心站,在商业上获利极厚。传说其王储藏有无数之金银财宝。在希腊传说中即有一关于扶利迦之迷闵(Midas)王点石成金的故事, 这一传说反映了扶利迦之富庶。迷闵王之名后果被发现于亚述王沙鲁金二世之石刻中。迷闵王活动时期约在公元前七五〇年左右,此时正是扶利迦人最盛之时。公元前七世纪时此国开始衰败,公元前五六〇年前后为利底亚人所灭。

早在游牧民族第二次大迁徙之前小亚细亚地方已有许多土著部族定居, 这些土著部族究系何时迁至小亚细亚的, 已不可知。公元前一六〇〇年后迁徙的印度欧罗巴人与闪人在其向外发展的过程中都曾和这些土著部族发生过一些接触。现将今日所知的几个小亚细亚的土著部族分述如下。

利底亚(Lydia),原集中于小亚细亚的西南部。关于他们的早期历史可说完全不知道, 其有国家后的历史将附于波斯帝国一节中讲授。

卡利亚(Caria)与利其亚(Lycia),为小亚细亚南部沿地中海岸地方之部族,其历史今尚不知。

匹利士提(Philistinus),我们最早是从犹太人的传说中知道这种人的,"匹利士提"就是犹太人称呼他们的名字。这种人原居住在小亚细亚南部,他们很擅长航海,曾自小亚细亚航往埃及沿岸,甚至上溯尼罗河进入埃及内地进行抢劫和骚扰,不过未曾占领过埃及的土地。他们还曾东航至叙利亚南部活动,曾长期占领了当时希伯来人(后之犹太人)所居住的叙利亚南部地方。故中古时,人们乃用"巴勒斯坦"(Palaestina,匹利士提之拉丁文名称)称此地,直至今日仍如此沿用。

自南方阿拉伯沙漠地带向北迁徙之闪人中最重要的一批是亚兰米人(Aram Ahlame)。亚兰米人在公元前一五〇〇年时开始向北发展,首先到达了幼发拉底河中部地方,之后逐渐沿河向西发展,在公元前一四〇〇年左右以后开始占领了叙利亚北部。到公元前一三五〇年左右亚兰米人已据有了自卡其米施城直到巴比伦城之间的一大块地方,亦即占领了叙利亚北部及巴比伦之大部地区。但因他们在此时仍处于氏族和部族状态之中,故这片地区在其占领之时并不是统一的,而是由各个氏族或部族分别控制着一小块土地。直到公元前十二世纪时,亚兰米人始在叙利亚北部建立了若干以一个大城市为中心的小国家,其中最重要的是卡楪施(Kadesh)、大马士革(Darmasuk Darmascus)与哈列普(Khalep Aleppo)三城。

其他向北迁徙的闪人还有希伯来人(Habiru Hibhri)、腓尼基人(Phoenike Poeni)。这两种人最初的活动地区仅限于叙利亚的南部。(关于这两种人的历史将在以后几节中讲述。)

丁、亚述与亚述帝国
(公元前一四〇〇—公元前六〇九年)

亚述(Ashur Asshur)也是一种闪人,但他们不是公元前一六〇〇年前后向外发展的那批闪人中的一支,他们很早就已自阿拉伯沙漠地带进入两河流域上游地方定居下来,并在巴比伦文化影响下建立了国家。与上述几种闪人向北迁徙之同时,亚述也开始强大起来,在历史上成为了巴比伦文化范围内的第一个重要与强大的国家。

亚述人在公元前二〇〇〇年间已相当彻底地汲取了巴比伦的高度文化,接受了巴比伦的楔形字母,创造出了自己的文字,并在学习巴比伦的各种生产技术基础上提高了当地的生产水平。公元前二〇〇〇年时他们已有了较大规模的商业活动。此时亚述人已不仅只是自巴比伦输入商品，同时自己也制造商品向外输出。不过亚述地方在此时还不是统一的，而是许多城邦国家并立的局面。在这些城邦国家中较重要的一个城即是亚述。

亚述城位于底格里斯河西岸，经此城向西可与小亚细亚地方交通，向东南可直接与巴比伦通商，向西南通过幼发拉底河则可与叙利亚、埃及交往，故亚述城很早就与小亚细亚、巴比伦和埃及等地发生了商业关系，成为了亚述地方最早之政治、经济中心。公元前一五〇〇年至公元前一四〇〇年间亚述城逐渐强大起来，终而统一了两河上游地方各城，组成了统一的亚述国家，并自公元前十一世纪起，开始向外扩张，逐渐形成为历史上所称的亚述帝国。

亚述在其名王底格里斯皮利色一世(Tiglath-pileser I，公元前一一一六—公元前一〇九三年) 时已完全继承了哈梯人制造铁器的技术，大量铸造铁兵。在西方历史上亚述是继哈梯之后的第二个大量用铁的国家。故进入公元前十一世纪后，亚述之势力日益膨胀起来，成为亚洲西部唯一的强大国家。公元前九三〇年至公元前六六〇年间为其最盛时期。

亚述在亚述那色帕二世(Ashurnasirpal III，公元前八八三年至公元前八五九年)在位时势力曾扩展到了叙利亚，征服了叙利亚地方的许多小城，控制了东地中海的商业，并曾不断地向南发展，侵略了巴比伦地方。至底格里斯皮利色三世 (公元前七四五—公元前七二七年)时，亚述已征服了全部的叙利亚与巴比伦地方。也就从此时开始，亚述大规模的推行了一种非常残酷的政策，即强迫被征服地区的人全体迁移至亚述本部或帝国范围内某一指定的地区，这些移民到新居地后即被集中管理，由亚述政府直接支配其活动与工作。亚述推行这种政策的目的就在使被征服者脱离其根据地，因而不易组织起来反抗亚述的统治。在这种政策推行之下，以及亚述统治者对各征服地区的破坏性的掠夺和摧残，使得许多被征服地区的生产遭到了严重的破坏，甚至某些城市整个地被夷为了平地。

沙尔曼尼色五世(Shalmaneser V，公元前七二七—公元前七二二年)在位时，亚述又征服了埃及。故到了后一代王沙鲁金二世(公元前七二二—公元前七〇五年)时，亚述帝国到达了其兴盛的最高峰。帝国疆域除亚述本部外，还包括有全部的巴比伦、埃及、叙利亚以及小亚细亚之大部。由于其国土日益扩大，沙鲁金二世乃在亚述本部营建了一个新首都，即底格里斯河东岸之尼尼微(Ninua，Nina)城。尼尼微亦异常繁华，在当时是与巴比伦城和塔庇城鼎足而立的大城。

在辛阿尔巴 (Sin-ahe-erba，或称 Sennacherib，公元前七〇五—公元前六八一年)时，亚述曾准备要向海上发展，在波斯湾内建立了一支大海军。其目的一方面是为便利它的商业活动，一方面则是为了扩张更大疆域的政治野心。

由于亚述统治者对各征服地区人民肆意压榨、奴役，因此引起了帝国内部各地区人民的不断起义。公元前六八九年巴比伦城亦起义反抗亚述的统治，辛阿尔巴在攻下此城后，下令将之全部毁坏。巴比伦城的毁灭是当时的一件震惊整个亚洲西部世界的大事。因千余年来巴比伦城一直是亚洲西部的政治、经济与文化的中心，故在一般人心目中"巴比伦城已消失了"真是不可想象的事。亚述不但拆毁了整个的巴比伦城，而且将捕捉到的城中未被杀死的贵族、富人和青壮年人全部押往亚述本部为奴隶，老弱和孩童则全部被屠杀。此后，辛阿尔巴乃大兴土木，扩充修建尼尼微城，企图以之代替巴比伦城的地位，成为亚述帝国唯一之中心。

但到了亚述阿伊丁(Ashur-ah-iddin 或称 Essarhaddon，公元

前六八一—公元前六六八年)时又重建了巴比伦城,因巴比伦城在亚洲西部的商业中心地位并不能为其他城市所代替。亚述阿伊丁很注意加强对埃及的控制。他抓住了埃及统治阶级内部的矛盾,将埃及分为许多省,每省委派一批他所亲信的埃及人去统治,而故意排斥另一批埃及人,用这种方法在埃及统治者内部制造分裂,以便利其统治。故在其在位时,帝国内部还能维持一相当稳定的局面。

自公元前六六〇年起,亚述帝国开始衰败。亚述班尼帕(Ashurbanipal,公元前六六八—公元前六二五年)在位时,亚述各地人民反抗亚述统治的运动接踵而起,以公元前六六〇年埃及起义的成功与宣布独立为起点,亚述帝国开始衰败并走向了灭亡。埃及反抗亚述统治成功后,帝国各地区人民亦纷纷起来,在公元前六六〇年至公元前六二五年间各地方不断爆发着反抗亚述统治的起义,但都被亚述以强力镇压了下去。当此之时亚述班尼帕曾在尼尼微城修建了一座宏大的图书馆,其中的藏书主要是过去巴比伦的科学、文学与宗教方面的各类作品,这些书籍都是写在泥砖上的原文或抄写本,经几十年之搜集,其总数竟达二万二千块泥砖,故这座图书馆实可算是世界上最早的大图书馆。但当时亚述的学术并不发达,而此图书馆的修建又是正当全国骚动之际,足见这完全是亚述班尼帕有意粉饰太平之作。

亚述对各属地统治异常残酷,对各征服地区之压榨较当地原来的统治者还更严猛,后更将各地人民大批迁徙往其他地区,有计划地对他们施以强迫劳动。因而从亚洲西部至埃及的大片土地上,在亚述人统治时期中是奴隶制度空前高度发展的地区。在当时生产条件下,这虽是一种能够提高生产力的手段,但集中的高度强迫性的奴隶劳动使用的另一结果,却带有极大的破坏性——对劳动力的破坏。在这种制度下生产提高一步,这种破坏性也往往随着增强一步,故在奴隶社会阶段中,某一国家中的奴隶制度发展到相当高度后,即将趋于崩溃,绝不能维持很久。因为奴隶制度高度发展到最终只会有两种结果:一个是当奴隶制所造成的生产发展达到一定高度后,即因人力戕害太甚无法补充,生产自然下降,以致达到停顿状态;另一个便是因其对人力的极度破坏,引起被奴役人民的反抗,而将这种局面推翻。这两种结果都会致使一个奴隶主国家的灭亡。亚述帝国的遭遇就是第二种的结果。

自公元前六六〇年埃及起义胜利后,各地继续反抗亚述统治的力量中最强大的有两个:一是玛代人——为亚述之属国;一是迦勒底人——为亚兰米人中的一个部落联盟,后其势力集中于古巴比伦地方,为亚述人所利用以统治巴比伦地方。这两种人后联合起来,并与其他地区的亚述属民取得联系,共同反抗亚述之统治。这一大联合势力终于推翻了亚述在各地的统治。亚述人被迫退回以尼尼微城为中心的两河上游地方——亚述本部。玛代与迦勒底人继续进攻亚述本部,公元前六一二年下尼尼微城,将此城彻底毁灭,亚述帝国亡。各地之亚述人亦多被杀死。尼尼微城破后,亚述王族与一部分贵族曾率领少数军队逃窜山中,但最后(公元前六〇九年)仍被追索出来,全部被歼灭。

尼尼微城之毁灭可说是历史上一个大城市最彻底的毁灭。过百余年后已无人再知尼尼微城之旧地。至十九世纪时此被毁城市之废墟始为考古学家发掘出来,亚述班尼帕所修建之图书馆因被其他断垣颓壁压覆其上,幸得保全,其中所藏之泥砖亦得被完整地发掘出来,成为今日研究古巴比伦与亚述之最重要的史料。

戊、新巴比伦帝国——迦勒底帝国
(公元前六二五—公元前五三八年)

迦勒底(Kaldi)人推翻亚述的统治后,在原巴比伦地方建立了自己的国家,史称之为"新巴比伦帝国"。

新巴比伦帝国为了要控制东地中海的商业, 仍向西伸张其势力, 企图控制叙利亚。但此时埃及已征服了犹太—巴勒斯坦地方,亦正欲向北发展其势力,征服整个叙利亚,以控制亚洲西部之商业,这样新巴比伦与埃及就发生了正面冲突。公元前六〇五年双方军队在叙利亚地方哈梯人所建立之卡其米施城附近进行了一次有决定性意义的大战,结果新巴比伦取得了胜利。所以自公元前六〇五年后新巴比伦就控制了全部叙利亚、巴勒斯坦及腓尼基除推罗城以外的全部地区。

推罗(Tyrus)是当时地中海东岸最大的一个商业城市,同时它也是腓尼基地方的一个独立小国。公元前六〇五年新巴比伦攻占了全部叙利亚,腓尼基的大部地区亦为其占领,只推罗城始终未被攻下。公元前五八五年新巴比伦再次攻打推罗城。然因此城傍海,欲攻克之必须有强大的海军力量,可是新巴比伦只在波斯湾上有一支大海军,而在东地中海则无海军,故围攻推罗城十三年(公元前五八五—公元前五七三年)终竟劳而无功。公元前五七三年新巴比伦自认失败,撤推罗城之围。

新巴比伦亦效法亚述之做法, 将各被征服地区之人民迁徙至巴比伦及其附近地方,大批奴役之,犹太人即为其中之一。据犹太人记载, 在犹太人集中的地方就有新巴比伦帝国政府派来之管理人员。

新巴比伦王那布库督乌苏(Nabu-kudur-usurⅡ，公元前六○四—公元前五六二年)或称尼布甲尼撒二世(NehuchadnezzarⅡ)在位时为新巴比伦帝国最盛时期。此时新巴比伦之商业非常兴盛，除在其本部——巴比伦地方农业仍居重要地位外，帝国其他地区则以商业活动为主。

那布库督乌苏曾大事营建巴比伦城，使此城变成了当时西方世界传说中诧为奇谈的大城。据希腊人的记载，当时的巴比伦城共有一百个城门。这种记述虽不免夸大，但由此却可看出此城在人心目中的雄伟宏丽。此外，那布库督乌苏还曾利用城外的一个小土山，在其上用人工来层层叠叠地培植花木，将它修成为一座高耸入云的奇丽的花园。这个花园就是后世所谓的古代西方世界七大奇观之一的空中花园。巴比伦城之扩建与空中花园之营造表现出了当时新巴比伦社会生产之发展与建筑技术的提高。

新巴比伦之商业此后愈益发达，且与印度建立了经常的商业关系。在叙利亚、腓尼基与巴勒斯坦地方之商业重地，除推罗城外，皆成为了它的属地或受其控制。

那布库督乌苏二世死后不久，帝国东部有一新兴势力——波斯兴起。波斯统一了内部强大起来后开始向西发展，公元前五三八年因被掳在巴比伦的犹太人之助攻下了巴比伦城，新巴比伦帝国亡。此后巴比伦地方即成为了波斯帝国之一省。

三、埃及、巴比伦之间的边地与边民
——腓尼基、巴勒斯坦与叙利亚

小亚细亚以南、西乃半岛以北的整个地中海东岸与东边的沙漠地带之间的一块狭长条的地方,希腊人称之为叙利亚,但"叙利亚"一字又有两种含义:广义的是指上述的全部地区;狭义的则系专指上述地区的北部。犹太人又称狭义的叙利亚为"亚兰米",意即"高地"。不过"亚兰米"一名有时又包括有两河上游地方——亚述本部。因亚述地方亦多山之故。

大叙利亚恰正居处于埃及和巴比伦之间,因而在政治经济上与这两大国有密切的关系。它是这两大国之间交通必经的桥梁,也是这两大势力角逐的战场。

这个地区的地理形势很特殊,黎巴嫩山是其东部的自然边界,此山自南而北与海岸平行,山以东即为沙漠,山海之间的地方就是叙利亚本部。叙利亚靠海的地方多是峭壁,一般说很少自然海港。就地势说,北部多山,为一高原。中部只沿海岸处有一狭条平地。南部则略有平原。在平原地带可以经营农业,不过可耕地的总面积是很少的,所以这个地方的农业的发展有一定限度。在山区则主要经营畜牧业。黎巴嫩山盛产杉木,这里杉木自古以来就是很名贵的木料。而埃及、巴比伦两地皆极缺乏木材,一向要靠此地供给,故当地在政治上能独立时,即以这种杉木为其与两大国通商的重要产品。在进入历史时代——公元前三〇〇〇年后,特别是二〇〇〇年时,此地区已分为了三个重要部分:腓尼基、叙利亚(狭义的叙利亚)与迦南(后称巴勒斯坦)。

腓尼基(Phoenike),即是这个地区中部沿海的那块狭长条地方,大致相当于今日的黎巴嫩国境,此地自海岸距内地不远即为黎巴嫩山所阻隔,山以东则是叙利亚沙漠,故可资耕种的地方只是海与山之间的一条平原,因此农业在此地不可能居于重要地位。相反地,海岸却很曲折,有一些自然的良港,可以作为向海上发展的优良基地。加以黎巴嫩山多森林,名贵的杉木是腓尼基人取用不竭的造船材料,故此地很早就已成为东地中海的商业中心之一,并且很早就发展了手工业。此外,天然的良港也便利于训练大批的水手和渔民,所以渔业在此地也很发达,海产是这里的重要副食品。腓尼基人除向海上发展外,还能向东越过沙漠与巴比伦等地通商,运输工具主要是驼队,所以腓尼基人在陆地上也曾有过相当重要的活动。

腓尼基人对文字虽有很大的贡献,但有关他们本身历史的文字材料却未保存下来,今日仅能根据某些和它发生过商业或政治关系的国家的记载来了解其历史,腓尼基的历史约可分为两个阶段:第一阶段称埃及时代,约当公元前二八〇〇年至公元前一二〇〇年;第二阶段是腓尼基本身的昌盛时代,约自公元前一二〇〇年至公元前八〇〇年。

第一阶段——埃及时代。在这个时期中,腓尼基在政治上主要受埃及的控制,在某些时候——埃及新王国时期且正式成为了埃及帝国之一部分,然而尽管如此,在此时期中腓尼基各城仍有自己的政府和独当一面的商业活动,并且无论是在其受外力控制之时或其独立自主之时,腓尼基地方始终未能统一,而是城邦分立的局面。

在埃及时代,此地最早发展起来的城市是腓尼基海岸北部的杰巴尔城 (Gebal)。到公元前二〇〇〇年后,中部之西顿城(Sidon)兴起,取代了杰巴尔城的地位。西顿城后在公元前一二〇〇年前不久时候受到了一批自爱琴海上来的人的攻击,城市遭到了严重的破坏,公元前一二〇〇年后乃衰败下来,附近的推罗城(Tyrus)因之得以强大起来。至此,腓尼基也开始进入了它的第二历史阶段——昌盛时代。

第二阶段——昌盛时代。由于埃及公元前一二〇〇年后开始衰败,在政治上不再能够控制腓尼基地方,因而给予了腓尼基充分自由发展的机会。同时过去在东地中海上作为腓尼基商业活动上最大劲敌的克里特,在此时也已败亡,故腓尼基得以利用其原有之基础突飞猛进地发展其商业活动。公元前一二〇〇年至公元前八〇〇年间是腓尼基独霸地中海的时期。

腓尼基人,主要是推罗人,在这四百年间在地中海东部和印度以西的亚洲区域内建立了一个庞大的交通网,在其间进行贩买贩卖。在亚洲方面,它控制了海陆两方面的大交通路线,特别是通往印度的交通线:通过红海和波斯湾至印度的海上航线,并通过经叙利亚沙漠和阿拉帕沙漠以到达波斯湾和红海海口的陆上驼队,腓尼基人将西方货物由驼队运至波斯湾口或红海岸边,再从海上转运到印度。东方货物亦经由此路运至推罗,再转贩往西方各地。就今日所知,当时腓尼基人主要是自印度运入象牙、乌木、棉布、亮铁等。此外,他们在亚洲地区还控制着两条陆路交通线:一条是向北经叙利亚至亚述和亚美尼亚的交通线;一条是往东经叙利亚沙漠至巴比伦、伊朗,甚至深入中亚的交通线。

在欧洲方面,腓尼基人将欧洲内地的一些产品用种种方法先运至地中海沿岸各港口,然后再由海路转运到各地。其中主要是贩运两种物品,其一是琥珀,出自波罗的海沿岸一带,腓尼基人将其自波罗的海经今日之德国 (在古代此地完全是一片森林)运至今意大利北部的波(Po)河河口,再转运往各地。另一种物品是锡。古代最大最易开采的锡矿在不列颠西南部,腓尼基人将此处之锡经高卢从陆路运至地中海沿岸,再从海路转运至其他地方。

当时地中海沿岸布满了推罗的商港和堆栈。在整个地中海岸上和海中各岛屿上——地中海东岸克里特岛上、其浦娄岛上、爱琴海西岸及其海岛上、小亚细亚海岸、西西里岛、撒丁尼亚岛上、北非海岸与西班牙海岸上,皆有腓尼基之殖民地或商站。公元前九世纪时推罗人在北非海岸中部所建立的殖民地迦太基城后且独立发展起来,成为地中海西部的商业中心。

因西班牙亦产锡,所以腓尼基人很早就来到这里活动。其后腓尼基人更绕过了直布罗陀海峡至大西洋上向西北方面活动。公元前一一〇〇年腓尼基人在西班牙西南的大西洋岸上建立了一个殖民地戛底斯(Cades)。此后乃经此直接从海上运输不列颠的锡矿到各地,而不再从陆上运输了。腓尼基人也曾航往非洲西岸一带活动,从事经商或捕捉当地土人作贩奴生意。

腓尼基人最初的商业活动还是以自己的手工业为基础的,成为完全依靠贩买贩卖的一个真正的商业国则是较晚阶段的事。其向外输出的产品和手工艺品主要是金属器物、象牙装饰品、玻璃器具和纺织品等。后几种手工艺品最初都是自埃及学来的,但后来腓尼基人在制作技术上反超过了埃及。此外腓尼基还有一种非常有名的特产品,即紫色绒和紫色布,因为在腓尼基海岸附近深海中出产一种软体动物(murex),其壳中有紫色,可作染料,染成的绛紫色绒与布色彩特别鲜艳,大受地中海世界各地之统治者的欢迎,视之为最贵重的衣料。

腓尼基是古代国家中最突出的一个奴隶国家。其国内奴隶人数非常多,并且大部分被使用在生产上,不但在手工业生产上绝大部分是靠奴隶劳动,并且在商业活动上,除少数领导人外,也都靠奴隶劳动:从摇桨水手、海船上的服役人员,甚至做生意都是奴隶。一些为主人所信任的奴隶和被委托以重要事务的奴隶所受到的待遇很好,他们可以享用自己的财产和积蓄。可以这样说,腓尼基的全部经济生活都是建立在奴隶制度之上的。不但如此,腓尼基还是最早从事贩卖奴隶的国家。当时地中海世界各奴隶国家其奴隶的大量来源主要是靠战争,而经常的来源则靠买卖,腓尼基就是这些国家的主要的奴隶供给者。腓尼基人在与北非沿岸和黑海沿岸(特别是黑海北部沿岸)许多尚处在氏族社会阶段的地方进行贸易之同时,还在这里大量捕捉土人,贩往各地为奴。

腓尼基地方的每一个城市即为一个独立的小国,其国家政权则完全操在奴隶主阶级手中。各城皆有王,这个王无例外地都是最大的商人,也就是最大的奴隶主。此外还有一个议会。议会如何产生尚不能知,但其性质却很明显,就是代表大商人大奴隶主利益的。这个由大商人或其代理人所组成的议会对王权起着限制作用,国家一切大事皆须取决于议会,王只是执行议会的决议而已。故其政体不是个人的君主专制,而是大商人、大奴隶主的集体统治。自由民中的农民在政治上则毫无地位。

除大商人、大奴隶主外还有一批教士也在社会上占居有很高地位。腓尼基人自有其宗教,他们最崇拜的大神名摩烈苛(Molek)。他们铸造摩烈苛神的巨大铜像,像形是蹲坐着,两手盘托于胸腹间的样子,像中间是挖空的。因为传说摩烈苛神最喜欢吃人,特别是婴儿,故祭祀此神时皆用婴儿为牺牲。祭时将婴儿放在神像手上,在像下架火焚烧,直到此婴儿被烤焦为止。平时一般的祭祀只用一个婴儿,如举行重要的大祭祀或发生一件大事须祭祀时,往往要用几十至几百婴儿。祭祀之牺牲一定要自由人,而且最好是用出身贵族门弟的婴儿,这种迷信风习从未引起过腓尼基贵族的反抗,从这里可以看出除迷信思想已深入人心外,教士阶级在社会上的地位必然极高,并且他们必然控制有相当大量的财富,否则将不可能维持这种宗教仪式。同时在这种宗教仪式的实施中也反映了腓尼基统治阶级——教士与大商人、大奴隶主之间的矛盾。

腓尼基人对世界文化最大的贡献是腓尼基字母的创造。腓尼基人很早就从巴比伦学来了楔形字母,并用以书写出自己的语言。但这种文字用在商业上很不方便,大约在公元前十三世纪时，腓尼基人在西乃半岛发现了当地人所使用的一种简化了的埃及字母，于是将这种字母再加简化，写成二十二个字母(都是子音字母)，用以拼写出自己的语言。后这种字母传播范围极广，今日所有欧洲各国、印度、伊朗和阿拉伯字母皆系由此变化出来的。

公元前八〇〇年后腓尼基开始衰败，此后亚述、迦勒底、波斯、希腊与罗马都曾经相继征服和控制过这块地方。腓尼基地方在此后一千余年间始终未能再独立自主。只有推罗城最初并未为外力所屈服，如亚述和迦勒底曾两次围攻此城，但均未达到目的。直到公元前三三二年，此城始为亚历山大所攻陷。

公元前八〇〇年后，腓尼基人不但在政治上沦为了外国的附庸，更重要的是其商业优势也逐渐衰颓了，这一变化并不是由于它政治上失去了独立地位所致，而是因为在公元前八〇〇年后希腊各城邦渐渐强大起来。这个新兴的地中海上的强大商业航海势力与腓尼基人进行了长期的斗争，逐渐夺取地中海上的各海岛与沿地中海的许多城市。到公元前五〇〇年时希腊人已在东地中海占了上风。在公元前三三二年推罗城陷落后，腓尼基之名乃随其商业霸权之消失而不再见于历史。

古代之叙利亚地方大致相当于今日叙利亚国。这个地方在公元前一四〇〇年左右时为来自阿拉伯沙漠的一种闪人——亚兰米人所占据。亚兰米人在此地建立了许多城市，每一城市实即一个小国，其中最重要的是大马士革。大马士革靠近幼发拉底河，沿两河顺流而下与两河流域各地区贸易甚为便利，故在公元前一四〇〇年后的几百年间，大马士革乃成了两河流域与东地中海商业贸易的中间人。他们与腓尼基人竞争内陆的商业霸权，曾控制了自两河流域直到伊朗的商业通路。叙利亚人亦自腓尼基人那里学来了腓尼基字母，以之拼写出本地的方言，历史上称此种语言为亚兰米语。亚洲西部各地方的语言本很复杂,后因叙利亚人在此地区内的商业活动中占据了最重要的地位,所以亚兰米语逐渐成为了亚洲西部的商业通行语,先在城市中开始普遍应用起来。同时又因当地多为闪人,在农村中亚兰米语亦逐渐流行,日后亚洲西部各地以及犹太地方都使用了亚兰米语。

到公元前八世纪末,此地为亚述所征服,且遭到了严重的破坏,之后又为新巴比伦、波斯、希腊等国相继征服。但亚兰米人在内陆商业地位上的衰落则是叙利亚被希腊征服以后的事。

迦南(Canaan),地在大叙利亚南部。在公元前二〇〇〇年左右时此地已出现了许多小国,后埃及势力自西乃半岛向此伸入,这些小国乃渐被埃及所控制。公元前十六世纪埃及帝国成立之时,此地又成为了埃及的一部分。但到公元前一四〇〇年后有一支自称为希伯来人(Habiru Hibhri)的闪人自阿拉伯沙漠地带进入这里,与当地的土著迦南人(也是一种闪人)不断地进行斗争,以期使自己在这块土地上定居下来。不久,另一支希伯来人在埃及活动了一个时期后也进入了迦南。这两支希伯来人在语言和生活习惯上都很近似,故很快就混合起来。合流后的希伯来人以后乃自称为以色列人(Yisrael lsrael)。公元前一二〇〇年左右以色列人已最后征服迦南人,占领了迦南的大部分土地。但在公元前一二〇〇年后不久,即有匹利士提人自海上袭来。这些人实是公元前一四〇〇年时被阿卡亚人所迫逃亡出来的克里特岛和希腊半岛上的人,他们在小亚细亚南部定居了一个时期后,此时又从海上侵入了迦南。匹利士提人已知使用铁兵,他们很快就征服了迦南沿海各城市,此后又以这些城市为其根据地向内地深入发展,和以色列人展开了长期的战争。

在匹利士提人入侵以前,以色列人尚处在由氏族社会转入奴隶社会的过程中,还没有完整的国家的形态出现。因其所占据的地方主要是山地,故其生产以畜牧为主,农业则居于附属地位。此时以色列人内部已有奴隶出现,除役所征服的迦南人为奴外,其本族人亦有沦为奴隶者,但奴隶数目并不多。以色列人在抵抗匹利士提人威胁的同时也加速了其国家出现的过程。传说在公元前一〇二八年,以色列即组成了统一的王国。

以色列第一个统一的王名沙乌尔(Sha'ul,公元前一〇二八—公元前一〇一三年),他是以色列人选举出来的王。他在位的十五年期间主要任务就是领导以色列人抵抗匹利士提人的侵略,收复以色列人已丧失了的土地,但当其任务尚未完成时本人即战死。

沙乌尔死,大卫(David,公元前一〇一三—公元前九七三年)继承王位,曾屡次打败匹利士提人,解除了匹利士提人对以色列的威胁,并乘机征服了全部迦南。大卫建都于耶路撒冷(Jerushalaim)。以色列王国至此始真正统一和强大起来。此后以色列开始向外拓土,向南扩张到了埃及边境,向北征服了叙利亚南部地方的一些城市,包括大马士革在内,向东北势力达到了幼发拉底河岸,建立起了一个小以色列帝国。

大卫死后,其子所罗门(Shelomoh,公元前九七三—公元前九三三年)继位为王。其对以色列在表面上虽仍能维持着帝国局面,但实际上由于以王室为首的统治阶级极力摹仿埃及、巴比伦等大国贵族的享受,大肆铺张浪费,因而加紧了对国内人民的残酷榨取,从而引起了人民的强烈不满,社会内部骚动不安。同时统治阶级内部亦存在有矛盾,国内渐趋于分裂,所以帝国此时已经在动摇了。传说公元前九三三年所罗门死后,以色列的南部与北部即正式分裂而成为两国。

以色列分裂后,北部仍称以色列,首都设在撒马利亚(Samaria),其人大体上是公元前一四〇〇年时自沙漠地带进入迦南的希伯来人。南部称犹太,仍都耶路撒冷,其人大体上是公元前一四〇〇年以后自埃及进入迦南之希伯来人。但南北两国之分立并不是由于这两种希伯来人因种族不同的关系而造成的,分立的原因主要是由于南北两部经济发展的不平衡。当时南部因多山,以畜牧业为其主要生产,农业极少,交换很不发达,手工业也还处在原始状态,经济非常落后,只有耶路撒冷一座城市。北部经济发展则较高,不但农业比南部发达,而且手工业生产也较高,城市不止一座,人民生活也较为富庶。所以过去南北两部在经济上并未形成为一个统一体,加以统一国家的统治者——所罗门主要是对富裕的北部加紧榨取,而首都却设在南部,因而引起了北部统治者对南部统治者的不满,加深了分裂的趋势。所罗门死后,其子即位,仍对北部征重税,北部统治者乃另选立了一个王,正式与南部分离。

公元前九三三年以色列犹太两国正式分立后,即不断发生着内战,因而削弱了两国势力。此后两国不但不能继续维持以色列帝国强盛之局面,而且渐渐连独立自主的局面也难维持了。

公元前七二二年以色列国为亚述所灭。亚述将绝大部分以色列人俘迁分散到两河流域各地区,故此后以色列人在历史上渐消灭,而为其他种族所同化。犹太至公元前五八六年亦为新巴比伦所灭,其居民被俘虏到巴比伦城及其附近地方。故犹太人此后在思想、宗教信仰、文学方面皆受巴比伦的影响,而巴比伦的文化因素又经由他们而影响了全世界。

犹太人的命运与以色列人不同,在其亡国六十年后又得以复国。因为波斯灭掉新巴比伦帝国后,一反新巴比伦之措施,对各被征服种族采取怀柔政策,准许被俘之各族人民迁回其本国。公元前五二六年一部分犹太人乃自巴比伦回到了耶路撒冷,重建了犹太国,但仍然是在波斯控制之下。而大部分的犹太人或因自己已在外地安家立业,或因本来就出生在巴比伦,其生活反与自己的故乡毫无联系,所以都不愿回国,仍散居在各地过着流亡生活。进入希腊化时代后,分散于亚洲西部及欧洲各地之犹太人大多将希腊语作为自己的语言,他们以希腊名词自称为"Diaspora",意即"流亡人"。

犹太人在被俘往巴比伦后,在其所过的一段被奴役的生活中,宗教生活开始居于空前重要的地位。这是因为在当时情况下,加强原来犹太教的宗教信仰,是使生活在异国身受异族压迫的犹太人加强自己内部团结,以及为抵制外族文化的影响以免同化于外族的唯一手段。而与此同时,犹太人内部也就出现了一批在犹太人中间极有权威的教士阶级。公元前六二五年犹太人重返耶路撒冷复国后,这些犹太教士就变成了国家的统治阶级,在犹太人居住在巴比伦时期中所形成的强烈宗教信仰的基础之上,他们建立起了一个政教合一的国家。他们将犹太教原有的和以后接受自巴比伦宗教的许多观念、礼节、制度,形成为一整套的繁文缛礼,将之灌输入人民的实际生活中去,一个人从生到死的每一件事几乎都被赋予了一种宗教上的说法。宗教不但支配着人们的精神生活,而且支配着人民的政治和社会生活。

复国后犹太人的宗教信仰中表现得和以前不同的最突出的一点,以及最被强调的一点就是此时犹太教的一神信仰与"选民"思想。他们所信的神亚伟本为部族的地方神——后演变为世界群神最高最大的神,最后又成为宇宙唯一的主宰,而这个唯一大神对犹太人特别照顾,看犹太人为"上帝的选民",赋予他们特别的使命,这是结合整个民族经验的一种民族自卫的精神武器。蕞尔小国的犹太,除短期的独立外,一直在受压迫,被征服,遭奴役,而对于种种过度强大的外来压力,他们在政治上及军事上又根本莫可奈何。为了在精神上团结内部及抵御外侮,他们于是幻想亚伟为最大的神,必可战胜信仰他神的民族。等到这种想法失败,犹太人国家被亡,人民被掳后,他们又进一步幻想亚伟为宇宙的唯一主宰,掌握全世界及全人类,其他的神明均属虚伪,这个宇宙间唯一真神又特别宠爱犹太人,把他们作为自己的"选民",即上帝所特别排选出来完成特殊使命的人。这个"选民"因为犯罪而受真神的惩罚,亡国被掳。但真神必不放弃他们,他们将来必可复国,只要虔诚敬神,依靠神力必可成为世界的主人,不仅不再受压迫,耶路撒冷并将成为全世界所景仰的宗教中心与政治中心。犹太人就是靠这种精神上的幻想维系自己的生存。这种迷信思想对当时的犹太人来说不能说是一种阿Q式的精神安慰,而是反映了犹太人对自己不幸命运不屈的反抗斗争精神。在犹太国家政治力量薄弱的情况下,这种思想在团结内部坚定忍苦地抵抗外来势力的威胁,以争取自己种族国家的生存方面曾起了一定的作用。

犹太人的宗教信仰表现在三类书籍中。第一类是历史作品,是犹太人所写的自己过去的历史和他们四周的大小国家的历史。第二类是民法、刑法与宗教法的书籍,其中也夹杂着许多抄袭自巴比伦的法典条文。第三类则是预言书、诗集以及哲学的作品,这些作品多是以"上帝选民"的观点来解释当时所发生的各种政治和社会问题,说明上帝交给了犹太人特殊的使命,从而预言着犹太人的光荣未来。后这些书籍被集合成为犹太教的《圣经》,也就是后来基督教的《旧约圣经》,它在今日仍有一定的史料价值,是我们研究亚洲西部各国历史的重要材料,可以之与今日考古发现的地下材料互相印证。不过,其中所包含的许多巴比伦宗教的迷信观念后来也经由基督教之传播影响了全世界,就中毒素最大的就是悔罪文——罪恶观念。

犹太在公元前五二六年复国后仍继续受波斯控制。波斯亡后,犹太即为亚历山大所征服,在公元前三三二—公元前三二三年间成为亚历山大帝国之一部分,公元前三二三年亚历山大帝国破裂,犹太与埃及两地同时为亚历山大部将托勒密所统治,但到公元前一九八年至公元前一六八年间时,犹太又变为亚历山大另一部将西路科(Seleucos)所建之条支国(叙利亚国)的一部分。公元前一六八年犹太人在马卡比(Maccabaeus)家族领导下起义推翻了条支的统治,一度恢复了独立,在公元前一六八年至公元前六三年间犹太国大体上维持着独立自主的局面。公元前六三年后始为罗马所征服,长期被罗马控制。公元七〇年时犹太人曾起义反抗罗马的统治,但被罗马所征服,犹太人大部被屠杀。到公元前七世纪时犹太地方为阿拉伯人所征服后,犹太人迅速地阿拉伯化了。除少数人仍维持原有的宗教信仰始终未变外,此后犹太地方的犹太人在文化和生活习惯上都已与阿拉伯人无异。

四、波斯帝国
(公元前五五〇—公元前三三〇年)

波斯人与玛代人是同种。公元前六一二年玛代人与迦勒底人联合灭亡了亚述后,在原来亚述帝国的领土上就出现了两个大国:在南部两河中下游地方出现了新巴比伦帝国,在北部伊朗高原地方出现了玛代帝国。玛代帝国在其强盛时期的版图不但包有整个的伊朗高原,并且还向西伸展,囊括了小亚细亚东部——哈利斯(Halys)河以东地方。邬拉图国亦为其灭亡(公元前六一二年)。在玛代人的支持下,小亚细亚西南部的扶利迦人迁入了邬拉图,并改信了波斯教。自此以后,邬拉图即成为玛代帝国之一部分。

公元前五五〇年左右,玛代统治下的波斯人叛变,在波斯人库鲁士(Kurush Cyrus,公元前五五八—公元前五二九年)率领下推翻了玛代人的统治,但未能将玛代人的势力完全打倒。这一变化的过程因无详细记载,今尚不清楚,只知结果是双方妥协,建立了波斯人与玛代人合作而以波斯人为主的政权。玛代帝国至此变成了波斯帝国。

波斯人在内部统治稳定后,更大规模地向外扩张领土。公元前五四六年战败了利底亚王克利叟(Croesos),而占有了利底亚。

利底亚是小亚细亚西南部的一个土著人所建立的国家,其早期历史已不可知。利底亚人在公元前七世纪时立国,其领土包括有哈利斯河以西直到海岸附近的小亚细亚西南部地区,首都建在撒狄(Sardis)城,公元前五六〇年利底亚人征服了小亚细亚西北部的扶利迦人,继之又征服了小亚细亚西岸的希腊各城邦,统治了整个小亚细亚西部地区,控制了爱琴海的商业。

利底亚人在各地进行商业活动,从事贩买贩卖。国内手工业也很发达,在撒狄城内有各种行业的手工工场。利底亚是西方世界中最早铸钱的国家,其国异常富庶,流动资金特别多。故公元前六世纪时利底亚王"克利叟"的名字,被人用来当作"富人"的别号。公元前五四六年利底亚为波斯所灭亡。

波斯继灭利底亚后,又于公元前五四〇年征服了小亚细亚西岸的希腊各城邦。公元前五三八年又攻取了新巴比伦帝国。波斯王堪布日亚(Kambujiya,或称 Cambyses,公元前五二九—公元前五二一年)在位时波斯又征服了埃及(公元前五二五年)。达拉雅夫一世(Darayavus Ⅰ,或称 Darius Ⅰ,公元前五二一—公元前四八六年)时又向东发展,攻取了印度的西北部。至此,波斯已建立了一个西部世界前所未有的大帝国。波斯皇帝自认为是继承了所有古代国家的王位与王权,故开始自称"万王之王"(Shah in Shah)。

波斯帝国是一个完全依仗武力来强制维持的多民族国家。各地被征服人民经常不断的起义反抗波斯的统治，特别是达拉雅夫一世在位时，几乎全国都发动了反抗波斯统治的起义，但历次起义都被强大的波斯政权镇压了下去。在这种情况下，波斯的统治阶级乃尽量加强对帝国各部分的控制，在达拉雅夫一世时曾加强和建立了政治、军事各方面的许多制度。

当时波斯对各被征服国家的统治主要是通过一种宗教政策，它以尊重和维护各国原有的宗教为名，利用各国统治阶级中一般统治者与教士阶级之间的矛盾，故意提拔教士，增加他们的土地与政治上的权力，从而得以利用各国之教士阶级，通过他们来统治各被征服地区之人民。故波斯在小亚细亚希腊城邦地区尊重亚波郎神，在犹太尊重亚伟神，并许犹太人复国。

波斯人自己信仰的宗教——波斯教是玛代人匝拉图斯特拉[Zarathustra(古)，Zerdusht(今)，公元前六六〇年前后]所创立的。此教在唐代时传入了中国，中国称之为祆教(祆即"天神"之意)，亦称拜火教，因波斯教大神最主要的象征是太阳和火。波斯教之圣经只有一部分流传下来。其哲学思想主要是善恶二元论，他们认为天地万物都包含有善恶两种力量的斗争，斗争到最后善的力量必定取得胜利。从这种教义及所传下的部分经典看来，波斯教在创造时一定是带有进步意义的。匝拉图斯特拉本人就是被统治阶级杀死的，这个宗教在人民中间势力日大，统治阶级无法将其扑灭，乃转过来利用它的宗教迷信那一方面来麻痹人民。到波斯帝国时代，此教已完全失去了它原有的进步意义，而变成为纯粹的统治工具。波斯人虽皆信仰波斯教，但他们却并不强迫其他被征服地方人民信仰，也不积极为波斯教宣传。因为波斯统治者认为采取上述怀柔人心的宗教政策在巩固帝国各地区的统治上可以达到更好的效果。

波斯帝国共划分为二十个行省(有时又增加一两个),由中央委派之总督治理之。总督一般都是由波斯贵族担任,但也有由非波斯人担任的时候。波斯在各省皆分配有少量驻军,此外为辅助驻军量少的缺点,还建筑了官路系统。官路网遍布帝国境内,以首都苏撒(Susa)为中心,通往各大行省。各省如发生了严重的"叛乱",本地驻军不足应付时,驻扎于首都之大军即可及时开赴各地之交通联系,使许多没有一个共同经济基础的地区得以靠交通网来加强联系,便利政权的集中。官路所经之地都设有驿站,驿马日夜奔驰传递着政府公文。同时,官路网的设置也便利和助长了帝国的商业活动。

波斯主要是个商业帝国,它继承新巴比伦帝国的政策,鼓励提倡商业活动。帝国不仅在陆地上建筑了官路系统便利商业往来,同时也在海上谋求商业的发展,曾在地中海以外的海洋上大规模地开辟交通线。在达拉雅夫在位时期中,波斯人曾完成了苏伊士运河的开凿工程,可以由波斯湾经阿拉伯海、红海、尼罗河而进入地中海,将东西两大世界联接了起来。达拉雅夫并曾派人自印度河出海探测印度洋,其结果如何则不知。

波斯帝国前后不过维持了二百年,公元前三三○年为马其顿希腊所灭。

波斯是埃及及亚洲西部地区最后出现的一个奴隶制国家,同时它又是初次全部统治了这一大片地区、中止其长时期的各国分立局面的国家。所以波斯王自己也认为他是"万王之王",是继承各国的法统的。但波斯的统一不过是暂时的,并未能持久,这是由于奴隶社会的基本性质决定的。就这一地区在波斯统一前所出现的大小数十个奴隶制国家来看,除了埃及和巴比伦,特别是埃及寿命较长外,其他奴隶制国家盛衰起伏都非常迅速。其一个重要原因就在于除埃及外这些国家中奴隶人数比较多，并且奴隶多是被俘来的或被买来的外族人，这就造成了这些国家内部阶级矛盾特别尖锐，社会基础很不稳定。当其受到外族攻击时，往往就会整个覆亡，而在原来国家的废墟上迅速地出现了一个新国家。因为被奴役的人民和奴隶与统治阶级之间的矛盾始终是紧张和深刻的，他们不是组织起自己的力量来推翻他们的压迫者，就是欢迎帮助外来的力量来颠覆他们的旧主人，尽管这个外来的力量并不能真正解放他们。而在这些大小国家中，只有埃及是奴隶数目较少的国家。埃及的奴隶制度比较特殊，广义说其全国人民都是被奴役的，但在法律上却没有奴隶制度。埃及国内居民大多是当地人，身份也多是自由的，外族人极少，所以埃及的寿命能维持得较长久。此外，奴隶主阶级为扩大其剥削面，又无休止地对外进行掠夺土地、人口的侵略战争，这种战争往往将争夺对象地区的经济基础破坏。加以亚述等国家之实行迁徙被征服国家人口的政策，使人口大量地流动，并且由于大量地集中地使用奴隶劳动的结果，生产虽一度提高，但劳动力也遭到了相当程度的破坏，故在此时期中，这一带地区的人口增加很慢，甚至有些地方人口还大量减少，因此各地区除了经常处于动荡不安的状态下之外，生产也逐渐在衰退。波斯帝国既是一个奴隶制国家，也就不免存在着这种覆亡的内在社会因素。在波斯兴起后所以能够轻易地征服了这片广大的地区，主要是因为这片地区当时实际上在经久的残酷的战争后已处在一种残破不堪的局面之下，这片地区的统一并不是建立在一个共同的经济基础之上，而完全是靠武力来勉强将之维系起来的，所以它很容易为外力所打破。在这种情况下，波斯帝国收拾残局后不过维持了二百年，终于被西方奴隶社会世界中比较进步的国家马其顿希腊所灭亡。

第六章　希腊罗马王朝时代
（公元前一二〇〇 — 公元前七五〇年）

一、地理环境

古代希腊(Hellas, Craicia)世界的地理范围，在最小的时候，也包括希腊半岛、爱琴海的全部岛屿、克里特岛以及深入内地一定距离的小亚细亚西岸，因此它比仅包括希腊半岛、克里特岛及爱琴海中一部分岛屿的今日的希腊要大得多。

古代希腊世界，并不是一直以希腊半岛为中心，时代不同，各地区的重要性也有所不同。

希腊半岛几乎完全是山地，许多小山脉交错纵横，沿海有许多天然的良好港湾，尤其在东部，海岸线极为曲折，在小亚细亚的情形也是这样，沿海有许多港口，稍入内地就是丘陵蜿蜒的山地。

山地、海岛和港湾可以说是希腊地理的基本形势，这种基本形势，在生产力较低的古代，对希腊社会的发展，是有一定程度的影响的。

首先由于山地、海岛、港湾之间的互相隔绝，形成许多小的自然区域，各自独立发展，每一个山间原谷，每一个港口或海岛都可以发展成为一个城邦，也就是一个小的国家，因此，在古代希腊历史上,较大的国家的出现,反倒是例外的情形。

　　自然地理的形势,对人民的生活方式也有影响,因为只有在农业技术很高的时候,才能垦殖山地,所以古代希腊的农业并不占重要的地位,虽然山间原谷也有农业。但就其整个的经济来说,它所占的比重是很小的,山地的牧畜业比较发达。

　　由于国内土地的贫瘠,加上希腊半岛东岸及小亚细亚沿海港湾曲折的地理条件,希腊人民很早就注意向外发展,在发展国内手工业的基础上,对外贸易日渐频繁,促使日后许多城邦成为重要的商业国家,例如雅典。

　　意大利半岛位于地中海中部,就其地理上的特征来说,可以分为南北二个不同的地区,北部主要是平原,半岛上唯一的较大的河流波都河(Padus,今称波河 Po)灌溉着它。而南部是一个狭长地带,山脉交错。

　　意大利半岛的海岸线比较平直,东部几乎没有大的港口,少数的港口分布在半岛的西部及南部,重要的国家大都建立在这些地区,例如罗马,它就在半岛西岸的中部。

　　半岛经济发展的情况,正好和希腊相反,农业很重要,南部虽多山,但仍有许多较大的原谷,除农业外,畜牧业也很发达,但商业极不重要,因为人民的注意力可以集中于国内土地的开垦和发展牧畜上,同时半岛海岸线比较平直,不像希腊那样有向外发展的有利条件,所以商业不很发达,罗马帝国时代的商业虽然曾经一度繁荣,但它并非正常的商业,纯粹是掠夺性的。

　　意大利半岛附近有三个大岛,它们在历史上都和意大利有关联,这三个大岛是西西里、撒丁尼亚和科西嘉。

　　西西里岛在意大利与古罗马的历史上,占了很重要的地位,因为在古代的航海技术下,意大利人从海路到非洲去,一定要经过西西里岛,因此西西里成了意大利和非洲航路间的天然桥梁,每当意大利或非洲方面有强大的力量出现时，它们十分重视对西西里岛的占领，这一方面是由于西西里在古代欧非海路上地位重要，另一方面西西里岛十分肥沃的土地，对其他国家的统治阶级来说，是一个极大的诱惑。

撒丁尼亚和科西嘉在上古时代并不重要，这二个岛没有良好的港口，岛上多山，土地比较贫瘠，不足以引起外来力量对它的剥削和统治，同时它们距离意大利较远，彼此间的交通不很方便，到共和国晚期，它们才成为罗马的领土。

二、人　种

至今我们还没有在希腊发现任何旧石器时代的遗迹，因此希腊在旧石器时代是没有人类的，发现的新石器很多，大概在新石器时代开始有人类进入了希腊半岛。在新石器时代晚期，大约是公元前三〇〇〇年到公元前二〇〇〇年左右，当地已发展到了氏族社会晚期的阶段，有了农业，并且形成了农村，但是它们自己的发展始终很慢。公元前二〇〇〇年以后，受了外地较高文化的影响，尤其是克里特岛青铜器的输入，对希腊的影响极大，在此以前，希腊只有很少的红铜，而且极不重要，主要的还是使用石器。但不久被称为阿卡亚人(Achaios)的部族从北方侵入，它们比土著更落后，入侵的阿卡亚人的一部分留在北部，一部进入半岛南部的丕娄波尼索(Peloponnesos)，与当地土著人民同化。这是希腊历史上第一批入侵的印欧人。

公元前一二〇〇年左右，另一批被称为铎利亚人(Dorieis)的印欧人入侵，他们已有铁兵，很快地征服了当地的土人和阿卡亚人，不久南下入海，公元前一一〇〇年左右，占领克里特岛，他们的足迹到达了爱琴海中许多大大小小的海岛上，最后进入小亚细亚西岸的南部。

铎利亚人集中的地方是丕娄波尼索、爱琴海南部各岛及小亚细亚西部偏南的海岸，有一时期曾集中于克里特岛。

公元前一二〇〇年后，阿卡亚人及与当地土人同化以后的阿卡亚人，分成二支向外活动。一支称爱欧尼亚人(Ionios)，先达希腊半岛中部(后来的雅典地方)，再向海外发展，在爱琴海中部的开克拉底群岛上最为活跃，帕娄、那克索、狄娄均为其占领。

爱欧尼亚人以后不断地有许多小的活动，它们大部分集中在希腊中部偏东、开克拉底群岛、小亚细亚西岸的中部，尤其集中在小亚细亚的浮其亚、埃弗索、米利陀一带，因此这些地方有爱欧尼亚地之称。

另一支是伊欧利亚人(Aeolios)，它们最先达希腊半岛东北之提撒利亚与比欧提亚，后至爱琴海东北的列斯博岛和开欧岛，又由此进入小亚细亚西岸北部的开密、斯美那等地。

公元前八〇〇年左右，希腊半岛、爱琴群岛及小亚细亚西岸的一般情况已形成为伊欧利亚人分布在北部，爱欧尼亚人和铎利亚人在中部和南部，这三种人在种族语言上很相近，它们在公元前八〇〇年左右已混称为希腊人(Hellenes, Graeci)。

意大利方面早期历史不详，公元前二〇〇〇年到公元前一〇〇〇年以后，种族和文化线索都很复杂，我们现在所知道的重要的种族有二种：一种是在意大利半岛东北部的伊楚斯科人(Etruscus)，大约在公元前一〇〇〇年左右进入意大利，它们来自何处，属于何种种族，都不知道，虽然他们留下许多铭刻，但是至今还没有人能读；另一种是在意大利半岛中部和西南部的古意大利人(Itali，在古代历史上，所谓意大利人就是指居住在该半岛中部及西南部的人)，撒姆尼提人(Samnites)、拉丁人(Latini，包括罗马人)都是古意大利人。

三、王制时代的社会

由于外来部族的入侵，希腊在公元前一二〇〇年以后数百年间语言上发生了极大的变化，原来的土著方言完全消灭，因为外族进入希腊以后，彻底破坏了当地原有文化。半岛在克里特岛影响下，曾经建立了许多城邦，工商业很发达，现在都成了一片丘墟，一部分的土人被杀，剩下的大都与希腊人同化，它们原有的生活方式已经不再存在，替代以希腊人落后的氏族社会生活方式。在旧的政治社会基础遭受彻底摧毁的情况下，古语的存在已经是不可能的了，因此除了少数的地方仍沿用古名外，古语完全消灭。

希腊人定居以后，希腊世界政治社会的发展极不平衡，这种不平衡的状态，维持了数百年之久。最初他们处于以血缘为基础的氏族社会阶段。定居以后，氏族内部出现了不同的组织层次，是为下阶段的发展基础。到了王制时代，由于定居后生产力的逐步提高，土地开垦面积扩大，人口不断增加，氏族的血缘组织逐渐分化，每一氏族形成了若干支族，这是氏族发展的一个方面；另一方面若干氏族联合了形成宗族，这种宗族在罗马也有。宗族的组织是否有血缘关系，这是很成问题的，当然在那个时候人类的概念中除了血缘的结合外，很难想象有其他的组织基础，但血缘关系在宗族组织中已不像在氏族组织中那样占重要地位。

若干宗族再联合起来就形成了部落或部族。部落或部族比起宗族来是更扩大的发展，从表面上看来这只是政治组织的发展，但任何政治组织的发展，都有它经济的根源。当时战争已经出现了，而且日益频繁和剧烈，战争的目的是为了掠夺别的民族的剩余生活品，后来更进一步开始掠夺其他氏族中已经开垦了的土地,这些归根结蒂是生产力提高、剩余生产品增加的结果。

随着政治组织范畴的扩大,其组织性质也逐渐起了变化,社会开始有分化的趋势。

就希腊来讲,各地发展是不平衡的。半岛的西部、西北部与中部地方发展较慢,仍然停滞于原始社会阶段。小亚细亚西岸、希腊半岛东岸发展比较迅速,已逐渐转入了农村公社的阶段。农村公社与氏族社会组织,特别是与初期氏族社会的组织有很大的不同。虽然形式上看来,二者之间没有多大差别,例如农村公社完全保存旧的血缘组织,公社内部的人都是平等的,在理论上尚无阶级之歧异,全部财产均属于公社所有等等。但实际上农村公社内部逐渐地起了质的变化,公社的土地,除了一小部分仍然公有,在氏族的头目管理下,大家共同经营外,其中很大一部分土地是分给个人单独经营和使用的,所以实质上土地私有在公社中已开始出现。

农村公社是希腊先进区域氏族制度破裂后的发展,后来许多公社联合起来,成为一州。最初主要是因为政治的目的,因为这样可以增加自卫或对外侵略的力量。这一发展在希腊也是不平衡的,先进地带在州的基础上发展为城市,在城市上组织成为一个国家——即城邦,一些落后的地区仍然停滞在农村公社的阶段。

城邦的出现有二种方式:一种方式是比较和平的发展,在州的基础上建立国家;一种方式是由于战争的征服,一个农村公社或一个州用武力来征服其他公社或州,在这种基础上建立起国家。每一个城邦的出现并不一定只采取二种方式中的一种,有的城邦例如雅典的出现与上述二种方式皆有关系,而斯巴达是在第二种方式下建立起国家(这是根据传说来断定的)。

国家的出现与阶级的分化是不可分开的,只有在氏族社会内部有了阶级的分化,才有国家的出现。在希腊方面,这段历史是比较清楚的。

远在氏族社会时,氏族内部就有选举一人或数人出来领导作战和处理公共事务的办法,在农村公社时期,情形也是一样。被选出来的头目——我们可以称它为酋长,在处理公共事务各方面最重要的是管理公有土地,因为公社中的土地虽然大部分都分给了个人单独经营,但还有相当可观数目的一部分属于大家所有,公社中的人除了经营自己一小块的土地外,必须在酋长的领导下,轮流在公有土地上劳动。最初土地属于大家所有,因此其生产品也归大家所有,酋长在支配公有生产品时一定要按照惯例或者征求大家同意。后来由于土地人口的增加,生产力的发展,公共事务的复杂化,许多事情酋长不再在事先征求大家的意见,而是随机应变,按照自己的主意来处理。一步步的发展和变化,最后在形式上土地虽然仍然是公有的,酋长仍为大家服务,但实质上土地渐渐为酋长私人所占有,大家在公地上的劳动也变成为酋长个人而劳动了。在形式上公社中的人和酋长仍然是平等的,而实质上他们变成最初为酋长所奴役的人。在这种内部分化的基础上,经过对外的战争而有了更进一步的发展。最早的时候战争中的俘虏都处死,有极少不杀的人,吸收为本氏族的成员,但并不加以奴役。后来不再杀死俘虏了,将俘虏全部或一部留下,强迫他们替自己劳动。有的时候,将俘虏留在原地经营土地,每年将收获之一部分生产品入贡给征服者,实际上这批贡品大都落入酋长及其随从者的手中。被征服者有时成为酋长及其随从者的奴隶,他们在最初基本上不参加劳动生产,只是在家庭中服役。从事生产者的奴隶最早并非战争俘虏,而是在土地经营基础上出现,换言之从自己居民内部出现。(因为生产力提高促使交换频繁,商业发达,渐渐有了借贷的现象,公社内的人向酋长及其随从之人或者教士借债，因为他们都是协助酋长来统治人民的人，比一般人有较多的土地和钱财。)当负债的人不能偿还债务时，债主就没收其土地，失去土地的人无法生活，只好替债主耕种，变成佃户或雇农，还有一些人变成了流浪者。而如果自己所有土地都给债主尚不能偿清债务时，负债人只好卖身为奴，终身为债主劳动。在这种内部剥削的基础上，酋长及少数人才注意到用俘虏来的奴隶从事生产。

总结以上，我们可以知道奴隶的出现是氏族社会逐渐分化的结果，最早被奴役的人都是自己氏族内部的人，但当初他们在法律上仍然是自由的。这时候国家开始萌芽了，酋长为了压制这些人的反抗，就借口为了大家利益建立了国家机构，实质上只是为了达到少数人奴役多数人的目的。

在希腊，稍晚在意大利，特别在罗马的国家出现以后，社会上有四种阶级。

(一)贵族、酋长及其周围的随从者。在法律上奴隶的身份肯定以后，他们就是奴隶主。他们统治的经济基础是土地，在全国范围内占领了大量的土地和奴隶，掌握了政权。

在海岛及海岸上的国家，社会经济政治的发展不完全是由于土地的关系，商业的活动和海盗的掠夺也成为剥削和统治的基础。这些地方很早就开始经营商业，不过最初手工业发展很低，因此商业并不算发达。贵族一方面靠土地剥削人民，一方面作海盗。据当时的记载，做海盗是一件光荣的事情，由此也可以突出地看到统治阶级的剥削本质。

(二)平民。在一般城邦里平民和贵族是主要组成者。平民就是一般氏族的成员，城邦出现后他们在法律上仍然是自由的。他们大部分为小农，有随时丧失土地之可能性。

(三)手工业者。任何地方的手工业者最初都是为本地制造工具和日用消费品，当时人数很少，还不能形成为一个独立的阶层。随着生产力的提高，手工业产品愈来愈大的部分是作为商品对外交换。手工业者也要向国家纳税，由于他们比较集中，很利于联合起来向贵族交涉，有时甚至反抗，故一般来讲王制时代的手工业者的地位，虽在法律上无明文规定，但实际上要比农民高些，可以说介乎贵族与平民之间，他们还不是统治阶级主要的剥削对象。

(四) 奴隶与佃农。王制时代的奴隶主要是在贵族家庭中服役，而且数目也不多。佃农是丧失土地的自由人，在一定的契约下替贵族经营土地，最初数目也不多，但愈来愈增加。

四、希腊文学

文字　今日考古学家发掘出了许多古代希腊的铭刻，上面有许多文字，但无人能读，这种希腊的土著文字是随着土著语言的消灭而消灭了的。希腊有很长一个时期因为这种文字的消灭而无文字，直到纪元前几百年左右，由于商人和海盗的介绍，在腓尼基人那里学来了字母。腓尼基人的字母，只有子音没有母音，希腊人加以修改，在子音中抽出几个字母来作为母音。最初这种文字，大都为商人记账和交易所用，公元前七〇〇年左右才应用于政治上，至于学术文化上的应用，是更晚的事情了。希腊人将他们的字母带入在地中海各地发生影响最大的意大利，后来罗马人全部吸收过来，将写的方法略加简化，形成拉丁字母。今日东欧一部分国家所用的字母也是从希腊字母中蜕化出来的。西欧各国和一部分东欧国家都采用拉丁字母，因此欧洲的文字直接或间接的都与希腊字母有关联。

文学　王制时代的希腊文学都是口传文学。文学中分贵族文学和平民文学。最重要的一个文学家是荷马，他的二大史诗《伊利亚》和《欧底西亚》，是反映贵族生活的作品，也是歌颂贵族英雄的，但间接地也反映了人民的生活。

二大史诗中的《伊利亚》诗描写迈其尼与特娄亚二大城战争的故事。特娄亚城又名伊利昂，他与迈其尼都是以陶业著名，彼此因商业上的竞争引起了竞争，迈其尼联合了希腊半岛上的各城邦的力量打败了特娄亚，并毁灭了特娄亚城。这是希腊早期历史上一次重大的战争，故人民口传了这次战争的许多故事。这些故事愈传愈广，经过了许多年代，它的内容日益丰富，后来穿插了许多神话，附会了许多其他故事，加上由氏族社会阶段到国家出现后经过一代代的积累，战斗经验日益丰富，这些也都加插在二城战争的故事中，形成了《伊利亚》诗。

《欧底西亚》(Odyssea)诗是歌颂英雄欧底西奥(Odysseus)的。诗的内容是描写欧底西奥在外流浪二十年，经过许多惊险，欧底西奥用智慧和勇敢克服了各种困难，最后回到家乡。它可以说是古代希腊各地神话之汇集。

关于这二首诗的作者荷马(Homeros)，是否实有其人，各国学者曾有热烈的争辩，有些研究家坚持荷马实有其人，有的则否认此说，认为二大史诗乃流浪的行吟诗人集体的创作。今日大多数的专家都同意后面的说法。

荷马这人大概是没有的。希腊早期经济文化发展最高的是小亚细亚沿岸之城邦，当时有许多流浪的行吟诗人在各城的王宫中演唱，演唱的内容大都是古代英雄的故事，其中穿插和影射一些当时王公的事迹，加以歌颂以取得王公的欢心。这些行吟诗人彼此经常交换演唱故事之心得，因此演唱的内容日益丰富，到公元前八〇〇年左右，有了比较固定内容的二首诗。因此事实上二大史诗并非一人所写，也非一人所汇集整理。二大史诗的最后编成年代是王制时代以后较晚的事情，至于说荷马在公元前八〇〇年前后写成是旧的说法。

另一个有名的文学家是赫西欧铎(Hesiodos)。他是王制时代末期(公元前七〇〇年左右)比欧提亚(Boeotia)地方的人,关于他的事迹知道的不多。他留下的《神谱》和《劳动日历》是希腊最早的二本个人的作品。《神谱》将各种神的故事及谱系写了出来,在神话中它占的地位很重要，这是研究希腊神话必要的出发点。《劳动日历》完全反映了人民的生活情况,尤其对一年中各个季节农民的生活情况,有很多的描述,并且将农民世世代代积累的经验总结了出来,并发挥了自己的意见,故《劳动日历》一方面是现实的描述,一方面是吸取过去农业经验,介绍给农民供他们参考。在世界历史上,除希腊外,只有中国在这样早的时候有这一类的书。

宗教 希腊人的宇宙观,我们可以从赫西欧铎的《神谱》中了解到。他们认为宇宙最初是混沌的,没有固定的形式,从混沌中生出了黑暗与黑夜,黑夜又分上气与白昼,这时宇宙才渐渐的从混沌局面变成固定的形状。其次是大地(Gaia)出生了,大地出生以后才有阴阳的概念。大地是阴性的神,这是希腊第一个近乎人性的神。后来大地生了阳性的星天(Ouranos),它就是后来想象中天神居住的地方。大地与星天生了许多的子女,其中最重要的是幼子克娄诺(Cronos)与巨人。克娄诺在后来是代表时间的神,巨人是半人半神的。克娄诺是丢斯(Zeus)的父亲,丢斯在希腊神话中占的地位很重要,他是世界最高的主宰。至于丢斯的故事很多,他生在克里特岛。当时宇宙是克娄诺和巨人的世界,这是二个破坏性很强的力量。丢斯成年后,先后战败巨人及其他妖物,最后把自己的父亲克娄诺也打败了,作了天王,管理世界,主持天地之间的大事,并且大封群神。各神均有自己的专职。这样世界才有了固定的秩序。

古代希腊人关于宇宙形成及天地开辟的想象，是在生产力低下、科学不发达、对自然没有认识能力的古代人类所产生的一种必然的概念，在当时这种概念还是合乎理性的，人们只能从自然界的表面现象来肯定从无秩序进入有秩序的过程，丢斯的出现更进一步象征了人类社会秩序的产生，这种人世间一切秩序制度的安排，在人对自然控制力薄弱的古代，只能假定由神来安排和完成。

希腊诸神中以天帝丢斯为最重要，天帝是天上最高之神，所有的天神都居住在天上，但还有地下的神宫，希腊人想象它是在希腊北部的欧林普(Olympos)山上。

第二大神是骊亚(Rhea)，她是星天的女儿，是所有大神的母亲，丢斯、嬉拉、波赛荡、哈狄斯都是她的孩子，实际上骊亚是一个繁殖神，象征着自然界繁殖力量。

第三个大神是嬉拉(Hera)，她是天后，丢斯之妻。除此以外还有智慧神之一的雅典娜(Athene)，她是天女，后来成为雅典最崇拜之神。波赛荡(Poseidon)是海王，是海的主宰。哈狄斯(Hades)是冥王，是死后世界的最高统治者。太阳神亚波郎(Apollon)，在希腊神话中他是一个标准的美男子，后来成为贵族男子各种美德的总汇，他会射箭，预知未来，又是医药神，并且是精通诗词音乐的文艺神。

死后信仰 人死后仍然有生命，这是原始社会留下的意识，希腊也不例外，无论恶人、善人死后都入冥间——哈狄斯。希腊人想象中的冥间所在地，最初并没有很清楚的概念，早期一般人认为它在遥远的西方，后来又倾向于地下说。总之，并无一固定的说法。

冥间生活是暗淡无趣的，后来认为有少数为神明所优待的人可以进乐园,乐园在遥远的西方,乐园里的生活比人世间的生活更有乐趣。这种新的意识,是阶级出现后的反映。

希腊的宇宙观和神话,几乎全为罗马所接受。罗马的宗教大体上与希腊一样,天神茹庇特(Jupiter,又称犹菲,Jovis)就是丢斯,天后茹娥(Juno)相当于希腊的嬉拉,敏娥娃(Minerva)相当于雅典娜,涅普图诺(Neptunus)即波赛荡,普鲁图(Pluto)即狄哈斯,亚波罗(Apollo)即亚波郎。除此之外,罗马有一个特奉的神马斯(Mars),它是最大的农神和战神,又是罗马的神祖。希腊虽有战神,但地位不重要,罗马很早就向外侵略扩充领土,故战神特别受到崇拜,这是罗马历史发展的反映。罗马农业重要,故农神地位也重要起来。

罗马宗教的家族性很强,这方面较希腊发展为高,有几个神特别围绕家庭生活来活动,例如阳神(Genius),它象征着男子和家长,阴神又称茹娥,象征女子及女子的生力。门神(Janus),它是一个二面神,象征着每家之间的隔离。此外还有电神、仓神和农神(Lares,这是管理各家农事的小农神,不能与马斯混同)。以上的神,除了围绕家庭外,大都围绕农业来活动,反映了农业在罗马历史上的重要性。阳神是这些神里面的主宰,它反映了当时家庭是以男性为中心的,在祭祀的时候家长主持礼拜,家族在罗马社会中的地位是很重要的。

希腊也有很丰富和复杂的神话,其中重要的有巨人故事,耶孙(Jason)与金羊毛,波西沃(Perseus)与戈而苟(Gorgo),赫拉克力(Heracles)与其十二神功等。这些故事都反映了当时人类不了解自然现象,而给以神话的解释,也反映了当时的历史发展,我们从这里面可以意识到古代希腊社会的情况。后来罗马人吸取了希腊全部的神话。

教士阶级 中国与希腊、罗马除外的所有古代国家中,教士阶级都是统治阶级中的特殊阶层。统治阶级中基本上有这样二种人，一种是直接掌握政权和军事的，另一种就是教士，靠掌握宗教信仰、礼节、仪式来控制人心，达到统治人民的目的。以上二种人基本上是合作的，但他们内部为了争夺统治权力和剥削机会，经常有纠纷。一般地说，希腊以前，除中国以外的古国，这二种统治阶级地位都重要，但各时代都不同，有时是军政方面的统治阶级占上风，有时是教士方面占上风，但希腊教士地位很不重要，他们虽然也属于统治阶级，但其地位与国家的下级官吏差不多，等于是一种宗教的技术人员，因此他们不能垄断宗教，每一个人民都可以不通过教士直接来祭祀。

罗马情况比希腊更为突出。希腊只是没有一个特权的教士阶级，而罗马根本就没有教士，并没有专管宗教事务的一批人。最初罗马的国王就是国家最大的教士，主持国家重大的祭祀，一般国家的官吏附带都有教士身份，都可以向神祭祀。直到公元前六世纪，罗马受了北方民族的影响，才有教士出现，但他们并无特权。教士团体中的头目，等于古代中国的大宗伯，他在政治上没有地位，不能干涉政治。

教士阶级无特权对后世影响很大，这种影响在王制时代就很显著。拿希腊罗马的神话来说，它是当时人类对自然不了解，就其表面现象给予的一种解释。他们把自然现象人格化，但和其他国家相比较，可以说并没有什么迷信成分在内，这在有强大教士阶级统治的地方是不可能的。古代宗教分析到最后，就是人与自然的关系。教士阶级为了实现其愚民政策，是不许人观察和研究自然的，这样阻碍了人们智力的发展，希腊哲学之产生，与这有关。

第七章　希腊罗马城邦时代(上)
——殖民与僭政
(公元前七五○—公元前五○○年)

城邦时代前后约四百年。从公元前七五○年至公元前五○○年是希腊向外扩张时期，这时期希腊的殖民范围包括整个地中海区域、黑海沿岸及北非的一部地区。

公元前七五○年左右，希腊先进地区已经有了城邦出现，从这时开始，以希腊为主的地中海世界历史，就是各城邦内部发展与各城邦间相互关系的历史，在这种局面下出现了"僭政"与殖民运动。

殖民运动的发展是有它经济基础和政治背景的，公元前七五○年左右希腊的经济发展很迅速，而且有巨大的变动，至于内部政治的发展，这一时期以"僭政"最重要，"僭政"对希腊社会经济政治的发展有很大的影响。

一、经济发展与殖民运动

首先就经济的发展来看，王制时代的希腊主要还是农业社会，工商业虽然已经出现，但并不占重要的地位，到了公元前七五○年左右情况开始转变，手工业渐渐重要起来，经营手工业的人也日益增加，这些手工业者大都是农村中丧失土地的人，因为国家出现以后，阶级剥削的残酷，迫使农民破产和流亡。希腊多山,可耕地本来就不多,现在大多数的农民,更得不到土地了。他们只好做地主的佃农,甚至沦为奴隶,也有一些人逃至山中聚集起来反抗地主贵族,有机会掠夺富有者的财富并且杀死他们,统治阶级称这些人为"盗匪"。破产的农民除了做佃农、奴隶和"盗匪"这些出路以外,一部分人当了手工业工人。

手工业工人也经常的受到贵族奴隶主的剥削和压迫。公元前七五〇年左右,他们大都组织了各业行会,因此他们能以集体的力量与贵族奴隶主斗争,而获得了全部或一部分的胜利,并取得一些政治的权利。

奴隶制度和商业资本这时也开始发展起来。奴隶制度的发展与工商业的发展有密切的关系。公元前七五〇年以前,多数的奴隶都是在家庭中服役,直接从事生产劳动的并不多,但公元前七〇〇年以后,奴隶数目开始大量增加。由于以商品制造为主的手工业日益发展,从事手工业劳动的奴隶也多起来了,奴隶主开始愿意花费较大的代价,让自己的奴隶学习手工业技术。这种有专门手工业技艺的奴隶,身价很高,有些是本国人,有些是从外国买来的。这时战争的俘虏,大部分也都变成了奴隶。

手工业家大都兼有商人身份在外经商,他们靠剥削奴隶的劳动来扩大其营业的范围,因此他们手下的工奴数目不断增加,他们也就渐渐地成为商业资本家。这是奴隶制度与商业资本的关系。

当时国家也有奴隶。国家奴隶有二类:一类是矿奴。随着工商业的发展,各种金属品的需要渐渐增加,因此开矿业发达起来,矿奴就是开矿的奴隶,他们是当时所有奴隶中生活最苦的人。第二类是在政府中服差役的人和低级官吏,例如机关的门房,法庭的巡捕和一些文书工作者。这些奴隶所受的实际待遇比其他奴隶要好得多。统治阶级利用国家的名义把这些人称为国家的奴隶,实际上他们仍然是受少数人支配的。

在以上社会经济发展的基础上,开始有了殖民运动,公元前七五〇年左右至公元前五五〇年左右是希腊殖民运动最盛的时期。经济的发展是殖民运动的主要动力,此外有以下的原因促使了殖民运动的发展(当然这些原因都是与经济的发展不可分的)。

(一)农村中丧失土地与人身自由的人愈来愈多,这些人为了避免被贵族奴役,总想找机会寻求出路向外谋生。

(二)随着工商业的发展,商品制造日增,因此当地的原料愈来愈感到缺乏,国内的粮食也因人口的增加而不能自给,需要外地粮食来补充。为了取得其他地方的原料和粮食,最初是到各地去收购,后来发展到在该地设站,派人长期驻留在那里。另一方面工商业的发展引起了市场的需要问题,最初也只是用船装运制成品到各地去推销,后来在该地设立贸易站,这样势必推动向外发展的殖民运动。

(三)当时国内的政治情况也推动了殖民运动的发展。由于阶级矛盾的尖锐,政治日益纷乱,统治阶级内部的斗争日趋复杂,人民与统治阶级的斗争也激烈起来。每一次政治斗争中失败的人只好向外逃亡,到了公元前七五〇年左右,当政的胜利者更强迫反对自己的人向外迁移。

(四)奴隶的需要不断增加,迫使贵族奴隶主到远方去抢劫和拐带人口。最初这纯粹是一种海盗的行为,后来贵族奴隶主在沿海各地设立了专门贩卖人口和抢劫人口的机构,来向国内输送奴隶。

由于以上种种原因推动的结果,公元前七五〇年至公元前五五〇年间,整个地中海以及爱琴海往东进入黑海沿岸都布满了希腊各城邦的殖民地,它们有自己的政治组织,大都用城邦的形式组成。

二百年殖民运动的结果,整个地中海世界,包括黑海在内,大都希腊化了,重要的殖民区域有下列几个:

(一)意大利半岛南部 意大利半岛的南部,不仅沿海,在内地也有希腊人建立的城邦。在殖民期间,它们全部希腊化了,所以后来意大利特称这一带为"大希腊"。

希腊人最早在南意建立的殖民地是罗马南部大希腊区域以北的库密(Cumae),希腊人附会他们神话中的欧底西奥曾经到过此地,后来罗马人、意大利人,也接受了这种附会的说法。当时的罗马还很落后,接受了希腊较高的文化以后,很快地发展起来。它摹仿了希腊的政治组织方法,成为一个城邦国家。罗马虽然并非希腊的殖民地,但在历史文化的发展上等于希腊的殖民地,例如在宗教信仰上,罗马接受了希腊的亚波郎等神,此外罗马又接受了希腊的文字, 他们将希腊字母略为改变, 写出了自己的语言,这就是拉丁字母。

(二)西西里岛 西西里岛的东部,有许多希腊的殖民城邦,其中最重要的是科林陀(Corinthos)建立的叙拉库西(Syracusae)。希腊人并没有进入西西里岛的西部,因为在希腊殖民以前,以推罗人为主的腓尼基人已经在地中海建立了许多殖民地, 其中最大的是北非沿岸的迦太基。他们以此为中心向外扩充,直接控制了西西里岛的西部。

(三)高卢 古代的高卢包括今天的全部法国、比利时和卢森堡,此外荷兰的南部、德国的西部和瑞士的大部分也包括在内。但这里所指的高卢, 主要是指今天法国境内的地方。尤其是法国境内偏南一带的地方。这里有许多希腊的殖民地,其中最重要的是马撒利亚(今马赛),大约在公元前六〇〇年左右建立,建立后很快地就成为西地中海希腊商业活动和文化传播的中心。希腊人又以马撒利亚为中心向伊比利安半岛及地中海沿岸的地方殖民。

(四)除了东西地中海区域以外,希腊人在黑海区域的赫列斯滂陀(今达达尼尔)海峡西岸浦娄滂梯(Propontis,今马尔马拉)海及黑海沿岸建立了大大小小约九十个殖民地,大部分为小亚细亚西岸的希腊城邦米利陀(Miletos)所建。

(五)在北非方面 具有悠久历史的古国埃及,这时虽然仍是地中海世界最大的国家,但希腊强大以后,它已经衰败,再没有力量阻挡外来的势力了。这时的希腊还是一个新兴的力量,不断地向外发展,他们认为埃及是一个很大的很好的市场。最初希腊人在尼罗河河口经商,要求埃及准许他们在尼罗河下游建立他们自己的城市。公元前六四○年左右,米利陀人建立了挪克拉提,此后挪克拉提成为希腊在埃及活动的中心。

当时就政治经济方面的势力来讲,希腊远比埃及强大。但就文化而言,埃及是一个文化遗产极其丰富的古国,而希腊当时脱离氏族社会不久,所以希腊人吸取了许多埃及过去积累的文化成就,包括宗教、神话、医学、建筑术、几何学、天文学等,有选择地加以发挥。希腊人又大量购买埃及的纸草,带回国去,帮助了希腊文化的发展。希腊人在北非的活动,主要地限于埃及海岸,埃及以外的北非沿岸,大部在腓尼基人的控制下。

国内经济的发展推动了殖民运动,殖民运动的发展反过来又刺激了工商业的繁荣,因此在殖民运动的二百年间,工商业获得了更高的发展。这时期内,希腊各城邦大量的向殖民地输出了手工业的制成品,各殖民地则向母国输送大量的食粮和手工业原料。此外,工商业的发展已经突破了地方市场的范围,这样用商品与小金属块相交换就很不方便,产生了许多困难。为了避免种种不便,开始有铸币出现,这时有许多富商就将过去无固定形式和重量的金属,按一定规格制成钱币。钱币在希腊最早是用铜铸成的,后来才用金银。最早铸钱的是利底亚(大约在公元前六八〇年左右),希腊在公元前七世纪才开始铸钱,而且可能是受了利底亚的影响,但主要还是国内经济发展的结果。钱币的出现又为工商业的发展创造了条件。

殖民运动后,地中海和黑海区域所有希腊城邦的数目,就现在找到的材料统计起来,大约有四百个左右。

以上是希腊内部经济的发展和向外扩充的大致情况,从这一时期内部的政治发展来看,我们可以得出一个总的结论——贵族奴隶主掌握政权的城邦国家普遍形成。

二、贵族(奴隶主)国家的城邦之普遍形成

王制时代王的权力虽然也或多或少的受到贵族的控制,但王总是占在主导的地位。就拿王制时代一般平民自己的议会来说,这个议会,凡是能拿武器上阵作战的男子,就有资格参加,议会有一定的权力,虽然一般政治事务越来越多的为贵族所包办,但重大的事情,特别是关于和战问题,还是要征求全议会和王的同意才能作最后的决定。到了城邦时代初期,这种情况开始有了变化,王以外的贵族势力日益膨胀,因此王与贵族的斗争激烈起来。这种斗争虽然是统治阶级内部的斗争,但对希腊罗马历史的发展有重大的影响。

王与贵族比较来看,王是要"超然"些,这就是说王对整个统治阶级的利益能够比较全面地照顾到。他知道如果要维持贵族阶级的统治和剥削权益,最好不要过分地压榨人民,以免引起反抗,严重的阶级斗争将会动摇统治的基础。但一般贵族所看到的却不是整个统治阶级的局面,只是自己控制下的一小块地盘而

已,他们认为王对他们的干涉和限制太多了些,因此要反对王。实质上王与贵族的斗争,不过是统治阶级内部对剥削统治人民的政策不同所引起的纠纷而已。这种斗争是王制时代晚期大多数城邦的中心问题,结果王被打败,王除了宗教上代表国家举行祭典外,其他一切实权皆被剥夺。在某些城邦中,王甚至要由选举产生,并且每年改选,这种选举与氏族社会酋长的选举是不同的,实际上这时候王已经成了傀儡。平民的议会虽然没有正式的改革,但这时无形中也发生了很大的变化。过去平民的议会皆由王召集,这是氏族社会酋长召集会议这一习惯的沿袭,但现在王不再召集议会了,议会等于被取消。从以上变化可以看出城邦初期的国家,基本上是贵族奴隶主在专政,国家的官吏渐渐都由元老院来委任,被委任的人不用说,当然都是贵族。

以上是王制时代进入城邦时代的情况,后来又有新的发展,即僭主的出现。

僭主的出现,开始于公元前六五〇年左右。从公元前六五〇到公元前五〇〇年僭主出现的现象最多,因为王制衰败后,贵族内部的斗争更激烈起来,每一个贵族家族完全从本集团的狭小利益出发,与其他的贵族斗争,甚至发生武装冲突引起内战。在过去王存在的时候,王多少还能够缓和贵族集团之间的矛盾,平衡和限制贵族们的权力,尤其是使个别突出的贵族不至于表现得太猖狂。但现在王的这一力量已经不存在了,贵族们可以毫无忌惮地任意活动,他们对平民的压榨也比过去残酷了,因此平民与贵族的矛盾日益尖锐,在这种情况下僭主出现了。

僭主的来源一般可以分成三类:一类是国家官吏在其任职满期时抗不交卸,并且夺取政权;另一类是内战时双方相持不下,共同举出一人来公断,在公断期间,国家一切事务都由他来独裁,有些公断人就利用这个机会,夺取政权;第三类是平民与贵族斗争时,平民拥护出来的政治家,因为平民人数很多,如能组织得好,往往能取胜,有些政治家,就利用自己的地位夺取政权。

僭主夺取了政权以后的政治,我们称为"僭政",僭政对统一国家安定社会起了一定的作用。在贵族集团相互争夺,平民与贵族矛盾日益尖锐的情况下,僭主的使命,就是要缓和统治阶级内部与统治阶级和人民之间的阶级矛盾,限制贵族对平民的剥削,相对地减少平民的一些痛苦,从而麻痹人民的反抗,巩固统治阶级的统治地位。同时僭主为了要取得人民的拥护,积极地发展生产,提倡工商业与农业,使一般人民的经济生活得到一些改善。虽然在实质上分析到最后仍然还是为维持贵族的统治地位和增加贵族的剥削权力而出发的,但从效果上来看,它打下了希腊社会向前发展的经济基础。

"僭主"后来在历史上变成一个含义很坏的称号,其实按它原来的意思来讲,只是"不合法的统治者",所谓不合法分析起来不过是不合贵族的法而已,因此最初并没有什么恶意在内。同时第一代的僭主是强烈的政治斗争中出来的人物,他们对当时的政治局面和各方面的政治要求比较能够了解,至少在表面上他们很能照顾全局,因此第一代的僭主往往能取得当时一般人的好感。但到了第二代的僭主,情况就不同了。他们过惯了养尊处优的生活,看到的只是生活中的一些个人利益,所以他们大都很昏庸,有些甚至非常残暴,这些人的命运,大都是被推翻后死于非命,或逃亡在外。因此僭主一字除了原来的含义外,现在由于一般人的意识中认为僭主是暴虐的,故附加了"暴君"之意在内,久而久之僭主一字的原来意思反而被人忽略,最后僭主乃即暴君,僭政就成为暴政了。僭主一字意义的变化是代表了历史发展的一般过程的,后来此字传给了欧洲所有的文字。在僭政之后又有一个新的大家公认为合法的政治制度出现，这种新的政治制度有三种类型：一种是以斯巴达为典型的寡头政治；一种是富人政治，罗马可作典型；一种是以雅典为典型的民主政治。所谓民主政治，是希腊人自己的名称，其实民主只限于对有自由身份的人而言，并不包括占人口比例大多数的奴隶在内，因此就其制度来讲还是由少数人来掌握政权的政治制度。

三、国际关系的初起

城邦出现后，小国林立，这些国家之间的关系渐渐密切和复杂起来。

最初的国际关系以宗教联盟的形式出现。宗教联盟是一部分城邦用宗教的名义来号召和组织的若干国家的联盟，宗教在这里起了一个纽带作用。在当时希腊人的意识中，认为他们都是神的子孙，追溯到最后，任何一个国家和其他国家皆有血缘关系。如果凭借这种宗教的血缘关系来达到彼此经济和政治上联盟的要求，是最合理想最方便的条件。即使几个国家的神祖万一实在无法联系，也没有关系，因为神是可以由人来假设的。因此宗教联盟表面上看来好像只是一种宗教关系的结合，而实质上这种结合是有它经济的基础和政治的目的。

由于工商业的发展，国与国之间的贸易日渐频繁，宗教联盟就是要达到便利国与国之间交换的目的，定出固定的日期，在固定的地方，大家进行贸易。另一方面阶级国家出现以后，战争日益增加和剧烈，各国统治阶级除了加强对本国人民的剥削外，更要向外扩充统治的地盘，直接掠夺其他国家的财富，同时统治阶级又为了自己的安全，希望和别的国家联合起来对外，因此组织了联盟。联盟的组织，可以使几个盟国之间的关系获得暂时的稳定,在比较稳定的局面下,生产事业可以获得更快发展的条件。

宗教联盟以一个神庙为其盟址,被选为盟址的神庙,大都位于交通要道,或在经济发展上有其重要的地位。盟址选定以后,盟国每年要按一定的时期去祭神。所谓祭神不过是一个号召的名义而已,实际上主要是为了贸易,贸易完毕后,才谈盟中的问题。

规模较大维持时间较长的联盟有狄娄 (Delos)、牒尔菲 (Delphoi)、克里特等联盟。

狄娄联盟是爱琴海南部岛群以狄娄岛为中心所组织的几个爱欧尼亚人的岛国的联盟。狄娄岛上有一金陀山(Cynthos),山上有一个为希腊世界所公认的亚波郎神庙, 这就是狄娄联盟的盟址。公元前七○○年左右,是狄娄联盟的极盛时期,爱琴海西岸的爱欧尼亚国家大都加入了此联盟。

牒尔菲地方是希腊半岛的中心, 它附近的十二个国家组成了牒尔菲联盟,所以此联盟一共有十二个会员国,每国派五个代表参加联盟会议,其中四个代表是辩论员,另外一个是投票员,投票员听取了各辩论员的意见后,投票作最后的决定。

最早的国际法是从牒尔菲联盟中出现的, 他们的国际法有二点:

(一)会员国之间如果发生了战争,战胜的一方绝不把战败国毁灭。

(二)无论平时或战时绝不断绝任何会员国的水源。

牒尔菲地方有一亚波郎神庙, 这是全希腊人所公认的一个最灵验的亚波郎庙, 希腊各国如遇一件大事或个人有什么问题都向神请示,这个神庙的神签最为希腊人所信仰。

克里特联盟是城邦时代初期在克里特地方组织的联盟,参加此联盟的有诺索斯、郭提那、凯当尼亚等许多城邦。克里特联盟中的组织条例有二点:第一,共同对外;第二,联盟各国共同组织联盟法庭,处理盟国之间的纠纷,其目的在避免战争。但在阶级社会中,任何避免战争的办法都是徒然无用的,因为战争就是阶级社会的必然产物,因此,克里特联盟的盟国之间,仍然时常发生战争,联盟法庭的作用是极其有限的。

国际关系不断的发展,渐渐的大家有了一种公认的法律出现,相当于现在的国际公法。当时国际公认的法律重要的有以下几方面:

(一) 改变王制时代认为海盗是一种荣誉的职业的看法,海盗的行为是不合法的。除了用强大的海军力量来制裁海上盗劫的行动外,并且在舆论上极力反对,例如在各城邦中许多人民在演说时都攻击之。

(二)条约制度出现了。最早订立条约的国家是哈梯与埃及,中国在很早的时候也有条约出现。希腊的发展比较晚,到城邦时代才开始用明文规定二国之间的关系,条约中常常提到贸易问题,但其中最主要的一条是关于一定时期内二国的和平问题。他们喜欢用"百年"这一名词,实际上当然不可能维持这么长久,但双方订立了条约后,战争的确减少了些。

(三)如果二国之间发生了纠纷,双方可以请第三者来公断,第三者可以是双方公认来解决问题的另一国政府,也可以是一个被认为最公正的个人。这种办法在希腊实行得很好,根据今天所知,在希腊对二者的公断,大都是接受或遵行的。

(四)关于战俘与阵亡将士的待遇问题。在王制时代晚期战俘仍然大部甚至全部被杀,阵亡将士的尸体也被敌方撕裂,有时还拿去喂犬鸟。现在认为这样做是不对的,因此开始协商出一个公认的合理的待遇办法。现在战俘可以用钱赎回,只有在敌方过期仍未来赎取的情况下,才能把战俘作为自己的奴隶或卖给别人为奴。阵亡将士之尸体也可以收回埋葬,希腊人深信人死后要好好地埋葬,其灵魂才能安然地生活于阴间,因此极力反对虐待死人的尸体。

国际公法的出现,是希腊各地经济向上发展、生产力提高、交换增加和扩大、各地区关系密切起来的结果,它的作用是要维持国际间比较安定的局面,用大家公认的条例,来限制或避免战争。

国际关系表现在另一个重要方面是国际运动大会的召开。希腊人喜爱体育运动,各城邦除了在国内的许多体育活动外,又在一定的时期和一定的地点举行邦际的国际运动,有时甚至全希腊所有的城邦都参加,较大的国际运动会有四,皆以宗教为名。

(一)牒尔菲运动会 此运动会开始于什么时候,今天尚不清楚。最初参加牒尔菲运动会的只是牒尔菲地方附近的一些城邦,但到了公元前五九〇年以后,参加的城邦愈来愈多,后来几乎发展成为全希腊世界的运动会。

(二)科林陀地峡运动会 据传说此运动会是公元前五八二年开始的,在一大海湾中海神波赛荡的神庙附近举行。

(三)尼米亚运动会 尼米亚(Nemea)城中有一丢斯神庙,此运动会即以崇拜丢斯为名,在这里召开,传说开始于公元前五七三年。

(四)欧林匹亚运动会 欧林匹亚(Olympia)是埃里(Elis)城外一平原之名,平原上的密林中有一丢斯神庙,运动会即在此召开,后来全希腊的城邦都参加了这一运动会。

相传欧林匹亚运动会的来历甚早,王制时代已开始。据今所知,公元前八二〇年左右,它已经有了很重要的地位,从公元前七七六年开始已有在比赛中获胜的人的成绩记录。欧林匹亚运动会每四年召开一次,后来全希腊以此作为大家共同的纪年。

欧林匹亚运动会的内容比其他运动会皆丰富,除了体育竞赛以外,还有文艺竞赛。体育竞赛包括完全是人力的比赛,例如角力、赛跑、掷铁饼、投标枪等;以及人马合作的节目,如驾车竞赛和骑马竞赛等。文艺竞赛的内容有音乐和诗歌,音乐是奏乐比赛,诗歌是用朗诵或歌唱的形式表演出来。它可以是诗人自己的作品,也可以是古典的名著。

一般运动会大都没有文艺竞赛。竞赛的优胜者能获得以下的荣誉:

(一)桂冠,得到桂冠是荣誉的事情。

(二)每次获得优胜成绩的人,他的名字就被列入欧林匹亚神庙里的名册中。

(三)在本国剧场中的少数荣誉座位中占一席,这荣誉座位原是为国家官吏或名流人物所设。

国际运动大会在当时是有它重要意义的。首先对统治阶级来说,运动会可以提倡尚武的风气,训练作战的技能。在当时运动的技能与作战的技能可以说是一件事情,这种训练对统治阶级的子弟又可以起一种刺激和鼓励的作用。运动会又是各城邦间的一种和平竞赛大会。各城邦至少是各个重要的城邦都要派政府官吏出席,每一次的国际运动会,开会期间如有战争未结束,双方必须无条件的停战,因此国际运动大会又是各国政府和平相会的场所。对整个希腊来说,运动会使希腊人在思想意识上虽然是较模糊的,但有一种趋向一致的统一观念。这种意识上的统一观念,通过运动大会在希腊各地文化艺术不断交流的情况下,获得进一步的发展。在经济发展的基础上,产生了宗教联盟、国际联盟等组织,但这种发展还不能够克服各区域分割的自然条件,因此统一的趋向虽然已在意识上表现出来,但在政治上还不能具体地做到。意识上统一的趋向,一方面固然是希腊历史发展的产物,但它反过来影响了希腊历史的发展,后来希腊各城邦在外族入侵的紧急关头,尚能团结一致抗敌,是与希腊人趋向于统一的意识不可分的。

以上是城邦时代初期希腊各城邦总的发展情况,下面要谈到关于个别城邦的发展。

四、重要城邦之发展

A 斯巴达(Sparta)

斯巴达的历史知道的不多。在王制时代它已经是拉康尼卡(Laconice)州最强大的国家,开始向外扩充领土,大约在公元前八〇〇年左右统一了拉康尼卡州。后来又侵略梅森尼亚(Messenia),第一次失败,到了公元前七世纪发生了第二次对梅森尼亚的战争(大约是公元前六五〇年至公元前六三〇年之间),前后二十年,最后将梅森尼亚人完全征服。部分的梅森尼亚人逃亡到西西里建立了国家,其余的皆被斯巴达奴役,斯巴达称他们为希洛人(Herotes)。

向外侵略的同时,斯巴达的内部政治也发生了变化,在第二次梅森尼亚战争结束以后,有一次变法(大约在公元前六一〇年),斯巴达人自称这次变法为"良法"。这次变法不过是结束过去的发展,将斯巴达变成一个彻底的军国主义国家。全国公民被组成为一个时刻有作战准备的军队,这一军队是永远不解散的,用以防备所有被斯巴达征服的人的反抗。

据传说,此次变法是由厉克谷(Lycurgos)所发动,并说厉克谷是公元前九世纪的人。这种说法完全是以后的附会,因为根本就没有厉克谷这样一个人,他是神话中的一个小神,变法时可能假托他的名义。

变法以后,斯巴达的统治阶级称为"斯巴达人"(Spatiates)。他们在残余的原始公社基础上建立了一个军事组织,每一个斯巴达人家族由国家分配一定数量的土地及经营土地的奴隶,斯巴达人是不从事任何生产劳动的,他们认为唯一光荣的事情就是作战,作战以外的一切体力劳动,都被认为是卑贱可耻的。

被统治阶级有二种人,一种是庶民(Perioecoe),一种是奴隶。庶民也是被斯巴达人征服的人,不过所受的待遇比较宽大,他们有人身的自由,并被允许保留自己的财产。庶民中的多数是农民,但在靠海的地方也有些商人及手工业者。他们在政治上都没有任何的地位,并且每年要按一定的规定向斯巴达纳贡。另一种被统治的人即奴隶,就是上面所说的希洛人。原来"希洛"(Helos)可能是一个城的名称。被斯巴达征服后,斯巴达称全城的人为希洛人,加以奴役,后来斯巴达将希洛人这一名称扩大成为对所有被他们奴役的人的总称。

希洛人完全是土地上的奴隶,属国家所有,由国家分配给每一个斯巴达人来从事耕种土地的工作,每年向主人纳税,除此之外,希洛人有义务去做主人或国家随时指派他们去做的工作。对奴隶的出卖或释放的权利并不操在主人手中,而是由国家掌握。希洛人时常起来反抗,斯巴达对他们的镇压是十分残酷的,有所谓"屠奴制",即由政府派青年的斯巴达人下乡,在夜里活动,遇到希洛人就杀,尤其是杀害那些身体健壮意志坚强的希洛人,斯巴达人想用这种残酷的手段和制造恐怖的办法来制止希洛人的反抗。

斯巴达人为了维持自己的统治地位,镇压被统治者的反抗,建立了一套军国主义的教育办法,来训练斯巴达人。每个斯巴达人出生以后,父母就把他送到长老处,由长老最后决定他是否留下抚养,比较孱弱或有其他原因不予抚养的婴儿,将被抛弃在斯巴达城外的山谷中。这种弃婴的现象,世界各地从原始社会进入奴隶社会时,大都出现过,但只有斯巴达实行得最彻底。

小孩在七岁以前,由父母抚养,七岁到十八岁脱离家庭生活,由国家负责给予严格的军事训练。这是一种艰苦的集体生活,吃的是粗粝,有时甚至要靠偷窃来获得食物,一年四季皆以单衣蔽身。每年全受训的儿童都要到亚特弥(Artemis)神庙去,伏在神的面前忍受鞭打的痛苦,不准呻吟和告饶,据当时记载,有些儿童鞭打至死而始终不出一声。除了用种种的办法来锻炼和培养儿童坚忍耐苦的能力外,还教育儿童养成寡言笑的习惯,尤其在长辈面前,不许随便多说,回答问题要精简明确。这样训练的结果,儿童都变成了机器人,根本不可能有自己的意志,但训练的目的,就是为了培养具有以上条件的在作战时能英勇牺牲的战士。

一般斯巴达人都不在家里吃饭,他们将希洛人所缴纳的东西大部交给国家,由国家组织公共食堂,因此每个斯巴达人很少过家庭的生活。

变法后斯巴达的政治制度是这样的:他们有二个国王,由二个王族中选举出来(最初是家族世袭,王都由选举产生),王在政治问题上权力是很小的,只有在作战的时候,王是统管军队的最高统帅,有无限权力。平时王虽然享受很大的尊敬,但实权为少数贵族大家族所把持的元老院和执政院二个统治机构掌握。元老院有二十八个元老,元老由显贵氏族中六十岁以上的成员中选出,任期是终身的,他们提出各种与国家有关的大事来讨论,并作决定。元老院的决议由执行院来执行,执行院有五个执政官负责办理国家的行政工作,实际上他们是斯巴达政治上最有权力的人,国王亦受其监督。国王如果犯了法,就要由执政官来审理,甚至有些国王被执政官判处了死刑。

此外还有国民议会的组织。全体公民中的男子,年满三十岁以上就可以参加国民议会,执政官就由此议会产生。议会无讨论问题的权力,但听取王向他们报告关于元老院的决议后,有同意或拒绝的权力。他们表示态度的时候,不是用投票或举手的方式,而是高喊可否,如果议员中的意见不一致,则看哪方面声音强大来决定。

斯巴达的"斯巴达人"人数已经很少,而政权又控制在少数斯巴达人手中,他们的政治组织情况一直到后来并没有多大的变化。斯巴达在变法后继续向外扩张,公元前五五〇年以后,斯巴达成为丕娄波尼索之盟主,但公元前六一〇年到公元前五五〇年之间,虽然半岛上大部分国家是被斯巴达用武力征服的,但也有部分的国家是由于外交交涉的结果,承认了斯巴达的盟主地位。公元前五五〇年左右,才有正式的联盟组织出现。

参加联盟的各盟邦的权利和义务有以下几点:

(一)不得干涉盟邦内政。但实际上,斯巴达对各国内政有时还是加以干涉,尤其是对于有僭主或民主政治出现的城邦,斯巴达总是想尽办法进行破坏,因为僭政和民主政治对一般自由人比较有利,这是斯巴达所反对的。同时斯巴达对野心较大、有脱离斯巴达控制嫌疑的盟邦,也进行干涉。

(二)全联盟在讨论对外政策时的地位都是平等的。但这一点只是在形式上做到了,实际上斯巴达所提出的意见,当然会受到特别的重视。

(三)军事义务方面,全联盟作战时,各盟邦要拿出全国军队的三分之二共同组织联盟军对外作战,如作战需要军费,各盟邦按自己的力量由联盟最后决定缴纳的数目 (各盟邦在财政上只有这一点义务,各盟邦并不向联盟或斯巴达纳贡)。

B 雅典(Athenai)——民主政治的代表

公元前七〇〇年以前，雅典已开始用武力征服或用外交交涉的办法来向外扩充领土 (用外交交涉不用武力的时候更多些)。大约在公元前七〇〇年左右,雅典向外扩张领土的阶段开始告一结束,这时统一了雅提卡州,成为希腊半岛上一大国家。

雅典国内有四种社会阶级:

(一)贵族。他们掌握了政权,有大量土地。

(二)农民。一般的自由农,公元前七〇〇年以后,人数还相当多,但其中已有不少因债务关系丧失了土地,甚至还有一部人丧失了人身的自由。

(三)手工业者。在经济斗争中失败的农民,有些进入城市向手工业方面发展,公元前七〇〇年左右,集中在雅典城内的手工业者数目已相当大。就生活来说,他们比农民好得多,丧失人身自由的危险也不大,甚至有一部分人还买了奴隶来替自己劳动,但他们在政治上和农民一样并无权利。

手工业者还有一部分是外侨,他们大都是因为雅典地方发展工商业的条件较好,从外地迁来。外侨一般都没有政治权利,他们和他们的子孙都不能算为雅典公民。

(四)奴隶。王制时代已经开始有奴隶,但数目不多。雅典只有手工业的生产基本上是奴隶劳动,虽然手工业的生产中有一部分的自由人,但奴隶劳动愈来愈占重要的地位,数目也愈来愈多。在农业方面发展的情形不一致,总的看来一般农业生产使用奴隶劳动也日渐普遍,尤其一些大农场甚至基本上要靠奴隶来经营,一般自由农民有时也用奴隶来帮助自己耕种,但奴隶数目大概不多,主要的还是自己参加生产。

公元前六五〇年前,雅典的王权已经消灭,王完全变成了傀儡,大奴隶主在政治上完全获得了胜利,王本人虽然也是大贵族奴隶主,但他为了长远利益,限制贵族的任意活动而遭到了反对,最后失败。代替王来执政的是执政官。执政官的人数不详,他们是由贵族选举产生的,其任期是终身的,但后来修改订为十年一选,到公元前六八二年雅典有一次政治改革,改革的具体内容,今天知道得比较清楚。

改革后的执政官一共九人,任期一年,九个执政官又分成四种人。为首的是主席执政(雅典自公元前六八二年以后开始以主席执政的名字纪年)。另外有执政王,这是国家最高之主祭官,但不能过问其他政务。军事执政是作战时最高统帅。其他六人是法官,称执政法官。

除执政官的机构外,另外还有元老院和国民议会。元老院为大奴隶主所组成,执政官由它选举产生,故执政官是在元老们控制下执行实际的行政事务的,实际上元老院才是全国最高的统治机构。国民议会的实权完全为元老院所夺,开会的次数很少,即使开会也不过是追认元老院的决议而已。

公元前七世纪以后,雅典的阶级斗争日益剧烈。政权为少数奴隶主所把持,一般人民在政治上没有权利。农民随时都可能丧失土地及人身自由变成奴隶,城市中的手工业者和商人,就其生活情况来讲,比农民稍好,但在政治上也没有地位。大奴隶主对人民,尤其是对农民的压迫日益残酷,故时常引起雅典内部的政治斗争,甚至发生内战。奴隶主阶级总是用传统的习惯法来作为剥削统治人民的一个凭借,当时这种法是没有写出来的,随便由统治阶级来说。人民为了避免统治阶级的随便杜撰,要求将法写出来,因此在公元前七世纪晚期发生了一次斗争。由于人民势力的强大,统治阶级只得让步,允许将法写出,公元前六二一年双方同意由执政官德拉康(Dracon)来编写法典。当法典公布后,引起了全国人民的反对,因为法典的内容,完全是维护和保障统治阶级利益的。其中最显著的是对私有财产的保护,在法典中规定任何的盗窃罪都要判处死刑,此外法典中还有许多对人民不利的条文。因此,这次所谓变法并没有解决人民的任何问题。

公元前六二一年以后,雅典不断发生内战,到公元前五九四年索伦(Solon)再次变法。索伦是公元前五九四年的主席执政,看到当时阶级矛盾的尖锐,统治阶级处在将被推翻的情况下,故起来变法。他认为必须对人民作些让步,才能来缓和阶级矛盾,挽救统治阶级的危机。索伦得到人民和统治阶级双方的同意,制定了雅典国家整套新的政治制度。

变法内容大致于下:

(一)解免法

(1)取消一切债务(当时几乎每一个农民都欠了债)。

(2)过去由于债务关系而转移的土地一律无条件的归还原主。

(3)由于债务关系而变为奴隶的人一律恢复自由。

(4)由于债务关系被卖在国外为奴的,由国库出钱赎回成为自由人。

(5)今后禁止一切以人身为债务抵押的办法。

(二)社会阶级的重新划分

索伦将全国人民划分为四个阶级:

(1)五百石级:一个人的土地每年平均产五百石粮食属第一级。

(2)骑士级:有资格进入骑兵队,并能自备战马者。

(3)耦牲级:能买二头牲口来耕田的人,属第三级,这表示他有相当的土地,因为雅典是用二个骡子来耦耕的。

(4)劳农级:这是每年收获量甚少,甚至自己没有土地的贫雇农阶级,但也包括一切不从事农业经营的手工业者和商人在内。这一点可以说明索伦的变法只承认农业上的收入,不承认工商业方面的收入,也就是说雅典工商业者的地位,在这个时候是很低下的。

在政治上,以上四个阶级的权利和义务各不相同。

(三)政治改革

(1)将过去名存实亡的国民议会恢复活动,并使其掌握选举执政官的实权,同时国民议会对四百人会的决议案也有最后之可否权。

(2)成立一个新机构四百人会。它建立在雅典原来部落之基础上,每一部落选一百人,共四百人组成大会,这是全国最高的政权机关,国家一切大事皆由四百人会讨论和决定,然后向国民议会报告。

(3)过去元老院没有一定的组织办法,现在规定退职之执政官皆入元老院为元老。元老院过去决议国家大事之权现在被取消了,它的具体任务是监督现任的国家官吏和法律之执行,故实际上元老院仍有干预政治的权力。

(4)成立人民法庭,由原来六个司法执政官用抽签的办法在全国公民中抽出六千人来组成,这六千人便是今年人民法庭的法官,每次开庭再由六千人中抽选,这是全国的最高法院,任何案件的最后上诉机关。

(5)选举权与被选举权的问题。选举权归全体公民,但被选权仍有阶级的差别,只有第一级的人才可以被选为执政官,也就是说只有第一级的人才能当元老,只有前三级的人才能被选入四百人会,一般公民只能参加国民议会和做人民法庭的法官。

索伦变法扩大了政权基础,过去为少数大奴隶主所把持的国家机器,现在扩大到中级奴隶主也能直接参加到国家政权中去,和大奴隶主合主国家政治。贫雇农作为一个阶级来讲,情况依然和过去一样。已经恢复了自由的奴隶并没有获得土地，只是徒有人身自由的空名，生活仍无着落。手工业者和商人地位并无改善，仍然没有获得政治权利。索伦变法虽然是代表奴隶主阶级的改革，不能彻底解决阶级矛盾，但多少缓和了阶级的矛盾，麻痹了一般人民的反抗情绪。对一般人民的实际利益，从长远看来，并没有照顾到。解免法虽然将人民当时及过去长时期最大的切身痛苦解除了，但对未来并没任何实际的好处。人民虽然有了选举权，但没有被选举权——这是最重要的，人民唯一可说得到实际利益的是获得了人民法庭的上诉权，这对限制大奴隶主对人民的压迫多少起了一些作用。

索伦变法实际上是站在统治阶级立场，企图缓和阶级矛盾，长远维持和巩固统治阶级统治地位的一种改革。但少数大奴隶主没有看到这一点，他们认为索伦变法对他们的限制太多了，至少不能再像以前那样为所欲为。因此在公元前五九四年以后，虽然由于人民的反抗意志被削弱，雅典的阶级斗争比过去缓和了，但经常仍有问题发生，奴隶主阶级想尽办法来推翻索伦变法后的现状。在这种情况下，出现了皮西斯查陀(Peisistratos)的僭政(公元前五六一——公元前五一〇年)。

皮西斯查陀表示同情人民，得到了人民的拥护，他利用卫队夺取了政权，一共作了三十四年僭主。公元前五二七到公元前五一〇年，他的二个儿子相继作僭主。皮西斯查陀作僭主时(公元前五六一——公元前五二七年)曾经二次被贵族驱逐在外，但得到人民的拥护回国。

皮西斯查陀在僭政时期形式上保留了一切旧的制度，但实际上他操纵了一切大权。为了满足工商业者的要求，他大力提倡工商业，虽然在理论上有许多活动是不允许工商业者参加的，但他给予他们许多实际上的特权，因此，索伦的四种阶级制度虽然没有改变,工商业者的地位却大大地提高了。皮西斯查陀也解除了贫雇农和佃农的部分痛苦,他以国家的名义,没收了在政治上反对他的一些流亡者的土地,把这些土地分给了农民。

在意识形态方面,皮西斯查陀也有新的措施。他提倡人民的戴昂尼索(Dionysos)宗教,反对和打击为贵族所把持的旧宗教。在戴昂尼索宗教的活动下,开始出现了雅典的戏剧。雅典后来成为全希腊戏剧艺术的中心, 与皮西斯查陀的提倡和推动有密切关系。皮西斯查陀作僭主时,在各地召集了许多诗人到雅典来,将荷马的史诗写出。荷马史诗在此以后还有一些小的变化,但从这时候开始,已经有了基本的定本。

皮西斯查陀完成了索伦变法中所没有完成的部分, 他更进一步地缓和了阶级矛盾。虽然这种僭政就其立场上来说是站在统治阶级方面的,但在当时对人民还是比较有利,因此引起了贵族的反对。皮西斯查陀死后,他的二个儿子继位,其中有一个很残暴,贵族乘机鼓动人民起来反抗,暴君被杀,到公元前五一○年,这一家人的僭政结束。

僭政被推翻后,名义上说是恢复索伦的制度,但实际上贵族企图恢复过去少数大贵族的统治。公元前五一○到公元前五○八年,雅典又发生了不断的政治斗争,最后人民获得胜利,拥护一个站在人民方面的贵族克莱提尼(Cleisthenes)出来变法。变法从公元前五○八年开始,经过许多曲折,贵族甚至勾结斯巴达方面的力量来反对, 但公元前五○八年和公元前五○六年前后二次斯巴达的干涉军都遭到了失败。公元前五○六年以后,仍有波折,直到公元前五○一年左右,克莱提尼的变法始完成。

克莱提尼的变法是一个比较彻底的社会改革。他废除了雅典原有的四个部落,然后按地区把全国划分为十个部落,每一个新的部落由十个区(Demos)组成,区就是原来公社的意思,但公社是一个血缘的集团,区是以地区来划分的一个新的单位。

在政治方面,克莱提尼将四百人会改为五百人会,这是由每一个新的部落用抽签的方式选取出来的五十人, 十个部落共五百人所组成的会议。五百人会是最高的机关,比过去四百人会的权力更大,它监督所有行政机关和国家官吏。元老院虽然保留,但已无任何实权。国民议会和人民法庭在机构上和组织上仍照旧,但实际上国民议会已有很大的变化,因为现在最高的政治权力为五百人会所掌握,所以它已经不像以前那样重要了。

在行政制度方面,执政官仍为九人,不过另外由每个部族选取出一个将军出来(共十人)。将军是部落的代表,在作战时是军事统帅,统率各部落所组成的军队,因此原来九执政中的军事执政现在只剩下一个空的头衔,而不再掌握实权了。除此之外,将军也管理国家的政事,他们的地位日益重要。

公元前五〇一年以后, 规定了一种政治流放制。根据此制度,国民议会每年得召开一次讨论流放问题的特别会,到会人数达六千人,会议即称有效。在此会中为多数人所反对的公民就要被放逐,十年以后才能回国,被放逐者的公民身份并不取消,财产也不予没收。这一制度是为了避免国内的政治斗争,尤其是为了避免因政治斗争而引起的战争, 因为当政者将反对自己的人放逐出国,他们就不能在国内从事推翻自己政权的活动了。被放逐的人大都是领导人物,因此在雅典人心目中认为被放逐是一件光荣的事情。据记载,政治流放制一直到公元前四一七年才废止。

经过克莱提尼的变法,雅典的民主政治成立了。雅典民主政治,就其民主方面来讲,是有进步意义的,原有的旧的部落组织已被破坏,替代以新的按地区划分的部落组织。这样使有长期历史根据的血缘集团中有统治威望的贵族大奴隶主, 无法再把持部落中的政权,从而取消了贵族大奴隶主过去的专政制度,政权完全公开。

但另一方面,雅典的民主政治还是少数人的民主政治。我们根据今日尚存的一些史料来估计,雅典在最强盛的时候,全国公民不过九万人,外侨四万五千人,奴隶三十六万人,而民主政治的政权,只属于九万个雅典公民。这九万个公民的政权,实际上又受到许多限制,最重要的有三点:

(一)农村中的农民,居处离雅典城较远,生活劳碌,很少有机会到城中去享受他们的政治权利。

(二)国家官吏是没有报酬的,因此贫穷的人没有能力来为国家工作。公元前五○○年以后,才定出一种薪俸制度,但薪俸的数目甚少,一般平民为了自己的生活问题,仍不敢当选。

(三)公民中的妇女并没有政治地位,不能享有公民的政治权利。

从以上各方面来看,雅典的民主政治是少数奴隶所有者的民主政治,这是奴隶社会民主政治的特点。

C 罗马(Roma)

关于罗马早期的历史我们知道的也不多,希腊殖民时期,它接受了希腊的文化,因此在文化上等于是希腊的殖民地。

据后世传说,罗马城在公元前七五三年建立,这一说法大概不确实,但罗马人自己很相信,故以公元前七五三年作为罗马纪元元年。后来罗马征服了整个地中海世界,罗马纪年渐渐通行于全欧洲,一直到中古以后,才替代以今日所用的基督教纪年。

公元前五○○年以前,罗马的社会情况,据推测在早期它是氏族社会,由家族组成十个氏族,氏族再组成宗族,据说再由十个宗族组成一个部落。在氏族社会转入奴隶社会时,罗马有三个部落。国家出现时,社会上开始出现贵族与平民二个阶级。贵族阶级自称为"罗马人民"，平民的地位相当于斯巴达的庶民，他们有人身的自由和自己的财产，但是没有公民权，他们大概是当初被征服的部族。

此外在很早的时候，产生了一种门客制度。许多贫民投到贵族门下作门客，贵族称为门主，门主与门客之间有隶属的关系，门主照顾门客的最低生活，有时候提拔他们。

关于政治制度，以王为中心，王由选举产生，任期终身，国家大事皆操持于王的手中。王以外有元老院和宗族议会，元老院共一百人，它是王的咨询机关，没有行政权。

宗族议会，是贵族的机构，王由它来选举产生，王产生后，由它来授予王以王权，王权包括行政权、治军权和占卜权。

王制时代罗马曾被北方的伊楚斯科人所征服，伊楚斯科人有好几代人作了罗马的王。据传说他们的统治因为王残暴的缘故，在公元前五〇九年被推翻，不久成立了共和国。这一类历史的确切年代今天尚不能知道，我们只能作估计，大约是在公元前五〇〇年前后。

传说公元前五〇九年以后，罗马的政治制度，是以行政官替代了王。经常的行政官有二人称执政，由全体人民从贵族中选出，选出后执行王权，任期一年，次年再改选。二执政的权力完全平等，二人可以互相否决对方任何的措施，但不能互相命令，他们之间起一个牵制的作用。另外在非常时期还有一种行政官叫专政，大都在国家危急之时，由元老院作选举专政的决定，然后二执政任命一人作专政。专政接受任命以后，全国一切机关全部停止活动，由他一人实行独裁，但专政当政是有期限的，最多不能超过六个月。

这时元老院的组织和以前不同，元老人数增加到三百人，仍为终身任职，他们都是氏族与宗族之长老。过去元老的产生大约是由王来指定,现在改由执政指派,原则上只有贵族阶级的人才能作元老。但据传说,公元前五〇九年以后,开始有少数平民中的富人被指派为元老(但富有的平民仍不能做官)。元老院仍为咨询机关,一切法令一定要经元老院承认后方始有效,同时元老院有承认国家官吏候选员之权。在对外关系上,也要由元老院来作最后的决定。

共和国成立以后,宗族议会原有的权力,几乎完全丧失。只有在执政选出以后,由它正式授予执政最高之统治权,这完全是形式上的权力,实际上已经没有什么重要意义了。

这时成立了一个军团议会。据传说军团中有贵族也有平民,但占优势的仍然是贵族。这是一个用军队方式组成的全民机构,取得了过去宗族议会的全部权力,最主要的是选举执政,讨论和决定国家大事,决定的议案提交元老院批准后即成国家正式之法令。

另一个新机构是平民协会。这只是贫民组织的机关,不能算是国家的政治机构。它可以开会讨论问题并通过决议案,但其决议只由平民遵守奉行,贵族并不包括在内。平民协会的长官有平民部正和平民庙守。前者是原有部落军团的长官,平时也作平民的长官,是平民协会的主席;平民庙守是管理平民农神神庙的人,同时他兼管平民的财政,因此平民协会的公款就放在农神神庙中。

此外还有部落会议。这一全民组成之机构成立较晚,成立初,罗马部落已增至二十个,后来很快的又增加到三十五个。议会讨论议案进行投票是以部落为单位。

总结以上来看,从王制时代传下来的宗族议会此时已丧失实权。平民协会完全是平民的机构,但只能管理平民,并不能直接管理国家政务。军团议会是贵族占优势,部落议会是平民占优势,这二个议会之间的关系如何?也就是说究竟谁掌握了国家大权,它们的职权如何划分?今天还没有得到可靠的史料来说明这些问题,但从实际情况来看,军团议会比较占优势,实质上掌握了政权。

关于奴隶的问题

公元前五〇〇年左右，罗马已经开始有了奴隶，但人数极少,而且未与生产相结合。公元前五〇〇年以后,罗马内部生产力的迅速发展,阶级矛盾日益尖锐,贵族统治阶级为了缓和阶级矛盾,发动了对外侵略战争,在战争中俘房的人变成了奴隶后,奴隶制度才开始大盛起来。

这里我们主要讲的是关于希腊的奴隶问题。

希腊的落后地区的奴隶问题,可以以克里特岛为例来说明。所谓落后地区就是指已经有了阶级分化,国家已经出现,但还处在比较低级的阶段,统治阶级的剥削还不太残酷的地区。

铎利亚人彻底的破坏克里特岛以后，给予克里特岛十分严重的打击。由于整个经济基础的摧毁,本身物质条件较差的克里特在短时期内无法恢复其元气,因此,在上古时代的历史上,它不再占重要的地位。希腊王制时代爱琴海世界的经济政治重心转移到爱琴海的东西二岸，这时克里特岛在爱琴海世界中已丧失了它过去的地位,反而变成一个边远的地区。克里特岛原来是靠商业繁荣起来的。在爱琴海东西二岸未开发前,克里特岛因地理形势有发展成为商业中心的良好条件，同时爱琴海上其他岛屿大都未曾开发，因此克里特岛成为东地中海世界的商业中心。但克里特岛就物质条件来讲,例如粮食、工业原料等大都要仰赖外地的供应，所以当爱琴海东西岸经济条件较优越的地区一旦开发以后,克里特是无法与之竞争的,加上克里特岛又遭受过铎利亚人残酷的摧毁,它的地位自要一落千丈了。

公元前六世纪以后,希腊的城邦制度,开始在克里特岛出现,克里特岛的每一个城邦国家的社会机构、政治组织大致相同。社会阶级有统治者和被统治者。统治阶级是原来的铎利亚人,他们是国家的公民,也是战士。被统治阶级是被征服的当地人,他们的身份是一种类似农奴的奴隶。其中又可以分成二类,一类是由国家支配经营国家土地的国奴;另一类是私奴,一般皆替公民个人经营土地。无论国奴或私奴,就其实际剥削关系来讲,与农奴的地位很相近似。他们每年向国家或公民个人缴纳一定的租额,同时他们有自己的私产,有合法的婚姻权,可以组织家庭。另外还有一种特殊的权利,就是当主人去世,如果没有儿子时,奴隶可以继承主人的财产。但奴隶绝不能携带武器,没有当兵的资格,不能在国家的公共体育场内参加体育活动。

克里特的公民都受军事训练,但不如斯巴达人那样严格,他们也有公共食堂。

在政治方面,进入城邦时代以后的克里特,已经消灭了王,新的政治组织如下:

(一)执政,一般有十个执政,每年改选一次,被选权只限于法律规定的少数贵族家族中的人。

(二)元老院,这是执政的咨询机关,并有讨论国家大事的权力,执政退休后为当然元老。

(三)公民会议,对执政与元老对国家大事所作的报告公民会议可加以肯定或否决,但并无讨论国家大事之权。

如果从最概括的方面来看,克里特与斯巴达在军事训练、公共食堂、政治机构、社会阶级之划分等方面均相类似,但其中细节并不相同。例如克里特并没有庶民阶层,克里特岛奴隶的地位也比希洛人好,所以克里特的阶级斗争比较缓和,没有武力的暴动。在政治方面克里特与斯巴达也有不同的地方,首先是克里特没有王,在法律上明文规定了社会上的二个阶级,但斯巴达有王,在理论上自由公民间并无阶级之划分。

克里特岛上的生产是比较落后的,就对土地农奴的剥削来说,克里特采取的是农奴社会、一般农业地区所采取的剥削方式,但由于生产工具生产技术的落后,可以被剥削的东西是有限的。

在奴隶社会,被征服的人都是奴隶,征服者对当地的土地有二种处理的办法:(一)将土地全部收归国有,命令当地农民留在原地经营农业,每年用入贡方式向征服者纳租税。因此,这些地方原来的社会经济基础并没有改变,例如斯巴达、克里特就是采用这种办法。(二)征服者占有一部分所征服的土地,由自己的自由人去经营,其余地方的处理和第一种处理办法一样。在过去奴隶社会的历史阶段,一般农业地区都采用第二种方式。但生产力不断提高的结果,剩余出产品增加了,统治阶级也就更进一步地剥削人民。阶级斗争日渐尖锐,一般自由农民往往也变成了债奴,例如雅典这种情况是很明显的。这时统治阶级大量地使用战俘从事农业生产劳动,只有在这样的基础上,奴隶制度才能发展起来。如果仅靠剥削本族的人,奴隶制度是不可能有高度的发展的。此外,奴隶制的发达与否与工商业也有密切的关系。工商业发达的地方,奴隶一般都从事工商业的劳动,在这种情况下,奴隶制度能获得较高的发展。反之,工商业不发达的地方,奴隶制往往也不发达,很快地就转入了封建社会。

五、希腊文艺之兴起

城邦时代是希腊文学、艺术、科学、哲学最发达的时代,从表面上看来,这种文艺科学思想的发达基本上是少数奴隶主阶层活动的结果,但实质上全部的上层文化活动都建立在广大的奴隶劳动的基础上。

城邦时代并非所有希腊城邦的文艺思想皆获得高度的发展,少数大贵族奴隶主专政的国家例如斯巴达就是一个例外。斯巴达在公元前七世纪变法以后,不再出现过文学家和哲学家。此外还有罗马,它后来向雅典学习以后,才有模仿性的文艺思想出现。

高度文艺思想的发展在统治基础较广、所谓民主国家的城邦中出现。在城邦时代初期,以小亚细亚的城邦为主;到了城邦时代后半期,以希腊半岛、西西里、意大利南部的希腊殖民地城邦等民主制度的国家为中心。因为所谓民主制度的国家,当政的人比较多,统治阶级不是单纯的一个阶级,而分成各种不同的阶层,代表各种不同的利益,因此阶级矛盾特别复杂。文艺与哲学都是反映这些复杂的经济政治的问题,所以这些国家的文艺思想能获得较高的发展。一般地说,文艺并不解决问题,只是反映问题,但哲学除了反映问题以外,进一步要解释这些问题,最后要解决这些问题。

关于希腊文艺,首先要注意它的宗教背景。希腊文艺的发展,与宗教有密切的关联,但这里所说的宗教并非旧的传统宗教,可以说是一种新的宗教,以一个神为信仰的中心,围绕它组织一些活动,希腊文艺就是从这里产生出来。

戴昂尼索就是一个过去并不受尊敬的神,而被捧出来成为人们推崇之中心。关于戴昂尼索的来源不详,它原来可能是克里特的一个神,后来流传至希腊,到了公元前七至公元前六世纪的时候,戴昂尼索的信仰发展到希腊东北部特拉其(Thrace)地方,后来又向西向南传播,最后遍于整个希腊。

戴昂尼索是一个酒神,也是嬉乐之神。据希腊人的传说,戴昂尼索在幼年的时候,曾经被巨人杀死,尸体又被撕裂,但后来它又复活了,这是自然界生死循环,特别是五谷循环的象征。但到了后来又有一个新的意义出现,戴昂尼索是永远年轻不老的,因此他又象征着人的青春和最高的生命力。

公元前六世纪以后,崇拜戴昂尼索的人们在夜间结队向他礼拜,礼拜的方式是先在山上游行,奏乐跳舞,然后到城市的街道和广场上演奏和歌唱。一般人认为这样向神礼拜,就会吸取神的饱满的生命力,就会获得死后永生的保证。

在戴昂尼索的影响下,旧的宗教中有许多神也被它同化,例如沃非阿(Orpheus),他本来是古代神话中的音乐神,当他奏曲的时候,一切动物甚至顽石被感动,后来他被人将其与戴昂尼索混合而成为一个神了。德弥特(Demeter)女神和它的女儿波色浮妮(Persephone,罗马称波色罗皮娜 Proserpina)在伊鲁西(Eleusis)城中受到人们特别崇拜,这是二个谷神,雅典人每年结队到伊鲁西来礼拜她们。伊鲁西由于一种今天尚不能知道的历史原因,它从很早的时期就是雅典的宗教中心,那里有神庙,礼拜就是在神庙之神堂中举行。在举行礼拜的时候是非常神秘的,既不允许旁人观看,礼拜者也决不泄露礼拜的内容。这种礼拜是象征谷物死而复生,后来又作为人死后进入乐园的保证。

以上的礼拜,纯粹是人民的活动,都是与农业有关的,这是从原始社会流传下来的。一般的自由农民在当时对自然界生死循环的道理不能了解,在他们看来,这是非常神秘的,但却又密切的与自己生活关联着。因此他们每年对大自然的现象作一种象征性的表演，这是半严肃半游戏性的，一方面表现出对自然力的恐惧心理，另一方面表现出农业庆祝的愉快。

发展到后来，过去纯粹是农业上五谷问题的祭祀，现在开始影射了许多人事问题在内，他们认为每年向神礼拜就可以获得死后永生的保障。这时候希腊人改变了过去认为死后生活黯淡无趣的看法，而觉得人死后的生活是一种很快乐的生活。这是阶级矛盾尖锐化的结果，因为人民受压迫日重，政治斗争并没有完全解决问题，因此追寻精神上之解脱，幻想死后永生之乐趣。

这种宗教活动被僭主所提倡，僭主虽然皆为贵族出身，但为了达到自己的目的，多少倾向于人民，顾及人民的一些要求。同时僭主以大力提倡新宗教的手段来打击旧的统治阶级的旧的思想意识，因此新的宗教活动日益活跃，一般人民对国家正式宗教反倒不注意了。

新宗教的发展，引起了希腊文学的一个发展——戏剧的出现。戏剧在希腊文学史上占的地位，是很重要的。

戏剧的出现与戴昂尼索神尤其与葡萄酒的关系更为直接。希腊盛产葡萄，每当每年春天时，将已酿成之酒取出，举行一大庆祝会。农民在一起唱酒歌，酒歌又称山羊之歌，因酒神有各种不同的形象，而以山羊的形象最普遍。许多人披着山羊皮来歌唱，歌唱中有道白。最初这种道白就是领队人对神的故事的叙述，后来在歌唱队中出现了一人与队长对话，这两个人有时也对唱，最后参加对白和对唱的人日多。表演渐渐也有了固定的地点，最初大都在山上，称为 orchestra，这就是"场面"一词的来源。

希腊的悲剧就是从这里演变出来的，山羊之歌(tragaedia)是后来欧洲文字中"悲剧"一词的来源。每年的秋季还有第二次的庆祝大会，秋季是葡萄成熟的季节，大家结队唱歌，唱歌的队伍称 comos,这种歌舞后来发展为喜剧(comoedia)。

提倡以上人民活动最有力的二个僭主是列斯博岛的丕列安德(Periander)和雅典的皮西斯查陀,前者修建了具有最初剧场形式的演出场, 皮西斯查陀则将希腊第一个戏剧家帖斯皮(Thespis)请到雅典来,整理过去的歌舞,使它成为严谨的有固定形式的戏剧。皮西斯查陀又建立了一个半圆形的剧场,从此以后,希腊各地渐渐地又出现了正式的戏剧和剧场, 公元前五〇〇年左右,有正式的戏剧家出现。

关于戏剧的题材,最初仅从人民庆祝大会中取材而已。后来戏剧家将希腊的神话历史和英雄故事按春季歌舞的形式写出,这就是悲剧。悲剧就是比较严肃的剧,与今日悲剧的意思并不尽同。稍晚又有戏剧家将当时社会上的一些人与人之间的关系或者人们日常生活的琐事用滑稽的开玩笑的对白写出来, 有时加以讽刺,这就是所谓喜剧。

个人写的戏剧出现后, 原来希腊歌舞队中专门对白的人和合唱团体,在舞台一旁有了固定的位置,他们并不是剧情中的人物,只是以对白和歌唱的方式来解释剧情而已。他们在舞台旁的固定位置称为场面 (orchestra), 剧情中人活动的地方称为戏台(scent)。戏台和场面二词后来皆为欧洲文字所采用。

公元前五〇〇年前,希腊文学除了戏剧外还有诗。当时诗的发展以爱欧尼亚为中心, 因为爱欧尼亚是工商业和希腊城邦最早发达的地方,据我们今天所知当时著名的诗人有以下诸人:

卡利诺(Callinos,公元前六五〇年左右),埃弗索(Ephesos)人,他所作的诗的体裁叫哀曲(elegeia),最初哀曲的题材并非完全是悲哀的, 后来才成为悲哀诗体的专有名称。卡利诺的诗主要是表现爱国主义的, 传至今天最重要的一篇是《其美里人》(*Cimmerii*)。其美里人是经常威胁小亚细亚安全的外族,此诗启发了人民的爱国主义精神，从而鼓励了人民积极反抗其美里人的入侵。

另一个诗人特提阿(Tyrtaeus)是斯巴达人，但他在文学上受爱欧尼亚的影响很深。他的一首主要的诗是鼓励斯巴达人侵略梅森尼亚，此诗用战诗的体裁写成，但其艺术性远在卡利诺的诗之下。

索伦(公元前六三八—公元前五六八年)，他的诗一部分是描写战争的，但传到今天最多的是关于变法的诗。索伦变法是为了缓和阶级矛盾，他的诗就是为了辩护和宣扬自己的这一政见。

帕娄(Paros)岛的亚其娄科(Archilochos，公元前七〇〇年左右)也是当时一位有名的诗人。他出身于贵族家庭，是贵族浪漫子弟的典型。年轻的时候，有次对外作战，他临阵脱逃，后来在希腊各地流浪，写了很多的诗，主要是描述自己流浪生活的经验及情绪，大都用哀曲的体裁写成。亚其娄科是希腊文学史上讽刺文学的创始人，所以希腊人称他讽刺之祖。他的诗充满了讽刺，有时甚至自嘲，例如有一首诗，就是对自己临阵脱逃的事情加以嘲笑的诗。亚其娄科在希腊文学上是有他重要的地位的，但就其作品来说，是反映了贵族子弟堕落的一面。

至于其他地方的文学，例如伊欧利亚文学，主要是以列斯博(Lesbos)岛为中心，著名的诗人有亚尔其阿、萨赋等人。

亚尔其阿(Alcaeus，公元前六〇〇—公元前五五〇年)早年因反对列斯博岛上的僭主被放逐出国，一直到老年时才回来，所以他的一生，都是在流浪中度过。他是希腊文学史上最早善于描写自然的诗人，例如他的名诗《冬》就是一首描写冬天大自然景色的诗。另外他也写有政治方面的诗，有一篇叫《武库》，在这首诗里，亚尔其阿将当时希腊的各种武器作了详细的描述，最后鼓励他的同党好好利用这些武器来和僭主作战。

萨赋(Sappho,公元前六〇〇年后)是希腊第一女诗人。她的诗是用伊欧利亚的方言写成的,但今希腊的人都爱读她的诗。她有"第十穆萨(Mousa)"之称,可见她当时在文学界中所享的盛誉。的确萨赋是名不虚传的,她的诗诗品甚高。除了自己写诗以外,萨赋还热心的领导了许多年轻女子组织诗社,从事文艺的活动。当时女子的生活圈子是比较小的,但她们就自己生活的世界范围写了许多诗。这些诗大都是对美丽的自然的鉴赏,和人与人之间的关系的描绘,尤其对于人世间的友谊和悲欢离合的情绪描绘得十分深刻和细致,可惜传至今天的不多。

希腊史上,甚至全部世界史上,萨赋是第一个名字传至后代的女诗人。今天文学界仍公认就其生活范围来讲,她能写出这样的诗是很难得的,今日看她的诗仍然是第一等的佳作。

此外还有铎利亚人的文学。铎利亚文学的发展与希腊戏剧发展的性质很相近,许多诗人将节日表演的歌唱写成诗,名家有亚尔克曼(Alcman,公元前六五〇年)、斯提西科娄(Stesichoros,公元前六五〇年)、亚利昂(Arion,公元前六〇〇年)。他们都是斯巴达变法以前的诗人。变法以后的斯巴达成为严格的寡头政治国家,诗声随之沉寂。

六、希腊哲学的兴起

在讲希腊哲学兴起以前,首先应该阐明哲学的基本性质及其在全部历史中的地位。

关于这二点,分以下诸问题来谈:

第一个问题:哲学概括哪些内容。

哲学概括以下三个内容:

一、宇宙观世界观。人所生活的世界性质是什么?这个问题,在今天来说是属于自然科学研究的范畴,但在最早的时候,人类并没有独立的自然科学。人对自然认识的过程,是一个长期和复杂的过程,从错误的"自然科学"发展到近代基本正确的自然科学,是人类经过了无数次对自然的斗争,不断地摸索和改进,才获得的成果。因此,在生产力低下的古代世界,人们对自然的认识,最初完全是巫术的。当时宇宙在人的心目中是神秘的,是由神的意志来控制的,而神的力量又是那么巨大和难以捉摸,因此只有用哀求欺骗等办法来获得神对人们的恩赐,来避免人力所难以克服的自然的灾害,这就是巫术。由巫术表现出来的人与神之间的关系,是人与人之间关系夸大的反映。

二、人生观。人生观与宇宙观是有着密切关系的,因为人在世界中的地位,人对世界的认识,必然影响他对人生的认识。如何来处理人与人之间的关系,也就是说对社会历史的看法如何?这是属于伦理学范畴的。

三、知识论或认识论。人如何去认识宇宙,如何去认识人以外的全部世界和人与外界的联系问题,这是属于心理学范畴的。

以上是哲学不分时代不分阶级所包括的最广泛的内容。

第二个问题:哲学的阶级性。

任何哲学都有阶级性,都是某一阶级的人代表其本阶级的观点和利益而认识宇宙、人生和社会的一种成套的理论。马克思主义的哲学,从形式上来了解的话,它具有阶级性,这一点是与历史上所有的哲学都一样。但就其实质来说,正因为它是无产阶级的哲学,代表无产阶级的阶级利益,所以它与过去所有的哲学有着根本的不同。首先因为无产阶级的阶级利益与绝大多数人的利益相符合,因此这一阶级的哲学,最能客观地反映现实。过去所有的其他哲学,皆仅能代表一部分人,总是一小部分人,因此,无论是有意或无意,它们对现实的反映,都加以歪曲,不能达到完全的客观。

无产阶级的哲学,与过去所有哲学另一个根本的不同是,过去所有哲学一般的只是解释世界,解释人生,目的是为了替现实辩护,意图长久维持统治的现状。就拿资产阶级统治来说吧,当其推翻封建社会为一革命阶级的时候,它也最多只是说出了旧现状的不合理,要建立一个新的现状,这个新的现状他们认为是永恒的,而没有不断向前的发展观念。只有无产阶级的哲学,最能够客观地正确地反映时时刻刻在运动着的自然世界和人生世界,因此,它不仅能把世界解释得最清楚,进一步它能为了人类全体利益要求改变世界和人生,让社会不断地进步,不断地向前发展。所以马克思说:"哲学家只曾经在不同的方式下解释世界,问题是如何改变世界。"(《费尔巴哈论纲》第十一条)

第三个问题:哲学的阶段性。

每一阶级,当其刚兴起,仍然是上升的阶级时,它的发展与历史的发展与历史实际要求是相吻合的,因此它能够正视现实,敢于面对现实,看问题也能从实际出发。因此代表这一阶级上升发展时的哲学或多或少是唯物的,但是仍不能不受到本阶级性的限制和自然知识的限制(也就是时代的限制),不可能是今天辩证唯物的哲学。等到这一阶级的阶级统治地位稳固以后,它开始企图永恒的维持这种稳固的统治局面,这种企图与世界不停止的时刻在运动着的这一历史发展的基本规律不相符合,因此它逐渐地成为历史发展的阻碍力量。这时候这一阶级对各种问题的看法,不再由实际出发,而是由本阶级主观的与历史实际发展相违背的愿望出发,因此这一阶级的全部哲学到这时候不仅已失去其最初的唯物部分,并且日益脱离实际,成为反动的唯心哲学。它不仅有意地歪曲社会和历史,也有意地歪曲大自然,这是因为人生观分析到最后是建立在宇宙观的基础上，所以一定要有一个歪曲的宇宙观来建立其歪曲的人生观。

第四个问题：哲学的三面性。

哲学的三面性包括时代的反映、哲学自身的发展和个人的因素三个内容。

所谓时代的反映，基本上就是哲学的阶级性，因为时代的反映主要是反映该时代统治阶级的要求，当然在另一方面它也反映了人类当时对自然的认识，给予一个概括的认识。就自然科学来讲，自然科学本身应该是客观的，并无阶级性，即使是最早的巫术，也没有阶级性，我们只能说它是一种对自然认识的错觉。但所有旧的哲学，它对自然科学往往也加以曲解，例如对一个实验的解释或对自然科学的某种概括。

哲学自身的发展，是哲学的技术问题。任何一种哲学都有自己的传统，在解释事物的时候用什么方法，用什么名词……这些纯粹技术性的问题，随着历史的发展日益复杂，但一般说来，它是没有阶级性的。问题在于它与哲学三面性中时代的反映这一面很难区别，同一个问题。在此时此地是反映时代，但在彼时彼地可能是纯粹的技术性的问题。例如王阳明的哲学，在某些部分代表理学的技术性的发展，但传入日本后，有一时期风靡了日本的哲学界，成为日本统治阶级统治人民的思想工具，其中就没有什么技术问题了。意识形态的本身，往往没有固定的意义，我们只有掌握了时代的全面，才能对该时代的哲学或其他任何意识形态有一通盘的认识。不先清楚了解时代背景，而想研究哲学，不过是纯概念的游戏，这与过去中国文人玩弄琴棋书画并无二致，本身毫无价值，不过是精神的消遣而已。

关于个人因素的问题，就是说每一个哲学家，往往都有他个人的偏见——所谓主观的脾胃。这种主观的脾胃，既不客观地反映时代,又不代表哲学自身发展的过程,但它的诱惑性极大,故弄玄虚,让人感到奇怪。这是旧文人喜欢做的事情,目的是为了炫耀自己的博学和深奥,所以一不小心由于好奇心的驱使,很容易地就会让这种哲学将自己引入歧途。并非所有的哲学家都如此,但历史上不少的哲学家有这一面,而且就其作品量的方面来说,所占的比重,有时相当大。

我们在讲世界通史时,遇到哲学问题的时候,主要的只注意时代的反映这一面,关于哲学本身的发展,只有为了联贯前后二个时代才附带地提到,至于个人的因素这一方面,是完全不讲的。

希腊的哲学在古代是很发达的, 同时它有西方哲学摇篮之称,这与希腊在古代没有强大教士阶级有着密切的关系。

希腊和中国在上古时代都是没有强大教士阶级的国家,因此这二个地方用科学的态度观察自然、认识自然的发展较早。有强大教士阶级的其他地方,在阶级国家出现后,教士阶级成为统治阶级的一部分。它们拿巫术的一套办法,作为愚民的工具,不准人民, 甚至包括统治阶级在内有与自己不同的对自然的看法和解释。同时教士阶级的一套东西,不仅用来愚民而已,也作为统治阶级内部斗争的武器, 教士与贵族争权夺利时需要仰仗自己对宗教知识的垄断作为工具。中国和希腊因为教士阶级不占优势,人们对自然的看法神秘主义的色彩较小,而是自然主义的,因此,这二个地方最早产生哲学。

公元前六世纪时,希腊就开始有了哲学,因为这时候原来基本上是农业社会的希腊世界,有了新兴阶层的工商业者出现,特别是商业资本家。他们的出现与当时占统治地位的以控制大量土地为基础的地主贵族在利益上发生了矛盾, 所以新兴阶层否认从原始社会传下来的为大地主集团所把持和利用的一套旧的神话,开始用新的自然主义的观点去观察自然。这是因为商业资本家在当时是进步的阶层,对自然有比较正确的看法,结果促使了西方世界最早哲学的出现。

商业活动的本身也利于思想的发展,因为商人奔走四方,可以接触各地的奇风异俗,这样容易对自己国家原来的神话产生怀疑。但这只是一个附带的原因,一定要有前面所讲的社会情况作为基础才能发生作用。

希腊最早的哲学派别是爱欧尼亚学派,即米利陀学派,产生于公元前六世纪。

希腊最早的哲学以小亚细亚沿岸爱欧尼亚为中心,爱欧尼亚又以米利陀城为最重要。米利陀城是当时希腊世界的工商业中心城市之一,希腊、波斯、埃及,以及黑海沿岸各国间的商业,都是以它为媒介,米利陀学派就产生在这一城邦中。

米利陀学派注意对自然的解释,因此在历史上称他们为物理哲学家。它们的出现,当然是由希腊本身的发展所决定的,但埃及对他们的影响很大。埃及自己没有哲学,但有丰富的实用科学知识,希腊的商人在埃及吸收了这些实用的科学知识,带回希腊后,对建立希腊早期的哲学起了推动的作用。

米利陀学派重要的哲学家有答理、亚那哥西曼德、亚那哥西米尼、皮塔哥拉和赫拉克莱陀等人。答理(Thales,公元前六三六—公元前五四六年)可以说是米利陀学派的奠基人,他也被人称为希腊科学和哲学的创始人。他是一个商家子弟,本人也是商人。同时他又是政治活动家、哲学家、天文学家、数学家等等,在天文学方面他有深刻的研究,曾经预知一次日食的日期(根据现在的推算,那一天是公元前五八五年五月二十八日)。据传说,有一次答理根据他对气象的研究,推算出某年将丰收。他将自己的钱完全购买农具,用这一具体行动来证明对自己推算的信任。后来事实也证明了答理的"先见之明",答理在农具上的投资获得了很大的利润。

答理提出了宇宙一元论。他认为万物的基础和发源是水,地是浮在水面上的,地的周围也是水,地上所有的生物存在,是因为有水在滋养的缘故。这样,答理就否认了神是自然与人类的创造者。可惜的很,答理的作品皆失传。

答理的宇宙观,并非凭空的想象,而是完全根据实际经验和对自然实际观察所作的结论,因为答理生活在希腊世界中,与水的关系最为密切。当然答理所谓的万物由水组成,没有水就没有创造这一说法,今日看来虽然错误,但它是唯物的,所以应予肯定。

亚那哥西曼德是答理的弟子(Anaximander,公元前六一○—公元前五四七年),作书《自然论》他认为自然最后的物质基础是无限的元气,这种无限的元气并非空气,而是无定形的、最后的、最根本的物质因素。宇宙万物皆由此变化出来,最后返回元气状态,又由它再生出其他的物,这样永久循环不已。

亚那哥西曼德认为地非平面而是长圆桶形的,人在圆桶上活动。根据这一结论,亚那哥西曼德曾经绘了一张地图,可惜已经失传。

亚那哥西曼德对地球的认识,也是从实际经验中得出的结论,因为他在地中海里航行,很容易认识到地球并非平面的这一道理(例如在海中先看见船桅再看见船只),加上地中海本身是东西长、南北狭,因此得出了椭圆形的结论。

另外亚那哥西曼德认为生物并非一直都有的,最早的生物是繁殖于水中,陆地上的生物皆由水中生物演变出来。这种天演论的观念,与海洋的生活有密切关系,虽然大部分是猜想出来的,但与今日生物学的说法大致相同。

亚那哥西曼德的学生亚那哥西米尼(Anaximenes,公元前五六〇—公元前五〇〇年)也是米利陀学派中的哲学家。他将亚那哥西曼德无限的元气的说法更发挥一步,认为自然之最后物质基础是空气,万物生于空气的永久运动,并复归于空气。

另一个哲学家皮塔哥拉(Pythagoras,公元前五八〇—公元前五五〇年)是撒摩(Samos)岛人,晚年移居于意大利的克娄唐(Croton),在该地组织了一个学社。这一学社是政治和哲学的组织,但也有宗教的因素。皮塔哥拉对数学很有研究,在数学的基础上,他研究了天文学,并得出重要的结论——地球和日月都是圆球形。

皮塔哥拉接受了旧的宗教,并且是宗教的热烈的卫护者。他组织的学社就很注意宗教的宣传和遵守宗教仪式。关于皮塔哥拉我们可以从二方面来认识他:基本上他是一位自然科学家,他的哲学的主要方面是根据他在自然科学上的研究所作出来的结论。他没有摆脱宗教的影响,但宗教并没有妨碍他在哲学上的发展,我们说他的哲学并非是完全唯心的。

米利陀学派的最后一人是赫拉克莱陀(Heracleitos,公元前五三六—公元前四七〇年)。赫拉克莱陀的写作很多,但都已失传,我们根据后人对他作品的摘录,知道他是一个变化论者。他认为宇宙时刻不停地在运动着,他说:"人不能二次走入同一河流。"宇宙中任何现象都在不停地变化,人也是这样,所以他又说:"今日之我,已非昨日之我。"无论你自己是否感觉到,总之每时每刻甚至每秒你都在变。不动的东西,例如石头,表面上好像不动,实际上也是时刻变化着,无停息的时候。宇宙间只有一个东西不变,那就是全宇宙时刻变化的自然规律,这一规律是永恒存在的。

赫拉克莱陀进一步说变化的根源是内在的矛盾和矛盾内在

的斗争。音乐为什么悦耳?这是因为音乐有高低不同音调配合的缘故。海水究竟是清洁的还是不洁的?是好的还是不好?这是无法下结论的。从人的角度来看,海水是可怕的,但鱼都喝海水,并且在海中生存。赫拉克莱陀又说,禽兽靠死的草木维持生命,人吃死的禽兽,这是生死的矛盾,有生必有死,有死必有生。

万物的根源和基础,赫拉克莱陀认为是火。一切现象和物体,他都认为是火的变化的姿态,因此人类的精神活动,也被他认为与火有密切的关联。

赫拉克莱陀的伦理观念也贯穿着他的辩证法的原理。他认为善恶不是绝对的,而是相互矛盾的,但这是一个矛盾的整体。善就是克服了恶的结果,克服的过程也就是人生斗争的过程。从恶的方面来看,我们可以假定它经过斗争,就变成了善。因此没有恶,就没有善,没有善也就没有恶,二者缺一,就没有什么伦理可言了。

这是当时最科学的哲学, 是根据深刻的对自然的观察所产生的结果。

米利陀学派的哲学家,都是从自然出发,得出的结论也是自然的,这是新兴商业阶层的哲学,但公元前五〇〇年左右这一派就消灭了。从历史的发展来看,他们的消灭是由于外来暴力摧毁的结果,但假定无外力的入侵,他们大概也会转变。这个摧毁米利陀学派的外来暴力就是波斯的侵略。波斯征服了所有小亚细亚的希腊城邦, 米利陀城是领导该地区希腊人民起义反抗波斯统治的主要力量,因此,招致了波斯对米利陀的仇恨,后来波斯镇压了希腊人民的反抗,占领了米利陀,将此城完全破坏,烧毁。城里的居民除了被杀以外,全部变为奴隶,小亚细亚希腊城邦的发展到此中断。公元前五〇〇年以后,希腊世界的发展开始以希腊半岛东部为中心,特别是雅典日渐重要起来。

第八章　希腊罗马城邦时代(中)
——雅典、斯巴达、罗马
(公元前五〇〇 — 公元前三六二年)

一、时代性质

希腊罗马城邦时代中期，从公元前五〇〇年到公元前三六二年,这一阶段的社会政治情况十分复杂,城邦内部及城邦之际的斗争并行交错,每一城邦内部皆有所谓民主派与贵族派之争。就各城邦来讲,民主势力以雅典为主,贵族势力以斯巴达为主,每一城邦内部的民主派与贵族派分别倾向于雅典或斯巴达,故雅典和斯巴达为城邦之际的斗争中心。

在这一时期内,希腊时刻受到波斯威胁的这一现实,使每一个希腊城邦和每一个希腊人,都考虑着波斯问题,这一问题对他们来说是有密切的利害关系的。

波斯在地中海东岸建立了一个强大的帝国后，曾经征服过希腊的一部分,但它想征服全希腊的计划,并未获得成功。当军事行动在希腊半岛上第一次遭到失败以后，波斯仍未放弃征服希腊之企图,继续采用并加强了挑拨离间的手段,利用希腊各城邦内部之阶级矛盾来达到自己的目的。

这一时期的罗马在整个地中海世界中,尚无重要的地位,但它内部的发展,对罗马下一阶段来说有很重要的意义。

二、波斯战争

古代小亚细亚中部偏西有一个叫利底亚的国家，它与邻近的玛代帝国经常发生纠纷和冲突。玛代帝国在今天伊朗北部，它最强大的时候，领土包括了波斯和小亚细亚一带。据传说，公元前五八五年，利底亚和玛代又准备作战，这件事使小亚细亚西岸的希腊城邦感到十分恐惧和焦虑，因为这二国的战争，无论是谁最后获得了胜利，对小亚细亚的希腊城邦来说，都没有好处。

这时有一位希腊哲学家答理，以他的科学知识，预测出不久将有日食发生，于是他利用当时普遍流行之巫术迷信和对日食的恐惧心理，宣称这次日食是神反对战争的一次警告。后来日食果然发生（这次日食的日期，如以现在的历法推算，是公元前五八五年五月二十八日），二国统治阶级停止了此次战争。这次战争虽然得以避免，但利底亚和玛代二大国之间的矛盾并未解除，战争的冲突，只是时间上的问题，终究会发生。

利底亚和希腊各城邦和平相处了一个时期，到了利底亚王克利叟（公元前五六○—公元前五四六年）即位后，情况就改变了。克利叟征服了小亚细亚的希腊城邦，只有米利陀一城还保持了独立。利底亚对被征服的希腊各城邦的统治，并不十分严酷，只令各城每年入贡，至于内政，大致不加干涉。

这时，玛代内部发生了很大的变化。玛代帝国境内的波斯地方，出现了一个新王朝，推翻玛代旧的统治者，建立波斯帝国。波斯王库鲁士（公元前五五○—公元前五三○年）于公元前五四六年灭掉了利底亚，继续向西侵略，结果小亚细亚西岸的希腊城邦，皆成为波斯附庸。公元前五三八年波斯向南发展，灭新巴比伦帝国。不久库鲁士死，堪布日亚即王位（公元前五三○—公元

前五二一年）。公元前五二五年，他灭掉了埃及。其后，波斯发生
了争夺王位的内乱，不久达拉雅夫获得胜利，做了波斯王（公元
前五二一——公元前四八五年）。

达拉雅夫即位后向东发展，到达了印度西北部，后来达拉雅
夫回西方镇压小亚细亚各希腊城邦因反抗波斯残酷统治的"叛
乱"，从而引起了波斯大战。

小亚细亚希腊城邦之起义，由米利陀来领导，这是因为米利
陀是小亚细亚希腊城邦中最强大的，同时也是最后丧失独立于
波斯的城邦。公元前五〇〇年开始，各城邦普遍的发生了反抗波
斯统治的起义运动。这些城邦都很小，人力物力都极有限，强大
的波斯帝国在他们看来无异是难以战胜的天灾，他们只好派人
到希腊半岛各城邦去求援。希腊半岛的城邦只有雅典和伊利垂
亚(Eretria)答应出兵援助，派遣了二十五艘船只到小亚细亚去，
其他各城邦虽然表示同情，却拒绝了实际的援助。他们唯恐得罪
了波斯，于自己不利，这充分表现出过去统治阶级只求苟安的浅
视。其实小心翼翼不得罪波斯，波斯也未尝不会制造其他任何侵
略的口实来发动战争，后来事实上也是这样。

小亚细亚希腊城邦反波斯统治的起义维持了六年，到公元
前四九四年完全失败，波斯攻下了米利陀城。米利陀城中的居
民大都被屠杀，没有被屠杀的人无论男女老幼全部被奴役，强迫
迁至底格里斯河下游为奴，米利陀城被焚毁，完全消灭。

达拉雅夫镇压了小亚细亚各希腊城邦的起义后，准备过海
征服希腊半岛上的各城邦国家。公元前四九二年，波斯军开抵
希腊，以海军活动为主，大批的陆军从小亚细亚渡爱琴海到希腊
去。指挥大军的是达拉雅夫的女婿马窦尼沃(Mardonios)，结果一
支在希腊北部特拉其地方登陆的陆军被希腊打败，波斯舰队在
希腊北部科尔其底开(Chalcidice)半岛遇大风，全部沉没。

第二年，波斯王达拉雅夫派遣使臣到希腊半岛各重要城邦中去索取"水土"，水土就是"江山"的意思。波斯王的目的是要希腊各城邦不战而降，结果一般城邦果然表示屈服，但雅典和斯巴达加以拒绝。在当时的外交习惯上是应该尊重和保护使臣的安全的，但雅典和斯巴达为了表示拒绝的坚决，违反了这一习惯，将使臣杀死。

公元前四九〇年波斯派军队渡河直接奔向雅典，先达犹比亚(Euboea)岛，将伊利垂亚完全毁灭，然后在距离雅典不远的马拉塘(Marathon)登陆。波斯军队的数目远远超过雅典军队，但雅典已有作战准备，并乘波斯登陆之际，主动出击，结果波斯失败，剩下的军队逃回亚洲。

雅典虽然小胜，但当时雅典及希腊各邦一致认为战争并未结束，这次波斯虽然失败，但就其帝国的实力来说，不过损一毫毛，主力尚未出动，因此决不甘心失败。希腊方面估计，波斯势必卷土重来，但需要较长时间准备，同时从陆地上来的可能性较大，因为这次带来的军队，一定要超过过去军队的数目。陆地交通虽然不便，但海上运输需要船只太多，一时难以筹办，从陆路来需要时间更多，因此希腊方面可以争取时间来准备应付未来的波斯更大的力量。

雅典在准备对付波斯这一问题上，有二派不同的意见。一派是海军派，首领是提米斯陀克理(Themistocles)，他提出了加强雅典海上势力的巨大计划，建议以雅提卡丰富的银矿来建造强大的舰队，装备和巩固港口。他认为波斯帝国无论就其人力物力来讲，比整个希腊都要大不知多少倍，因此在陆地上作战，希腊必然失败，只有海上才能决最后之胜负。波斯不一定从陆地上来，因为绕过黑海北部在当时是一件非常困难的事情，假定他们从陆地上来，也需要海军来策应其陆军，因此希腊方面在海上的胜利,也就是最后的胜利。

海军派代表雅典工商业者的利益,因为海军的扩充,有利于工商业之发展,但海军派这一主张,除了符合当时雅典经济发展的要求外,对抵抗波斯来说,海军派的策略基本上是正确的。

另一派是以亚里斯提底(Aristides)为首的陆军派,主张扩大陆军,并且仍然采用传统的军队组织办法。他们清楚地提出要保护农民,如果不阻挡波斯陆军的进攻,农民的土地房屋会遭受破坏,但这一派实际上是代表大贵族奴隶主利益的。雅典的陆军一向由大贵族奴隶主所把持,陆军中分步兵和骑兵,步兵的领导人和占主导地位的骑兵都是贵族,因此贵族派宣称是为了农民利益,实际上不过想扩充自己的实力。

陆军派的主张并非从当时实际要求出发的,同时想用陆军来战胜波斯是徒然的空想。

海军派与陆军派斗争的激烈,反映了当时雅典内部阶级矛盾的尖锐。二派首领四处演说争取群众,最后陆军派彻底失败,领导人被放逐,海军派首领提米斯陀克理主持了雅典政治,开始大规模地建造海船,最后大约建成二百艘较大的战船。

不久波斯方面出动主力军,想彻底征服希腊,波斯王沙雅沙(Khshayarsha, Xerxes,公元前四八五—公元前四六五年)带领大军从海陆二方面并进。沙雅沙号称大军九十万人,实际上据近代历史家的研究,大约是十八万人左右。这些军队渡过了赫利斯滂沱海峡的浮桥,从希腊北部而来。

波斯王的这一行动,促使各城邦达成共同抵抗敌人之协议。当时在雅典和斯巴达的领导和鼓励下,在公元前四八一年,大约有三个希腊城邦在科林陀开国际大会,这是希腊城邦第一次的大规模团结。在这次会议中,雅典表现最为积极,大会由提米斯陀克理主持。提米斯陀克理是有远见的政治家,他为了团结整个希腊城邦,尤其是团结斯巴达作了一番努力。在形式上提米斯陀克理并不特别突出雅典的地位, 他提议将陆军及海军的指挥权授予斯巴达,以缓和和斯巴达之间的矛盾,当然实际上也是因为斯巴达有为一般人所公认的陆军优势。

当时对波斯的抵抗,海军几乎完全仰赖雅典。斯巴达王里昂奈达(Leonidas)则率领希腊陆军镇守希腊北部的特谟庇里(Thermopylae,又称温泉门)山隘,此地形势险要,当时希腊人认为这是唯一可以抵挡波斯大军的天然关口。

公元前四八〇年,波斯大军抵达了特谟庇里山隘,与希腊军队交战了二天,结果失败。但到了第三天情况发生转变,传说希腊有一叛徒,引导波斯人沿山间小径,到达了希腊防线的后方。斯巴达王里昂奈达知道这一消息后,知道大势已去,无法补救,下令所有军队全部撤退,以免作无谓的牺牲。但斯巴达的军队仍然镇守,因为按斯巴达法律,即使坐以待毙,也不能退却一步。另外帖斯庇伊(Thespiae)城邦的军队,表示愿意镇守到最后,结果他们与斯巴达王里昂奈达率领下的三百人同归于尽。

波斯军队死亡人数比希腊更多, 但他们占领了特谟庇里山隘,从此一直南下,所向无阻,占领了半岛上各个希腊城邦,最后进入雅典。波斯人将雅典城洗劫一空,并加焚毁,但雅典人在特谟庇里山隘失陷后, 就开始将全国人民和移动之财产撤退至埃几那(Aegina)岛、撒拉米(Salamis)岛及不娄波尼索。

战争继续进行。波斯用强大的海军包围了撒拉米海湾中以雅典为主的希腊海军,有一时期,双方相持不下。最后提米斯陀克理用反间计,假意透露希腊海军将于某夜逃奔消息,波斯方面信以为真,在那天晚上发动海军向海湾进攻,这时提米斯陀克理号召希腊海军作最后的决战,结果大胜。波斯失败的原因,一方面由于对海湾地理条件的不熟悉, 同时较大的笨重的船只在浅狭的海湾中来往甚为不便,有些相互冲撞而沉没,有些搁了浅。而希腊人为了自卫,保护自己最后的生存,拼死抵抗,终于打败了波斯。

这次历史上有名的撒拉米大战的日期,按现在的历法来推算,是公元前四八〇年的七月二十日。

波斯王沙雅沙在海上战败后,知道不能征服希腊,但故意放出消息说,将继续派海军攻打希腊,实际上沙雅沙却带了亲信部队乘船逃回小亚细亚了。

在希腊半岛上的波斯陆军因失却了海上的支援,渐渐丧失了强大的战斗力。最初希腊方面不敢与波斯陆军作较大的正面冲突,但小的战争当然不可免,而且在这些小的战争中,波斯陆军的实力遭到不断损耗。到公元前四七九年八月,斯巴达陆军统帅波撒尼亚在比欧提亚(Boeotia)洲的浦拉提伊(Plataea)地方打败了马窦尼沃的大军,马窦尼沃本人阵亡。军队溃散北逃,沿途被希腊军截击,死亡很多,剩下能回波斯的人极少,所以波斯在希腊半岛上之陆军等于完全覆灭。

同时公元前四七九年八月,据说与浦拉提伊之战的同一天,在小亚细亚西岸的米卡利(Mycale)地方,波斯一支最后剩下有组织之海军亦被希腊打败。因此到了公元前四七九年八月,波斯在希腊方面的军队,无论海军或陆军,完全消灭,战争到这时基本上结束。但此后三十年间,波斯与希腊在爱琴海中仍时常发生小的冲突。到公元前四四九年,二国海军在其浦娄(Cypros)岛东部之撒拉米海上大战,结果波斯又败,波斯不仅在爱琴海,在地中海东部也没有强大的力量了。

波斯战争的同时,地中海的中部与西部希腊殖民城邦,以西西里岛为主,也牵涉到意大利半岛南部城邦,与地中海西部迦太基人领导的腓尼基人发生了一次大的斗争。此斗争已有二百年之历史。公元前七世纪，希腊人向西西里岛殖民时，已与迦太基人发生冲突，冲突的基本原因是为了商业利益的矛盾，同时也有民族斗争的因素在内。过去二百年间，小的斗争经常发生。当希腊全力对付波斯时，迦太基(Carthago)认为这是扩充自己势力的最好的良机，于是又引起纠纷。大约在公元前四七九年左右战争才结束，迦太基失败。它想消灭西西里岛上希腊势力的企图没有实现，西西里岛上的希腊城邦在叙拉库西城领导下，在海上和陆上都打败了迦太基人。

希腊在地中海东部和西部的战争都获得了胜利。

波斯战争在历史上有它重要的意义。一方面波斯的失败，说明了侵略者终究必败的命运。但从另一方面来看，这不仅是一个简单的侵略和自卫的问题。在公元前五〇〇年前后，希腊和波斯虽然都是奴隶社会，它们的社会情况在奴隶社会这一范畴内有极大的不同。波斯是一个完全代表少数波斯人(包括玛代人)利益的大奴隶主国家，这一国家的历史材料传至今日的很少，但我们从很少的史料中可以看到波斯少数的王公贵族将剥削各民族得来的财富铺张浪费，尽耗于生活的享乐。因此波斯帝国建立后，虽然有一时期社会比较安定，但生产力的发展极其有限。如果希腊被波斯征服，在奴隶社会的范畴来说，这种历史的发展，代表短时期的倒退。因为希腊当时远比波斯进步，工商业比较发达，其殖民运动的确提高了地中海两岸各地的生产力。因此从整个历史的发展来看，希腊的胜利是有进步意义的，何况在波斯战争中，希腊进行的是自卫的正义的战争。

三、波斯大战后之希腊社会经济情况

波斯大战后，希腊社会经济在旧的基础上继续向上发展，但

这时经济文化的重心自小亚细亚西岸,特别是爱欧尼亚,转移到
希腊半岛来了。因为从自然条件来说,小亚细亚西岸比希腊半岛
要差,加上它受了波斯外力的彻底破坏,一时不容易恢复。因此
希腊半岛日渐重要起来了,尤其是中部沿海的科林陀、埃几那和
雅典三个城邦地位更为重要。到波斯战争以后,雅典蒸蒸日上,
成为整个地中海世界最强大的海军国家和工商业国家。雅典的
钱币,成为地中海世界的标准货币,在国际间流通。

战争对希腊各城邦的刺激甚大,尤其是雅典。扩充海军的结
果,也扩大了商业的范围,手工业因此发达起采。当时手工业主
要是建立在奴隶劳动的基础上,故奴隶数目很快地增加了,在大
的手工业作坊中,奴隶工人最多时达一百人以上,这是资本主义
社会以前手工业规模最大、分工最细致的情况。但多数的作坊,
奴隶人数并不多,产品并不拿到远方去销售,就在自己的小门面
里进行交易。除奴隶外,尚有自由身份的手工业者,数目并不太
少,他们要与奴隶劳动生产来竞争。奴隶生产劳动基本上是无偿
的劳动,劳动的成果全部属于主人,主人只付出养活奴隶所需的
最低费用。因此,除了极少数有特殊技术的奴隶工人较受优待,
大多数的奴隶工人的待遇都是非常低下。自由身份的工人要与
奴隶工人竞争,那么他们的工资水平一定要与奴隶工人的生活
费用相等,所以他们除了人身的自由以外,在生活上与奴隶工人
并无多大的差异。

此外在希腊,特别在雅典,有一部分担任国家下级官吏的奴
隶。他们比较受优待,这种奴隶的数目相当多,因为一般自由人
认为国家的下级官吏是很卑贱的,故不屑去做。

国家奴隶还有一种矿奴,这是开矿的奴隶,特别像雅典这样
大的工商业城市,开矿业日益重要,矿奴的人数因此日渐增加。
他们的待遇非常低,生活如牛马,生命没有保障。

在农业方面,整个希腊世界,只有斯巴达和提萨利亚(Thessalia)土地比较集中,大田庄比较多,依靠奴隶劳动来经营。其他地方土地很分散,是以小自耕农为主,只有极少数的奴隶来帮助他们耕种。外侨是不能购置土地的,大都从事工商业。

地中海沿岸整个希腊世界有很多地区手工业很重要,这些地区的食粮皆仰赖外地输入。没有手工业或者手工业不发达的农业地区,例如斯巴达,其生产的粮食也仅足自给。能输出剩余粮食的地方主要是提萨利亚、马其顿与西西里。

根据以上情况,我们可以对希腊这时期奴隶社会作进一步的认识。奴隶人数的多少与自由人人数的比例如何?这些数字的本身,我们说可以有重要意义,也可以说并不重要。因为对待任何问题不能机械地孤立地以数字来作最后决定,我们必须采用可靠的具体的数字材料,但这不是分析当时社会性质的唯一凭借。

至于每个自由人究竟掌握了多少奴隶的问题,也是这样。主要的我们要看政权操在什么人手里,了解了这一点,才有助我们清楚地认识当时的社会本质。

当时希腊各城邦的政权,不管它的形式如何,实质上都是为少数奴隶主所掌握。斯巴达的奴隶主就是拥有大量田庄的贵族地主。在工商业发达的地区,例如雅典,少数拥有土地的贵族地主虽然想掌握政权,但常常失败,政权就落入少数大工商业的奴隶主手中了。一般的自由人,在政治上或者完全不发生作用。或者只发生很小的作用。贫苦的自由人,在手工业作坊中所受的实际待遇与奴隶几乎完全一样,奴隶主不仅剥削着奴隶,也对自由人进行剥削,二者剥削的程度并无多大差异,只是在法律上与名义上有所区别。

从以上我们可以说明,假定一个地方,在某一个时期内,政权为少数奴隶主所掌握，虽然他们下面的自由人数目远比奴隶数目要多，但这一时期的社会性质仍然是奴隶社会，希腊就是很好的例子。

再进一步来说，一般自由人也参加政治活动，也有政治权利，但实际上这并不发生多大的作用，相反的，我们甚至可以认为它对人民的迷惑作用远超过实际的作用。当然并不否认有时候一般人民可以利用社会上政治经济的种种矛盾为自己取得一些利益，或直接影响了政治的发展，但这只是某一具体问题上暂时的胜利，从长远利益来看，它只发生了更大的迷惑作用，稳定了统治阶级的统治。

四、雅典之盛强与雅典之海上帝国

波斯战争以后，雅典很快地强盛起来，建立了一个以雅典为中心的海上帝国。这是历史发展必然的趋势，因为波斯战争的胜利，雅典强大的海军可以说起了决定性的作用，经过这次战争，雅典的威望大大提高。当时希腊各城邦对波斯的威胁仍是谈虎色变，唯恐波斯卷土重来，在雅典领导下打败了波斯以后，许多国家，尤其是爱琴海中及小亚细亚沿岸的国家，请求与雅典发生同盟关系。同盟中最重要的一条就是——如果将来波斯入侵，我们一同作战，实际上即请求雅典保护。所以同盟的关系，虽然在表面上是平等的，实际上并非完全平等。雅典能获得许多国家的推崇爱戴，除了以上主要的原因以外，附带的还有人事方面的原因。人事关系的本身并没有什么重要意义，但配合其他条件，往往也会产生一定的重要性。为什么没有国家请求斯巴达保护？这并非这些国家的人都能认识到对波斯战争海军要比陆军重要。在波斯战争时期，毫无例外的雅典的领导人对盟国态度十分友好关切,而斯巴达方面没有例外的都是十分傲慢,不以同等国之态度对待盟国。这是因为雅典许多政客都出身商家,或者本人就是商人,至少也与工商业有密切之关系,因此待人接物比较圆滑。而斯巴达是寡头政治,少数统治阶级一向就是目空一切,狂妄自大,因此在作战期间,许多国家对斯巴达非常不满。这在客观上帮助了雅典与当时并肩作战的国家发生密切的同盟关系,在此同盟关系上,雅典建立了一个以它为中心,控制整个东地中海世界的海上帝国。

当时以雅典为主建立的联盟叫狄娄联盟。狄娄岛一向是希腊人特别是爱欧尼亚人的宗教中心。此联盟由亚里斯提底首创,齐门(Cimon)完成,亚里斯提底和齐门都是雅典人。

狄娄联盟包括爱琴海中岛国及爱琴海两岸的许多国家,参加联盟者之义务与权利都有明文规定。雅典并不强迫任何盟国改变他们自己的政治组织,而且允许他们有完全自由的外交权。但所有盟国都要互助合作一致对外,主要的就是共同对付波斯,因此各邦组织了一支联盟海军。财力雄厚的大国贡献船只及驾驭船只之水手,较小城邦因力量有限,缴纳一些盟金,所纳盟金的数目也视其现有财力来决定。至于决定各国应该贡献多少船只、人力或钱财的是亚里斯提底,因为他是全希腊所公认的最公正的人,亚里斯提底所作的决定是受到各城邦的拥护的。

联盟执行的事务由联盟大会决定,大会在狄娄岛上亚波郎神庙中举行。各邦公推雅典为大会的主席,联盟的财库亦置此神庙中。

联盟组成之初期(公元前四七九—公元前四六八年),在雅典的领导下联盟曾有些活动,这些活动符合雅典的利益,也符合一般盟国的利益,尤其是将爱琴海上波斯残余势力的肃清及将腓尼基势力驱逐出东地中海,虽然未能完全达到目的,但此后东地中海已成为希腊世界的势力范围。

其他希腊城邦也陆续加入联盟。联盟最盛时，盟国达二百余，因此雅典被公认为东地中海特别是爱琴海的盟主。

与海上发展的同时，雅典内部也建设起来。波斯战争结束以后，雅典城已完全消灭，公元前四七九年后，雅典开始重建自己的城市。这一行动为斯巴达所反对，因当时斯巴达十分嫉忌雅典之强大。但雅典城还是修建起来了，并且在排利阿(Peiraieus)港筑了一道坚固宽大可并行二辆车的城墙 (公元前四七八年)，城墙外包以铁条，成为坚固的堡垒。排利阿港成为希腊最大的军港，雅典派海军在此长期驻守，联盟的海军也有一部分在此。同时排利阿又是重要的商业中心，希腊各邦的商船，不断在港内活动。

当时雅典不仅在整个希腊世界活动，而且深入黑海沿岸的内地。近几十年来苏联考古学家在乌克兰的南部发掘了许多塞人(Scythae)的坟墓，墓中的殉葬物有不少是雅典的手工艺品，可见当时雅典与黑海北部的游牧民族已有贸易的联系。

雅典输出品大部为手工艺品，其中以葡萄酒和橄榄油最重要，入口主要是粮食，其次是各种原料。商业活动的结果，增加了雅典国家的财富，雅典国家财政的收入，相当大的一部分，是取自排利阿港的关税和码头税。

这一时期雅典的民主政治仍然继续发展，但这一发展，遇到不少障碍，旧的贵族奴隶主始终反对民主政治，因此内部的阶级矛盾尖锐的存在，在政治上分裂为贵族派和民主派。贵族派的首领是齐门，主张限制一般人民参加政权，他认为应该以财富的多寡来决定一个人的政治权利，显然的，这是代表贵族奴隶主利益的。贵族派在外交上是亲斯巴达派，企图在雅典建立斯巴达式的寡头政治。但这时斯巴达发生了一次地震，国内混乱，梅森尼亚人乘机暴动,引起战争,历史上称这次战争为第三次梅森尼亚战争,前后共八年(公元前四六四—公元前四五六年)。斯巴达感到无力镇压,请求雅典的援助,这时雅典贵族派在政治上得势,他们赞成援助斯巴达,故齐门率领军队到斯巴达去。但斯巴达又考虑到接受了雅典的援助,将会影响自己的政治威望,加上不久斯巴达军队的情势好转,所以拒绝了雅典的帮助。公元前四六一年齐门回雅典,不久被逐。

民主派的首领是伊菲阿尔提 (Ephialtes),后来被贵族派杀死。民主派主张扩大民主权力,将全部政权交给人民,这一派是代表中小奴隶主特别是工商业者的利益。

二派斗争的结果,一般都是民主派占上风。继伊菲阿尔提之后来领导民主派的是丕利克理(Pericles,公元前四九〇—公元前四二九年),他从公元前四六一年开始在政治上活动,直到公元前四二九年,历史上称这卅余年是雅典民主政治之极盛时代

民主政治之极盛,一方面固然是由于丕利克理改革政治的结果,但主要的是因为它能符合人民利益,为人民所拥护,故能彻底执行。丕利克理尽可能地多召开全体公民参加的国民议会,每次大会皆由五百人会与大会发生联系,因五百人会是人民代表等组成的。国民议会由五百人会来向大家作报告,使人民代表与人民直接见面,这样更能促使民主政治的活跃。

丕利克理又实行了薪俸制,解决一般人民的生活问题,使他们直接参加到政府中去工作。现在做法官也有报酬,报酬数目大约等于一个农民的平均所得,这样使人民在法庭工作时不再视为负担。另外规定作战的战士可以领到薪饷,以维持其家人的生活,这些都是对一般平民有利益的。对贫民更有特别的照顾,每年国家节庆之时,国家发给贫民津贴,让他们能到雅典城来参加节庆,这样就鼓舞了人民参加国家一切活动的热情。

另外一种改革是采取扩大抽签的办法来选举官吏，一切国家的官吏甚至执政都用抽签的方式选出。抽签是没有阶级限制的，过去一般人民不能做执政官，现在人人都有被抽中做执政官的可能。这时执政官虽然并无实权，但仍然是一个最高的荣誉的职位，这样至少在表面的观感上会认为人民的地位是大大地提高了。

深入分析，当时雅典的政治权力掌握在谁手中呢？在丕利克理时代，掌握真正政权的是将军，因为用抽签选举的缘故，执政官渐渐丧失了实权，它无法再把持和维持过去法律上所给予他的一切实际权力。丕利克理的目的，也是想把大权集于将军一人之手。将军仍然是沿袭过去的选举制产生出来的，全国十个部落，每一个部落选出一人，由国民议会来选举。国民议会在选举时可以认为十个将军完全是平等的，由十人组成一个委员会，负责全部的国家大事，也可以指令十人中个别的人担任专门的职务，又可以指定一人来专政，这个专政的，当时称为独断大将军。

丕利克理本人参预政治时，绝大多数的年份被选为将军，并被指定为独断大将军。

丕利克理时代的民主政治，主持国家实际政权的自然是大奴隶主。丕利克理出身于大奴隶主家庭，其他政治上的上层人物大都也是大奴隶主出身，一般人民不能做掌握实际政权的将军。丕利克理虽然尽量鼓励人民参加政治活动，尽量召开国民议会，但参加议会的还是少数人。举例说，雅典与斯巴达大战时，正是国家最危急的时候，召开国民议会时，参加人数最多时也不超过五千人。薪俸制的办法虽然使一般人民在物质生活上有了参加政治活动的条件和可能，但实际上还是要受到其他许多原因的限制的。因此，总的说来，丕利克理的民主政治只是一种更稳定的奴隶主民主政治,仍然不能根本改变少数人操纵政权的局面。

在狄娄联盟基础上,雅典不久即发展成为一强大的海上帝国,狄娄联盟的组织也转变成为由雅典一国所把持和垄断的商业帝国。

雅典国家的基础建立在商业上,狄娄联盟实际上就是大的商业活动的组织。商业的目的是为了谋利,因此它很自然地会趋向垄断。雅典主持联盟后,使各盟邦在商业上附属于他,由他来决定一切商业政策。为达到这一目的,必须要有军事力量作为后盾,这样势必会产生侵略的行动。在这种情况下,狄娄联盟渐渐地变成由雅典来垄断的商业组织,平等的联盟关系变成强制的联盟关系。这种改变可以从以下几件事情上看出:(一)各邦贡献之船只与盟金,最初由雅典规定经过各邦协商再作决定,后来不再经过各邦协商,完全由雅典来命令,这样缴纳盟金等于是各盟向雅典入贡。各盟国对这种行为不满,起来反对,雅典即派军队镇压。例如那克索(Naxos)在公元前四六九年反抗雅典,雅典派军队镇压,建立一个傀儡政权,这种做法,完全违反了联盟盟章的规定。(二)雅典不经联盟同意,单独与各盟国订约,强迫各盟国接受不平等的条约。这些条约主要内容是一切与商业有关的纠纷和主要的刑事案件都要到雅典去处理,因此订立了不平等条约的各邦,实际上完全成为雅典的附属国,国家最重要的商业活动及司法活动都要受雅典的牵制。(三)各邦要实行民主政治,就是说雅典要他们维持代表中级奴隶主与工商业者利益的政权,雅典并且尽量在各盟国培养傀儡。

这些行动雅典知道终究会引起各盟国的反抗,同时雅典也害怕斯巴达的攻击,所以,一方面加强对盟国的控制,一方面增强国防力量,扩大海军,并在雅典与排利阿港之间筑一长墙,将二城连起来。

公元前四五四年,是巨大变化的一年,这时雅典帝国完全成立,二百多个盟国,能保持独立的只有三个国家——小亚细亚岸上的列斯博、开欧和撒摩,其他盟国都成为雅典的附属国。并且就在这一年,雅典将联盟之金库自亚波郎神庙中移向雅典。从此以后联盟大会很少召开,雅典主要的神雅典娜也渐渐替代了亚波郎成为联盟所信奉之神,这一变化虽无明文规定,但实际上就是如此。

雅典不仅将联盟金库移往雅典,而且自由支配财库公款,雅典的军饷、公民的津贴、官吏薪俸,以至公共建筑都用此款。后来雅典又向各盟国随意征收盟金,对各盟国内政的干涉也愈来愈多,并且常找各种借口将雅典军队派往各盟邦长期驻守。伊利特里是第一个有雅典驻军的盟国。在司法方面,除了一般民事案件以外,雅典也大加干涉。另外雅典推行了一种移民政策,盟国中人口稀少的地方,雅典就派人移住,这些迁去的人仍算是雅典公民。同时各盟国中反对雅典的人如被雅典驱逐后,雅典即派人去没收他的土地和财产。雅典后来又禁止各盟邦铸造较大的货币,只准造辅币,当时雅典的货币已流行,再加上这种强制办法,雅典货币成为联盟的通用货币,并在整个地中海世界流行。

在陆地上,雅典亦大力扩充势力,或从海岸深入内地,或从雅典出发在希腊半岛上建立陆上帝国,征服了犹比亚、比欧提亚、浮其(Phocis)、娄克利(Locroi)、米夏拉(Megara)、阿卡亚大部分、垂岑(Trozen)等地。又在黑海沿岸扩充其势力,用外交手段或军事征服的办法,强迫黑海沿岸的一些城市加入联盟。在意大利,雅典的势力也由沿海不断伸入内地,在意大利南部,雅典建立了屠利伊城(Thurii,公元前四四六年),并扩充在意大利的商业势力。

雅典以上一系列的行动,必然引起希腊世界的反抗,因此,不久引起了一场以斯巴达为主的对雅典的战争。这次战争在历史上称第一次丕娄波尼索战争（公元前四五九—公元前四四五年）。战争是因为二国争夺米戞拉而引起的。斯巴达联合了比欧提亚的一些小国，组成丕娄波尼索与比欧提亚二个势力的组合。这次战争是陆战，前后不过一年多，雅典失败。最后双方订立和约，和约中最重要的一点是雅典放弃其陆上帝国，并规定三十年内双方不得发生战争。但实际上双方都知道战争并未完全结束，雅典不过受一小挫而已。故不久战争又起，一共二次，历史称这二次战争为丕娄波尼索大战（公元前四三一—公元前四〇四年）。

分析大战原因，有以下几点：(一)二大势力一直对立，互争希腊霸权。(二)政治思想的对立，也就是说二国社会政治制度不同。雅典主张民主政治，代表中级奴隶主和商人利益，建立在商业基础上的雅典政权，它的对外政策必然是侵略的；斯巴达及其盟国都实行寡头政治，这是代表贵族大奴隶主利益的，它的外交政策与雅典不同，一般的来说，斯巴达是不干涉至少是不显著地干涉其盟国的内政的。(三)商业利益的矛盾。雅典是一个商业帝国，斯巴达的盟国中例如科林陀、米戞拉也是商业国，他们与雅典争夺爱琴海上的商业霸权，事实上当然是敌不过雅典的。这些国家经常在联盟大会上鼓吹要向雅典进攻。

这次大战的导火线：(一)科其拉(Corcyra)岛国本来是科林陀的殖民城邦，它也是一个商业国家，二者因商业竞争与政治关系(因科林陀干涉科其拉的内政)发生了冲突，雅典突然参加到这次冲突中去帮助科其拉，因而引起了丕娄波尼索同盟的反抗雅典。(二)雅典帝国的属国有些不愿雅典干涉内政，在公元前四三二年起来反抗雅典，并向斯巴达求援。科林陀对他们的援助非常热心，因而引起了与雅典正面的冲突，公元前四三一年大战爆发。

公元前四三一到公元前四二一年的战争，是国际战争与国内战争并行的。各国内部都有内战，或激烈的政治斗争——民主派与贵族派之斗争。贵族派包括雅典的贵族派在内，总是倾向斯巴达方面，时常与斯巴达勾结。雅典的盟国，一般的对此次战争并不热心，但他们有机会就企图颠覆雅典的控制。各国的民主派虽然有一定的政治基础，但大都仰赖雅典来支持其政权。斯巴达方面的民主派也找到机会与雅典联系，但斯巴达方面商业大都不发达，因此民主派的势力非常微弱，雅典想通过这方面的关系达到自己的目的是很不容易的。因此，公元前四二五年雅典在斯巴达登陆以后，只有组织希洛人来反对斯巴达。如果雅典能在斯巴达内部找到政治的同盟者，雅典绝不会冒险组织奴隶了。

丕利克理认为在陆地上无法争取胜利，因雅典及其盟国皆无强大的陆军。所以雅典极力避免在陆地上作战，将雅提卡所有农民都撤退在雅典城中居住，并大量输入粮食，一切商业活动照常，避免与斯巴达在陆地上有任何的冲突。斯巴达无仗可打，只好退兵。丕利克理的战略从军事观点上看是正确的。但战争第二年，公元前四三〇到公元前四二九年之间，雅典城内发生了瘟疫，死了许多人，因而引起了国内人民的混乱，许多人对丕利克理表示不满和责难。公元前四二九年丕利克理也染疫去世，此后雅典民主派与贵族派之斗争日益激烈。内部斗争的结果，削弱了雅典的实力，后来贵族取得了胜利，在贵族派领袖尼其亚(Nicias) 主持下与斯巴达讲和。公元前四二一年双方订立了和约，和约规定二国维持和平五十年。

但不久战争又起。公元前四二一年，虽然签订了和约，但实际只有斯巴达和雅典停止了交战，仍有些国家不肯停战。三年后，战争扩大起来，到公元前四一四年斯巴达也参加作战了。雅典在公元前四一五年就参加了作战,比斯巴达还早一年,因当时雅典决定要派大军去征服西西里岛。西西里岛上最大的城邦是叙拉库西,它是科林陀的殖民城邦,在经济政治上始终与科林陀有密切的关系,在这次战争中它也是积极的站在斯巴达方面。公元前四一五年,雅典接受了亚尔其比亚底(Alcibiades)的意见,派遣一支四千人的大军,用一三四只船装载,从海路出发去征讨西西里。雅典这一行动,为国内党派斗争所促成,是非常错误的,因为这次远征即使胜利了,对整个战争来说也无决定性的作用,但如果失败了,对雅典是一极大的打击。结果雅典大败,全军覆没。这时雅典内部奴隶特别是矿奴大批逃亡,说明雅典对内控制力量亦日渐削弱。矿奴的逃亡,对雅典工业原料的生产及商业方面的打击甚大。

这时正在待机而动的波斯认为打败雅典、控制希腊的时机已到,于是与斯巴达商议,波斯允许津贴斯巴达维持联盟海军及扩充海军之费用。这时雅典已四面楚歌,联盟军的贵族派亦皆抬头,开始出来活动,许多雅典的盟邦发生了政变,建立了贵族政权,这些国家都倒向斯巴达方面了。

这次战争双方打了十年 (公元前四一四—公元前四〇四年),雅典大都处在不利的情况下,最后只好屈服,向斯巴达求和。斯巴达召开了丕娄波尼索同盟大会,讨论是否接受雅典的求和,如接受其求和应提出什么条件等问题。盟国中例如科林陀等不愿意接受雅典的求和,主张将雅典毁灭。但斯巴达反对,认为雅典过去对波斯作战,对希腊有过功绩,对这样的城邦不应该毁灭。其实这只是斯巴达冠冕堂皇的漂亮话,并非真正理由,斯巴达保留雅典的目的, 是想通过雅典来控制其他为斯巴达所不能直接控制的国家。同时雅典如被毁灭,科林陀将成为希腊最大的商业国,斯巴达无法再对它控制,不如保留雅典,使与科林陀互相牵制，所以结果接受了雅典的求和。公元前四〇四年订立了和约，和约规定：

(1)解散狄娄同盟。

(2)雅典应拆除全部长墙及海港上的全部工事。

(3)雅典交出全部海军，只准许保留十二只船。

(4)凡过去因反对民主政治被放逐或自动在外流亡的人要准许他们全部回国(因此在公元前四〇四—公元前四〇三年，这些流亡贵族掌握了政权，组成一个三十人的集团来统治雅典，史称三十暴君)。

(5)要承认斯巴达的领导地位，今后雅典在和战问题上都要听从斯巴达的指挥。根据和约，此后雅典最多只能是一个受斯巴达控制的二等商业国。

五、公元前四〇四年后之国际纷扰

公元前四〇四年后几十年的希腊世界基本上是一个混乱纷扰的局面。斯巴达成为希腊最强大的势力，控制了整个希腊半岛、爱琴海及小亚细亚一带地方，但斯巴达以前没有控制这些商业国家的经验，并且过分强调各国的政治形式。它比当初的雅典还要粗暴地干涉各国的内政，要它们建立寡头政治，结果引起了各国激烈的反抗，因此斯巴达的霸权并不稳固。另一方面，斯巴达曾经依靠了波斯的帮助来打败雅典，因此波斯在公元前四〇四年后，很快地伸入小亚细亚西岸。小亚细亚西岸各国请求斯巴达的援助，引起了公元前四〇〇年后时断时续发生的又一次波斯战争。公元前四〇〇—公元前三九六年间，斯巴达领导了希腊各国援助小亚细亚西岸各国与波斯作战，波斯则利用各国内部对斯巴达不满的情绪收买了一批亲波斯的政客，此外特别的又利用了雅典来打击斯巴达。在波斯的帮助下，雅典建立了一支海军，渐渐强大起来，一时虽未恢复过去的地位，但已摆脱了斯巴达的控制，成为一独立国。

不久比欧提亚地方的提比(Thebae)城因斯巴达强迫其建立寡头政治，起来反抗斯巴达，在埃帕敏昂达的领导和组织天才下，将提比城的大部分力量，组成了一支大军来抵抗斯巴达。公元前三七一年斯巴达大军准备攻打提比，但在提比附近之留克查地方为埃帕敏昂达打败，斯巴达的主力大部被消灭。从此以后，斯巴达的强大势力不能再维持下去了。

公元前三七一年以后，希腊世界的霸权转入提比之手，提比军队在埃帕敏昂达(Epaminondas)领导下向南进军直达斯巴达城下，解放了梅森尼亚人，建立梅森内(Messene)城。公元前三六二年斯巴达与丕娄波尼索的一些小城联合起来，与提比作战，在战场上提比胜利打败了斯巴达联盟，但在作战中，埃帕敏昂达战死(公元前三六二年)。提比原无称霸之基础，利用了历史舞台上临时的空虚，靠埃帕敏昂达的组织能力和军事天才，暂时强大了一个时期。埃帕敏昂达死后，提比内部马上发生了问题。

连续不断的战争，削弱了各国的力量，公元前三六二年后，希腊世界已无一强大势力存在，各国内部之政治斗争日益激烈。

六、罗马共和国之发展

公元前三世纪以前的罗马社会情况，我们知道很少，每一件事的前后因果关系几乎无法说明。罗马人后来有许多叙述，但其中可靠成分不多，有时候甚至非常错误，因此这一段历史我们只能将几个大的步骤简单地加以叙述。

公元前五〇〇年左右，罗马已有严格的阶级划分，少数的贵族已把大量土地集中在自己手中，一般平民土地很少，并且其中有一部分投到大地主门下作门客，脱离了自己原来的阶级，为大地主奔走。当时罗马的政权几乎全部掌握在贵族手中，平民特别是贫苦的平民，在政治上毫无地位，独立的手工业者很少，故罗马平民主要是农民，农民中有一部分小自耕农有一些土地，另外很大一部分都是"无产者"。平民无法维持生活时，只好借债，但借债不能归还时，就只有将自己的土地出卖，没有土地的人往往丧失了人身的自由，成为债奴。当时罗马的法律禁止平民与贵族结婚，故平民是一个受压迫受歧视的阶层，他们只在一点上与贵族一样，就是有当兵的义务。这对后来罗马历史的发展有很大的影响，因为由于当兵的关系，平民以此为出发点作为向贵族斗争的武器，一步步地取得了政权。

平民对贵族的斗争有一很大的胜利，即保民官制度的成立。传说这件事发生在公元前四九四年。这一年罗马要出外作战，作战前国内已发生激烈的阶级斗争，平民乘军队已组织起来编好了队的时候，全体离开罗马城退到阿芬提诺山（Aventinus）去。这是罗马宗教的圣地，平民扬言要在此山再建一城邦，贵族无法，只好让步，双方讲好条件，设立了保民官制度。传说最初设立了二个保民官，也有说是四个的，后来增加到十个。保民官一字(Tribunus}，前面我们译为"平民部正"，它原来是平民协会中之负责人，现在国家承认他们是国家官吏。保民官的权力，就是保护平民，这种制度称为救援法。他们实行职权时主要是用否决的方式，如果保民官认为国家官吏所做的事对平民不利，他就说"veto"，意即"我否决"——其事即不能实行。贵族所做的不合理的事情，保民官也可以禁止，如果是合理的合法的事情，保民官也可以先加否决，经过调查再实行。因此保民官制度对平民来说是一个很大的保障，平民有事就可以去找保民官。保民官的身体是神圣不可侵犯的,如果伤害了保民官,等于亵渎神明,要判死罪的。当时不仅贵族承认这一条,平民自己还组织"神盟",如果有人侵害保民官,他们就共同把这人杀死。贵族在被迫的不得已的情况下,允许设置保民官,但当然不甘心,因此有很长一个时期有贵族与保民官之斗争。公元前四八六年贵族卡西沃(Cassius)企图以粮食发散给平民,诱惑他们放弃保民官制度,但被平民识破,大家很愤怒要惩罚他,卡西沃只好逃走。后来又有人出来想利用平民与贵族之斗争自立为僭主,但未成功。

保民官制度设立后,平民生活还是没有保障,罗马最初也没有明文法律,平民要求贵族将法律写出来。传说公元前四五一—公元前四五○年贵族接受了平民的要求,成立了一个委员会,专门研究罗马的习惯法,并参考希腊世界的法律,最后写出了罗马的法律,将它写在十二块铜牌上,故有十二铜表法之称。十二铜表已失,条文流传下来的也不多。从今天所知道的条文看来,十二铜表法对平民是很严酷的,但有了明文规定,尽管贵族加以歪曲,但总不能像以前那样任意杜撰了。同时经过平民斗争结果,有些条款还是比以前放宽了些,例如判处死刑的人可以上诉,借债的利息有一定的规定,而且较过去的利息低了些。

后来平民又争得社会权利的平等,公元前四四五年法律准许贵族平民结婚,所生子女的身份,依父亲的地位而定。

在此以后平民渐渐地取得了一切纯政治的权利:(一) 执政官。据传说公元前三六七年平民第一次取得了做执政官的权利,是年罗马二执政中有一个人是平民, 但这时平民做执政官还没有成为制度。据说公元前三四○年平民取得了第一次大的胜利,规定了每年选举执政官时,二人中必须有一人是平民,同时也允许二人都是平民。(二)传说公元前三五六年,平民第一次有了被选为专政官的资格。(三)平民协会的议案正式成为国家法令,这是经过多次斗争才取得的胜利。公元前三九九年,平民协会通过之议案送到元老院去,经元老院的核准才能成为国家法令。后来平民继续斗争,公元前二八七年平民讨论议案时只通知元老院,元老院对平民协会之议案当然核准,讨论通过后一宣布立刻就是国家法令,故实际上元老院之核准只是形式。

以上权利取得后,平民当然就可以入元老院了,因为根据罗马法律,国家官吏退职后是元老院的当然元老,现在国家各级官吏平民都能担任,因此,元老中必然就有平民。后来罗马出现了一种新名词,即所谓"元老院贵族"或"元老贵族",他们成为国家的实际统治者,他们大都是富有的人。至于一般平民的参预政治,实际仍是有限的。

罗马贫民虽然取得了政治权利,但因罗马官吏始终没有薪棒,或其他报酬,故没有财产的人实际上不能享受政治权利。罗马的政治活动只限于在罗马城内,因此当罗马向外发展以后,许多平民离开罗马城到较远的地方去谋生,就无法参加罗马的政治活动了。平民得到的唯一保障即人身的自由。据说在公元前三二六年公布了一法令,罗马公民在任何情况下都不能丧失其人身自由,这是平民唯一得到的好处,至于罗马政治,始终都是为富人所掌握。

七、希腊文学之发展

公元前五世纪以前,希腊文学之发展,以小亚细亚为中心。但这时期小亚细亚的文学在希腊世界中已经不占重要的地位了,因为小亚细亚经过波斯的重大打击后,一蹶不振。经济的发展,已转移到希腊半岛,意识形态方面的发展,自然也以希腊半岛为重心了。希腊半岛上政治中心是雅典和斯巴达,但斯巴达在变法以后就没有文学可言,因此文学活动以雅典为中心,其他民主政治的城邦也有一些文学活动。

这时出来一批抒情诗人,有名的有下列诸人:

西蒙尼底(Simonides,公元前五五六—公元前四六七年),他是其沃(Ceos)岛人,写的诗有二种体裁,对希腊及欧洲都发生影响:一种是颂德诗,歌颂政治上有功绩的人;另一种是短诗,很像中国之绝句。

巴其里底(Bacchylides,公元前五〇七—公元前四三〇年)也是其沃岛人,他写的诗,是酒歌的体裁,但未演变为戏剧。

品达娄(Pindaros,公元前五二一—公元前四四一年),提比人,出身贵族家庭,他写的诗传至今天的很多。他喜欢描写贵族的生活, 和歌颂在国际运动会上的优胜者。他的写作技术非常高,但完全站在贵族的立场。他说贵族与平民有根本的不同,因为贵族是神种, 所以他们能够统治人民,能够在竞赛时得到锦标,并且能够立战功。

但希腊城邦时代文学的主体是戏剧。希腊文学中最重要的体裁,最能反映希腊人的生活,思想内容最丰富的就是戏剧。戏剧以雅典为中心, 最重要的戏剧家都是雅典人。在波斯战争期间,开始有伟大的戏剧家出现。

戏剧是从迎神赛会,特别是祭祀酒神中演变出来的,但此时之戏剧就其基本内容来讲,已超出了迎神赛会的阶段,其体裁也从孤立的短诗形式,演变成为结构较大较复杂的、已超脱了宗教神话题材的戏剧。

这时雅典出现了三大悲剧家:

(一) 埃斯其娄 (Aeschylos, 公元前五二四—公元前四五六年)。埃斯其娄出身贵族家庭,曾参加波斯战争,著作甚多,据说写过七十本戏剧, 但流传至今日的仅七本。他是雅典第一个大戏剧家,所写的戏剧主题仍以神话为主。他将希腊的神话故事用戏剧艺术形式表达出来,但他反对古代宗教神话的宿命论思想,因此他写的剧本中,对这种宿命论思想表现出一种反抗的情绪。埃斯其娄主张公道正义,并且能超出自己的阶级立场,否认贵族有特出的才能,因此他否认了贵族应享受任何特权的传统思想。

(二) 索浮克理 (Sophocles, 公元前四九六—公元前四〇四年)。雅典最盛时期与丕娄波尼索大战的同时,雅典在戏剧方面出现了另一位伟大的悲剧家索浮克理。他是雅典贵族,据说他写过一百本以上的剧本,但传至今天的也只有七本了。他所写的戏剧之主题与埃斯其娄大致相同,但他比埃斯其娄更进一步地对宿命论表示怀疑,他虽然并未否定神的存在,但他认为神并不是公道的。索浮克理因受其阶级出身的限制,在政治思想上虽然反对少数人的暴政,但也反对"暴民政治"即民主政治,主张建立贤人政治,这种政治的本质是完全代表贵族利益的。

(三)犹利庇底(Euripides,公元前四八一—公元前四〇六年)。犹利庇底亦为雅典贵族,据说他的作品共九十本,传至今天的大约有十九种,其中有些已经是残缺不全,甚至只剩下短短的一段。犹利庇底的戏剧题材除了神话故事以外,还有对当前社会问题的分析。他对人与人之间情感的观察非常细致深刻,作品的结构也比较严密,这是戏剧技术上的一大进步。最可贵的是犹利庇底对一切旧的传统意识及行为的攻击。他站在受压迫阶级的贫苦人立场来讲话,并且他是指出妇女遭受压迫乃社会中不合理现象的第一个大作家。比埃斯其娄与索浮克理先进的另一个思想是犹利庇底不仅对希腊宗教表示怀疑,并且责斥教士对人民的欺骗,这一行动等于是对神存在的否定。犹利庇底特别强调人的作用,他认为人的存在是不必受神支配的。

三大悲剧家以外,雅典当时出现了大喜剧家亚里斯陀梵尼

(Aristophanes,公元前四四四—公元前三八〇年)。他是贵族出身,他的思想是代表贵族利益的,据说他的作品有五十四本,今天我们所能见得到有十一本。亚里斯陀梵尼对一切人都加以讽刺,当时比较重要的文学家和哲学家,例如苏格拉底也不能例外。他喜欢讽刺政客,尤其是对民主派的政治家的讽刺特别厉害,一般贫民更是他讽刺的对象。除了对个人的讽刺外,他也讥讽妇女和幼稚的宗教迷信。

关于历史学。历史在今天是一种科学,但在过去很长时期历史就等于文学,到资本主义时代历史才开始有科学的意义在内,到现在才成为一门科学。

希腊第一个大史学家,是希罗多德(Herodotos,公元前四八四—公元前四二五年),西方人称他为"史学之祖"。他是小亚细亚哈利卡那索(Halicanassos)人,但长期住在雅典。后来周游世界,到过埃及、叙利亚、波斯、巴比伦,并进入黑海,直到黑海北岸的游牧地区。西地中海区域他到过南意大利的大希腊区。他在各地采访史料,公元前四四三年参加了雅典在意大利南部建立殖民地的工作,以后长期住在那里。

希罗多德著过二本书,《波斯大战史》和《亚述史》。《波斯大战史》是西方世界第一本历史著作,《亚述史》今已失传。

《波斯大战史》并非专述波斯大战。公元前四七九年以前,希罗多德所知道的历史事件也包括在内,而以波斯大战作一总结。此书又可视为一本文学作品,其中传说故事很多,以今日史学家的眼光看来,此书的价值并不太高,其重要性在于对古代亚洲西部各国的风俗习惯生活情况有比较详细的记载,可供我们今天研究。

希罗多德在主观意识上想以最客观的态度来分析各种问题,得出比较科学的结论,因此他在介绍一件事情的时候,尽可能地将各种材料加以比较,选择其最可靠的说法,或将全部材料列出,由读者自己下一判断。

希罗多德是今天所知道的希腊第一个写历史的人。他批判了当时希腊流行的神话历史观念，从埃及早期清楚的历史中知道人类最初的历史，绝不是当时希腊流行的那种人神混合的神话,同时也否认了希腊文化绝对优越的说法。

另一个有名的历史学家屠其第底(Thucydides,公元前四七一——公元前四〇〇年)是雅典贵族,参加过丕娄波尼索大战,曾被选为将军。因作战及政治斗争失败,在公元前四二四年被逐出雅典,在放逐期间他开始写丕娄波尼索大战的历史。他根据自己作战所得的知识,访问了许多亲友,采访有关材料,公元前四〇三年回到了雅典。此书并没有写完,写到公元前四一一年时(距丕娄波尼索大战的结束尚有七年),他便去世了。

屠其第底所写的《丕娄波尼索大战史》与《波斯大战史》有很大的不同。此书对历史事实的叙述是很精确的,今天我们找到的其他材料,证明了屠其第底所写的基本上都是真实的。屠其第底又尽可能地说明每一件事情的前因后果，例如他对雅典战时的党派斗争与雅典最后失败的原因都能分析，并得出比较客观的结论。唯一出于他自己杜撰的是书中的许多名人演说,这种演说内容绝大部分是他自己的推想。

单就可靠性来说,这是古代希腊第一本比较科学的历史书。

第三个写历史的人——泽诺方(Xenophon,公元前四三一——公元前三五四年),雅典人,是苏格拉底的学生,突出的贵族代言人。他的政见是代表贵族利益的,故对斯巴达十分崇拜。曾参加过丕娄波尼索大战,后被放逐,逃至斯巴达,放逐期间从事著述。其著述甚多,绝大部分都传至今天。著作中对斯巴达十分赞扬,推崇备至,他写的一本最重要的书是《希腊史》,此书将屠其第底的《丕娄波尼索大战史》续完,并记载了战后希腊的情况(公元前四一一——公元前三六二年)。《希腊史》的材料很丰富,但处处表现了他贵族的偏见。

另一本比较重要的著作是《万人远征记》,叙述公元前四〇一年希腊雇军在波斯作战及回国的情形。

泽诺方还写了一些纪念苏格拉底的作品, 主要的有四种:(一)《辩解录》,为苏格拉底的死辩护。(二)《回忆录》,回忆苏格拉底一生的事情,今天我们对苏格拉底历史的了解,主要是根据这本书。(三)《筵话》,希腊人喜欢在宴后辩论问题,此书以苏格拉底为中心,讨论哲学问题。(四)《家政论》,论述如何治家,妇女在家庭中的地位等问题,后来欧洲所有文字中"经济学"一字即源于"家政论"(Oeconomicos)一字。

泽诺方还写过《凯鲁士的教育》一书,因为他曾经到过波斯,了解一些波斯王子凯鲁士所受教育的情况,在这本书里,泽诺方完全站在统治阶级立场叙述了贵族子弟怎样统治人民的一套办法。

其他作品:(一)《斯巴达的宪法》,这是一本站在斯巴达贵族立场所写的书。(二)《亚基西拉沃》,这是斯巴达政治家亚基西拉沃(Agesilaos)的传记。在这里,泽诺方说出了他理想的政治家的形象和风格。(三)《耶娄》。耶娄(Hiero)是西西里岛的僭主,泽诺方为他写了一本传记,传记中又谈到如何统治人民的问题。此外还有《论矿》《马术》《猎术》等等著作。

泽诺方不仅是一个历史家,而且可算是一个"通儒"。他供给我们许多的史料,他的著作最显著的特点是明显的贵族立场,同时他对人格的描写比较细致,例如他写的传记,并非只是事实的叙述,对该人的思想、情绪和心理状态,都有描写。

另外有一类历史的著作叫《雅典纪年》。这虽然是纪年体裁,但包括的内容很丰富,按照年代次序从神话时代开始记载,进入王制时代后,用王系年,王的地位衰落后,用主席执政之名系年。《雅典纪年》是通史性质,政治、军事、法制、较重要的个人事迹,以至文化艺术皆包罗在内,因此历史价值很高,但这些书大都失传,今天只保留了一些片断。

《雅典纪年》的作者最重要的有二人——克莱底漠(Cleidemos)与安周提昂(Androtion),关于他们的生平事迹皆已失传,今天几乎完全不知道。

八、希腊哲学之发展

代表新兴阶层的唯物思想有进步意义。爱欧尼亚学派完全消灭了,波斯的暴力摧毁了它,但历史的发展又促使了新的哲学学派的产生。首先要提到的是埃里亚学派的名称,是由希腊殖民城邦南意大利卢卡尼亚(Lucania)州的埃里亚(Elea)而得来的,因为埃里亚城中曾经出现了许多哲学家。

埃里亚学派的首创人是泽诺梵尼(Xenophanes,大约是公元前五七〇—公元前四八〇年)。他是爱欧尼亚寇娄方地方的人,波斯征服小亚细亚希腊城邦时,他逃亡在外,最后到埃里亚建立了埃里亚学派。

泽诺梵尼是希腊哲学史最早的唯心论者,他认为整个宇宙皆有神性、灵性,是亘古不变的。他的演说大都已失传。

另一个有名的埃里亚派哲学家是帕门尼底(Parmenides,公元前四七〇年左右),埃里亚人。他除了接受了泽诺梵尼的思想外,又接受了毕达哥拉学派宗教的神秘思想,提倡绝对不变的一元论。他说,我们看到的一切变化都是虚幻的,宇宙间唯一存在的即永恒不变的神。帕门尼底用许多诡辩的说理,来证实他唯心的理论。

梅利叟(Melissos,公元前四四〇年左右),撒摩人。他接受了爱欧尼亚学派的唯物论思想,但另一方面又接受了埃里亚学派的不变论,因此,他的关于物质存在的学说,具有唯物论与唯心论的二种解释。

埃里亚的兹诺(Zenon,公元前四九〇—公元前四三〇年)是帕门尼底的学生。帕门尼底只是开始诡辩,而兹诺集当时诡辩之大成。他拥护存在永远静止的说法,并且用种种例子来证明物在任何时候都没有开始运动。例如他说飞矢从这里射出来,到达了目的地,但它并没有动,因为飞矢在每一瞬间都占着空间的一定的位置,而在这一瞬间它就静止在这位置上,因此,飞矢从这里飞到那里,不过是许多静止的总合。他又说亚其力(Achilleus)与龟竞走,只要亚其力在开始时落后于龟一步,亚其力的捷步就永远无法追过乌龟的爬行,假设亚其力的捷步比乌龟的爬行快十倍,当他离乌龟一步的地点出发时,他走一步乌龟就走十分之一步,当他再往前走的时候,乌龟也向前移动,这样永无止境。

埃里亚兹诺的学生郭基亚(Gorgias,公元前四八三—公元前三七五年)是智者学派的第一个重要人,也是埃里亚学派的最后一人。他是一个虚无主义者,否定物质世界的存在,他说宇宙是虚妄的,至少等于不存在。假定说它是真实的存在着,那么它一定是无限的永恒的存在。但我们所能看到的一切存在,实际上都只存在于时间和空间中,而时间和空间的本身有一定的限制,并不能无限的永恒的存在。我们不能想象脱离时间和空间而存在的存在,因此物质世界是虚无的,即使存在着,我们也不得而知。

埃里亚学派中个别的哲学家,虽然并未完全放弃爱欧尼亚学派唯物论的思想,但爱欧尼亚学派宇宙时刻变化着的这一主要精神已经扬弃无余。他们用种种说法来证明宇宙世界的亘古不变,这一思想与统治阶级宗教的中心思想完全一致。统治阶级在哲学上极力宣扬不变论,实际上就是以宇宙的不变来保障社会的不变,因为假定物质宇宙是静止不动的,那么社会也应该是静止不动的,现存的阶级关系将永远不变。所以历史上的统治阶级,当其统治地位稳固以后,代表这一阶级利益的哲学,开始成为不变论。

另一新的学派将爱欧尼亚学派的变化论与埃里亚学派的不变论统一起来,主要提倡原子论,此派之学者大部分为自然科学家,特别以医生居多。第一个名家是恩庇铎克里 Empedocles,公元前四九〇—公元前四三〇年)。他是西西里岛阿哥里根滕(Agrigentum)人,是当时希腊世界最有名的医生,又是积极的政治活动家。他从人体的构造出发,认为水火风土是世界的四种原质,宇宙间的所有现象,包括人在内,都由这四种原质构成,因此这是万物的最后物质基础。作为万物最后物质基础的四种原质是永远不变的,但整个宇宙时刻在运动着。宇宙运动的动力是外在的爱与憎,爱促使万物结合而形成物,憎则分裂万物,爱和憎这二种力量时刻不停地在推动着宇宙变化。这种纯朴的辩证法思想是恩庇铎克里从实际出发,研究自然科学所得的结果。

安那匝哥拉 (Anaxagoras,公元前五〇〇—公元前四二九年),爱欧尼亚克拉邹尔尼(Clazomenae)人,生长和求学于雅典。他是第一个倡导原子论者,原子一字是他所创。原子就是假定宇宙万物最后的物质基础,非常细小而不再分的粒子。这一观念,支配了欧洲自然科学二千多年。

安那匝哥拉认为宇宙间的无数原子都是无始无终永恒存在的,各种原子构成了宇宙间为人们所能看到的物质。但任何物质聚而又散,这就是宇宙生命和死亡的表现,推动聚和散的是"灵气",在这里安那匝哥拉暴露了他的二元论思想。

另一个原子论的奠基人留其波(Leucippos,公元前五世纪),据说是希腊北部阿布坥拉(Abdera)人。他修改了安那匝哥拉的原子论,认为各种原子在本质上完全一样,只有大小的不同。他假定原子外空间的存在,否定了灵气论和目的论,因为原子在空间中聚合和分散是自然的结果,并非灵气的推动,也不是为了要达到一个预先规定的目的。所谓目的论归根结蒂即主张有神的意志在主宰,而留其波是无神论者。留其波的思想后来为他的学生德模克理陀所发挥。

德模克理陀(Democritos,公元前四六○—公元前三六○年)。对原子的解释,德模克理陀和留其波一样,但他特别在意认识论。他认为人的知觉是受外界事物感应的结果,这种知觉就是认识,认识的不断积累,才使我们对外界事物有比较全面的理解(即思想)。这种说法就是今天的反映论,这是古代哲学中对认识的一种比较正确的看法。

德模克理陀又认为人本身也是一种自然现象。人的灵魂,也是物质的,是由特殊的原子所构成。人有生有死,灵魂最后也会分散。

原子论学派并无很高的发展,不久智者运动出现。

当时人对自然的认识是很肤浅的,科学工具也很简陋,因此人对自然的认识全凭一种推理,这种推理到原子论出现时,可说已经登峰造极,无法再进一步发展下去了。因此哲学家们开始转向另一条途径去探索真理。当时全希腊社会的阶级矛盾已十分尖锐,有人感到与其研究自然界的问题还不如研究人本身的问题,在这种情况下,出现了新的哲学派别,就是智者运动,这些人即智者。

希腊文 sophia,即智慧之意,这些人自称 sophistes,意即有智慧的人,智者运动即 sophioma,后来 philosophia,成为"爱智之学"的意思,philosophos 即爱智者,今天欧洲文字中哲学及哲学家二字即源于此。

我国过去称哲学有方、道、术、略,或方术方略、道述等名词,称哲学家为方士、道士、术士、道人。方即当时写字用的方板(竹板称简,木板称方),后来引申为书中的道理,特别是自成一体系的道理为方。道原来的意思是路,术和略也是路的意思,后来将人走的路抽象化作为思想上的道路即思路,就是哲学。从以上看来,哲学应该是很实际的东西,因为除方是书本的意思外,其他都是走的路,走路必须有目标,因此思维的道路也必须解决某一实际问题。哲学原来是最高的实际学问,但后来统治阶级加以歪曲,在旧社会里,哲学变成了空谈和虚玄的东西了。

智者运动以前,希腊已经有很多游方哲学家在各地游历和讲学,到智者运动时,这种游方的办法更彻底地实行,进一步有了组织的正式讲学。智者有目的、有计划招募一批人特别是青年来给他们讲学,但要获取报酬,故学生要向老师缴纳束脩。

智者运动的创始人郭基亚(公元前四八三—公元前三七五年)是一个虚无主义者,他怀疑一切的存在,并否认真实地正确地认识世界的可能。

第一个特别重要的智者是浦娄塔哥拉(Protagoras,公元前四八〇—公元前四一〇年),阿布垤拉人,曾周游各地,到过雅典和西西里各邦。他的思想出发点是怀疑主义的。他认为人的智慧是不可靠的,因为世界不停的时刻在变动,人类之观感最多只能看见变化的现象。而不能看见变化的本质,只有靠思维和理性才能了解变化的本质,才能更进一步地深入地理解我们的感觉所观察到的现象。但浦娄塔哥拉又认为任何现象变化的本质还是不能为我们真正解释。例如说原子,许多哲学家认为它是宇宙最后的基础,但谁也不能经过任何方式来直接观察原子,因此原子是万物的基础不过是一个假定，这就证明了我们只靠五官是不能认识到一切事物的本质的。但每一个人根据自己的理性去认识世界，可靠的关于世界的知识仍然是不可能为我们所知，也许它根本就不存在，因为没有二个人对事物的观察所作的结论是完全一样的，有的甚至恰恰相反。张三认为是真理，李四也许觉得是欺骗，所以一切知识都是主观的。在这里，浦娄塔哥拉否定了客观真理的存在，这是一种纯粹以个人观察出发的唯心主义思想，这种唯心论对后世的影响很大。

浦娄塔哥拉说我不知道客观真理和绝对真理是否存在，即使存在着也不能为我们所知，因此自然方面的真正现象，是无法了解的，研究它不过徒然无功。最重要的是要研究人的问题，要谋人类的幸福。怎样谋求人类的幸福呢?浦娄塔哥拉认为有二个方面：一方面是谋求自己的幸福，这是伦理学上个人道德和修养的问题，但这只有少数人才能做到。一般的人要由少数人来替他们谋求幸福，这就是政治学——即"治人术"的问题。浦娄塔哥拉教导他学生(大都是贵族子弟)主要的就是"治人术"。如果单就技术上来看，浦娄塔哥拉的"治人术"可分为二个内容：

(一)辩论学。思维要清楚，要能说服别人，至于是否真理，可以不必考虑，因为实际上并没有什么真理，只要驳倒别人就行。

(二)修辞学。为了达到说服别人的目的，要注意修辞，说话要动人，辞句要美丽，今日欧洲文字中辩证和修辞学二字是从辩论学(Dialectica)及修辞学(Rhetorica)二字演变而成的。

其他的智者很多，重要的有浦娄底科(Prodicos)、西皮亚(Hippias)等人，这里特别提到的苏格拉底是希腊哲学史上影响最大的智者。

苏格拉底(Socrates，公元前四六九—公元前三九九年)出身在雅典的一个雕刻匠家里，年轻的时候曾参加过作战，并且非常勇敢,有一次冒死救出了亚尔其比亚底。亚尔其比亚底是他的学生。据说苏格拉底的家庭生活非常不幸,他的妻子赞梯配(Xanthippe)十分凶狠,后来赞梯配一字在欧洲文字中意即泼妇。

苏格拉底与一般智者不同,甚至反对一般智者,他责斥他们的束脩制度,认为这是贩卖智慧,将哲学商业化的行为。同时苏格拉底根本反对怀疑主义的思想方法,认为智者以个人主观的标准来判断一切事物的是非,实际上等于没有是非观念,至少也是混淆是非。苏格拉底注意哲学问题,虽然也从怀疑主义出发,但怀疑只是他追求真理的方法,不是最后的目的。他说,我们应该从假定一无所知出发,才能求得真正的智慧,但智慧应该是为所有人所认识和承认的,因此真理不能以个人为标准来判断和确定,我们追求的真理不是个人的真理而是全人类所公认的真理。苏格拉底提出了"正名",他说,名要正,所谓名就是大家所公认的一个共同标准的概括之概念,苏格拉底又为名下了清楚的最后的定义。什么是善良?什么是罪恶?什么是公道和正义?苏格拉底认为人都是善良的,一切罪恶的产生都是由于缺乏足够知识的缘故。这里明显地暴露出他所谓道德的阶级性,因为苏格拉底所提倡的道德是贵族阶级的道德,他认为一般人民不能掌握知识,因此只有贵族阶级的知识阶层才是有德行的。

苏格拉底的讲学,采取和他学生随便谈话的形式。他从来不作正式的长篇大论的演说,而是用平常的谈话一步步地引人入胜,最后指出对方概念的混乱和错误,打破他原来所持之见解。然后帮助对方建立一个自己认为可靠的有根据的见解。苏格拉底并没有一个完整的哲学体系,但他的这种讲学方法在当时希腊世界是独具风格的,因此轰动一时。

当时流行于希腊的一句苏格拉底的名言是:"认识自己。"苏格拉底说,要入智慧之门,首先要认识自己,否则永远被摒弃在智慧的门外。

如果单就哲学的技术问题来看，苏格拉底的一些认识和方法大致是正确的，但他完全站在反人民的立场，是贵族奴隶主意识的代表者，因此他全部哲学所产生的后果，都是对民主雅典不利的。当时希腊人民对苏格拉底的思想虽然并没有彻底的分析，但他们根据效果所得出的结论，与今天我们对苏格拉底哲学思想所作出的批判是完全一致的。

苏格拉底讽刺一般人民思想的混乱和雅典民主政治的各种措施，甚至根本否定民主雅典的一切。他所谓的一套共同的标准——"正名"，固然是代表贵族奴隶主利益的，但也并未建立。他只是站在雅典民主派敌人的最前线，到处诽谤和反对民主，等于宣扬恢复旧的贵族政治。

在丕娄波尼索大战期间和大战以后，苏格拉底和他的学生，皆有对人民不利的表现。苏格拉底的弟子大都是贵族出身，本来就站在反人民的立场，而苏格拉底更教导他们轻视人民，因此他的好几位得意门生在政治上都突出地表现了反人民的本质。这绝不是偶然的，而是苏格拉底反动思想教育的必然结果。例如丕娄波尼索大战后，三十暴君的领导人就是苏格拉底的学生，结果使雅典形成了一个短时期的寡头政治。此外保守的反动政客亚尔其比亚底和代表贵族利益的唯心哲学家柏拉图都是苏格拉底的学生。

公元前三九九年苏格拉底被雅典法庭判处了死刑。丕娄波尼索大战以后，雅典虽然恢复了民主政治，但这时雅典的民主政治基础不够稳定，在这种危机的时期，苏格拉底自然容易引起人民对他的注意。在过去，雅典人民已经看出他对人民不利的危险性，但大家觉得他很怪，并未加以理会，现在开始认识到过去对苏格拉底的态度太放任了，因此有人控告他，罪名是诱惑青年将他们引入歧途,造成对国家的危害。按雅典的司法习惯,凡向人民法庭控告的人必须向法庭建议一处罚被控告者的办法,一般原告建议的处罚,都比较重些,这样可以给予被告辩护的机会,然后法庭根据被告的辩护和被告自己认为应受何种处分的意见来作最后的判决。苏格拉底在法庭上的态度非常倨傲,不但不承认对国家有任何危害的行为,反而说对国家贡献甚大,国家应给予他优越的养老条件。最后苏格拉底为了遵循司法习惯不得不建议用罚款的办法来处分自己,但他所提出的罚款的数目非常小,以致让人怀疑他是和法庭开玩笑。法庭最后只好接受原告的意见,将苏格拉底判处死刑。苏格拉底轻视人民和法庭的狂妄表现,也是招致他死亡的原因之一。一般资产阶级的书上,把苏格拉底说成是一个殉道者,其实苏格拉底之死,完全应由他自己来负责。

总的看来,智者运动的思想包括苏格拉底在内,都是唯理主义的思想。他们从抽象出发,认为理性是至高无上的,一切都该合理,但实质上只是合乎贵族统治阶级的理,在具体表现上唯理主义否定了人民的一切,而建立起合乎少数人利益的一种概念和思想。这反映丕娄波尼索大战以后,代表民主政治的雅典的失败。虽然后来雅典恢复了民主政治,但由这次战争,民主政治在整个希腊世界来讲,愈来愈不能维持,而贵族政治日益猖獗,智者运动就是与这种政治发展相配合的贵族政治之精神武器。

柏拉图(Platon,公元前四二七—公元前三四七年)是苏格拉底的学生,他是城邦特别是民主城邦制度趋向于消灭时的一位哲学家。柏拉图出身于雅典的贵族阶级,一向轻视人民,是民主制度的明显的反对者,因此他从未参加当时雅典的民主政治活动,这恐怕受苏格拉底的影响很大。他二十岁的时候就成为苏格拉底的门生,前后一共八年,苏格拉底被判处死刑以后,柏拉图更加敌视雅典人民，所以公元前三九九年他离开了雅典周游各国，十二年以后才回来。他曾经到过希腊半岛各城邦，又周游了西西里岛、南意大利各希腊城邦和埃及。埃及的教士阶级，对他的影响很大。公元前一二〇〇年后，埃及就是一个由教士阶级把持政权的国家，这是最彻底的最反动的贵族统治政治，但是它正合乎柏拉图的理想，因此，柏拉图在埃及吸收了不少的神权思想。公元前三八九年柏拉图回到了雅典，在雅典城外亚卡底谟公园中讲学。亚卡底谟(Academos)是古代半神半人的英雄，柏拉图在此讲学以后形成了亚卡底谟学派。

柏拉图的作品多，最重要的最能代表柏拉图的思想的著作是《理想国》，此书叙述了国家的组织和统治的道理，完全暴露了柏拉图政治思想的反动。柏拉图的作品大量流传到现在，这些作品都是用对话体裁，常常以苏格拉底为中心人物出场对话来表达自己的思想。辩论对话的内容非常丰富，里面穿插了许多神话和寓言的故事。柏拉图又是艺术语言的巨匠，他的文字非常优美动人，这一点很像我国的庄子，因此专就文字本身来说，他就具有很大的诱惑力。

柏拉图的哲学体系大致分三部分，也就是三个层次，即畴范论、自然论和至善论。柏拉图和一切唯心论者一样首先从观念出发，他认为宇宙最根本的存在是畴范，只有畴范即不可捉摸的观念，才是永恒的，不变的真实的存在着，它是万物的根源，而人所能观察到的物体，是虚幻的，只是畴范的产物，畴范的反映。例如真正的马，并不是我们所见的马，因为我们所看见的马是变化的，不住地产生着和消灭着，只有一个马的范畴，才是最完善的马，一切我们所能看见的马都是从这一畴范中产出来的。这就是说观念是第一位，物质是第二位，存在应该由意识来决定。这完全是因果倒置的唯心论，人的观念本来是产生于对物质的认识,所以观念建立在物质的基础上,而柏拉图将概念的名词翻来覆去,这种哲学思想反映在政治上必然是反动的。

柏拉图用与实际脱离的概念来解释自然和世界的结果,使他认为在畴范支配下的自然界有高低不同的各种等级,在这一宇宙观上,柏拉图建立了他的人生观,这就是他的至善论。柏拉图认为畴范活动发展的最后目的是产生人类,人类必须追求最高理想的人生,因此要取得至善的生活,就是与上帝本性相近的生活。上帝即最高的畴范,在这里明白地表现了唯心论与宗教思想的结合。

怎样才能达到人类所要求的合乎公道正义的至善生活呢?柏拉图认为只有用教育的办法,这种教育并非个人的修养,而是要靠国家的教育机构来完成,柏拉图认为只有这样的国家才能推行合理的教育政策。在这里,柏拉图描绘了他所理想的国家的形式和组织。照他的意见,国家应该有严格的阶级划分,由三种阶级的人来组成:(一)哲王,即具有无限王权的哲学家,由他们来统治国家。(二)战士,在哲王的支配下保卫国家防止外来的侵略和镇压民众暴动的阶级。以上二种人都是统治阶级。(三)大多数的人民,柏拉图认为这种人应该完全被排除管理国家的范围之外,受以上二种人的统治,并且要从事一切的体力劳动来养活和服侍哲王和战士。

柏拉图认为小孩出生后即由国家管理,任何小孩都不属于父母所有,甚至不认识父母,从一岁到二十岁受各种不同的教育,二十岁以后由国家来决定应该成为什么阶级的人,当然只有极少数的人才能成为哲王和战士。

以少数上层贵族的专制统治为目的的理想国,实际上就是斯巴达寡头政治更"完善"的形式,因此柏拉图是同情和倾向民主雅典的敌人的。

柏拉图的政治思想虽然倾向斯巴达，但他知道斯巴达是不允许哲学家存在的，假如柏拉图到斯巴达去，斯巴达对他并不会欢迎，但柏拉图情愿拥护不允许他存在的斯巴达，而反对不但允许他存在而且允许他自由讲学的民主雅典。从这里我们可以认识到阶级立场对一个人的思想所起的决定力量，一个人可以为了本阶级的利益放弃自己的一切。

柏拉图的哲学对后世的影响极大。他创造了完整的唯心哲学系统，这一系统是以后欧洲二千多年唯心哲学学派直接或间接的基础。西欧中古时代的所谓亚里斯多德思想，基本上仍然是柏拉图的思想，直到今天美国最反动的唯心哲学，或多或少都是受了柏拉图的影响。

第九章　希腊罗马城邦时代(下)
——马其顿之兴起与罗马之开始强大
（公元前三六二—公元前三二三年）

这是城邦制度崩溃时期,马其顿兴起入侵希腊,罗马强大势力达意大利全境。

城邦制度明显的已经失败,无法维持下去,东地中海的城邦为马其顿统一,西地中海的城邦为罗马统一。

这一发展过程,就希腊来讲,是各城邦内部阶级矛盾无法解决的结果,大奴隶主贵族为了维持本阶级的统治,不惜采取任何的手段,最后甚至欢迎强大的新兴的马其顿势力来帮助他们镇压国内人民,夺取政权或巩固统治地位。

意大利方面可以从二方面来看:就罗马来讲,罗马内部贵族与平民的阶级矛盾推动了罗马的向外发展;但另一方面,从被罗马征服地方内部的政治社会情况来看,——虽然关于这一方面的史料一点也没有,但我们根据整个历史的发展,可以判断当时罗马一定尽可能的利用这些地方内部的矛盾,来达到自己侵略的目的。在古代一个太小的国家遭到一个过度强大国家的侵略,等于是自然的灾害,往往无法抵抗,但这是很特殊的情况。一般来说,一国想征服另一国,它在一定程度内或多或少的要利用对方内部的阶级矛盾,并不单纯依靠自己的军事力量,罗马征服其他城邦,大概也不例外。

一、马其顿

马其顿原来是希腊落后的地区，当希腊其他地方皆进入阶级国家出现的社会阶段时,马其顿仍然长期停留在氏族社会。大约在公元前四〇〇年左右,由于生产力的提高,并且长期接受了南方希腊人的影响,开始有了阶级的分化,国家出现,战争日渐频繁,许多小国互相争夺。这些小国战争的历史,早期无记载传下,故根本不知,晚期虽然后来有一些追溯的记载,但也很少。公元前四世纪初,有一小国国王亚敏阔(Amyntas,公元前三九〇—公元前三六九年)征服了其他小国,统一了马其顿。

马其顿第一个重要的王是腓力普 (Philippos，公元前三五九—公元前三六五年)。未即王位以前,腓力普曾在提比做质子(公元前三六八—公元前三六五年)，当时提比是希腊世界的政治中心。在这种环境下,腓力普熟悉了提比和整个希腊的社会政治情况,这对他日后的事业影响很大。

腓力普深知希腊的优缺点,优点加以学习,缺点在日后向外扩充势力时可以利用。他即王位以后首先是大规模的变法和改革。在马其顿内部条件许可的情况下,尽可能的将马其顿的政治社会制度希腊化,加强内部的组织,尤其注意军事的改革。在这方面,腓力普吸取了提比的许多经验,但更创立了许多先进的办法,设常备军,作战时布置一种方阵,方阵横排和竖排的人数相等,最少时每排四人,最多达二十五人。这种阵势敌人很难冲破,但却有利于进攻, 故对马其顿后来征服希腊及其他地方起了一定的作用。

不久,马其顿变成了希腊世界最强大的国家,腓力普开始向南发展。最初并不完全靠武力,他尽可能的利用希腊各城邦的弱

点,用金钱去贿赂可以被自己利用的人,制造和扩大亲马其顿的
派别,并极力建立亲马其顿的政权,以达到不战而胜的目的。这
种例子很多,例如雅典,当马其顿强大以后,国内很自然的就分
化为二个派别,这二个派别的前身,即民主派与贵族派。民主派
要维持一般公民自由统治, 所以反对马其顿这一派的主要领导
人是雄辩家德谟斯提尼(Demosthenes),德谟斯提尼曾发表过好
几篇有力的演说,鼓励雅典人民反抗马其顿。这些演说称为反腓
力普演词,大都传到今天,文辞优美动人。贵族派亲马其顿,他们
要靠马其顿的力量来维持国内之统治, 此派代言人是雄辩家埃
斯其尼(Aeschines),发表演说劝希腊人投降马其顿,这些演词大
都传至今天。

不仅在雅典, 其他许多地方都有亲马其顿和反马其顿的派
别,有些地方甚至建立了亲马其顿的政权,实际上成为马其顿的
属邦。

公元前三三八年,马其顿打败了由提比领导的同盟军。提比
是当时希腊民主势力较大的城邦,同时力量也比较强大。提比失
败后,希腊各地已经没有能力反抗马其顿了。

公元前三三八年腓力普在科林陀城召集全希腊大会, 邀请
了全希腊各城邦参加,但斯巴达拒绝到会,不肯接受马其顿的盟
主地位。

公元前三三七年,腓力普在科林陀召集第二次全希腊大会,
此次大会决定对波斯宣战。

当时希腊各城邦实际上都在马其顿的控制之下, 虽然有些
城邦并未建立亲马其顿政权,腓力普也知道他们无力反抗,但各
地人民并非完全乐意接受马其顿的统治, 腓力普为了转移各
地人民的视线,决定一致对外对付国外共同敌人的办法。过去二
百年来,波斯一直都是希腊世界最大的威胁,希腊人民除了奴隶

以外,不分阶级都憎恨波斯。因此,对波斯宣战的号召最动人最响亮,能获取广大人民的拥护,对马其顿来说好处更大,因为这一号召最能模糊人民对内的注意力。

另一方面,波斯帝国从印度边疆到西方的埃及,几千年来世界古国所积累的财富都为波斯占有,希腊人尤其是统治阶级认为对波斯作战可以大肆抢劫财富,故这一号召对希腊人的诱惑力极大。

第二次科林陀大会又宣布禁止解放奴隶,这显然是代表大奴隶主阶级利益的。但腓力普志未成而死(公元前三三六年),他死后他的儿子亚历山大即位,继承了父亲的遗志。

亚历山大三世 (公元前三五六—公元前三三六—公元前三二三年)即位后仍为希腊盟主。公元前三三四年出征小亚细亚,带领了步兵三万二千人,骑兵五千人,由一百六十只船来装载渡河。就当时希腊人口及经济条件来说,这是一支很大的军队。亚历山大先征服波斯帝国的西部领土,先后三年。第一次战争是革兰尼科之战(Granicos,公元前三三四年),波斯的希腊雇佣军失败。次年在小亚细亚东南部进行的伊朔(Issos)之战,将波斯王亲自率领的军队打败,波斯王东逃。故到了公元前三三三年,小亚细亚完全被亚历山大占领。

公元前三三二年用政治手段解决了叙利亚的问题,但推罗城拒绝投降。推罗是腓尼基最大的商业城,此城一半在海岛上,一半在大陆上,亚历山大从陆地修了一条通海岛的栈道,七个月以后占领了全部推罗城。亚历山大修的栈道,在军事史上有很重要的意义。

埃及并未抵抗就投降了(公元前三三二年)。亚历山大在尼罗河口建立亚历山大里亚(Alexandria)城,此城后来在政治、经济、文化上的地位十分重要。

亚历山大采取了波斯与埃及关于王是神的儿子的说法,自称为亚门丢斯(Ammon-Zeus)之子。亚门、丢斯是埃及和希腊最高的二个天神,亚历山大将二个神合而为一,利用埃及的神话,让埃及教士承认他是这二个神的儿子,这等于利用神在理论上巩固他在希腊和埃及王的地位。

公元前三三一年亚历山大回到了小亚细亚,开始征服波斯帝国本部及东部(从两河流域到印度的西北部)。最初并未遇到抵抗继续向东追击,在底格里斯河上游的果戛米拉(Gaugamela)地方打败了波斯的主力军。公元前三三〇年波斯王被杀,波斯境内大乱。公元前三二九年继续东侵,侵入中亚,当地人民对希腊军进行了长期的反抗。亚历山大在此停留二年,经过了无数次大大小小的战争,直到公元前三二七年才将当地的反抗镇压下去。公元前三二七年向南进军,入印度五河流域。公元前三二五年,因亚历山大军队在当地水土不服,死亡甚多,在全军强迫下亚历山大回师,仅留下一小驻防军于印度西北部。

回师以后,亚历山大停留在巴比伦城。他订立了一个庞大的计划,企图将希腊、波斯二种不同的人种和二种不同的文化混合为一个种族和一种文化。因为亚历山大比过去许多征服者有远见,他知道只凭武力,帝国是无法长久维持下去的,他决定用一种文化和精神的力量来维系帝国内部的团结。从希腊、埃及到印度西北部这样一个大的帝国,首都应该是在比较适中的地方,故亚历山大决定定都巴比伦。公元前三二四年亚历山大开始逐步实行他的庞大计划,第一步先打破各种族之间的界限。他鼓励希腊人和波斯人结婚,他自己就娶了一位波斯王族的女子为妻,他的部将也纷纷效尤。但亚历山大在公元前三二三年当他三十三岁那年去世,他的远大计划未能完成。

亚历山大的计划也有部分得以实现,这完全是历史客观形势的推动所致。亚历山大帝国将从希腊到中亚、印度的一大片土地第一次的用武力统一起来,将它们置于一个政权的统治下,使各地交通除了自然的障碍外,已无任何的政治障碍,因此商业的活动,比过去方便而渐渐频繁了。

亚历山大向东方扩充领土时,建立了许多希腊城邦,让希腊人在那里统治,并鼓励希腊人向这些城邦移民,重要的城邦有二十五个——有说六十余或一百个以上,但就其后来发生影响及作用的约二十五个,希腊城邦的建立更进一步的推进了东西的商业交通。

希腊人是这一帝国的统治者,又大规模的经营商业,因此希腊的文字语言在整个帝国中通行,历史上称这以后的几百年为希腊化时代。

二、罗马之成为意大利最强国家

这一时期罗马渐渐成为意大利最大的国家,不断向外扩充领土,到城邦时代结束时罗马征服了意大利中部南部地方。

罗马的贵族和平民对罗马的向外扩充领土,都起了推动作用,但贵族尤为积极。贵族要向外侵略抢夺土地以扩大其剥削面,罗马平民是赞同贵族这一行动的,因为贵族们征服一个地方以后,虽然将大部分的土地或自己留下,或在收归国有名义下由他们控制,但总要留出一部分分给平民。贵族用这种办法来缓和内部的阶级矛盾,是取得一定的成功的。罗马很长一个时期,内部阶级斗争,实际上都很尖锐,但由于向外侵略,始终未能爆发成为激烈的革命。

罗马最早向拉丁区扩张势力(拉丁区即罗马附近的区域,罗马城本身也是拉丁区的一部分)。罗马一方面用武力征服,同时也用外交的手段来达到自己的目的。传说公元前四九三—公元前四八六年罗马与拉丁区的许多国家组织了拉丁联盟，但联盟与罗马之间时常发生冲突。公元前三四〇—公元前三三八年，拉丁联盟乘罗马与外敌作战之时，起来反抗罗马，企图摆脱罗马之控制，但遭到失败。此后名义上平等之联盟关系取消了，拉丁区成为罗马的属地，直接由罗马控制。

拉丁区北部有一种人叫伊楚斯科人，有一时期他们很强大，可能曾经征服过罗马。公元前四〇五年罗马出兵攻打他们，在拉丁区与伊楚利亚(Etruria)交界的菲伊(Veii)地方双方大战，经过了十年的工夫，到公元前三九六年，罗马始攻下，此后其他伊楚利亚的城市很快的都被罗马征服了。

征服伊楚利亚以后，罗马向南发展，与散尼提人(Samnites)因争夺意大利中部靠海的堪盘尼亚(Campania)发生了冲突，前后有三次较大的战争。第一次大战从公元前三四三—公元前三四一年，前后三年。这一战争刚结束，拉丁联盟进行了一次推翻罗马统治的反抗，但被罗马镇压。第二次大战从公元前三二六—公元前三〇四年，第三次大战从公元前二九八—公元前二九〇年，都是罗马胜利。第三次大战时，未被征服的伊楚斯科人及意大利半岛东部的高卢人与散尼提人组成了联盟，共同抵抗罗马人。公元前二九五年双方大战于意大利南部的森提侬 (Sentinum)，罗马取得了最后的胜利，散尼英(Samnium)为罗马占领。故到公元前三世纪初年罗马已成为意大利半岛上最强大的国家。

罗马对被征服的地方实行一种分而治之的办法，对待各区及各区对罗马的义务的规定皆有所不同，这样就人为的造成了各被征服地区之间的隔阂和矛盾，使他们不容易联合起来反抗罗马。对属土的统治大致分以下几类。

(一) 市府区，内政完全自由，当地人并且可以享受罗马公民的联婚权及通商权,与罗马公民可以通婚,与罗马人可以自由经商,但他们并无罗马的公民权,不能到罗马城中去参加政治活动。

市府区内人民所享受的权利总称为拉丁权,因早期享有此种权利的是拉丁区的人民,这是罗马公民以外享受待遇最优越的人。

(二)移民区,把被征服的地区划出一部分,将当地人全部赶走,而由罗马移殖进去,这种地区叫作移民区。移民区有大小之不同。小区等于罗马之驻防区,全部都是罗马人,他们享有罗马公民的全部权利,保留罗马公民的地位,但不能在当地建立自己的政府,而是受罗马城直接统治。较大的区是罗马人与拉丁人联合移殖的地区,这些人一律享受拉丁权,他们有简单的自治权,但必须受罗马城的控制。后来这种地区的人口渐渐增加,罗马准许他们依照罗马城的政治制度建立自己的政府,同样有二个执政,称 duumviri,也有元老院,称 curia。

(三)同盟区,名义上是罗马的独立的同盟国,各国皆与罗马单独订有条约,规定二国之间的关系,各国所订条文不同,但内容大致有以下几点:(1)内政自由;(2)不入贡,对罗马并无经济上之义务;(3)自成军事单位,要组织陆军或海军跟随罗马人向外作战,作战时各盟国军队仍独立编组,自有统帅,这是同盟国对罗马的唯一义务;(4)无自由的外交权。

(四)其他,对尚无城邦组织出现的地区,罗马也有不同的统治办法,罗马称这些地方为"空地""农村""会议""乡区",因为这些地区基本上是农业地区,有时还存在着氏族社会的会议制度。罗马对他们的统治办法有二种:一种是派守,由罗马直接统治;一种是将它们附属于市府区、移民区或同盟区的城市,称为该城市的附属区,由该城市来管理他们。

罗马的向外扩充,对内部社会政治的发展有很大的影响,罗马已经萌芽的奴隶制度开始大规模的发展起来,奴隶数目增加了,奴隶在劳动生产中所占的地位也愈益重要起来,这一时期罗马奴隶的来源,完全是从外面输入的,就数目来讲最多的是战俘。其次是罗马各地之属民因罗马剥削的惨重,或因欠税,或因缴税而致借债无法偿还,最后沦为奴隶。另外还有用钱买来的奴隶,当时地中海有许多海盗,他们除了劫掠商船外,还在海岸上大规模掳掠人口,带到奴隶市场中去卖,罗马人常常出钱购买奴隶,特别是购买有技能的奴隶。

罗马奴隶分官奴与私奴二种。官奴从事以下三种劳动:(1)公共业务,做国家建设方面的工作,例如修建或管理水道、道路、公共建筑,及一些打扫工作。(2)公共职务,主要的是庙宇,或公共机关之差役、刑吏、狱卒。(3)开矿。

私奴分为二大类——城市中的私奴和农村中的私奴。城市中的私奴大都在城市豪富之家特别是元老的"公馆"中服役,这些豪富显赫之家,往往拥有几十甚至几百个奴隶。一般罗马人认为从事体力劳动是可耻的,即使是很贫苦的罗马公民也极力逃避任何体力劳动,至于贵族更不待言了。贵族家中之奴隶包括保镖、厨师、理发师、鞋匠、织工、石匠、染工、建筑师、抄写员、教师、医师、音乐师、演员,另外还有替主人认客人的"知名",这些奴隶只有少数是从事生产劳动的,大都在家庭中服役。

农村之私奴主要是从事生产劳动。罗马贵族大量劫夺了被征服地区的土地,这些土地皆成为大的田庄,用大量奴隶来经营。平常在农田中劳动的人都是奴隶,只有在农忙的时候才雇用自由小农与奴隶一齐工作。

罗马奴隶所受的待遇及生活情况:最初主人可以随意杀害奴隶,但后来至少在制度上已经不允许主人随便杀奴了,但假如主人在家中被人杀死,那么不问凶手是谁,家中所有的奴隶都要被处死刑,这说明奴隶不仅用劳动为主人服役,并且法律强制奴隶对主人的安全负完全的责任。同时,无论主人用什么方式虐待奴隶,奴隶都不能到法庭去控告其主人。奴隶虽然可以婚嫁,但一定要得到主人的允许。一般城里的奴隶大多数都能过家庭生活,但农村里的奴隶大都没有自己的家庭,许多奴隶在一起过着集体的牲畜一般的生活。关于财产,奴隶如果得到主人的许可,是可以积蓄一些私财的, 能积蓄私财的奴隶大多数也是城市中的私奴,因为他们在主人的家庭中服役,主人和他们在感情上多少有些关系,虽然奴隶在奴隶主看来不算是人,但在实际生活中有时还可以把他们当作人。农田中的奴隶情况就不同了,主人只考虑如何压榨他们拿到城中来供自己的享乐。平常主人不到田庄中去,他派一个为自己所特别信任的奴隶去监视田庄,这一奴隶已经完全叛变了他原来的阶级立场,成为奴隶主的帮凶。他对奴隶的敌视有时甚至还超过他的主人,对奴隶极力虐待,经常鞭打,夜间将他们囚在地下室,有时甚至用镣铐扣住奴隶的手脚,以防他们逃跑。

这时罗马不把奴隶当作人看待的思想完全确定, 他们称工具为"哑吧工具",称牛马为"半哑吧的工具",称奴隶为"会说话的工具"。

另外罗马人有一种释奴制度。奴隶可以被主人解放,但解放以后并不算作自由人,而称"释奴"。释奴和主人的从属关系仍然存在。主人是门主,释奴是门客,但与自由人身份之门客仍然不同。他们经常在主人家里服役,每晨向主人请安,主人如果不命令他离开,那么他是不敢擅自回家的。同时他不能拒绝主人命令他做的任何事情,如果对主人表示了"不恭顺"的态度,主人经过一定的手续,由法律承认,释奴仍然可以降为奴隶。

三、城邦时代政治社会发展总论

外交是内政的延长，城邦时代的历史更清楚的说明了这一点：

这一时期每一城邦内部皆有双重的阶级斗争——自由人与奴隶之间以及自由人内部贵族与平民之间的矛盾与斗争。各城邦间在这一时期内不断发生战争，这种战争的性质一般不超过二个类型：(一)为了夺取土地和人民，这种战争大都为大奴隶主所发动。(二)为了打击制度上异己的国家。许多战争往往同时包含了以上二个因素，在这二个因素的推动下，各城邦之间就不断发生大小规模不同的战争。任何国际战争都会引起内政的波动，甚至引起内战，因为每一个国家的党派，总是乘着对外作战的机会，更加强做一种对自己有利的政治活动，与其对立的政党进行斗争。尤其是失势的在野党，更认为对外作战时期是夺取政权的良机，故往往勾结外国，甚至勾结敌国内部与自己利益一致的政党，作为他们对内斗争的助力。当政的政党，虽然一般并不显著，但实际上也是这样，他们为了巩固自己的统治往往也勾结外国。

关于奴隶在当时的社会情况下，组织大规模反抗的机会是不多的，但奴隶也能利用对外作战时期，统治阶级无暇顾及国内的情况下起来暴动。关于这一方面的记载，据我们所知，大规模的只有一次，即丕娄波尼索大战末期，雅典失利，国内矿奴二万人乘机集体逃亡，但这只是消极的反抗，并非积极的斗争。有些国家为了打击敌国，也不惜去帮助敌国国内的奴隶起来反抗，这些例子甚少，因为城邦国家都是代表奴隶主利益的，除非在军事上有绝对必要时才这样做。雅典在丕娄波尼索大战时，曾组织希洛人，并给他们武器，怂恿他们起来反抗斯巴达政府。

希腊的城邦制度始终是不稳定的,没有长久维持的可能。所谓不稳定就是各城邦内部阶级矛盾非常剧烈,任何一阶级,尤其是贵族大奴隶主,把持国家政权时,为了巩固自己的统治,总是勾结外力大奴隶主政权。一般的都是勾结斯巴达,而斯巴达也不过是一个城邦,力量也很有限,故各国内部的贵族阶级,无论在野或在朝的政党,往往去勾结波斯。波斯是当时非常强大的贵族国家,它想征服希腊的企图虽然失败,但仍然找寻机会通过希腊各邦内部的阶级矛盾来干涉各邦内政,有时这种干涉甚至表面化了,成为半公开的或公开的干涉。马其顿兴起以后,贵族勾结外力更方便了。因为波斯无论如何总是外国人,和他勾结好像说不过去,而且为希腊绝大多数的人所反对,甚至贵族中人也有反对者。但马其顿出来以后,这种勾结则可以公开了,所以马其顿主要的是由于它利用了希腊各邦内部的阶级矛盾,才使它迅速的征服了所有希腊城邦,统一了全希腊。

马其顿本来是希腊的一个落后地区,在大的地区中,它可以说是最后由氏族社会转入有阶级国家的社会。国家出现以后,马其顿就是一个统一的大国,由贵族奴隶主掌握政权,所以它出现后,希腊各邦之贵族立即认为这是他们最可靠的靠山。因此马其顿征服各邦,虽然也用过武力,但基本上是各邦贵族的自动投降,为了稳定他们的统治,甘心放弃国家的独立。

关于罗马这一段历史的发展,基本上与希腊相同,在现象上却仍有区别。所谓基本上相同是指的罗马内部的阶级关系与阶级矛盾与希腊一样,但罗马自由人中贵族与平民之间的关系在表现上与希腊不同。贵族一直就是统治和压迫平民的,平民一直都在反抗,罗马贵族利用平民内部的现有条件来削弱平民的反抗,一般用以下二种办法:(1)经常不断的对平民作一点一滴的让步,这样就避免了平民的革命,让步以后,平民内部开始分裂,一部分人斗争情绪低落下去，所以罗马始终没有发生过一次大的革命，而政权总是操在贵族手中。(2)随着一点一滴的让步，罗马贵族逐步的吸收平民中财产多的或是才干较高的人到贵族社会中来，最初大都作元老，后来所有国家官吏平民皆可担任。这就是说贵族尽量去收买那些有能力领导平民的人，让他们参加自己的政治集团，以削弱平民的力量。除此之外，贵族还利用向外扩充领土的办法，一方面可以扩大自己的剥削地盘，一方面用以缓和国内的阶级矛盾。征服的土地大部分都为贵族所占有——贵族直接占有或以国家的名义占有，每一次总留一部分给平民。所以对外的侵略战争，虽然每次都由贵族积极发动，平民也很拥护，这样就一部分或全部转移了人民的斗争的目标，他们忘记了至少是忽视了贵族对他们的剥削和压迫，而将注意力转向对外的战争。结果使罗马基本上能缓和国内阶级矛盾，稳定内部社会秩序，因此很快的罗马就变成了意大利半岛上最强大的国家，最后统一了全意大利。

四、希腊文学之始衰

城邦时代末期，因城邦制度的崩溃，使反映城邦生活的希腊文学日渐衰落。这时在文学上唯一重要的发展是演说文学和辩论文学，这种文学虽然早已出现，但这时才获得高度的发展，这是和城邦政治生活有极密切关系的文学，是城邦政治生活的一种表现方法。今天我们政治生活的表现和方法，就技术上来说，是不能脱离广播和报纸的。在当时的希腊民主国家中，每一种政治活动，里面都意味着党派的斗争，当时从事政治活动的人，大都具有演说和辩论的能力，因为这可以说是与敌对党派斗争的重要技术。同时在另一方面，当时希腊民主国家中尚无律师出庭的制度,每一个人在法庭中只有靠自己来辩护,所以当时有许多人专替被告或原告来写辩护词。在以上二种政治社会的要求下出现了一批雄辩家。在公元前五世纪时,这些雄辩家开始将替人写辩护词当作一种正式的职业。最早的一人名科拉克斯(Corax),是西西里岛上叙拉库西人,另一人叫郭基亚,又是有名的哲学家。有名的雄辩家大都是雅典人,即便不是雅典人,往往也在雅典活动。例如利西亚(Lysias,公元前四五八—公元前三七八年),伊西沃(Isaios,公元前三九〇—公元前三五三年),他们都不是雅典人,但在雅典活动,成为有名的职业雄辩家。

城邦时代晚期,雅典出现了一位希腊史上最有名的雄辩家伊苏科拉提(Isocrates,公元前四三六—公元前三三八年)。他在雅典设立学校,专门教学生演说和辩论。伊苏科拉提本人不善于说话,但写的演说词十分动人,有许多由他执笔的辩护词和演说词,不仅在雅典,在整个希腊世界都流传,是一般学习演说和辩论的最好的材料。但伊苏科拉提的思想与柏拉图很接近,是贵族的代言人。他极力主张希腊的统一,而这种统一是要由马其顿人来完成的。伊苏科拉提用十年的工夫写了一篇文章 Panegyricos,极力宣扬马其顿统一希腊的思想,这是他一生最精心的作品。此外他还写过一篇文章 Areopagiticos,完全提倡复古,但用比较和缓的办法,并非明显的主张贵族独裁。他认为索伦时期的政治是最合理想的,这种缓和的复古思想对人民的迷惑力甚大。总的说来,伊苏科拉提的思想完全是代表贵族利益的,但就文学的发展来说,他的地位很重要。

埃斯其尼(公元前三八九—公元前三一四年),雅典人,出身商家,是一个更彻底和露骨的亲马其顿派,并且曾经接受过马其顿的贿赂,故在雅典极力替马其顿宣传。

德谟斯提尼(公元前三八四—公元前三二二年)出身雅典商

家,幼年曾遇过许多波折。他父亲去世的时候留下许多财产,交给别人代为保管,但德谟斯提尼成年以后,此人将财产吞没不肯交出,德谟斯提尼向法庭控告,因口吃不会讲话,又无钱请人代写辩论词所以失败。德谟斯提尼从此以后乃学习演说,用最大的决心和高度的毅力克服了口吃的毛病,最后成为一个雄辩家,终于在法庭上驳倒对方,将财产收回。

德谟斯提尼是民主派之人。当他成为一个雄辩家时,希腊有许多地方已在马其顿势力的控制下,德谟斯提尼前后写过三篇反腓力普的文章,对鼓励雅典反抗马其顿侵略、反对贵族阴谋起了一定的作用,他自己与亲马其顿派的埃斯其尼作过直接的斗争,写过一篇《金冠论》揭发埃斯其尼之弱点,并且判断埃斯其尼一定接受过马其顿的贿赂。其文章说服力很强,条理清楚,理由充足,感情十分丰富,所以最后完全打败了埃斯其尼,此后埃斯其尼无法再在政治上活动。

无论从思想上技术上来看,德谟斯提尼都是希腊的一大雄辩家。

总的看来,希腊城邦时代文学有很高的教育意义,对当时各民主国家的人民起了一定的教育作用,因为这些民主国家的文学,基本上是有人民性的。例如戏剧,它的剧情完全反映了当时人民所注意的关心的政治社会或思想问题,虽然这些戏剧并非完全站在人民立场所写,但多数还是站在人民方面说话的。就是站在贵族立场的戏剧家,其作品也提出了一些问题,能使平民更明确斗争的路线。所以城邦时代的希腊戏剧都是密切的和各城邦的政治生活相联系的。

至于演说和辩论文学更不待言了,它的本身就是一种政治活动。此外还有诗,在这一时期内希腊的诗只有极少数是专门供给少数人欣赏的,一般的诗都是为朗诵而写的,其中也有些直接的牵涉政治问题在内。每一篇诗,经过朗诵以后,往往引起大家的辩论,对诗之内容、技术、思想都可以自由提意见,所以连不识字的或识字极少的民主国家之希腊人,也有赏鉴诗之能力,故诗有它较广的群众基础。

当时唯一没有人民性的文学作品就是史学。史学在希腊有一定的发展,但史学作品并不是为了朗诵而写的,也很少人去读,尤其是一般人民,即使能识字也无时间去读这样长的史学作品,因此它只为少数人欣赏和消遣。最早的历史,就是叙述故事,例如希罗多德的战史,其中包括了许许多多故事。今日的历史是基本之科学,但当时完全是文学,并且还是由少数人消遣欣赏、没有群众基础的文学。

五、城邦没落中之哲学

建立在城邦基础上之希腊哲学,因城邦制度的崩溃,开始衰败,哲学衰败的明显表现是犬儒主义思想的出现。犬儒主义(Cynicos)一名,一说是因为该派讲学地点而得来,又说因犬儒主义者性情怪僻,不满现实,经常谩骂攻击有如狂吠,故得名。

最早的犬儒主义者安提斯提尼(Antisthenes,公元前五、四世纪间)是苏格拉底的学生,在其诺撒基(Cynosarges)地方讲学。因希腊城邦国家政治独立地位之丧失,旧的社会制度又崩溃,而新的尚未建树,在这一空白期间许多哲学家的精神无所寄托,只好"反求诸己"了。犬儒主义者就是抱着逃避现实的愤世态度,来对待一切事物的。安提斯提尼穿着极破旧的衣服,逃避人生的享乐,柏拉图曾批评他说:"安提斯提尼满身傲气,从他破旧衣服的窟窿中向外冒。"说明了犬儒主义者的傲然冷漠。

另一个犬儒主义者狄欧基尼(Diogenes,公元前四一二—公元前三二三年)是西诺邬(Sinope)人,也是一个极端愤世主义者。他的避乐主义比安提斯提尼更为彻底。狄欧基尼不穿衣服,在身上套上一个大木桶,一有机会就骂人。传说有一次亚历山大去找他,问他有什么要求,狄欧基尼傲然回答说:"请你走开不要挡住我的阳光,这就是我唯一的要求。"这一传说不一定可靠,但足以反映犬儒主义者的思想作风。

但这时出现了一个并未受以上思想影响的大哲学家亚里斯多德(Aristoteles,公元前三八四—公元前三二二年)。

亚里斯多德是马其顿之斯塔基拉(Stagira)人,父亲尼叩马科(Nicomachos)是马其顿王的御医。早年亚里斯多德也攻读医学,但后来在雅典长期受教于柏拉图,后来马其顿王腓力普聘请他为太子亚历山大之师(公元前三四三—公元前三四〇年)。由于与亚历山大的师生关系,亚历山大在东侵时期为亚里斯多德搜集了许多丰富的植物、动物、矿物标本,对亚里斯多德后来自然科学的成就帮助很大。

亚里斯多德的讲座设于雅典城外之亚波郎·里其沃(Apollon Lyceos)庙中(公元前三三五年或公元前三三四年),故亚里斯多德学派有里其沃学派之称。又因亚里斯多德在讲学的时候,习惯在花园中徘徊,与学生边走边讲,故当时人称他为走路的学者,称他的学派为走路的学派。

亚里斯多德酷爱读书,是当时最大的藏书家,在博览群书的基础上,创立了自己独特的见解。他又是今日所知全世界第一个著述特别丰富的人,他的著作可以分以下几类。

(一)方法论。最重要的一本书,就称《方法论》是演绎逻辑的作品,这是全世界第一本讲逻辑学的专书。

(二)理论哲学。最重要的有《物理学》和《超物学》。《物理学》是讲物质世界,并对物质世界作一概括的解释;《超物学》则对物质世界提高到哲学上来认识,这就是后来的形而上学,但它不同于后来形而上学的是它并非完全唯心。

(三)实用哲学

(1)伦理学。(2)公民学,即政治学。(3)宪法史。亚里斯多德曾经写过希腊一五八个城邦的宪法史,这是一个非常艰巨的工作,因当时希腊各城邦并无成文宪法,亚里斯多德根据过去阶级斗争的历史,来解释今天的城邦制度。这一五八本宪法史已完全失传,只剩下雅典的一本,这是一八九〇年在埃及发现的,除了前几页残缺外,完全完整。

雅典宪法史是根据安周提昂的编年史补充以自己搜集的材料写成,故内容非常真实可靠,亚里斯多德尚能客观的记载当时雅典的政治社会情况,这是我们今天研究古代希腊史最重要的文献之一。

(四)文艺评论

(1)《文词》。这是希腊第一本系统的修辞学书,其中包括修辞学的基本道理,过去希腊人虽然注重说话的修辞,但在亚里斯多德以前尚无人提高到理论上有系统的分析过。

(2)《诗品》。这是今天所知道的最早评论诗的一本专著。

关于哲学思想,亚里斯多德首先从物质世界出发,他吸收了埃及、巴比伦的自然科学成就,再加上自己的研究,在一个大的概括性的自然科学基础上来解释宇宙。亚里斯多德认为一切物体由四种基本元素水、土、火、气所构成,这一思想对后世影响很大,欧洲及回教世界在中古时,对宇宙的认识始终未能摆脱亚里斯多德四质论的影响。

对于生物,亚里斯多德认为生物与无生物的最大区别,在于生物能自然滋长,并且是有目的滋长,植物的滋长是为了供给动物以食品,动物滋长的目的,是供给人类食用。但动物比植物高一等,这是因为动物不同于植物,它是有感觉的。有些人以外的高等动物还有记忆力,但只有人才有理性,所以人是有灵魂的,人死以后,灵魂就不存在了。人的灵魂和理性的关系就是物质和畴范的关系。关于这一点,并非宗教概念,而有它一定的科学意义。

人如何去认识外界世界呢?亚里斯多德认为人对外界世界的认识是由于离开人类而客观存在着的物所引起的,所以人完全受外界的感应,由感应而产生出的反映,就是知识的唯一来源。

在以上的基础上,亚里斯多德进一步的发挥了他的哲学思想。亚里斯多德认为宇宙中任何一种现象都有最后的畴范,但并没有一个超然独立的畴范,物质是达到畴范的基础,脱离物质的畴范不能存在,二者在物质世界的结合,就构成了个别的物质,这是亚里斯多德的创造论思想。以上思想虽然否定了柏拉图神是最高畴范的观念,也批判了柏拉图视物质世界为虚幻的唯心论,但亚里斯多德认为世界物质的基础,有物质与畴范二个始源的说法,是二元论的见解,和其他任何二元论者一样,归根结蒂亚里斯多德仍未完全摆脱唯心主义立场。

关于人生哲学——伦理与政治,亚里斯多德首先认为人是政治的动物。他说人既不是神也不是畜生,因为畜生只有感觉没有理性,它们不可能有政治生活,而神的理性又太高了,无需有政治活动,只有人既有感情也具有理性。亚里斯多德认为人最合理想的生活,就是将情感与理性适当调和,只有将二者适当调和,人与人之间的利害矛盾,才能圆满解决。这就是他的中庸思想。但亚里斯多德认为调和情感和理性的力量不是个人所能有的,而要靠政治来解决,因此,亚里斯多德认为人的集体生活是绝对必需的。

　　亚里斯多德认为有三种政治制度——君主政治、寡头政治和民主政治，这三种政治制度并无绝对的好坏。君主政治是由国君一人来全权治理国家大事，假如国君很贤良，那末这种政治制度也未尝不好，但君主政治往往容易变成暴君的统治。寡头政治是少数人独裁的政治，如果少数把持政权的人对国家全局能看得比较清楚，并将各方面利益适当调和，那也很好，但寡头政治极易变成少数人的残暴统治。至于民主政治，至少在原则上理论上应该比以上二种政治制度合理，能使全体自由人都有参预政治的权利，但有时往往容易受政客利用，成为暴民政治。

　　亚里斯多德认为只要将权利界限划分清楚，让每一个人认识自己的权利与义务，然后按着去做，任何制度都能实行得很好。但亚里斯多德认为阶级的区别是必需的，许多人只能做奴隶，他们不能享受政治权利，甚至对自由人里面从事体力劳动的人的政治权利也应限制。

　　亚里斯多德虽然不是贵族奴隶主的绝对支持者，但他的政见是密切地接近承认国家的政权应该由一个阶级——奴隶主阶级来掌握。

　　从哲学本身的发展来看，亚里斯多德有许多地方应予肯定。他将过去希腊哲学天人二大潮流合而为一大体系，对后来西方世界的哲学影响很大。同时亚里斯多德批判了柏拉图绝对唯心主义的思想。他曾说："柏拉图为吾友，真理尤为吾友。"另一方面，亚里斯多德又创制了逻辑学。在此以前，逻辑作为一个思想方法来研究尚未有过，例如柏拉图文章极美，辩理却不甚清楚，亚里斯多德的作品，逻辑性甚强，这对后世思想的影响甚大。从此以后，任何思想家研究学问都可有一定的思想方法了。

　　亚里斯多德对自然科学的提倡十分积极，以后西方世界一直继续他的传统，使科学研究之线索始终未断。

　　但亚里斯多德将阶级之划分视为天经地义，强调劳心劳力的区别，是应予以否定的。雅典三大悲剧家埃斯其娄、索浮克理和犹利庇底，虽然亦出身贵族家庭，但尚能站在人民立场说话，所以我们不能以亚里斯多德受了阶级出身的限制作为理由来谅解他的政治论，在这一方面亚里斯多德不及三大悲剧家。

　　亚里斯多德虽然批判了柏拉图绝对唯心主义的思想，但他并未完全摆脱柏拉图唯心主义思想的影响，最明显最重要的表现在他的目的论上。

　　总的看来，亚里斯多德在世界史上的地位十分重要，因为他总结了其先驱的科学成果，并且自己有许多新的建树，贡献甚大。他不仅在当时推动了科学的发展，对后世世界哲学思潮发生过巨大的影响。

第十章 希腊化与罗马帝国成立时代
(公元前三二三—公元前三一年)

到了这个时期,城邦独立的时代可说已经过去,地中海世界和亚洲西部地区的国家都已是一些大的奴隶主国家。在地中海东部和亚洲西部主要是自亚历山大帝国分裂出来的几个国家,历史上称之为"继承国"(Diadochi)。此外在地中海西部此时则有另外两个大国——罗马与迦太基(Carthago)对峙着。

一、亚历山大帝国之继承国

亚历山大死后,其部下的军人皆想继承亚历山大的地位,成为亚历山大帝国的唯一继承人,因而各以自己所统辖、占领的地区作基础,开始混战起来。在他们混战期间,帝国事实上已形成为割据局面。混战过后,帝国乃正式分裂为许多大小国家。不过原来亚历山大帝国旧的基础却并未因之摧毁, 如各国间的交通始终很便利。各国的希腊化仍继续着,希腊语已成为这一地带最流通的语言,不仅是商业用语,而且变成了一种学术语。同时希腊商人的活动范围比过去更扩大了,他们不仅在陆地上,并且在海上进行了大规模商业活动。希腊商人已自红海一直航行到印度洋上,前所未有地把红海和印度洋打成了一片。东西方交通之发展, 使得埃及的亚历山大里亚城开始代替了雅典而成为此希腊化世界中新的商业、文化中心。故此时这些希腊化国家仍有其统一性。

当时的亚历山大里亚城已是一个最大的国际城市,除希腊、埃及的商人外,犹太、阿拉伯和印度的商人也大批地聚集在这里。托勒密二世斐拉牒孚(Philadelphos,公元前二八五—公元前二四七年)时更在亚历山大里亚城外的发娄(Pharos)岛上建立起了一座大灯塔,作为东地中海区域内夜间航行的指标。

公元前三〇一年亚历山大部下诸将领在小亚细亚中西部之伊蒲索(Ipsos)地方打了一场大战,战后就初步有了大小六个继承国分别成立起来。现将此六国分述如下:

(一)埃及。其创业王为托勒密。托勒密一族名拉基底(Lagi-dae),故历史上称埃及的这个王朝为托勒密王朝或拉基底王朝。托勒密王朝的首都设在亚历山大里亚城。埃及的自然和经济条件决定了它必须是一个统一的国家,并且还要是一个集中管理的统一国家,故在托勒密王朝时,埃及国家中央集权的程度仍很高。

(二)叙利亚,中国历史上称此国为"条支"。"条支"之名得自其首都,因叙利亚建国不久后即由底格里斯河下游之西路其亚(Seleucia)迁都至安条支亚(Antiochia)。叙利亚之王族为西路其底族(Seleucidae)。

(三)波戛蒙(Pergamon)。此国是小亚细亚西部沿海地方的一个小国,首都为波戛谟(Pergamos),其王族名亚塔里底(Attal-idae)。波戛蒙原为叙利亚国的一部分,在公元前三〇一年后始独立。

(四)比提尼亚(Bithynia)。此小国在波戛蒙西北,今土耳其西北角地方。其首都建在尼叩米底亚(Nicomedia) 。

(五)马其顿,领土包括原马其顿与希腊。首都仍设在马其顿旧都丕拉,因其国内时常发生亚历山大后裔互争王位之事,王朝控制力仅能及于马其顿。希腊各城邦只名义上尊马其顿,但实际上却享有很高的自治权,并且各城邦经常组成联盟反抗马其顿的统治,争取真正的独立。但它们的独立斗争都未能成功,其原因还是由于各城邦内部阶级斗争的激烈:一方面是贵族派与民主派的斗争;一方面由于各邦的工商业已经衰落,大奴隶主的目标都转向了土地,因此土地更形集中起来,促使了大奴隶主与自由农民之间的矛盾尖锐化,同时奴隶暴动的事件也日益加多了。这些内部的矛盾削弱了各城邦对外争取独立的力量。

(六)罗德岛(Rhodos)。它是爱琴海中的一个小岛国,此时罗德岛已在爱琴海上代替了雅典旧日的地位,其国主要是靠商业来维持。如说亚历山大里亚是希腊化世界的商业中心,则罗德岛即是当时东地中海的商业中心。

在这六个国家中以叙利亚国的版图最大,其领土包有从地中海东岸直到伊朗高原以及中央亚细亚的大片地区。国内种族复杂,各个地区在经济上发展又不平衡,故在其立国不久后即趋向分裂,分化出来了四个国家。其一是高拉提亚(Galatia),它是高卢人建立的一个小国。这些高卢人在公元前三世纪初的时候进入了小亚细亚,占据了叙利亚的高拉提亚,公元前二七九年时成立了国家。

其二是犹太。犹太人在公元前二世纪中期时在马卡比家族的领导下举行起义,推翻了叙利亚的统治,恢复了独立。在公元前一六七年至公元前一三○年间此国相当强大,叙利亚虽一再企图重新征服它,但始终未能成功。到公元前六四年时此国为罗马所灭。

其三是大夏(Bakhtri,Daha)。大夏国包括今阿富汗及苏联中亚的一部分。最初是原来叙利亚委派治理此地的总督狄欧窦陀

(Diodotos)在公元前二五〇年否认叙利亚的统治,宣布了独立,建都于罽宾(今阿富汗首都喀布尔)。此国强大后曾向外扩展,征服了粟特(Sughda,今苏联中亚地方)。到公元前一五〇年左右有一种来自东方的塞人(Saka,Sacae)侵入并攻占了粟特,后更向南发展,公元前一三九年时已占领了全部大夏地方。这国的人自称为"大夏"人(Dahae),故中国史书上乃称此种人居住的地方为大夏。继塞人之后不久又有大月氏人自中国的西北边疆进入了大夏,占领了全部大夏地方。

其四是安息(Parthia)。安息(今波斯北部)原为叙利亚国之一省,约在公元前二四九年左右,有一人在大夏建国时为大夏总督狄欧窦陀所逐,逃到安息地方宣布了独立,是即安息创业王安息一世(Ansaces I,公元前二四九—公元前二四七年)。其王族即安息族,此地人亦自称为安息人,故中国因其人而称此国为安息。安息二世(提里达提一世 Tiridates I,公元前二四七—公元前二二二年)在位时,叙利亚曾企图击败安息,恢复原来领土,与安息不断进行战争,但终未达到目的。在弥特拉达提一世(Mithra-dates I,公元前一七一—公元前一三八年)时,安息开始向外扩张,向西征服了马代及两河下游地方,叙利亚国的东部地方,除大夏外尽入其版图,至此安息帝国成立。弥特拉达提一世在原叙利亚之旧都西路其亚附近又建立了铁西方(Ctesiphon)城,并将西路其亚与铁西方城联接起来,作为帝国之首都。到弗拉阿提二世(Phraates,公元前一三八—公元前一二七年)在位时,安息仍不断与叙利亚作战,并曾大败叙利亚,稳定了安息西部幼发拉底河以东的边疆。从此叙利亚的势力再不能越过幼发拉底河了。弥特拉达提二世(公元前一二四—公元前八八年)时,安息曾击败了向西进攻安息的大夏塞人。进入公元一世纪中期后安息开始混乱衰败,但安息王朝仍继续维持了二百年。

此时的希腊化世界中除上述的各国外，在叙利亚边境以外地区还存在着两个半独立的国家。一个是滂陀(Pontos)，它是黑海东南岸的塞人所建立的国家。在亚历山大强盛之时，它曾投降了马其顿。亚历山大死后，此国又恢复了独立。另一个是亚美尼亚(Armenia)。此国在文化上虽也受到了希腊的影响，是一希腊化的国家，但在经济上始终是一个独立国。

在这一时期中，在地中海东部和亚洲西部一带，就是上述这些大小国家并立的局面。

二、罗马之统一地中海世界

在公元前二九〇年后，罗马将要统一意大利半岛的趋势已很明显，因而意大利半岛上仅存的一些独立的势力不得不联合起来抵御罗马。在公元前二九〇年后不久，意大利半岛上乃新兴起了一个联盟势力，这个新的联盟军包括有高卢族、西诺尼人(Senones)、伊楚斯科人和卢卡尼亚人。卢卡尼亚人实际即希腊人，因卢卡尼亚(Lucania)地方都是希腊殖民的城邦，其中最大的三城是娄科里(Locri)、克娄唐和屠利伊。但新联盟军对罗马作战(公元前二八五—公元前二八二年)的结果却失败了。

罗马打败新联盛军后，在意大利半岛仍余有一个敌人，即塔伦腾(Tarentum)地方的城邦。公元前二八二—公元前二七二年间，罗马与塔伦腾间发生了战争，塔伦腾各城请希腊半岛北部伊排娄(Epiros)国的王庇娄(Pyrrhos)助其作战，共同打击罗马。战争继续了十年之久，最初都是庇娄在战场上取得胜利，但这些胜利是以极大的牺牲换取来的。故今日在欧洲各国文字中常见"庇娄之胜利"这一典故，意即"得不偿失的胜利"。因此到战争的后期，罗马反而取得了最后的胜利。

此后在意大利半岛上已再无能与罗马相抗衡的势力。公元
前二七二—公元前二六六年间罗马继续进行了一些零星的征
服，至公元前二六六年时，全部意大利半岛皆已为罗马所控制。

罗马统一了全部意大利半岛后，开始将注意力转向海外，而
此时地中海西部除意大利半岛外都是迦太基的势力范围，罗马
欲向海外发展必然首先与迦太基发生冲突。

就罗马与迦太基两国当时的实力和政治基础来看，公元前
二六六年时罗马已是地中海西部最强大的陆军国，但它在海上
却毫无经验，也没有海军。而迦太基当时却是地中海最大的海军
国和商业国，它的势力已伸展到地中海上整个的北非海岸，以及
西班牙沿岸和地中海上三大岛——西西里、撒丁尼亚、科西嘉
上。这些地方都满布着迦太基的殖民地和商站，迦太基主要是
靠海军来维持其帝国。就政治基础讲，罗马与迦太基基本上是
相同的，即都是大奴隶主的国家，政治都是操纵在自由人中的极
少数的贵族手中。但在相同之中两者又有不同之处，即罗马的政
治基础较广，政权虽为贵族所把持，但这些贵族为了缓和国内阶
级矛盾，实际上还给予了平民一部分政权，也就是还多少照顾到
了平民的利益。同时罗马的军队到此时为止还是全体自由公民
组成的国民军。而迦太基政权的性质则与斯巴达相似，是直接了
当的寡头政治，一般自由人在政治上毫无地位，政权完全操在少
数大商人也就是大奴隶主手中。这点也反映在它的军队的组织
上。迦太基军队完全是雇佣军，并且都是外族人，主要是北非的
黑人、意大利的土著和西班牙地方的土人组成。从罗马与迦太基
的国家政权和军队的组成基础来看，无疑地罗马是优于迦太基
的，所以最后罗马终于能够战胜了迦太基。

在罗马统一了意大利半岛不久，罗马即与迦太基发生了正
面的冲突，两者的战争在历史上被称为匹尼战争(Punic Wars)。

匹尼战争继续了三次,最后以罗马灭亡了迦太基而结束。

第一次匹尼战争的基本原因是由于双方争夺西西里岛。西西里岛西部地区一向是腓尼基人的殖民地,东部地区则多是希腊的殖民地,腓尼基人——迦太基人与希腊人争夺西西里的斗争早已继续了几百年之久,而到罗马开始准备向海外发展后,首先要站在希腊人一边,反对迦太基人。因而发生了第一次匹尼战争(公元前二六四—公元前二四一年)。

在这次战争中,决定了罗马军事上的一次大变化,即罗马开始建立海军。因迦太基是海上势力,罗马要想战胜迦太基并向海外发展,必须建立一支强大的海军,否则将无法与迦太基人进行对等的战争。故罗马尽量学习了海上作战的技术,并为运用自己在军事上的主要优点——陆上作战的经验,在海舰的船头上加造了一个接弦钩,使罗马海军在与迦太基海军作战时能够冲向敌舰,钩住敌舰的船舷,然后冲上敌舰去进行交手战。在第一次匹尼战争中罗马就是以这种作战的方法打败了迦太基的强大海军,取得了胜利。公元前二四一年双方签订了和约,罗马自迦太基取得了西西里、撒丁尼亚和科西嘉三岛。

第一次匹尼战争告终后,罗马与迦太基双方的备战工作却仍继续着,因双方都很明白战争实际并未真正过去。罗马并不满足于这次战争的成就,也不能毫无顾忌地置迦太基这个强敌于其肘腋之下。同时,迦太基在这次战争中实力并未受到很大消耗,也时刻想对罗马报复,故在第一次匹尼战争结束后不到二十年就又爆发了第二次匹尼战争(公元前二一八—公元前二〇二年)。

迦太基在第一次匹尼战争终止后,立即作了新的军事上的准备。为扩充军备及补偿丧失西西里岛所造成的损失,迦太基开始深入开发西班牙半岛。就在此时,迦太基出现了一个新的军事天才,即汉尼拔(Hannibal)。他是古今公认的世界历史上的军事天才之一。汉尼拔一家积极领导了开发西班牙半岛的工作,同时汉尼拔还在西班牙训练了一支由雇佣军组成的纪律严明、作战力极强的大陆军。因为汉尼拔认识到迦太基此后不再有可能从海上去主动的攻击罗马了,除非是陆上敌人实力很弱,敌前登陆一向是兵家大忌,尤其在罗马占领了西西里岛之后,迦太基从海上来袭击罗马已更加处于劣势地位。所以他想以陆军自西班牙北进,经比利牛斯山到今日法国南部,再翻越阿尔卑斯山进入意大利境内,直取罗马城。

公元前二一八年汉尼拔率领着他所训练的大陆军和许多辎重、马匹、象等通过了阿尔卑斯山攻入意大利北部。罗马人始终不曾意料到迦太基人会从陆上进攻,汉尼拔大军的来临对罗马人来说真是自天而降,震撼了罗马全国。罗马人感到他们的国家已面临了最危急的关头,故元老院在公元前二一七年任命了名将伐比沃 Fabius 为专政官。伐比沃对汉尼拔的进攻采取了一种游击战术,利用罗马人熟习当地地理的优势,见到汉尼拔的大军就分散隐蔽起来,避免与之发生正面冲突,而在遇到汉尼拔的小股军队时,就以多胜少,包围歼灭这些军队,企图用这种游击战术来消耗远离自己后方的汉尼拔的实力,待机争取最后一刻的胜利。但这种战术的正确性却不为一般罗马人所了解,他们认为伐比沃过于怯懦,不敢与汉尼拔交锋,故讥讽伐比沃为"迟迟不前者"。今日欧洲各国文字中皆有"Fabianus"一字,意为游击战术或拖延策略。

后罗马元老院同意了撤换伐比沃,另派一人为罗马军队的指挥官。公元前二一六年罗马军队在意大利南海岸堪尼(Cannae)地方与汉尼拔打了一次大战,结果罗马军队几乎全军覆没,主力军队丧失殆尽,所以后来罗马只好释放了许多奴隶,并其属国的许多军队杂凑成军,继续作战下去。由于前车可鉴,此后罗马始终未敢再与汉尼拔正面作战,又恢复了过去的游击战术。

堪尼一役对汉尼拔来讲虽然是获得了胜利,但汉尼拔人力的损失也非常可观。汉尼拔一再派人回迦太基去请求增补援兵及各种军需品,但此时迦太基统治集团中当权的大奴隶主商人却深怕汉尼拔消灭了罗马后会倚仗其军队及战争中培养起来的威望回国夺取政权,成为迦太基独裁的僭主,因而故意用种种借口拒绝派出援兵,以致在此后几年中,使罗马人能够逐渐消耗汉尼拔的实力,最后将之逐出了意大利。

罗马在陆上驱逐了汉尼拔后,马上又派军队越海登陆进攻迦太基城。公元前二〇二年罗马军队在迦太基城附近之小城匝马(Zama)地方大败迦太基军队,迦太基投降。罗马人对指挥这次战役的罗马将军斯其庇欧 (Scipio) 给予了一个非常荣誉的称号"阿非利加的斯其庇欧"。因迦太基地方罗马人称之为阿非利加。

第二次匹尼战争和约的内容主要有四点:一、迦太基放弃它在地中海西部的全部属地;二、向罗马缴付重大赔款,共缴五十年,每年二百他连堂(Talentum);三、迦太基毁掉它现有的全部海军,只能保留十只船,作为必要运输之用;四、此后如不经罗马同意,迦太基无权对外国作战。

从和约内容可以看出在第二次匹尼战争之后,迦太基实际已丧失了独立自主地位,而沦为罗马之附属国。从此罗马变成了地中海西部最强大的也是唯一的海军国,罗马已有可能乘胜开始进一步向地中海东部发展,而地中海东部的各继承国此时仍在互相混战之中,并未感觉到罗马方面的威胁,这种情况很利于罗马的向东侵略。罗马对各继承国的征服主要是利用各国内部的矛盾来进行政治离间和武力攻击的双管齐下的办法。它在一百年间就轻易地征服了地中海东部的许多大小国家,并且在征服这些国家的同时,又发动了第三次匹尼战争,一举消灭了迦太基。

第二次匹尼战争结束后,迦太基已无力再与罗马相对抗,但因其商业基础之雄厚,五十年后又逐渐有了复兴现象:其商业活动继续发展着,商船数目日益增加,并建立了一支新海军。罗马感到了迦太基再起的可能性,深想消灭后患于万一。故罗马统治者中此时有许多人公开主张,应该及时寻找借口消灭掉迦太基。主张最烈者是贵族卡图(Cato),他每次在罗马元老院会议上发言时,不论其所谈之事是否与迦太基有关,演说到最后必定加上一句:"再者,迦太基应予消灭。"

在公元前一五○年左右,罗马暗中鼓动北非地方的一个罗马属国努米底亚(Numidia)向迦太基寻衅,用种种方法侵略迦太基。迦太基亦知罗马的用意,最初极力忍耐着不加抵抗,但最后迫到无法可忍时还是抵御了,因而给予罗马一个口实,认为迦太基未得其同意即对外作战,立刻兴兵问罪。迦太基承认错误,请求罗马给予处罚,但罗马提出的条件是令迦太基人全体离开迦太基城迁至罗马所指定的地方去,而当时罗马却不说明它指定的地方究系何处。这种条件迦太基人自然无法接受,乃决定抵抗罗马到底,与城共存亡。这时迦太基全城的人不分阶级一致联合起来参加了作战,为挽救其国家而献出了自己的一切,他们拿出了自己所有的财产,金属亦献给国家作为修建御防工事及制造武器之用。在这次战争中,迦太基人大部战死、饿死、病死,但所余少数人仍坚持不投降,直战到最后一人。罗马围攻了迦太基城三年(公元前一四九——公元前一四六年),最后始攻破之。城破后幸存的一些老弱残疾者都被罗马分散到各地方。罗马将迦太基城全部焚毁夷平,并用耕犁在城基上来往了七次,以示在此土地上永远消灭了迦太基。第三次匹尼战争后迦太基人亡国灭种,从此不再见于历史了。

　　罗马所以能战胜迦太基,主要原因还在罗马的政治基础比较广,国内阶级矛盾比较缓和,而在军事上就决定了罗马是国民军,迦太基是雇佣军。罗马就是以这种政治和军事上的优势取得了胜利的。

　　在匹尼战争中我们可以看出个人在历史上的作用。匹尼战争的最后胜负完全决定于第二次匹尼战争,而在这次战争中,迦太基方面有着当时无人能比的军事天才汉尼拔,但其结果还是不能挽回迦太基的颓势。所以个人在历史上发生作用,必须要在相当的政治、经济、社会条件存在基础上来进行活动,否则个人在历史上绝不可能发生影响,充其量不过是暂时的改变、加速或延缓历史的进程。

　　在第二次匹尼战争中罗马已取得了决定性的胜利后,就开始了它对地中海东部各国的征服,在政治阴谋和武力征服并行下,罗马对这些国家的征服进行得很为顺利。罗马首先在公元前二一五至公元前二〇五年间,公元前二〇〇至公元前一九六年间和公元前一七一至公元前一六七年间的三次马其顿战争后征服了马其顿。但此后马其顿人曾不断反抗罗马,欲恢复自己的独立,因而在公元前一四九至公元前一四八年间,与第三次匹尼战争同时发生了第四次马其顿战争,结果马其顿又失败,为罗马所灭亡。罗马在初征服马其顿时,还允许马其顿属下的各希腊城邦联盟继续存在,到公元前一四六年罗马消灭了迦太基后,乃强迫希腊各城邦联盟组织解散,希腊各邦至此乃丧失了全部的自由。

　　此后罗马又因收买波戞蒙国内统治者中的一部分人,包括波戞蒙王在内,得在公元前一三三年由波戞蒙王死后遗嘱赠国与罗马的方式,取得了对波戞蒙的统治。但波戞蒙人民坚不承认罗马,起义反抗罗马的统治。公元前一二九年罗马镇压了起义后,将此地划为罗马的"亚细亚省"。公元前七五年罗马又以同样的手段使比提尼亚王亦在死后赠国与罗马,统治了比提尼亚。此后罗马又在公元前六四年征服了犹太,公元前六三年征服了全部叙利亚。地中海世界除埃及外到此已全部为罗马所征服。

罗马在这一时期中的对外征服纯粹是一种掠夺性的征服,特别是在第二次匹尼战争之后,此时罗马发动的战争的性质与过去稍有不同,它的推动力量主要是由于三种人的需要:第一是大地主——大奴隶主。此时战争的目的首先是为掠夺土地与人口,满足大地主对土地、劳动力的需要。因而在这一时期中,罗马对被征服地区的掠夺比过去征服意大利半岛时更为残暴了。大地主利用他们在政治上的力量将被征服地区的大部土地攫取己有,将当地的人口大量掳掠为其奴隶,致使东地中海沿岸许多地区荒凉残破,如叙利亚地方就曾出现过"千里无人烟"的景象。第二和第三种人是商人和高利贷者。在匹尼战争之后,特别是第二次匹尼战争之后,罗马始有商人和高利贷者出现,因从此时起罗马才有了大量的海外属土,才开始有人出来经营商业。这些新起的商人阶层支持罗马向外侵略,因为在战争中贵族出身的将领成千成万的掳掠被征服地区的人口变作奴隶,将他们贱价卖予这些商人,再由他们转卖到各地方去。同时这些商人又凭靠贵族的政治势力来垄断被征服地区的商业,并在当地放高利贷。而一般的罗马公民只是被强迫参加作战,本身并未得到任何好处。

三、罗马对征服地之剥削

罗马征服了地中海各国后,对各被征服地区进行了残酷的统治剥削。在一般被征服地区通常是由罗马委派的总督来代表罗马国家全权统治的,这些总督都是元老出身,罗马并未建立任何监督制度来控制、监视这些总督的行动,故而这些人到外省后俨然就是一个绝对的独裁者。从理论上讲,罗马城的执政和元老院有权力干涉控制他们,但实际总督在外省都是任性搜刮,罗马并不过问。因为总督一职已成为当时的最肥缺,作一任总督后即可一生吃喝不尽,所以总督的任期总不太长,时常更替,以便使元老院中的人都有发财机会。元老之间彼此默契,互相维护,根本不想提出任何监督办法。我们可以由总督暴政的极端范例——西西里总督菲利斯(Verres,公元前七三一——公元前七一年) 事件中想见罗马总督对各被征服地区人民的剥削和压榨情况。西西里总督菲利斯不但对岛上人民任性榨取,并且洗劫了岛上所有神庙中的全部珍贵物品, 对所有富户皆加以种种虚构的罪名,劫夺了他们的财产。他甚至敲诈罗马人的税吏,超出了一般允许的限度。在他在任的三年中,无数人被他随意扣押、非刑拷打, 以致许多人因此丧命。由于他的胡作非为已达到太不成体统的地步了,因此才被人告发,公元前七〇年罗马元老院不得不对他提出弹劾。而一般总督只要表面上还能照顾大体,就可以安稳搜刮当地人民。

罗马所属的各省每年要按规定数额向罗马入贡,但罗马并无法定的税收制度,因此各省的税是统包出去的,由个人或类似公司的一些组织承包,承包者称"税吏",他们被授与全权,代表国家到各省去收税。这些税吏的主要身份是罗马商人和高利贷者。他们与各省的总督勾结,彼此狼狈为奸对当地人民横征暴敛,尽量榨取,故其收入远超过他所承包的法定的税额。

此外在各省还充斥着罗马的放高利贷的高利贷者, 这些人也都是匹尼战争中兴起的商人阶层中人, 由其原来的社会身份讲,商人本属于"骑士"阶层。"骑士"原是罗马军队中的一个兵种的名称。罗马军队制度规定不论步兵骑兵,一切装备皆需自给,故一般平民只能当步兵,而介乎元老与平民之间的一些较富有的人则多服役于骑兵,故到后"骑士"渐成为社会上的一个特殊阶层。在匹尼战争时期中,这一阶层乃利用其军事条件上的便利及政治权力在各地从事商业活动并放高利贷。因国家法令规定元老阶级不得经商,而平民又无资本,所以只有骑士有条件作商人,因而"骑士"的身份到此时又有了改变,他们不再是军队的一员,而变成为罗马最早的大商业资本家阶层,他们是元老阶级以外的经济势力最雄厚、掌握流动资本最多的人。这些人在各地的活动除上述几种外,主要是高利贷。他们放债收取的利率最高达到四分八厘(百分之四十八)。如债户到期不能偿还其债务,这些高利贷者就请总督派兵帮助他们强迫讨债,没收债户的财产,甚至将债户本人及家属捉出卖为奴隶。

四、罗马向外侵略对意大利的影响

罗马向外扩张、征服、统治了意大利以外的广大属土后,意大利内部亦受到影响而发生了激剧的变化。在公元前三世纪时意大利基本上还是一个小自耕农占优势的地方,大奴隶主的完全靠奴隶或主要靠奴隶劳动的大田庄在此时还很稀少。但到第二次匹尼战争之后,这种情况开始改变了,一方面是小自耕农的日益减少,一方面是大田庄的迅速增加,并且田庄本身也不断扩大。小自耕农日见消灭的原因主要是因为大量的被征服地区的人口被运至意大利作为田庄上的奴隶,对奴隶劳动的最高限度的榨取大大地提高了大田庄上的可能剥削量,小自耕农无法与这些贱价或无偿得来的奴隶劳动竞争,最后被迫卖掉土地,走到城市中去找工作,或流浪至各地成为无业游民。大地主为扩大其田庄,也用种种方法来压迫小自耕农出卖土地给他,这些方法如不奏效,他们就行使最后一着,放牲群到小自耕农的田中去践踏坏所有的庄稼,令之无法为生,不得不放弃自己的土地。同时由于罗马大地主在战争中掠夺了被征服地区的大部土地,在有些地方也组成大田庄,这些田庄由于也用奴隶劳动来经营,所以有大量贱价粮食输入罗马及意大利各消费城市,因而使意大利的粮价大跌,这就对一般小自耕农造成了沉重的压力,土地再不能维持生活,债务剥夺了他们最宝贵的财产——土地。随着罗马的向外扩张,意大利半岛上残存的日益走向破产的小自耕农也逐渐减少着。

五、贫民奴隶之反抗斗争与罗马共和国之覆亡 (公元前一三七——公元前三一年)

意大利半岛上农民逐渐丧失土地的严重情况以及罗马统治阶级对各被征服地区和意大利本部人民的剥削的日益加重,使罗马共和国内部阶级矛盾尖锐化,在公元前一三七至公元前三一年间,罗马城内和意大利半岛,以至整个地中海世界不断爆发了贫民与奴隶的反抗起义,其中规模最大,影响最广的是下述的几次起义。

最先爆发的大规模的起义运动是西西里岛第一次的奴隶起义(公元前一三七—公元前三二年)。西西里岛是罗马此时属土中的最富庶的地方,在其沿海有许多工商城市,内地则土地肥沃,农产品异常丰富,输入罗马的粮食大部由此地供给。故当时罗马人称西西里岛为"意大利的谷仓"。当时西西里岛上遍布着大田庄,这些田庄皆使用奴隶劳动生产,奴隶绝大多数是叙利亚地方的人。这里的奴隶在奴隶主的残酷压榨下过着非人的生活，奴隶主甚至不给他们衣服穿。公元前一三七年发生了第一次的奴隶的大规模起义，这次起义的导火线是由于某处田庄的奴隶请求奴隶主的管家发给衣服，管家不但拒绝发给衣服，而且鞭打请愿的奴隶，因而激起奴隶们长期积压于胸中的仇恨，掀起了暴动。暴动在这一个地方爆发后，立刻蔓延到全岛。当时在起义的奴隶中间出现了两个天才领袖:犹诺(Eunos)和克里昂(Cleon)，在他们的领导下奴隶组成了一支有严格纪律的军队，并建立了自己的政府。整个西西里岛，特别是岛东部的奴隶贫民皆响应参加了起义，最后起义队伍曾达到二十万人。起义军屡次打败罗马派来镇压他们的正规军，西西里岛东部曾在相当长时期内控制在起义军手中。起义者阶级立场分明，他们捉到奴隶主后立即杀死，而对当地的农民和一般平民则加以保护，因而得到了当地人民的拥护，起义能继续了五年。到公元前一三二年起义军终被压服下去，罗马统治者对起义者进行残酷报复，将被俘之两万奴隶全部杀死。

在西西里第一次奴隶起义尚未被压服下去之时，罗马属国波戞蒙在公元前一三三—公元前一三〇年间也爆发了一次反抗罗马及当地统治者的大规模的人民起义运动，其经过详情已不可知。公元前一二九年罗马将此地变为罗马之一省——亚细亚省。

公元前一〇三—公元前九九年间西西里又发生了第二次奴隶大起义。这次起义的领导人是垂方 (Tryphon) 和雅提尼昂(Athenion),关于起义的经过则不详。

同时在波戞蒙人民起义爆发之时，在意大利内部也发生了土地改革运动。由于小自耕农破产的情况日益严重，许多破产农民成了雇农或流亡到城市中作小本生意，但大多数丧失土地的农民皆沦为城市游民。土地问题所引起的是阶级斗争的尖锐化。因而在这时有贵族中少数对农民同情的人出来,提出了土地改革的方案,想将元老阶级的土地拿出一部分来分配给无地或少地的农民,以及城市中的游民。土地改革运动的领导者是革拉库(Gracchus)兄弟。

公元前一三三年,出身于元老阶级的提比略·革拉库(Tiberius Gracchus)因人民之拥护被选出为保民官,他在保民官任内提出了他的分田政策:限制大地主占田的面积,由法律规定占田的最高数额,超额的土地由国家没收,分配给农民和城市中愿经营土地的游民。这个政策与元老阶级的利益是不相容的,因而遭到了元老阶级的蛮横的反对,他们最后使用了阴谋手段,收买流氓在集会时制造骚动,乘机杀死提比略·革拉库。土地改革运动被迫中断。

到公元前一二四—公元前一二二年时,提比略之弟盖约·革拉库(Gaius Gracchus)被选为保民官后,始继续推行了提比略的政策。盖约·革拉库除提出分田外,并照顾城内贫民,由国家以半价售粮给他们,以改善其生活。盖约·革拉库与元老阶级斗争了四年,最后亦为元老阶级所杀。土地改革运动——人民对贵族统治者的斗争至此整个失败了。

就在罗马长期向外侵略及内部长期进行阶级斗争的这种情况下出现了职业军,职业军是由马略(Marius)首创建立的,而职业军的建立又与罗马侵略努米底亚有关。

努米底亚国在迦太基以南,过去它曾因罗马之鼓动侵略迦太基。努米底亚地方农产富饶,国家富足,罗马的骑士阶级非常垂涎这块土地,在他们的怂恿下,罗马统治者乃制造借口出兵攻击努米底亚,但努米底亚王犹哥达(Jugurtha)深知罗马将领贪图之弱点,用金银贿赂来征的罗马将官,使之迟迟不能攻占努米底亚。后有骑士阶级出身之马略出来,扬言如被选为执政,必能征服努米底亚。公元前一〇七年马略被选为执政后亲自出征努米底亚,败之。其部将苏拉(Sulla)生擒了努米底亚王犹哥达。此次战功使马略声望大增,在公元前一〇七—公元前一〇〇年间连续被选为执政。

马略在任执政期间开始改革罗马军队组织。公元前一〇四年,马略取消了罗马原来的公民服军役制度,此后罗马公民不论其财产身份皆可当兵,不再按年限轮流入伍服兵役,而由其自愿入伍,入伍后即由国家负责供给一切装备和口粮,这样,罗马军队就开始了由国民军变成了职业军。马略所以能够实行这种改革,是因为到公元前二世纪时罗马大规模地向外侵略,参加军队的人终年在外作战,已无法照顾家中生产。同时有些兵士在长期作战中习惯了军队生活,自己也不愿再回家去从事生产。故在过去的一百年间罗马国民军事实上已趋向转变为职业军,但在制度上,则还未改变,有时在一次大战过后,往往也令一部分人解甲归田。马略不过是把过去已有的现象确定下来,并将之制度化而已。

职业军成立后军队的性质即刻发生了变化,军队渐渐变成了将官个人的私军。因为这支军队在一个人训练并率领作战多年后,它只和所属的将领发生私人的关系,不再受国家的指挥和调动,实际上已不是国家的军队了。因此军队开始成为武人从事政治斗争的资本,独裁军人出现了,马略就是其中的第一人。

马略深知自己如想利用和掌握这种军队必须经常对外作战,并且取得胜利。故在公元前一〇四—公元前一〇一年间罗马军队在马略指挥下攻击骚扰罗马北部边境的金布里人(Cimbri)和条顿人(Teutones),大败这些蛮人,解除了他们对罗马的威胁。罗马军队俘获了十五万金布里人和条顿人,这些人都被变作了奴隶,分给每个士兵数个,此外皆被卖至各地为奴。

　　在阶级斗争日益激烈的局面下，出现的职业军加强了军队的力量，使统治阶级能够更便利的利用他们来镇压人民起义。而随着阶级斗争的继续发展，建立在职业军基础之上的军阀的势力也就日益膨胀起来。职业军出现后不久，罗马共和国内部又发生了两次重要斗争，一次就是上述的第二次西西里奴隶起义(公元前一三〇—公元前九九年)，另一次是罗马的同盟国反抗罗马的斗争——同盟战争(公元前九〇—公元前八八年)。

　　意大利半岛南部被罗马征服的许多"同盟国"，以被称为意大利人(在古代所谓"意大利人"只是指意大利南部的一些部族，并不是半岛上人的通称)的人为主，要求取得罗马公民的地位和权利。这个要求为罗马拒绝了。因而这些盟国采取了宣布独立的形式起义。他们建立了新的政府和首都，一切政治机构皆仿效罗马。此新国即名"意大利"(Italia)。罗马与之作战，两年不胜，同时在罗马的亚洲属国中又发生了反抗罗马的起义，罗马元老院看到形势对自己不利，立刻见风转舵，在公元前八八年承认了同盟国公民可以享有罗马公民权。这样就分化了同盟国，起义运动瓦解。这次起义虽达到了最初提出来的要求，可以算是反抗罗马起义的第一次胜利，但起义者不是奴隶。

　　职业军出现后兴起的军阀，利用其军事势力为资本参加入罗马内部的政治斗争中，因而使罗马内部的政治斗争更形复杂化了。在职业军出现后，罗马内部政治上相对立的各阶级渐分化为两大党派。一派是贵人党，它是以苏拉为首的元老阶级、大奴隶主大地主组成的。另一派是平民党。平民党原是与元老阶级对立的平民，后骑士阶级兴起，为争取政治上的权利和地位，乃与平民联合起来组成了平民党，这一党以马略为首领。两党的对立在同盟战争晚期开始激烈起来。两党斗争的表面化是由于争夺兵权。因为在同盟战争晚期时，黑海东南岸的滂陀国强大起来，其王弥特拉达提(公元前八七—公元前八三年)在征服了小亚细亚的大部地方后,侵入了小亚细亚西岸的罗马亚细亚省,并大肆屠杀当地的罗马人(罗马商人和移民)。据当时人的估计和今日历史学家研究的结果,此次被杀的罗马人大约有十万。弥特拉达提复又渡海进入了希腊半岛,希腊人民和统治阶级中的大多数人都欢迎拥护他,认为他是解放希腊人摆脱罗马残酷统治的救星。罗马决定派大军至地中海东部去抵抗弥特拉达提并镇压"叛乱"。两党首领马略与苏拉皆欲争取此次出征之领兵权,因战争不但是他们发财的来源,而且是扩大自己的军队,以之在政治斗争中取得优势的最好机会。斗争的结果,苏拉获胜,取得了领兵权。马略失败,乃逃出了罗马城。但到苏拉出征后,马略又回到了罗马,屠杀了许多苏拉的同党人。

公元前八二年苏拉打败弥特拉达提,收复了地中海东部领地,凯归罗马后,立即实行了残酷的报复,大规模屠杀平民党人。他公布了一张黑名单,上列了约三千人的名字,宣布这些人不再享有罗马公民权,他们的子孙也不再是罗马公民,他们的财产由国家没收,任何人都可以杀死他们,法律不予过问。这次屠杀共杀死了九十个元老,二千六百个骑士,他们的财产全部被没收。没收来的大地产、田庄财物或由苏拉分赠给了他的同党人,或则公开拍卖,自然买者也都是苏拉一党的人。

元老院也乘平民党失利的机会,给予苏拉独裁权,任命他为非常执政官,任期终身,并授权苏拉来修订罗马宪法。公元前八二—公元前七九年间为苏拉和元老集团独裁时期。经过过去九个世纪以来不断的阶级斗争,原来元老集团的统治已形动摇了,一般人民已在政治上取得了相当的地位,但到了此时苏拉将人民已获得的权利一笔勾销,又恢复了元老集团独裁的局面。公元前七九年苏拉退休后,元老集团独裁统治虽仍继续,但罗马内部政治斗争又开始复起了。在这种情况下又同时发生了罗马共和国最后也是最大的一次奴隶大起义——斯帕塔库起义 (公元前七四—公元前七一年)。这是一次以奴隶角斗士为主干的反抗奴隶主的起义运动。角斗是自伊楚利亚传入罗马的一种风习，它原来是伊楚利亚当地的统治者用生人作牺牲祭祀死者的一种办法，一般是用奴隶作牺牲，令其在死者墓前与猛兽相斗，或由几个奴隶彼此互斗，直到斗死为止。这种风习最早在罗马出现约在公元前二一四年，此后乃大规模的发展，成为罗马人最喜爱的一种娱乐，一般统治者和社会中的上层分子更嗜此若狂。角斗士都是奴隶。在奴隶社会中，自由人视奴隶如禽兽，角斗士的互相残杀，或为猛兽吞食，在他们并不以为奇。到后来观众且能决定角斗士的生死，原来按照一般规定，角斗中失败者一定要被胜利者杀死，但如观众认为这场角斗很"精彩"，能够满足他们娱乐的心情，愿意赦免失败者的角斗士，则以大指向上示意，此失败的角斗士可得到活命。屡次战胜的角斗士则往往被人崇拜为英雄。这种风气后来甚至影响了自由人，许多自由人也来作角斗士，渐渐许多城市中都设立了专门训练角斗士的学校，奴隶主也特别选拔他的健奴去受训，因为奴隶角斗士往往可以为其主人谋取到许多的财利。在他角斗得很精彩并获胜时观众常会将自己身上佩带的贵重装饰品投入场中，同时角斗士还可出租给一个政客，使他们以招待罗马人看角斗来博取罗马人的欢心。因而此时举行角斗已是政治活动上的一种必要手段了。

　　斯帕塔库(Spatacus)是罗马著名的奴隶角斗士。他在被送入卡浦瓦(Capua)城的角斗学校受训时，组织了学校中其他奴隶角斗士共二百人，准备发动一次暴动，然后再集体逃亡。但事先消息被泄露，为校中管理人发觉，这二百角斗士乃逃到卡浦瓦城附近滨海的飞速沸(Vesuvius)火山下面，以此地做根据地举行了起义。意大利各地的奴隶和贫民闻讯后纷纷组织起来投奔到这里，最盛时曾达十五万人。起义军在斯帕塔库的领导下，曾占领控制了意大利南部的大多数城市和乡村，屡次战败并歼灭罗马军队。直到罗马第五次派大军来镇压，起义军才被打败。当时曾有一支未被打败的起义军开往意大利北部，企图越过阿尔卑斯山逃出意大利，但中途恰逢在西班牙镇压了罗马平民党逃亡分子及其军队之后率军回国的贵族党庞培约(Pompeius)，这支起义军乃被庞培约消灭。最后只余斯帕塔库率领少数人固守在飞速沸附近。斯帕塔库是希腊北部地方的人，他主张及时设法渡海回希腊去，以避免自己人全部被罗马的强大军事势力所消灭。但起义军中有许多意大利当地的贫民和已多年定居在意大利的日耳曼族奴隶，他们不愿流亡到异乡的希腊去，起义军内部意见发生了分歧，因而未得及时退走，而被罗马军队包围起来。斯帕塔库坚不屈服，一直战斗到死，其尸体始终未被找到。公元前七一年起义军彻底失败了，罗马统治者将在战场上和战场外俘来的奴隶共六千人一齐钉死在十字架上。钉十字架是罗马最严酷的死刑，罗马公民从不被如此处死，只有非罗马公民的自由人或奴隶才以此法处死。

公元前七一年斯帕塔库起义被镇压下去后，军阀独裁正式确立。首先是庞培约(公元前七八—公元前四八年) 与克拉苏(Crassus,公元前七一—公元前五三年)两人共同独裁。由于罗马在公元前一世纪时仍继续向外扩张，庞培约在公元前六十四至公元前六十三年间攻取了叙利亚国及自叙利亚分化出来的犹太国，因而拥有了罗马最强大的军队，但克拉苏已在其先掌握了一部分军队，故表面上两人互相承认彼此的势力，进行合作，共同执政。到公元前六○年时，儒略·恺撒(Julius Caesar)因侵略高卢地方屡立战功，在政治上亦取得了相当地位，庞培约、克拉苏乃不得不与之联合,三人共同控制了罗马共和国。历史上称此三人为罗马的"前三雄"。但三雄联合执政的局面并未能维持长久,公元前五三年因克拉苏在公元前五四至公元前五三年间至东方去攻打安息国时战死,庞培约与儒略·恺撒间的竞争乃日趋表面化,双方皆以继续立军功来提高自己在政治上的地位。恺撒继续策划征服了全部高卢地方,并自高卢渡过海峡征服了不列颠(Britannia)南部的一部分地区,因此时高卢及不列颠地方还方自氏族社会转入有阶级社会,生产力很低,故无法抵抗强大的奴隶制国家——罗马。但由于不列颠距离罗马本土太远,不易驻守,故不久后罗马军队即自此地撤退,后至罗马帝国时期罗马始再度征服之。

　　恺撒的成功引起了庞培约的不满,阴谋策动行使政治上的权力来解除恺撒的军权,双方的斗争乃呈表面化。按罗马的法律,出征的将官回罗马在进入意大利境内后,即不准携带其队伍,只能个人以罗马公民或官吏的身份回罗马城,军队必须就地驻扎或解散。公元前四九年恺撒自高卢回罗马,至意大利北部边界卢比科(Rubico)河时,曾一再徘徊,最后还是率军队渡过了河,这就表示他已不再承认当时的罗马政府。故在其渡河时曾说了这样一句话:"Alea jacta est."意为"孤注一掷"。此拉丁语句,复为各种文字所吸收,成为成语。

　　公元前四九至公元前四六年是恺撒与庞培约进行内战之时,双方最后在希腊决战,庞培约为恺撒所败,在其逃往埃及时为埃及当地人杀死(公元前四八年)。此后两年中,恺撒又继续消灭了庞培约一党的人。

　　公元前四六至公元前四四年为恺撒独裁时期。在此期间,恺撒曾推行了一整套的改革内政计划。以前罗马并没有建立一套完整的统治管理国家的制度,因而各省总督得以在其辖地胡作

非为,任意剥削,致使各地生产减退。到恺撒时始建立了地方行
政制度,使罗马对各属地的统治剥削能够有计划的稳固的进行,
使各地的生产不致在总督们的杀鸡取蛋式的压榨下日益衰退,
而能达到促进生产的目的,以便为长期的剥削创造条件。此外,
他还参照了埃及的历法改革了罗马的历法。但在他死后,其所行
的一切制度皆被推翻,只历法保留未变,得一直流传下来,即被
称为"儒略历"者。此历后渐流行于地中海世界及整个欧洲,至公
元一五八二年此历经一次修正后即成为今日之公历。

公元前四四年恺撒被贵族中反对个人独裁拥护元老集团专
政的一些人杀死。但在他死后,罗马并未能恢复元老集团专政局
面,仍由掌握军权的人把持了政权。此时罗马又出现了三个军
阀。一个是恺撒的继承人奥克闳飞安诺(Octavianus)。一个是恺撒
的部下安敦尼沃(Antonius),他曾在恺撒死后鼓动罗马城内的恺
撒党人与拥护恺撒之平民反对杀害了恺撒的"共和党"人,控制
了罗马城。第三个是列庇铎(Lepidus)。这三个人都掌握了军队。
大家势均力敌,故乃联合执政,历史上称他们三个为罗马的"后
三雄"。

后三雄取得政权后欲大犒部下军队,收买士兵的欢心,但缺
乏犒军的费用,于是他们想了一个最快的筹集金钱的办法,就是
在所有的罗马元老和骑士的名单上圈出与他们平时有嫌的人,
或他们不喜之人,然后照单屠杀并没收其财产。这次屠杀的结
果,共杀死元老三百人,骑士两千人,虽较苏拉那次屠杀的人略
少,但所得财物却较之为多。

公元前三六年三雄将逃往希腊的拥护元老集团专政的共和
派最后消灭后,三人之间的冲突乃开始爆发。列庇铎最先为奥克
闳飞安诺打败,本人亦被俘。因列庇铎非常无能,故奥克闳飞安
诺只将他软禁了二十年。公元前三六至公元前三一年间奥克闳

飞安诺与安敦尼沃在表面上则还维持着和平。此时安敦尼沃的势力重心在埃及，以埃及为中心统治了罗马共和国东部地方。到了公元前三一年，双方正式冲突，在希腊西岸外，打了一次大海战，安敦尼沃失败自杀。公元前三一至公元前三〇年间可说是罗马帝国成立之时，奥克阔飞安诺就是帝国的第一个皇帝。

公元前一三七至公元前三一年的百年间，从政治上看就是罗马共和制度的逐渐消灭与军人独裁的帝国制度逐渐成立的过程。共和国覆亡和帝国成立的基本原因主要是因在这一百年间在不断的奴隶贫民反抗奴隶主的起义斗争、不断的统治阶级内部党派的斗争和罗马长时间向外扩张中，使许多军人培养起了个人的势力，到职业军兴起后，自然出现了军阀。在国民军存在时期，罗马的军队还有比较清楚的社会阶级基础，到成立职业军后，正值城市中不务正业的流氓与失去生产资料在各地流浪的人日益增加，参加职业军的主要就是这些人。这些人生活不安定，最容易被野心军人所利用，成为他们从事政治斗争的工具，故职业军成立后，很快就出现了军阀。军阀反映在政治上，就是个人独裁。

罗马一般的统治阶级也愈益拥护这些军阀，因职业军常年从事战争，作战力强，可以有效地镇压国内起义运动。旧的贵族阶级最初反对职业军，到后来因职业军稳定了他们的政权，故渐渐也不反对了。不过旧贵族阶级与军阀之间存在着争夺政权的矛盾。之后统治阶级内部也在斗争中分裂为两派，一派拥护旧贵族——元老集团，一派拥护军阀，双方斗争很激烈，如恺撒就是被拥护元老集团的人杀死的。但拥护军阀的人，包括旧贵族阶级在内已是愈来愈多了。

从军阀个人来看，其中只极少数是有政治眼光的，而大多数都没有清楚的政治见解，只求谋取保持个人的地位。他们大都是大奴隶主出身,所以无论如何,他们在阶级斗争尖锐化时还是站在旧贵族阶级一边,维护旧贵族的权益。故一班旧贵族到后来也认为军阀是维持其政权与剥削的最可靠的和唯一有力的武器。恺撒出来独裁时,还有少数人反对,到奥克闳飞安诺时,则表面上已无人反对了。军阀独裁——皇帝制度之成立是这一百年间阶级斗争发展的结果。到公元前三一年后,罗马在政治上已发生了很大的变化,虽然仍旧是大奴隶主的政权,但已由皇帝一人独揽大权,元老集团已无真正权力,皆甘愿仰皇帝之鼻息,以此代价换取他们对人民的继续控制与剥削。

六、希腊罗马文学

希腊文学在希腊化时代是以亚历山大里亚城为中心的,故历史上称这一时期的希腊文学为"亚历山大里亚文学"。当时从事文艺学术活动的人大多集中于此城,就像他们以前集中于雅典一样。同时在这一时期中开始出现了拉丁文学,即罗马文学。由于罗马之日形强盛,罗马城也渐变成了地中海世界的第二个文化中心。

这一时期的文学的特点有二,即内容上的贵族性与形式上的摹仿性。在此以前的希腊文学,就内容上讲,无论它是反映哪一阶级意识的作品,它总是能够比较直接地积极地反映出一个时代的生活,按照不同的阶级愿望提出了一个时代的社会政治问题。而此时的文学则不但在内容上已完全与实际生活脱离,并且本身也变成只供极少数人玩赏的东西,和少数文人小圈子里的一种风雅活动。而在形式上,此时的文学都是摹仿过去的经典作品之作。文学的生命和根源是一个时代的实际生活,现在文学既不再能活泼地反映实际生活,自然也就不会在形式上有新的创造了。所以一般作品既无充实的内容,只有笔墨上去玩弄花巧,故很自然地走上了仿古这一条路。形式上仿古的结果则更促使了内容进一步的僵化。从形式到内容既然都不能有进一步的发展,于是就造成了一种以仿古为荣的风气。

此时的希腊文学的体裁也很单调,主要是诗词方面的作品。比较重要的作家有三人。一是抒情诗人提沃克里陀(Theocritus,公元前三○五—公元前二五○年)。他是西西里人,但其一生中的大部分时间居住在亚历山大里亚城。他很为埃及王所赏识,等于是埃及王宫廷中的御用诗人。提沃克里陀的诗自成一种风格,其诗都是牧歌和农歌,描写牧人和农民的劳动生活。他的诗虽有一定的文学价值,但其中所描写的牧人农民的生活和形象都是出自这位诗人自己的幻想的,而不是当时牧人和农民生活的真实反映。同时欣赏这些诗的人也都是脱离实际生产,脱离实际生产环境居住在大城市中的人。由于他们自己的生活非常空虚,因而沉湎在想象的田园生活之中,把劳动者——牧人和农民的生活理想化起来。这完全是一种脱离、逃避实际生活自我陶醉和享乐的表现。

第二个是卡里马科(Callimachos,公元前三一○—公元前二四○年)。他是其里尼(Cyrene)人。他一生中曾写了许多的诗,有颂神诗、抒情诗和讽刺诗。但所有的诗都纯粹是摹仿过去作品的,并且摹仿得不高明,其诗的文学价值是有限的。

第三个是亚波郎尼约·罗德(Apollonios Rhodios,公元前二九五—公元前二一四年)。他曾摹仿荷马的史诗,写了长诗《亚哥英雄咏》。

此外在戏剧方面此时也有少数作品。过去希腊戏剧都是反映城邦的社会政治生活的,到这一时期由于作为一个独立自主的政治单位的城邦已经没落,已成过去,故以此为其泉源的戏剧也在趋向消灭,只有少数人继续着这种写作。其中比较可叙的只有米南德(Menander,公元前三四三—公元前二八〇年)的"新喜剧"。米南德的喜剧还能反映一些当时的实际生活,他描写了代表当时的各种典型的人物,如军人、流浪者、看财奴等。但其作品的文学价值并不高。

拉丁文学——罗马文学自此时起开始出现。初期的拉丁文学在诗词和戏剧方面多是翻译希腊的作品,或者是抄袭、摹仿希腊的作品。比较重要的戏剧家有浦罗陀 (Plautus,公元前二五四—公元前一八四年)和特伦提约(Terentius,公元前一九三—公元前一六〇年)。在散文文学方面也多是摹仿、抄袭希腊之作,如波里比约(Polybios,公元前二〇四—公元前一二二年)的《罗马史》,卡图的《农书》。卡图的《农书》主要是根据迦太基的许多农书,加入自己的意见写出的一本书。卡图自己也承认这是一本翻译迦太基农书的作品,这本书的文学价值很有限,但史料价值却很高,因其中详尽地介绍了当时迦太基人在农业方面的知识和农业生产技术。

到公元前一世纪晚期拉丁文学开始成熟。此时的拉丁文学才开始有了一些创作的意味。在诗词方面如卡塔卢(Catallus,公元前八七——公元前五四年)的抒情诗,已多少具有了一些自己独特的风格。在历史学方面,也出现了一些重要的作品,如儒略·恺撒(公元前一〇〇—公元前四四年)的《高卢战史》及其他战史。因他能有条理的叙事并较深刻地分析一些问题,故其作品有很高的史料价值。其他较重要的历史学家还有撒卢斯提约(Sallustius,公元前八六—公元前三六年)、狄欧多罗(Diodorus,公元前九〇—公元前二〇年)、尼波(Nepos,公元前一〇〇—公元前二九年)和载尼西约(Dionysios,公元前五四—公元前七年)。

在拉丁文学发展上第一个重要的人物是奇克娄 (Cicero,公元前一〇六—公元前四三年)。奇克娄出身于骑士阶级,曾作过罗马执政和外省总督。奇克娄作品不但数量多,而且包括范围很广,同时拉丁文之作为一种表达思想的工具,作为一种文学,是到奇克娄时始成熟的,故在文学史上公元前一世纪往往被称为奇克娄时代。奇克娄的作品包括有演说学,和他自己的演说集,其哲学著作多是柏拉图的对话体体裁,但内容纯是抄袭,并无他自己的见解。他曾摹仿柏拉图的《理想国》写了一本《政治学》。此外还有他的书信集。其作品的特点是词藻的华美。

拉丁文学在初期纯是一些摹仿希腊的作品,到奇克娄时代,拉丁文学虽已形成熟,但独立创造性的作品仍很稀少,而且拉丁文学直到此时为止还不过是起一种点缀作用。如奇克娄的作品虽有相当的文学上的价值,但其内容不外是赞颂正在成长的大帝国和罗马的某些领袖人物而已。不过,拉丁文学对后世来说都有其重要性。由于奇克娄及以后的许多罗马作家吸收了希腊文学、哲学的内容,用拉丁文将之表达出来,就使得中古时代一般西欧人已不熟习希腊文时,希腊的文学、哲学还能经由他们的作品一直流传下来。同时到奇克娄时代,拉丁文已成为一种成熟的表达思想的文字了,到中古时期,它更变成了西欧甚至整个欧洲的国际学术语,对学术的发展和交流起了一定的作用。到进入资本主义社会后,西欧的先进的资本主义国家的学术思想曾在一定时期非常发达,随着资本主义在全世界的扩张,其学术思想也传播、影响到全世界,因而拉丁文也由欧洲的国际学术语变成了全世界的国际学术语。

七、希腊化时代的哲学与科学(罗马附)

到这一时代独立城邦已然消灭,因而建立在城邦基础之上的哲学到此时亦趋向没落。此时的哲学已不再是一套完整的企图解释和认识世界和人生的哲学思想了，而主要是一种个人主义思想的表现。因为此时各希腊化国家在政治上都趋向于君主专制独裁，不但一般人民毫无政治地位，就是统治阶级也不再能自由地积极地参加政治活动了，他们都得服从君主个人的意志。因此对宇宙人生的一切问题认识得比较深刻的人很不满意于这种现状，但是在专制统治下既然不能在政治上有所发展，也不能公开表示自己对现状的怀疑，只好反过来逃避到自己的人格的研究里去寻找归宿。探讨个人的品德问题就代替了对自然本身和社会生活的研究，于是出现了个人主义的哲学思想。前一时期的犬儒学派即是这种思想的萌芽，而发展到此时，则已成为了哲学中的主流。逃避现实不外用三种方式：一是逃避到个人享乐主义的象牙塔里；二是逃避到不为外物所动的"自持"的象牙塔里；三是逃避到否定一切的虚无主义——怀疑主义的象牙塔里。

哲学上的享乐主义的首倡人是西里斯提波(Aristippos，公元前四世纪)。继其后的享乐主义者还有提欧铎罗(Theodoros，公元前三一〇年)、犹西摩罗(Euhemeros，公元前三一〇年)和西哥希亚(Hegesias，公元前四、三世纪间)等。但享乐哲学的成熟却是在伊比鸠鲁(Epicuros，公元前三四二—公元前二七〇年)之时。

伊比鸠鲁是撒摩岛人，成年后来到了雅典，在一个花园中讲学，故此派又称花园派或伊比鸠鲁派。伊比鸠鲁派的目的就在追求个人的快乐，要求以自己的认识作标准的，内心世界不受外界影响的"静止的人生"。他们的享乐主义不是庸俗的一心一意的追求目前一时物质生活的享受，包括实际政治和社会地位的获得在内，而是寻求一种可以不依外界的物质条件为转移的、在本身所处的物质条件下的最大可能的快乐。那就是以自己的认识作标准的精神上的快乐，而在自我精神范围之内所获得的快乐却是没有限度的。他们认为及时寻求快乐才是人生的最高目的，服从于外界使人痛苦的条件是没有意义的，并且精神上的快乐远超过物质享受的快乐。人所要追求的是精神上的快乐，如为个人的鉴赏的目的，而不是为解决社会和政治问题的目的来研究文学、哲学等。显然这是对外界实际生活中违反自己认识标准的政治和社会压力的一种逃避和消极反抗。但伊比鸠鲁派精神享乐的人生哲学思想的基础却是建立在唯物论的原子论学派之上的。他们以原子论来否定了神。他说宇宙是原子构成的，原子不断地转动变化乃产生了宇宙间的万物和人，神则居住在宇宙以外的另一世界，所以神与人的生活无关，神并不是世界的创造者和主宰者。他认为灵魂是由最细最轻的原子组成的，在人死后，组成灵魂的原子即分散掉。所以他们认为迷信是毫无道理的事，特别注意破除迷信，以为许多人之所以不能寻找快乐，就是因为受了迷信的阻碍。这种说法是可以理解的，因为神和迷信是统治者迫使人民在现实生活中完全服从于他们的一种精神武器，要摆脱现实政治对人的精神上的影响，就不能不摧毁神的迷信。

伊比鸠鲁的哲学思想虽是由原子论出发的，但由于原子论只是用来作为他们那种人生哲学的物质根据，故他终不能脱出这一时代的思想——个人主义的思想范畴。后此派不但没有新的更高的发展，反而趋向了专门注意物质上的享乐去了。伊比鸠鲁的哲学著作未流传下来，只是由于公元前一世纪时罗马的哲学家鲁克里提约(Lucretius，公元前九八—公元前五四年)写了一首长诗《万有论》，其中包括了伊比鸠鲁的主要思想，才使我们能够窥见了伊比鸠鲁的思想。

另一个哲学上的主要派别是彩廊学派。此派的创始人是兹诺(Zeno，公元前三三六—公元前二六四年)。兹诺可能是一希腊化了的腓尼基人。他最初从事经商，后始研究哲学。他曾在雅典讲学,讲学地点是在一条长廊上,故此派被称为彩廊学派。

兹诺的思想出发点与伊比鸠鲁相似,即是要在专制主义的政治社会条件下,寻找个人精神世界的独立,争取自己生活的主动,他们的口号是"求定心"(自持)。但是他们的思想指导人生所得到的实际效果却和伊比鸠鲁完全不同。首先是他的哲学体系是建立在唯心论的基础之上的,并且带有浓厚的宗教色彩。他认为宇宙就是一个大的精神,这种精神有如上帝,是不依人的意志来更改的。人也有自由的精神,但人的精神只是宇宙精神的一部分,当人死后即与这种宇宙精神混为一体,复返本原。他所以认为人必须要有理性,只是为了运用这种理性来对这种宇宙精神有规律的运动作积极地协助,人只有自觉的用自己的精神来配合这个宇宙精神的运动之后,才能达到个人现世精神上的绝对安宁,才不致为外界任何力量所苦。因此他认为每个人都要设法使自己的思想生活和这个宇宙的精神相吻合,不要反抗它,而要按照它的意志来安排自己的生活。求知识的目的不是为了别的,既不是为了解决现实的社会政治和自然现象的问题,也不是像伊比鸠鲁派那样为了自己的享受,而是为了了解这个宇宙精神,然后依自己了解的程度来使自己过着一种自认为是"道德"的、不受外界影响的自持的生活。他认为一切情感都是病态的,人应当在自己认识的基础上过一种极端理性的生活,不为一切外物所动,这样才能始终清楚的认识那种宇宙精神,知道在各种情况下如何自处。可是这种个人主义实际上已经等于否定个人了。因为兹诺的这种"求定心"的个人主义思想的结果是要个人承认天命,承认一切事物早为上帝安排妥当,人无须怀疑,只要承认、接受和忍耐一切就行了。这种思想对个人精神世界来说是积极的,因为他们不是消极接受天命,而是主动的去认识和服从天命。但对指导现实人生来说,却是极端妥协和屈服的,因为承认天命,就等于消极地接受了现状，甘心生活于大奴隶主国家的统治之下，放弃了个人的行动自由。至于到了外界的压力大到实在使个人的"自持"认识都不能维持，无法再忍时，则可以自杀。在他们看来自杀也是完成配合宇宙精神运动的一个手段。兹诺后来果然实践了自己的哲学，以自杀结束了自己的生命。

其后之彩廊学派并无任何新的发展。

第三个派别是怀疑学派。此派的首创人是庇罗(Pyrrhon，公元前三六五—公元前二七五年)。他是埃里地方的一个末流智者。他曾研究过各学派的哲学思想，发现在哲学上的一些基本问题的意见上没有任何一派是和另外一派相同的，故而他得出了一个结论，即不可知论。他认为任何问题都可以有正反两面的说法，所以真理是不可知的。这种思想的出现，是因为此时的哲学已不谈实际问题，所以庇罗在研究过去的许多哲学思想时并不结合他们所由产生的社会现实生活来研究，他既不能研究各派产生时的社会背景，当然便只能将许多名词颠来倒去，玩了一阵概念游戏，最后一切才都成为不可知的了。这种不可知论对生活的实际意义即是对现实政治和社会既不明白的接受，也不断然的反对，只是依个人的利益得过且过，故基本上也是属于个人主义哲学范畴的。

庇罗之后还有许多怀疑主义者和怀疑主义的思想派别出现：如提蒙(Timon)、柏拉图学派的怀疑主义(公元前三、二世纪间)等。其中以实验派的怀疑主义最可注意。此派的名家多为医生。最重要的是名医伊尼西底谟(Aenesidemos，公元前一世纪)。伊尼西底谟是诺索斯人，后在亚历山大里亚城行医并讲学。他的哲学思想是"难知论"，他认为人凭感官所得的外界的印象并不可靠，一个健康的人和一个生病的人的认识就有所不同，这就证明了人对外物的认识是不可靠的，人自己无法证明自己的认识是否正确,所以一切知识都是相对的,没有绝对的。宇宙的本质是什么?个人的看法不同,而凭感官来了解也是靠不住的,所以宇宙是不可知的。值得注意的是伊尼西底谟的思想完全是从个人肉体的感官的体验过程出发而得出的结论,与那些凭观念出发的不可知论不同。由于受当时科学发展水平的限制,使他无法对人的官觉进行正确的科学分析,因此他不能懂得人类认识过程中理性认识的重要性,只能停留在粗浅不堪的从感官感觉出发的感性认识阶段。加以当时的时代环境容易使人走向个人主义的道路,因而他的哲学思想虽然注意到了人类自己的"实践"——粗浅的感官感觉,而非生产活动的实践——对认识的重要性,但他终于得出了"难知论"的结论。

自然科学在此时期中有着光辉的成就。这个时期的自然科学基本上是继承了亚里斯多德的传统而发展起来的。加以这时由于各希腊化国家的政府特别是埃及政府看到自然科学在生产上的实际用途,也极力提倡,并给予科学家财力物力的支持和各种便利,因而使自然科学得以超越前代地有了不少新的发现和发明。

就今日所知世界上最早进行的、规模最大最有系统的科学研究是此时的科学研究。当时埃及政府提倡科学研究,曾在亚历山大里亚城内设立了一座规模宏大的科学研究院。这个科学研究院的院址设在文艺女神 Mousai 庙中,故被称为"Mouseion"。今日欧洲各国文字中的"博物院"(Museum)一词即来源自此。亚历山大里亚的科学院可说是一个科学家的研究社会:由埃及王所派的一个会长来组织、领导,科学家皆接受国家的薪俸。研究院为科学研究工作设置了植物园、动物园、解剖室和观象台等,并且有一个藏书达七十万册的图书馆,在当时是世界上最大、藏书最多的图书馆。

希腊化世界中，其他著名的图书馆还有亚历山大里亚城的西拉皮(Serapis)神庙图书馆、波戛谟城的图书馆、安条支亚(Antionchia)城的图书馆。

在这一时期中在数学、物理学和天文学方面都有很高的成就。如数学家犹克里底(Euclides，公元前三〇〇年)集过去印度、巴比伦、埃及几何学之大成，创造出几何原理的完整体系，直到现在犹克里底所证明的公式和定理仍是初级几何学的基础。天才的数学家和物理学家亚其米底(Archimedes，公元前二八七—公元前二一二年) 对圆形、圆体和尖体的量法作出了很大的贡献。在物理学方面，他发明了比重原理和求重心的方法。他又是第一个将数学的算法应用到各种军事机械上的人，从而发明了许多作战器械。

在天文学方面，亚历山大里亚图书馆长伊拉陀斯提尼(Eratosthenes，公元前二七五—公元前一九五年)曾进行了推算地球大小的测量工作，第一个采用了今日仍在利用的方法——三角测量，他以此法得到了与真实数字相差不多的得数。此外他还著有《地理学史》撒摩岛人亚里斯塔科(Aristarchos，公元前二八〇年)曾根据其对天文学的研究，最早地提出了太阳系的学说，但他的发现并不能为当时人所接受，故未得流传。至公元二世纪时，托勒密(Ptolemaios)写了一本具有总结性的天文学著作，肯定地认为太阳、月亮和其他行星、恒星都是围绕着地球运转的。托勒密的错误的天文学体系在此后一千三百年间一直支配着天文学的研究。

在生物学和医学方面，如西娄菲罗(Herophilos，公元前三〇〇年)在其著作中表现出了非常深入的解剖学知识。当时的外科医生，在动手术时，已使用了麻醉剂。西娄菲罗对药物——草木药材的使用方法也很有研究。此外他在生物学方面的深入研究使他证明了人的精神中枢是脑，而不是心，并发现了人体内血液循环的道理。

考证与校勘之学也是自此时开始的。最早对古代的文学哲学加以批评的是亚里斯多德，此时的学者继承了亚里斯多德的传统，对过去的文学学术著作进行了整理、研究。当时考证工作主要是对古代名著的考证和训诂、书目的编制、文学的研究、字典的编制、神话集的编制、地理典籍的编制、各种文学(戏剧、诗歌、哲学)史的编纂和名人传记的编纂。

希腊化时代的哲学与城邦时代的哲学有显著的不同，可以视之为希腊哲学史上的一个阶段，这一阶段哲学的特点从形式上看就是它的学术化。哲学学术化是和哲学思想的创造性相对而言的。哲学本最重独立思考，针对自然界和社会上所存在的重大问题代表一个阶级或阶层提出解释，有自己的观点，有自己的逻辑，而自成一个体系。城邦时代的哲学思想的繁荣就表现在哲学家们都有一个独立的思想体系，因而在哲学的范畴之内，不论在宇宙观、人生观、认识论和方法论上都提供了新的发现，从而丰富了哲学的内容。但到了希腊化时代，哲学已经消失了它的创造性，并没有在前代诸名家的基础上有进一步的发展，在一些根本论点和方法论上都不能脱出前人范畴，最多只是"沿袭师授"。等而下之，则博采各家，断章取义，杂糅而成为自己的认识，是即"杂家"(Eclecticae)。这样失去了独立创造性、只是承袭前人思想的哲学，便好像学术研究工作一样了，故谓之学术化。

希腊化时代哲学的学术化表现在两方面：一是思想完全派别化，就是哲学家们只依附在一种已经独立形成的思想体系之下，专在这一思想上下功夫，并以此为标榜，于是就形成一派。这派就沿袭相传师授相承下去了。希腊化时代比较著名的如伊比鸠鲁学派、彩廊学派等虽然还能自成一个体系，但他们的独特之处，只在于能解决个人的人生态度上面，而在一些根本的观点和方法论上并未超出前人的范围，换句话说只不过是利用前人的成就来为个人的享乐主义思想作注脚而已。学术化的另一表现就是杂家的出现，杂家较前一类哲学更形没落了。因派别化的哲学，虽然只是沿袭师授，但还是在一个逻辑一个体系之下发展的，而杂家则根本没有自己的体系与逻辑，完全是割裂别人的体系和逻辑来凑成自己的认识。这种杂家可以彩廊派中的杂家和柏拉图学派中的杂家为代表。罗马最早研究哲学的人也都是杂家，如法娄(Pharos 公元前一一六—公元前二七年)与奇克娄(公元前一〇六—公元前四三年)。

何以希腊化时代的哲学独少光彩呢？这是因为独立的城邦时代已经过去，统一而专制的政治局面出现，各个阶级和阶层已经失去了他们独立的政治活动和社会活动的可能性，因此也就没有可能提出任何新鲜的问题出来了。生活的多样性既已消失，那么哲学的繁荣也就没有了。

但如就希腊化时代的哲学本身来讲，则可以总结出这样的结论：即这些无哲学创造性而以个人主义为突出特征的思想派别是代表着当时整个奴隶主阶层的意识，因为这个时候的奴隶主阶层已丧失了自己独立政治和社会活动的环境，于是只好钻进个人主义的圈子里来消磨自己的暮年了。如享乐主义即完全是大奴隶主阶层的思想，因为只有拥有许多奴隶与财富的大奴隶主，才有可能追求那种享乐，否则根本无法奢谈享乐，享乐哲学也无法出现。彩廊学派的思想从表面上看，似乎与享乐主义不同，他们着重在不为外物所动的"自持"，但事实上可以悠闲自在的去"自持"的人也只有奴隶主阶级，劳动人民绝无这种条件。怀疑主义则更是饱食终日无所用心的人一种精神上的享受。所以这一时期的哲学，基本上是没有什么可以肯定的方面的。不过，伊比鸠鲁学派却具有其重要性,因为它继承了过去希腊原子论哲学家的唯物原子论的传统,并在此基础上提倡无神论。他们是西方最早的有科学基础、完整理论的无神论者,而且经由此派使原子论得以流传下来,成为此后欧洲唯物主义的一个很重要的传统。

希腊化时代的自然科学与考证方面的成就应予全部肯定。少数保留下来的此时的自然科学方面的作品一直是世界科学的宝贵遗产,而当时的考证工作也为此后的考证、校勘工作与古典文学的研究打下了良好的基础。

第十一章 罗马帝国
（公元前三一一—公元一九二年）

一、皇帝制度与皇帝崇拜

罗马政治上军人独裁局面发展到最后的结果，一定是由一个大军阀出来独揽军政大权，并将在旧共和制度外衣掩盖下的这种军人独裁变成为合法的政治制度——皇帝制度。到此时罗马帝政制度乃正式确立了，帝国也正式形成了。

罗马帝国时代的政权本质基本上仍与共和时代相似，仍是一个大奴隶主阶级的政权。不过这个政权的形式已经变了，共和时代是大奴隶主阶级直接参与对国家政权管理工作，而此时奴隶主已从直接的政权活动中退了出来，而把他们的阶级利益委托给了当时政权中的中心人物皇帝——最大的军阀，由皇帝来代表整个的奴隶主阶级来管理国家。

罗马帝国的皇帝有四种称号。第一种称号是 Imperator(希腊文为 Autocrator)。这个称号在共和时代已经有了，不过当时它是对率军出征时的罗马执政来说的，在当时此词的意思相当于"大元帅"。到军阀独裁局面出现后，这些独裁经常都是"大元帅"，因而这个名词乃渐变成他们的固定的称号了。到帝国时代此词已变为"皇帝"之意了。今日欧洲多数国家(如英、法)文字中"皇帝"

一字即源出于此字。

第二种称号是 Princeps-Princeps civium Romanorum，意即"元首"或"罗马第一公民"。它是庞培约最先使用的一个头衔，以后的独裁者也都承袭了这个称号。奥克阋飞安诺作了皇帝后仍喜以此名自称，因它多少保有一些共和国的意味，使一般人民听起来不会觉得太刺耳。

第三种称号是 Augustus(希腊文为 Sebastos)，这是帝国成立后出现的名词，也可以说它是帝国第一任皇帝的唯一的正式的称号。它是公元前二七年时罗马元老院"上"予皇帝奥克阋飞安诺的尊号。我们可以译之为"至尊"。"至尊"具有宗教上的含意，带有尊贵如神明的意思在内。元老院称奥克阋飞安诺时皆用此名，而奥克阋飞安诺则故作谦虚，多以"元首"自称。

第四种称号是 Caesar。帝国第一任皇帝奥克阋飞安诺是儒略·恺撒的继子，帝国成立后百年中的皇帝也多自认是源出恺撒家族一系的人，故"恺撒"一字在人心目中是与皇帝相联系的。到克罗底约皇帝时(Claudius，公元四一—五四年)乃正式规定"恺撒"为皇帝之尊号，以表示皇族的"神性"。今日欧洲少数国家文字(如俄文、德文)中的"皇帝"即由此字变来。

皇帝的权力是从执政官权力的基础上发展下来的，此时皇帝异于以前执政官的最重要的权力有二。第一是军权(Imperium)。"军权"是从王制时代传下来的，在王制时代 Imperium 意指"王权"，而王制时代的王权又是与军权相一致的。到共和时代才成为了执政官的"统军权"，此权也可由元老院授予某个人。共和国末期的独裁者经常统军，而军权又保障了他们的独裁权力的行使，故帝国成立后军权就变成了皇帝特有的权力之一，只有皇帝才可以领有军权，其他人则只能受皇帝之命代其行使军权，而不能领有军权。第二是保民权。按罗马制度保民官一职必须由平民担任,贵族无权作保民官,而后来保民官却掌握了一项非常重要的权力,即立法权。国家立法皆须由保民官向人民议会提出通过,这种制度对最初的罗马独裁者的权力有很大的限制作用。因这些独裁者都是贵族出身,不能作保民官,所以他们乃要求平民给予保民官的权力。儒略·恺撒独裁执政时,即曾取得了这种权力。其后帝国之历任皇帝亦皆援例要求取得此权,故后来保民权实成为皇帝所必具的权力之一。

除以上两种特别重要的权力外,元老院又奉献给皇帝三种特权,后来也成为了皇帝法定的权力。其一是首先发言权。过去除元老与执政外任何人都无权参加元老院会议,现在皇帝不论是否兼任执政官都可以参加元老院会议,并有在会上首先发言的权力,这就等于是元老院会议的议程要由皇帝来决定;其二是宣战媾和权。罗马对外宣战与媾和本由元老院决定,现元老院将此权献予了皇帝。其三是召集元老会议权。过去召集元老会议之权属于执政,现在不论皇帝是否兼执政都享有此权。

同时在事实发展过程中,皇帝又逐渐掌握了以下的三种权力:一是最高行政权,主要是财政权和各省长官的委任权。国家财政收支不再由元老院控制,而由皇帝委任自己手下的私人来管理,他们只对皇帝个人负责。各省长官亦由皇帝直接指派,元老院渐不能干涉。二是最高立法权。在皇帝取得了保民权后实际已掌握了立法权,不过在形式上皇帝仍须以合法手续来发布国家法令,可是到后来人民议会因已失去了实际作用,故很少召开了,皇帝渐渐随自己意思来公布法令,而无人敢过问此事,此后大家即认为这是理所当然的事了。三是最高司法权。所有法官皆由皇帝指派,到后来皇帝本人也变成了全国最高的法官,凡罗马公民皆可直接向皇帝上诉。

随着皇帝权力的无限加大,皇帝的地位亦日渐崇高,渐渐被当作神明来崇拜。在帝国成立后不久，帝国各省中就都设立了"罗马与至尊"神坛("罗马"是罗马人从古以来就崇拜的一位女神)，这表示此时至尊已与罗马女神地位并列了，各地人民都要到此神坛前礼拜。但奥克阕飞安诺深知罗马人的心理，故意不在罗马城和意大利半岛上设立这种神坛，以示要罗马城与意大利之地位与帝国其他地区有别。这是对在位皇帝的崇拜，此外对已死的皇帝也有一套说法。奥克阕飞安诺在位时即奉儒略·恺撒为神，称之为"Divus"(拉丁文"神")，以后每个皇帝死后元老院也都奉之为神。在帝国各地，甚至罗马城与意大利半岛上，也不例外地建立起死去皇帝的神坛。

虽然帝国到此时已实际建立，上述的一套皇帝制度也已确立，但从理论上讲，当时罗马仍是共和国，被称为皇帝的人只是元老院与人民特别委任的一个特殊的人而已。这个人在制度上仍是被选举出来的，元老院和人民可以随时取消他的特权，另委他人，所以罗马皇帝不同于许多其他古国的皇帝，他的皇位并不能视为私产世袭传授下去。但实际上皇帝既是一个军事独裁者，他自然能够利用其军事实力来扶植一个他心目中的继承人。从奥克阕飞安诺始，历代皇帝在生前往往就特别提拔一个人，认其为义子，经常派他代表皇帝出去作战，以培养他的个人威望，使他逐渐协助自己行使独裁权，故老皇帝死后，元老院只好承认既成事实，经过正式手续承认此人为大元帅——皇帝。不过这种制度到底是非正式的，所以有时不能取得应有的承认，便往往引起了内乱。有时老皇帝也可能没有指定他的继承人，这时便往往由军队拥戴出来一个人作大元帅，而元老院也只能承认既成事实。由罗马皇帝的继承制度上最可看出罗马的皇帝制度实在就是军人独裁的制度。

二、帝国时代的社会阶级与社会生活

帝国时代罗马社会阶级大体仍与共和时代晚期相同，基本上仍是自由民与奴隶两大阶级。自由人仍分为元老、骑士与一般公民三种人，他们在名义上都是罗马帝国的统治阶级，但事实上罗马政权从来只代表着元老、骑士阶级的利益，也只有这两个阶级才能参与实际的统治权。而一般罗马公民又可分为两类：一类是从事生产劳动的人，包括农民与城乡手工业者，他们在政治上却毫无地位；另一类是数量相当庞大的城市游民，他们虽然没有任何经济的和社会政治的地位，但他们却是能在政治上发生一些左右作用的自由公民，特别是罗马城内的游民。罗马奴隶的人数自共和国晚期以来一直在增多着，帝国时代在意大利半岛上奴隶数目超过自由人是毫无疑问的。但奴隶的绝大数掌握在元老、骑士手中，一般罗马公民可说根本没有奴隶。至于除意大利以外地方的帝国属土中的人，在法律身份上都不能算作是罗马公民，即他们不能参与罗马的政治活动。但在帝国范围下的各地区社会中有统治阶级、一般公民与奴隶的阶级区别，其中的统治阶级有时因对帝国特别有"功"，也可能被授予罗马公民权，到后来还有一些人用金钱买得了罗马公民地位。他们都与罗马帝国政府合作，依靠帝国国家机构来保障他们对本地人民的统治和剥削。

由于过去几百年间，特别是帝国成立前的百年间，罗马曾大规模地不断地对外作战，征服了广大的土地，并在这些被征服的土地上进行了疯狂的掠夺，奴隶劳动力的来源与不劳而获的财富对罗马人来说好像是无穷尽的。可是这种长期的大规模的掠夺却对罗马人产生了一个严重的后果，即使得几乎全体的罗马人都渐渐地变成了不事任何生产的人。元老、骑士这些把持政权的人自不待言，因为他们占有了掠夺来的奴隶和财富的绝大部分，这些财产得之既易，用去自然也毫无爱惜，因而渐渐养成了他们的极端奢侈浪费，整日追求享乐的习惯，甚至连计划生产的事也不再去过问了。骑士阶级虽还经营垄断商业，放高利贷和包税，但这三种活动并不是正常的经济活动，而是一种用政治强力对人民所进行的榨取，其本身不但对生产毫无关系，而且由于这种榨取反而破坏了各地的生产。占一般自由公民的绝大多数的小自耕农在大地主的兼并压迫下到此时多已破了产，日益增多地被迫脱离了生产而沦为了城市游民。加以在帝国将成立之时，一般政客与军人皆以游民作为他们从事政治斗争的工具，争相从暗中到公开地用各种办法来收买拉拢这些人，其所常用的方法之一就是贱价售粮，后来更无代价的配粮给他们，并经常用各种娱乐如角斗来招待他们，使他们渐渐安于这种不劳而食的生活，终至成为完全丧失了劳动能力的寄生虫。这种风气所及，甚至一般生活困苦的小本营生的人也被吸引来，丢掉了他们原来的生产工作，变作了游民。因而罗马城在共和国晚期已成为了历史上空前集中的游民寄生地。剩下的从事农业生产的小农与手工业者，在这种社会中无论在经济上和社会政治上已完全不发生作用了，并且这种人还在日益减少着。

建立在对外奴役与掠夺的基础之上的罗马奴隶社会，不能不随着这种基础的消失而发生危机。这种危机就开始于帝国成立之后。因为到帝国成立之后，罗马已征服了全部地中海世界，大量奴隶劳动与财富不能再靠战争的掠夺来源源供应了，但罗马社会自己又不能生产，结果这种情况必将导致罗马奴隶社会的混乱与最后崩溃。当然，帝国成立之初的二百年还只是危机的开始。

奴隶主们为了挽救这种危机,曾想出了补救办法。危机的根本问题首先在于奴隶劳动力来源的缺乏,为了解决这个问题,罗马奴隶主们采用了三种办法:一是怂恿奴隶贩子到比较边远落后的地区或帝国以外的地区,如不列颠、日耳曼、西班牙、亚美尼亚与阿拉伯等地方去掳掠土著人口,将之贩为奴隶;二是在帝国范围内拐卖人口,特别是妇女儿童;三是举办奴隶繁殖场,最初这种繁殖场只是奴隶主在自己奴隶中繁殖人口,以备接续劳动人手之用,后更有人专为出卖的目的设立了奴隶繁殖场,里面养许多年轻的女奴,令她们作一些轻闲的工作,专为生育子女,然后场主将这些小孩养大后出卖。但这并不能解决根本问题。其次,危机表现在奴隶主国家的财政困难上,罗马帝国政府在解决财政困难问题上,采取了加重税赋的办法,此外并令各省总督加倍榨取各省人民。但这种办法实行的结果只是引起了生产的进一步被破坏而已。当这些补救法都未奏效,罗马社会的危机与经济衰退在帝国成立后的百年中反而日趋严重之时,罗马奴隶主们最后只好求助于老办法,企图仍用发动新的侵略来恢复过去共和时代罗马奴隶社会的繁荣。

公元二世纪初罗马皇帝查燕诺(Trajanus,公元九八——一一七年)为解决帝国内部财政上的恐慌,乃大举向外侵略,渡多瑙河,分两次征服了多瑙河下游的达其亚(Dacia,公元一〇一——一〇二年),即今日罗马尼亚地方。但因此地生产落后,人口稀少,罗马在此剥削榨取到的财富很有限,因此罗马在公元一一四——一一六年间又东侵安息,征服了安息的一部分领土,掠夺了一些财富,但不久即被安息人驱逐出来。故总起来看,罗马帝国为挽救危机所进行的新的征服是失败了。

随着罗马社会的日趋没落,帝国时期罗马统治阶级的生活也日趋奢靡和腐化。他们不事生产,加以不学无术,粗鄙成性,故其人格道德的堕落达到了可惊的地步。他们的日常生活节目不外是宴会与娱乐。统治阶级中人每日互相宴请,宴会已成为他们生活中必不可免的一项事务了。贵族们的筵席上具备着帝国各地的山珍海味,以至一次宴会需花一整天的时间才能终席。为使客人能够备尝百味,主人特别配制许多呕吐剂,使吃得过饱的客人能够呕吐一下继续再吃。城市中的游民也千方百计地想法弄到一张请柬,或是到这些宴客的贵族家中去吃些残羹剩肴以饱口福。他们并不以这种作为为耻。除宴会外,统治阶级生活享受的另一重要项目是沐浴。罗马城中有许多元老、皇帝出钱修建的公共澡堂和贵族私人享用的澡堂,澡堂里面有许多供沐浴者驱使的奴隶,并有许多按摩专家为沐浴者施行按摩。一般贵族几乎终日都在这里消磨时光,过着一种半睡半醒、半生半死的麻醉生活。在娱乐方面,由于他们在社会中毫无价值的存在,所以他们欣赏的都是一些刺激性的或粗暴残酷的玩艺,如赛马、角斗、兽斗和一些低级趣味的戏剧表演,以此来振奋他们的无所事事的麻木不仁的神经。

帝国成立后的二百年间,罗马社会处在一个长期不断的财政恐慌和生产衰退的时期。当时帝国内部在表面上,也就是在政治上虽还相当安定,维持着一个昌盛的局面,但这并不能掩饰住罗马实际上的日趋没落,这主要表现在这二百年间罗马社会生产是每况愈下的。首先在农业生产方面,过去由于罗马长期地对外侵略掠夺,经常不断地有大批掳掠来的奴隶作为大田庄中的劳动力,奴隶主从尽量减少他们的生活必需资料来榨取他们的剩余劳动,所以使用奴隶劳动的大田庄还能维持着农业生产的一定水平,还能提供出大量的剩余生产品来供给田庄主人——奴隶主浪费。到帝国成立后,奴隶来源中断了,以奴隶劳动为基础的大田庄的农业生产因之急剧下降。奴隶主的收入大大减少了,然而他们的奢侈浪费却依然如故,故他们日益感到收支不能相抵。由此可以看出这种社会制度已难以为继了。

与农业生产衰退的同时,手工业和商业在帝国成立后也很快的出现了衰退现象。罗马的工商业本来就不太发达,因为随着罗马的向外扩张,小自耕农的数目也日益减少,所余的少数的自耕农的生活日益困苦,购买力非常低,而奴隶主阶级又多有家养的奴隶身份的手工工人,自制自消各种日用品,故一般的手工业无法发展。帝国成立后,社会购买力益形减退,所以连原有的少数手工业也难于维持了。手工业的衰退必然促使商业亦随之日趋不振。

此外,在帝国成立后不久,矿产方面也发生了问题,从而更加重了财政上的恐慌。因在奴隶劳动下所使用的开矿工具很粗糙,只能在较浅的地层处开采矿石,而到此时可以开采的矿石都已掘尽了,继续深入开采又不可能,所以矿产产量大减。但矿产的消费量,主要是金银却日益增加,因当时罗马的统治阶级需要大量的外国奢侈品,如印度南洋的珠宝、中国的丝等,而罗马没有任何可作交换的手工业生产品,只能用现金现银来换取。金银大量外流,而不能继续补充,故而造成金银货币短缺的现象,加重了社会的危机。

从以上各种情况可以看出罗马帝国成立后因奴隶掠夺制度的没落所造成的生产衰退的严重情况,帝国既不能再向外进行新的征服,其他补救办法也都无济于事,故在帝国成立二百年后,罗马奴隶制度必然按照它本身的发展规律逐渐走到了最后阶段,罗马奴隶制度社会开始濒临末日,而帝国也就开始混乱衰败了。

三、帝国盛期的文学和哲学

在帝国盛期的二百年间,文学曾有相当的发展,但这个时期文学的主流主要是歌帝国之功、颂皇帝之德和描写上层社会生活的贵族文学。这时的文学可说毫无人民性。在具体内容方面,由于当时奴隶主贵族们生活的荒唐堕落,所以描写这些人的生活的文学作品也就势必充满了一些低级趣味,使其显得非常低劣。此时的文学是以拉丁文学为主,希腊文学已不占重要地位,作品数量很少。希腊化国家的文学家们此时也多到意大利罗马来进行他们的文学活动。

公元前一世纪在文学史上被称为拉丁文学的"黄金时代"。此时在诗词方面曾出现了几个大诗人,其中最重要的一个是佛基略(Vergilius,公元前七○—公元前一九年)。佛基略曾在当时罗马著名的大商人米其纳(Maecenas,公元前七四——公元前八年)门下活动。米其纳是皇帝奥克闳飞安诺的好友,他专为皇帝招致了一批文人,佛基略也是其门下文人之一。佛基略写的诗很多,但其全部的诗都是摹仿前代作家的:他摹仿提沃克里陀写了一些牧歌(Ecloga) ,摹仿赫西欧锋写了一些农歌(Georgica),并曾摹仿荷马的史诗写了一首长诗《埃尼伊》(*Aeneis*) 。《埃尼伊》不但在体裁上摹仿荷马的史诗《伊利亚》,而且它的人物和故事情节也都是与《伊利亚》相联系的。佛基略选择了攻打特娄亚城的希腊英雄中的一个缺乏光彩的小角色——埃尼亚作为他的长诗的中心人物,捏造出一篇故事,讲述他如何自希腊流浪到了意大利,在意大利建立了罗马城。佛基略并杜撰说现在的罗马皇帝就是埃尼亚的子孙。同时他在诗中影射了当时罗马的一些显赫的大贵族,歌颂和赞扬了他们。《埃尼伊》前后曾写了十一年始完成。因其诗多少还反映了一些当时的社会情况,故有相当的史料价值。从文学的观点看,其诗的文学价值也很高。

此时期之其他重要的诗人还有霍拉提沃(Horatius,公元前六一—公元前八年)与欧菲底沃(Ovidius,公元前四三—公元一七年)。

在历史与地理方面较重要的作品则有黎菲约(Livius,公元前五九—公元一七年)的《罗马史》和斯查榜(Strabon,公元前六三—公元二〇年)的《世界地理》。前者叙述了罗马古代直到公元九年的历史。此书的前一部分纯是附会、传抄之作,只最后一部分是作者对当时历史的真实记述,故很有价值。后者是一本用希腊文写的地理著作,记述了当时大罗马帝国版图内的各地方的地理,其记述非常详尽,确实反映了帝国的真实地理情况。

公元后一世纪在文学史上曾被称为拉丁文学的"白银时代"。在这一时期中,除上述的歌颂帝国、皇帝和贵族的文学作品仍占主要地位外,还出现了一种对当时的社会现实表示不满的讽刺文学——讽刺诗。当时最著名的讽刺诗人犹芬那里(Juvenalis,公元五五——三八年)和马提亚里(Martialis,公元四〇——〇四年)。他们的诗的内容主要是对迷信、贵族们的堕落生活、暴发户、守财奴和逢迎拍马的政客们的嘲讽讥刺。此外还有一种史事诗出现,如斯塔提沃(Statius,公元六一—九六年)和鲁堪诺(Lucanus,公元三九—六五年)的诗,这种作品是将过去历史上的故事以诗的形式写出,与现实生活毫无联系。所以如就文学所注重的取材内容的创造性来看,这种作品没有很高的文学价值。

历史学方面的著作则多是关于罗马早期的历史或罗马以外诸种族的历史的著作,如约瑟夫(Josephus,公元三七—九五年)所著之《犹太史》(二册)。塔其屠(Tacitus,公元五五——一八年)写的许多历史书,其中最重要的一部是《日耳曼》。《日耳曼》一书是塔其屠根据自己对中欧一带日耳曼人生活的观察写出的。此书颇带有讽刺当时罗马社会生活的含意，他特别强调地描写了方开始向有阶级社会转化的日耳曼人的质朴和诚实，因而使得当时罗马人道德上的堕落更显得特别突出了。雅典人浦卢塔科(Plutarchos,公元五〇——二〇年)在地中海世界各地游历后,最后到了罗马,他参考了许多书写成一本名人传记,其中包括希腊罗马的古今著名人物的传记各半。此书不但有很高的文学价值,而且保存了许多非常珍贵的史料。

在散文文学方面则有昆提连诺(Quintilianus,公元三五——〇〇年)撰写的《修辞学》。皮仇尼沃(Petronius)是一元老,他本人的生活非常堕落,其小说的特色即是以相当客观主义的手法来描写当时贵族阶级的堕落生活,对这种生活加以无情的热骂冷嘲。其作品尚有一定的文学价值。自然科学家老浦林尼沃(Plinius,公元前二三——七九年)的《札记》,其中收集了各方面的自然科学的知识,特别是生物学方面的知识。再如小浦林尼沃(公元六二——一三年)的书信,这些书信不但是很好的散文文学,并且包括许多有关当时政治社会方面的历史资料。其书信之大部流传至今日。

到公元二世纪时,拉丁文学开始衰败,在韵文文学方面已完全没有可取的作品和作家了,复古和仿古的风气到此时也更显著了。此时比较有名的小说家有二人,即亚浦里约(Apuleius,公元一二五年)与鲁其安诺(Lucianus,公元一二五——二〇〇年)。著名的历史学家有随图尼沃(Suetonius,公元七〇——一二一年)和狄昂·卡西约(Dion Cassius,公元一五〇——二三三五年),前者的作品中的材料大多出自伪造,无甚参考价值,后者的作品中的材料还可靠,但其写作技巧很差。此外历史学家波撒尼亚(Pausanias,公元一七〇年)曾据其在希腊半岛游历多年的经验,写了一本《希腊指南》。书中记述了许多从古至当代的希腊各地方的掌故,是今日研究希腊史的重要材料。

在自然科学方面,此时有两个对后世影响较大的希腊科学家。一是戛伦诺(Galenos,公元一三〇—二〇〇年),其著作非常庞杂,主要是医学方面的书,他著作的医学书籍总括了希腊医学上的全部重要成就。后其书在中古时期由于阿拉伯人的翻译保存得以流传于西欧,对近代医学曾发生了很大影响。另一个是托勒密,他总结了希腊人在天文学方面研究的全部成果,写了一本书,但其书中却贯穿一个错误的结论:即地球是宇宙的中心的说法。其学说后来也经由中古时代的阿拉伯人传至西欧,曾影响、支配了整个西欧中古时代以及近代初期的天文学。

哲学发展到公元前一世纪时,已完全成为了少数贵族修身养性的东西,与社会现实再无联系,故严格地讲,这一时期已没有哲学了,只不过有几个谈哲学的人而已。伊比鸠鲁学派此时已湮没无闻,谈彩廊学派哲学的却还有三个人:即元老森尼卡(Seneca,公元前四—公元六五年)、奴隶(后被释放)埃庇克提陀(Epictetos,公元六〇——一四〇年)和皇帝马可·奥里略(Marcus Aurelius,公元一二一——一八〇年)。他们三人都曾写了一些谈彩廊学派哲学的书,并且这些著作大部分流传下来。这些书本身虽然不是一种有独立见解的哲学著作,但却记录了有关彩廊学派哲学活动的资料和比较全面地阐述了彩廊学派的学说,使后人得以窥见彩廊学派前后发展的全貌。故上述三人的著述是研究彩廊学派的重要材料。

四、东方宗教与基督教的兴起

自希腊化时代已开始了的地中海世界文学和哲学的没落，是与整个地中海世界奴隶制度的没落分不开的。文学和哲学作为上层建筑中的意识形态部分来说，希腊罗马的文学和哲学都是属于奴隶主阶级的，但在城邦时代，亦即奴隶社会上升的时代，奴隶主阶级不怕全面地探讨整个宇宙、整个社会人生的问题，因此这个时期的文学和哲学在从奴隶主的观点提出问题和解决问题的时候，却不能不接触到社会中最大多数的人民群众的现实生活，并且企图而且也确实有力量使人民群众屈从于自己的观点之下，他们甚至于不怕公开的提出奴隶主对奴隶和一般人民统治的合理性问题。如当时唯心主义的大哲学家柏拉图和亚里斯多德即曾如此说过。因此这个时期的文学和哲学对人民群众的精神生活保有一定的控制和影响。但是地中海世界的奴隶制度随着统一趋势的加强所引起的没落到了罗马帝国时代已达于极度，所以反映奴隶主阶级意识的文学和哲学已不敢再从事整个宇宙、社会、人生的全面探讨，其所涉及的仅是奴隶主如何继续维持现状的存在和享乐的问题，视野的范围缩到极小，因此这个时期的文学和哲学已不再和人民群众有任何直接的和间接的，正面的或反面的联系，从而也就失去了它对人民群众精神生活上的控制和影响。而这个时候人民群众的生活却是处在空前未有的极端痛苦的情况之下，因此在现实生活中人民群众对统治阶级进行着反抗斗争，同时在思想上一种完全摆脱了奴隶主阶级的思想影响而反映着纯粹的人民群众意识的宗教运动，在帝国各地区中也开始发生并迅速地发展起来了。

这种宗教运动从形式上看，在帝国除希腊罗马以外的地区中是当地原有宗教的进一步发展，而在希腊罗马则是各种东方宗教传入的一种结果。但这种新的宗教运动所以能在帝国内部各地以同一主要内容普遍而广泛地流行起来，那就是因为这时罗马帝国的人民利用和发展了这些东方宗教的一个主要内容，而把自己的意识和希望灌注在那上面，使之成为了自己的宗教——表达自己意志的工具。这种被利用和发展了的东方宗教中的主要内容就是关于"救世主"的观念。

何以这种"救世主"的宗教观念在此时首先在罗马帝国东部，最后在罗马帝国内部各地区人民社会中流传起来呢？这主要是因为当时人民在生活上所受到的无比痛苦所致。特别是地中海东部各地的人民，这些地区先为马其顿征服，继而又为罗马征服。在罗马统治者的残酷压榨下，帝国东部各地人民大批地被变为奴隶，被迁往远方异地过着牛马不如的生活，或是被强迫当兵，过着颠沛流离的生活。在这种情况下，人民群众最初曾采取了积极斗争的方式，在罗马共和国晚期的一百年间，各地的贫民和奴隶曾不断地起义反抗罗马的残酷统治，以期消除使他们生活痛苦的泉源，但所有的直接反抗斗争最后都失败了。失望之余，从当时人民群众的认识水平出发，很自然地人民便认为现实生活中的压迫者力量所以这样强大，以致无法摧毁，是因为它受着冥冥中的一种罪恶力量的支持，要想摧毁它也就不是人力所能为的，而必须依靠神的力量，于是人民的反抗情绪便转而形成为一种宗教运动。因此，应该说最初形成这种新的宗教运动的人民情绪是有积极意义在内的，并不单纯是消极的逃避。在这种情绪支配之下，当时在帝国各地的人民社会中开始流传着各种不同的"救世主"的说法。这种"救世主"的说法原只存在于犹太教中，并且犹太教也只限于在犹太人当中传播，但由于这种"救世主"的说法极为符合当时人民群众的上述那种情绪，所以后来就超出了犹太人的范围而开始为一些非犹太人所接受，许多东方宗教中的大神渐被当地人民附会成为"救世主"。随后，演化后的犹太教和这些东方宗教又传入了希腊罗马。这样，一种以"救世主"为中心内容的新宗教运动就在罗马帝国范围内发展起来了。

犹太人是地中海东部的一个弱小民族，由于他们一贯受着其他大国的征服、压迫与奴役而无力反抗，为了加强自己民族抵抗外来压迫的胜利信心，团结内部以求在极端艰苦中维持自己民族的生存和文化的独立存在，犹太人曾采取了加强犹太人自己的宗教信仰的办法，并在原来犹太教的基础上发展出来了一种"救世主"的说法。那就是犹太人相信将来神定会派一个救世主(犹太人称之为弥赛亚，Messias，Mashiakh)降生到人世来解救犹太人，使他们能够摆脱其他民族对他们的压迫，并能转过来打倒、征服一切压迫过犹太人的民族，在世界上建立一个以犹太人为主的极乐世界，即他们称之为"天国"或"上帝国"的世界。这种"救世主"的说法为其他民族所接受后，乃扩大了范围，这时那个将要下世的救世主被认为不仅是为解救犹太人了，而是全人类——一切被压迫者的解救了。此外犹太教中代表人民意识的思想，如"富人进天国，比骆驼穿过针眼还难"、"不工作的人，不应当吃饭"，在此时也特别盛行，从这里可以充分看出当时罗马帝国社会中人民对"劳动"的看法，以及他们对统治者——"富人"的仇恨。这种思想显然是与罗马社会中所流行的那种属于剥削阶级的享乐和轻视劳动的意识相敌对的，而只有当时社会中的奴隶和劳动的贫民才会有这种意识。由此也可看出这种新宗教运动的性质。

除犹太教外，东方古宗教演变为救世主宗教的有下列几种：

(一) 扶利迦宗教(为小亚细亚地方的宗教)中的娸贝洛(Cybele)神与亚提(Attis)神被尊为救世主。这一派在公元前二〇四年时即已传入了罗马。

(二)埃及宗教中的爱西(Isis)神与西拉皮(Serapis)神被尊为救世主。

(三)叙利亚古教中之巴阿(Ba'al，Belos)大神被尊为救世主。

(四)波斯教(祆教)在传入罗马帝国后,其太阳神弥特拉(Mithras)亦被附会为救世主。但波斯本身,也就是罗马帝国以外,波斯教并未变成救世主宗教。

这些演化后的东方宗教在其信仰与宗教仪式上有许多共同点:它们的神(救世主)都是童女所生;这些神为解救人类都曾被恶势力杀死,但后来又都复生,表示战胜了恶神;它们的信徒都要接受一种宗教上的洗礼,象征他已得到神祐,保证其死后复生;在信徒之间还经常举行一种宗教上的"圣餐"——聚餐会,最初这实是人民内部的一种表示友谊和团结的生活上的表现。信仰这些宗教的起初也都是贫民和奴隶,它们纯粹是人民的宗教。因此罗马帝国各地的政府,当这种新的宗教运动一出现时便开始压迫这些宗教组织,但并未大规模地进行,故新宗教运动仍继续扩大和发展着。因为这时这种宗教运动还是比较分散的,并未形成一个一神信仰的单一宗教运动,也就是说这时人民的意志还未曾有意识地集中起来,从而表现出一种集中而强大的力量,故罗马帝国政府始终未有计划地大规模地对它们进行镇压。然而随着时间的发展,人民的力量一定会逐渐地集中起来,而表现在宗教运动的发展上就是人们逐渐集中地信仰一种能够概括上述各种宗教主要内容的宗教。基督教就是适应这种要求而产生的。

基督教基本上是从犹太教的体系中发展出来的。原来在犹太人受压迫之时, 经常有一些预言家出来用神的名义来鼓励人民不要失望灰心，在罗马帝国成立前后，这种预言家更不断的出现，他们向犹太人预言救世主——弥赛亚之即将来临。在罗马帝国成立之初，犹太人地方又有一个预言家耶稣(Jesus)出现，他在宣传弥赛亚即将降临的过程中逐渐相信自己就是弥赛亚本身。在犹太历史上预言家自称为弥赛亚的事本来很多，而耶稣独能受到崇信，是由于耶稣后来和犹太统治阶级发生了冲突，被他们请求罗马派在当地的统治者将耶稣杀死，这件事发生的时候正是犹太人与罗马帝国内部其他被统治的种族和人民反对罗马统治的要求正激烈之时，因此自称为弥赛亚的耶稣之遇害，便促使了人们觉得耶稣是为反抗罗马统治者而死的，从而对耶稣便有着莫大的崇敬，加以耶稣其人在宗教上的特殊身份，就使他在人心目中逐渐神化了。耶稣死后，其信徒即将许多救世主的故事都附会在他身上，说他是童女所生，死后三日又复活，不久即将重回人世帮助一切被压迫的人民建立地上的"天国"。这一套说法后又为希腊化的犹太人保罗(Paulus)所信仰，经过他在希腊化地方积极地进行宣传的结果，最后且传入了罗马。自此以后，以耶稣为救世主的宗教就逐渐取代了其他救世主宗教的地位，这就是基督教产生的情况。"基督"源起于希腊文之"基里斯督"(Christos)，意即"救世主"。公元七十年犹太人起义反抗罗马的统治，被罗马镇压下去，犹太人大部分被杀死，犹太国亡，原在犹太国内的基督教等于消灭了。所以此后基督教主要流行于地中海世界中。

最初的基督教徒都是奴隶与贫民。如果一种宗教果真是产生于人民群众的需要的话，那么它一定不会只限于精神上的反抗，而一定要同时在人民的实际生活和斗争中发生作用，因此最早在罗马帝国各地出现的基督徒团体都特别带有一种原始共产主义的色彩，参加这些团体的人都将他们的全部私产归公，大家在一起公食公用。所以这实际上是那些贫民与奴隶在自己生活极端贫困和难以维生的情况下所需要采取的一种互助的组织。这种团体成立的必要性正和原始社会中在生产力极低下、收入极少的条件下人们所需要采取的办法是一样的，不过前者是被迫的，而后者则是自然的发展而已。也正因为如此，前者必需要在宗教组织的形式下才能进行。在当时，这些基督教团体并没有严密的组织，他们只是公选出一位资格较老或威望较高的信徒，由他义务地管理这个团体中的事务和公共财产，此人即被称为"监督"或"长老"。到后来信徒日多，团体日益扩大，团体中的各种事务工作也日益复杂，一个长老已无法全面照顾，故后来又增设了一种专管总务工作的人，即"庶务员"，长老此后乃专门从事宣传工作。在公元一世纪时期，基督徒团体的组织实质和形式就是如此。

只在进入二世纪后，基督徒团体才开始变质，因而也就逐渐地出现了教会的组织形式。这主要是因为从二世纪开始，帝国内部社会矛盾与生产下降的情况日趋严重起来，帝国政府对广大社会各阶层的压榨也随之加重，此时不仅贫民、奴隶，即使一般中层人物也感到了生活的困难，甚至少数上层分子也觉得他的生活的不稳了，因此这些人也渐渐信仰了基督教。但这些中上层的人参加入基督徒团体后，原来团体中的平均主义思想乃渐渐不能维持了，因这些人只肯把他们的财产的一部分归公，而即使他们只拿出了少数的财产，与原来团体中所有的全部财产相较已是相当庞大的一笔数字了。这样团体内部在经济上就不再是平等的了，团体内部的人的地位也就不会再是平等的了，因而开始有了等级的区别，这种等级的区别又必然反映到团体内部的组织形式上去，于是开始出现了以少数人为主脑的教会组织和教士阶级。

公元二世纪末三世纪初时，基督徒团体中的长老、庶务员等管理人名义虽仍旧，但身份实已改变了，此时各个团体中都有一个称作监督的人(即后之"主教")，几个称作长老的人(即后之"神父")和一些庶务员(即后之"助祭")。团体中的一切活动渐由信徒彼此之间平等的集体活动变为以上述三种人为中心的活动，而这些人往往就是那些财产较多的信徒，因为他们在经济上较一般信徒优越，故能逐渐地把持了团体中的事务。所以到二世纪后在基督徒中出现了两个新名词，即称上述三种人的"教士"(clericos)与称一般基督徒的"信徒"(laicos)。"信徒"渐不能过问团体中的事务，而这些"教士"也不是对大家负责的一个义务的集体事务的管理者，却已变成团体中的一个特殊阶级了，这样，他们在宗教团体事务上便渐脱离信徒而独立存在，形成了信徒当中的一个统治机构——教会。

从事实的发展上看，由于基督徒团体之日渐庞大，因而它所拥有的财产也日渐增多，团体与外界的联系也增加了，团体内部事务复杂起来，势必需要有许多专人出来负责管理，这原是正常的发展。但由于信徒日益增多，信徒的社会阶层也日趋庞杂，非仅是贫民和奴隶了，社会上的阶级关系开始反映到基督徒团体的内部，使得原本是正常现象的团体内部所出现的专门负责宗教和团体事务的人变成了统治阶级。这就会带来另外一个严重的后果，那就是随着教徒中统治阶级的出现，并且这些统治阶级又多系原来社会中的上层分子，这就使得基督教的组织日益丧失了它原来的作用，并便利了国家的统治者对基督教的利用和收买，最后便会使得基督教丧失了人民性，而成为国家统治者的工具。不过，这个变质的过程是一个长时期的事情，因为人民的这种自发的情绪和要求不是一下就会被消灭的，所以直到三世纪时为止，这种组织上和内容上的变质现象还不太严重。

第十二章　波斯之再兴与罗马帝国之衰乱
(公元一九二—三七六年)

一、新波斯帝国之成立

亚历山大帝国继承国之一的叙利亚(条支)国后曾分化出来四个国家，其中最大的一个就是安息。安息也是一个希腊化国家，在其强大时版图包有自幼发拉底河以东直到伊朗高原与中央亚细亚的大片地方，在此建立起了安息大帝国，前后维持了约五百年(公元前二四九—公元二二六年)。

到公元三世纪时，安息帝国内部混乱起来，各地方皆趋向独立，波斯萨珊(Sasan)族人亚塔沙查一世(Artachshatra，公元二二六—二四〇年)原为安息王之亲信，被委托代安息王统治波斯本部地方，公元二二六年亚塔沙查一世叛安息末王亚塔般诺(Artabanus，安息第三十世)，恢复了波斯地方的独立，之后又以波斯为根据地向外发展，征服了整个安息地方，建立了一个新的波斯帝国。

新波斯帝国成立后，一切规制皆承袭安息的旧制，此时的波斯仍是一中央集权的国家，王权强大，能直接控制帝国的各个地区。在其国家内部，宗教与政治自此时起有了极密切的联系。在安息时代，安息统治者虽不信仰古波斯的祆教，但也没有对它进行压迫。此时波斯统治者重新恢复了祆教，将它定为帝国的国教，此后祆教教会组织更形严密起来，与政治也结合得更紧密了。过去祆教的经典被重新编订出来，作为现在的帝国国教的经典，祆教教士被给予土地与各种特权，他们遍布在各个地方，与当地的地方政府密切合作，共同统治着人民。

新波斯在其成立后不久即强大起来。亚塔沙查一世在位时，波斯已征服了亚美尼亚。亚美尼亚在安息时代原是一个附属于安息的半独立国家，其王接受安息王颁予他的封号，受制于安息帝国，波斯征服亚美尼亚后即控制了黑海的商业。此后波斯更向西发展，与罗马帝国争夺小亚细亚。

关于波斯帝国之社会性质问题，由于缺乏有关这方面的经济材料，故很难直接论断。但从安息时代起这地方在政治上已有一种很特殊的现象出现，即安息王分封其子弟与族人、亲信于各地作世袭的统治者，这些受封者并有各样的封号。从全世界的历史看来，这是一种封建社会的典型政治现象，所以我们推断可能在安息时代的晚期，这个地区已进入了封建社会。此外我们还可以从另外一些间接的材料来证明这一点。

在新波斯帝国成立后不久，帝国内部即有一个新的宗教运动出现，这个新宗教就是摩尼(Mani，公元二一五—二七三年)创立的摩尼教。此教自其初兴直到后来传播到世界各地，无论在波斯本国抑或在世界其他地区，它都受到了统治者的无情压迫。所以摩尼教本身的正确记载，如经典等都未能流传下来，而统治者所写的有关记载又都是污蔑它的，不过从统治者的这些片断的恶意的记载中可以看出此教是巴比伦古代的宗教、波斯的祆教、地中海世界的基督教与印度的佛教的混合物。就其教义的主要内容和它的整个遭遇来看，它是一个人民的宗教则是毫无疑问的。摩尼教的中心思想是把眼前的世界看作是黑暗的，只有摩尼教及其信徒是代表光明的，所以摩尼创教后其信徒都是那些渴望推翻眼前的黑暗统治，追求即将来临的光明的贫民。最初统治阶级也曾想尽办法来利用收买摩尼，但始终不能如愿，最后只好把摩尼杀死，严厉镇压摩尼教。但摩尼教不但继续在波斯帝国内部发展，并且以最快速度向外传播，向东直传入中国，向西直传入西欧，它在各个地方都成为了人民反抗统治者的一个力量。而且，值得注意的是：凡是摩尼教发生作用的地区，都是已经进入了封建社会的地区。在整个的中古时代，从中国直到西欧，摩尼教始终是人民反抗封建统治者的一面旗帜。由此可见，摩尼教是封建化了的波斯帝国内部人民反封建统治斗争中的产物。

波斯王奥玛兹底二世(Hormisdas 公元三〇一—三〇九年)时开始设立了一种法庭，专门处理人民对富人及在社会上有地位的人的诉讼。这种制度可以理解为波斯王——最大的封建主依靠中小封建主与一般人民的力量为控制甚至打击那些已在帝国内部出现的趋向于半独立状态的大封建主的一种办法。统一的力量与分散的力量之间始终存在着矛盾，代表中央的最大封建主总是利用中小封建主或农民的力量来控制甚至有可能时就打倒各地方的趋向独立的大封建主。这是一般封建社会所特有的现象。

所以，从以上两种间接材料看来，波斯在此时期可能已进入了封建社会，或正向封建社会转化。同时，这个波斯国家在三世纪时开始与罗马帝国接触，就两者接触后的情况看来，波斯似乎比罗马这个大奴隶主国家更强大，这可能就是由于波斯已是一个封建大帝国的缘故。

罗马与波斯接触不久后，罗马皇帝狄欧克利天诺(Diocletianus)就有意识有计划地进行了全盘波斯化的改组，罗马国内在各方面的制度和政治组织上完全摹仿波斯进行了一次大规模的改组。由此可见波斯社会比罗马要进步。

二、罗马帝国之衰乱与改组

公元一九二年后罗马帝国内部开始大乱，大乱继续了约一百年(公元一九三—二八四年)。百年大乱是帝国内部阶级矛盾尖锐化的表现。在此时期中，帝国各省不断爆发贫民与奴隶的起义，企图推翻罗马的统治，甚至意大利半岛上和罗马城内也有起义运动发生。在这种情况下，帝国的实力被削弱了，因此边疆问题也就严重起来。而恰在此时帝国东疆又兴起了波斯，波斯曾不断与罗马争夺小亚细亚和叙利亚地方，罗马很难应付这个强大势力，而始终居于劣势地位。三世纪中期时，皇帝瓦利连诺(Valerianus，公元二五三—二五九年)曾亲率大军东犯波斯，结果被打败，自己也被俘虏，死在波斯。

同时帝国在欧洲方面沿多瑙河、莱茵河，特别是多瑙河地带的边疆问题也很严重，因从这里直到黑海都居住着日耳曼族的哥特人，这些日耳曼族的哥特人在三世纪中期时开始活跃起来，时常渡过多瑙河进入帝国境内抢劫。罗马皇帝奥里连诺(Aurelianus，公元二七〇—二七五年)曾亲自率军渡过多瑙河"征讨"这些"蛮人"，反被"蛮人"打死，可见问题之严重。此后，帝国北部边疆渐难保全，多瑙河以北原属帝国之达其亚地方，在奥里连诺死后已被迫放弃。

此时帝国内部政治上也非常紊乱，皇帝废立完全受军人控制，因而废立无常，有时还同时有四个皇帝被推立出来。各地城市在进入三世纪后，都开始修建了城墙。城墙即表现着战争状态的存在。在城邦时代各城原本有城墙，帝国成立后，各城之旧墙倒毁后即不再立,同时新兴之城市根本不筑城墙,表示着帝国内部秩序是安谧的,没有战争存在。三世纪后由于边患严重,所以先是边境各地城市开始修筑城墙,以资防御,后内地也渐效法之,最后连罗马城也重新筑起了城墙,可见此时各地之秩序已不是罗马帝国政府所能维持的了,只好以筑墙的办法来保护各地重要城市的安全。

在百年大乱期间和大乱之后的公元三、四世纪之时,罗马帝国内部的衰微已非常显著。这首先表现在生产下降的急剧化上。生产的衰退本是帝国不治之症,百年大乱亦与此有关,而生产的衰退又主要是与罗马奴隶制度的腐朽有关。在公元三、四世纪时罗马在生产方面开始出现了一些新制度,在农业方面有隶农(Coloni)出现。因为奴隶来源在帝国成立后日益困难,此时大田庄的生产已不再靠奴隶劳动维持,大奴隶主为增加其剥削量与保持劳动人手,乃开始有限度地解放他的一部分奴隶,使之成为隶属于田庄的农民,即将大田庄的土地分散,分给这些奴隶来耕耘,令他们按自己所愿采取的方式来经营耕耘,每年向主人缴纳定额的地租——实物地租。这样就促使了这些隶农愿意尽力多生产来使自己多获得一些剩余。这种办法在公元一世纪时已有,不过到此时更加普遍起来了。另外还出现了一种自由的佃农,因地主只求有劳动力来供他剥削,所以除采取上述的隶农制外,还将小块土地分租给一些无地或少地的自由农民去耕耘,这些自由佃农最初在身份上与隶农仍有差异,但到后来两者之间的分别却逐渐泯灭了。因为隶农随其生产地位取得了半自由身份,而自由佃农却因地租的沉重,逢到荒年歉收就要靠借贷来缴租和谋生,但高利贷上身后就会永远还不清,因此地主就有可能将他们束缚在土地上,并使他们的子孙也世代在其土地上耕耘,他们完全的自由身份没有了。这样隶农与自由佃农所处的地位一升一降乃趋于相等，而这些隶农和自由佃农就是欧洲中古时代农奴的前身，这种经济就是分散的小农自然经济了。可以说封建的经济与剥削制度在此时已开始萌芽，奴隶主经济已濒临总崩溃阶段了。

工商业到此时实际已趋向于停顿，因长期混乱，交通阻塞，商业活动困难，加以长期大乱使生产更形衰退，人民生活日益困苦，对商品的消纳量更降低了，故手工业与商业渐渐停滞。而帝国统治者为达到其剥削目的，又不能让工商业完全停顿，乃采取了一种硬性的办法来限制工商业者的转业。本来经营手工业者都有自己的公会，这种公会原是人民自己的互助组织，现在皇帝看到各地工商业逐渐衰落，许多手工业者和商人多已转业或沦为了游民，乃下令规定此后各种手工业公会的成员及从事商业的人必须世袭其职业，不准转业改行。从形式上看，这是封建时代手工业的行会制度的开端。

帝国之衰微又表现在赋税的加重上。与生产逐渐衰退之同时，税赋却日见加重了。就其基本情况讲，生产的减少与赋税的增加，两者已形成为一种恶性的循环，帝国内部愈混乱，则生产愈衰退，但政府财政需要却愈增加，愈要征重税来镇压人民的反抗和解决边疆问题；而税愈重，人民生活就愈痛苦，反抗也愈激烈，国家也就愈混乱。帝国政府曾想尽一切办法来增加税收，公元二一二年皇帝卡腊卡加(Caracalla)颁布了普授公民权法令，根据这项法令，帝国内有自由身份的人民都被赋予了罗马公民权。这件事从表面上看似乎是对人民有利的，但实际其目的完全是为了征税，因在帝国政府各项税收中最重的一种是遗产税，而这种税只有享有罗马公民权的人才缴纳，卡腊卡加的普授公民权法令说明了罗马帝国政府财源的枯竭。

帝国的衰征也表现在人口的减少上。帝国人口之逐渐减少，主要有两个原因：一是因生产衰退和税收增加所产生的一般人民生活的艰困与不断战争所造成的人口死亡率的增加；一是自然的原因，因在此时有各种疫病和传染病，包括鼠疫在内在帝国内部流行，而疫病的流行又是与人民生活的困苦相关联的。在人口减少方面此时有几种现象发生。其一是杀婴风气，这就使得人口更加减少，劳动力更缺乏，生产也更困难。其二是不婚风气，这种风气早已形成，但到四世纪时又有了一种冠冕堂皇的借口，因四世纪时基督教开始在社会上有了地位，基督教内部发生了出家修道的办法，许多人为逃避世俗的生活痛苦，纷纷进入修道院去修行。五世纪时罗马皇帝马约连诺(Majorianus，公元四五七—四六一年)曾下令限制出家，限制不婚娶，规定妇女必须在四十岁以后才准出家，寡妇守寡五年后还未再嫁即由国家没收其财产之半数。这件事充分反映了不婚风气之盛。人口减少的恶果就是劳动力的缺乏，使生产更加衰退。同时此时的弃田现象造成了劳动力的缺乏。农民由于一年到头辛勤劳动的结果往往还不够缴租税，不愿再从事农业生产，常常全家弃田逃亡，到城市中去作游民。在二世纪初期，帝国成立不过百余年之时，弃田现象已发生，而到此时乃更形严重起来。为补救劳动力之不足，帝国政府在二世纪末已开始将边疆以外的蛮人，主要是日耳曼人移殖到帝国内部，最初这些蛮人还只是被安置在边境地区从事垦荒，到后来内地的荒田亦渐交给这些蛮人去耕耘了。

　　罗马奴隶主经济和社会的崩溃与封建剥削制度的萌芽表现在政治上就是许多旧政治制度的崩溃与新制度的出现。一个是逃官现象。帝国各地，特别是各城都有摹仿罗马城元老院设立的市府委员府。在一、二世纪时，市府委员——地方上的元老还是一非常崇高的地位，是地方上大地主们所追逐的荣誉职位。这些市府委员的职责之一是代中央征税，一、二世纪时时常发生市府委员个人代整个地方包缴了中央规定的全部税赋的事，当然他所缴纳的税款还是从人民头上剥削来的，但这事总还说明了他有可剥削之处。至二世纪末，这样的事已少了，进入三世纪后，根本就没有这种事了。并且到三世纪后由于生产衰退，征税日益困难，在征缴不足额时，就要由这些市府委员负责补贴出来。到后来他们也渐渐无力补贴了，市府委员职位变成了苦差，大地主们再不去竞争这个职位，在其位的人也想尽办法摆脱这个职位。他们先是卖田，因按规定必须拥有一定数量田产的人才能担任市府委员，到后帝国政府不得不下令禁止市府委员卖田。他们又用搬家的办法来对抗，帝国政府又下令禁止市府委员搬家，但无论如何这些人还是想尽办法离开了这个地方，最后再找不出人来作市府委员了，只好由政府指定一些罪犯来充当，让他们来替政府征税。

另一政治上的新现象就是屯兵政策。屯兵政策的实施一方面是因帝国内部日益空虚，蛮人渐渐大规模地向帝国境内侵入，同时在帝国东疆因波斯之兴起，边防也吃紧起来，边境地带已非经常有重兵驻守不可了。另方面屯兵政策可说是帝国成立后军事独裁制度又进一步的发展，亦即独裁制度更加深刻化的一种表现。当时罗马帝国的屯兵有两种。一种是罗马人的军队，在三世纪时，凡是这种军队都准许士兵携带家眷，因驻防是长期性的，同时边境地区有许多荒地，政府将这些土地分配给驻防该地的兵士耕耘，附带也解决了一部分劳动力缺乏的问题。另一种是外族的军队，主要是日耳曼人的军队，罗马政府将过去为达到自己的目的"归顺"罗马帝国的许多日耳曼人，或是被罗马虏来的日耳曼人安插在边境地区，分给他们土地，令他们屯垦戍守罗马帝国的边疆。这种办法实施后，罗马军队更彻底的职业化了，它们已与人民断绝了任何联系，完全成为了皇帝对内镇压人民，对外防守边疆的工具。由屯兵政策之加强可以看出帝国到此时已失去了任何赖以维持帝国统治的自然联系，而只能倚靠武力来进行统治了。现在皇帝的唯一重要身份也不过就是个大军阀罢了。

公元三〇〇年前后皇帝狄欧克利天诺（公元二八四—三〇五年）为解决帝国存在着的危机，在政治上进行了一个全盘波斯化的改组，而他的改组实际上就是加强了皇帝的独裁，其目的主要在镇压帝国内部奴隶与贫民的起义并加强边疆的防卫，为达到这个目的，他并没有创立"自己"的新制度，而是摹仿波斯，行波斯化的君主专制独裁制度。在罗马帝国成立时的第一个皇帝——奥克闼飞安诺喜以"元首"自称，因在其各种称号中，只此名带有浓厚的共和的意味，其后直到公元三〇〇年间，大多数皇帝也常沿用此称号，故历史上称帝国成立至公元三〇〇年这一段时期为"元首政治"。当时一般人也尚认为罗马是共和政体，这种意识对皇帝的独裁有时多少可以发生一些限制作用。到狄欧克利天诺即位后，彻底仿照波斯制度改组了罗马政府，此后皇帝开始称"君主"(Dominus)，在讲希腊语的地方则称"王"(Basileus)，这就不仅只在实质上，而且在名义上也变成君主独裁政治了，故历史上称此后的罗马政治为"君主政治"(Dominatus)。

罗马实施"君主政治"之后，皇帝也有了一种新的威风和新的场面，皇帝的生活各方面都有了改变：以前皇帝的服装与元老相同，不过是一袭紫袍，现在则仿用波斯王的衣冠，着衮袍，带皇冠（diadema）；以前皇帝时常外出，一般人民都能见到他，现在则开始深居宫中，只亲信大臣与宦官经常在其左右侍奉，普通臣民很难见到皇帝，皇帝越来越神秘了。如有特殊事情要朝见皇帝时，必需经过从宫门到朝堂的无数关口，通过无数手续才能见到皇帝，并且朝见时要对皇帝跪拜。以上种种改变都是君主独裁在礼节方面的反映。此外还开始出现了朝廷，代替了过去的元老院。元老院到此时已形同虚设了。皇帝左右的私人，过去在政府中并没有正式地位，现在却和皇帝的亲信大臣一起形成一个朝廷，真正掌握了国家大权，成为国家的实际统治者，故此时开始出现了新的名词，即大臣(Patricius 或 Comes)，意指皇帝左右形成朝廷之大臣。

对帝国领土的统治方法到此时也开始改变了。因经过百年大乱，帝国实际已分崩离析，趋向瓦解，各地人民不断起义，同时边疆问题也日趋严重。就当时情况来讲，帝国政府已感到鞭长莫及，一个皇帝、一个政治重心已不能照顾帝国全局，一个皇帝所率领的一个军队体系也已无法兼顾帝国的广阔的领土。因而狄克欧克利天诺乃大体上按语言——拉丁语和希腊语——的界限将帝国分为两个部分，两部各有一个皇帝，他们的正式称号是"至尊"。此外东西两部每部又分为东西两部，一部分由"至尊"坐镇，另一部分则设有"副帝"坐镇，其正式称号为"恺撒"。"恺撒"一般都是"至尊"的继承人。这样一来，帝国在政治上乃开始有了四个中心：两个大中心，两个小中心。有四支大军由四帝直接控制，但在法统上，帝国仍然是统一的帝国，并不分东西，一切命令都由两个"至尊"共同署名公布。

这一改组是过去历史发展的一个自然结果，但经过这一改组却造成了一个严重的副作用，即税赋之愈益加重。因为改组的目的是要加强专制集权以便能有效地镇压各地人民的起义和解决边疆上日益猖獗的蛮人问题，这样就必然要大量的财富来供应征伐频繁的统治机构的需要。加以改组后有了四个皇帝，他们各有自己的朝廷和一定的排场，其全部消费自然也要落在人民头上，税赋的加重主要在两种税上。一种是人丁税，每个成年人都要缴纳，并且每年税额都有增加，一种是土地税，名义上这种土地税是按土质好坏分等级缴纳，实际上则是以调查为名来提高税额。

从形式上看，这次改组就是为了摹仿波斯，以便加强君主专制独裁制度来有效地镇压人民起义和安定边疆。但实质上这次改组实是罗马在政治上向封建制度转化的第一步，而这种政治上的转化在客观上则又适应着当时罗马经济的崩溃和封建经济的萌芽而出现的。例如狄欧克利天诺曾下令不准人民迁移或改业，这是与当时罗马奴隶制大农业生产和商品经济的凋蔽而分散的小农自然经济逐渐增长的经济趋势相适应的一个措施。自此以后，在自然经济下，人民世袭其职业的现象经过这一政治措施更加固定起来，因而这一措施也就更巩固了自然经济。这是罗马帝国封建制度化的主要特征之一。此外，在改组工作中的在各地屯军和扩充军队这一措施，由于领兵权往往落在当地的自然经济的产物——大地主的手中，就造成了这些大地主以其军事实力在各地割据一方的现象，这种情形在近波斯的小亚细亚地方特别显著。无疑地，这大大加强了帝国之内分散的自然经济的发展。这也是这次改组的一个结果，因此，这次改组也就不能实现帝国统治者企图通过这次改组来巩固其统治的主观要求。相反地，改组只是加重了人民的负担，更重要的是改组促使了奴隶经济更快的崩溃，引起了更激烈的社会矛盾，以致改组后不久，在狄欧克利天诺死后，帝国反而大乱起来。

公元三二三年君士坦丁(Constantinus)大帝再度统一了罗马帝国。君士坦丁在胜利统一了全国之后，即将其统治中心移到了帝国东部。他大事扩建黑海入口处之小城拜占廷(Byzantion)，定其为帝国东方之首都，并正式称它为新罗马(后称君士坦丁堡，Constantinopolis)。三三〇年又定新罗马为帝国第二首都。这是罗马帝国在其封建化过程当中的一个必然结果，或说是君士坦丁大帝适应着罗马帝国封建化的一个措施，并且由此也可以证明君士坦丁是一个封建化的拥护者，而不是一个反对者，同时这就是君士坦丁在大乱中能取得最后胜利的原因。因为在此以前，帝国各地的经济发展是不平衡的，有的地区有利于封建化的过程，有的地区则要困难一些，故整个帝国并不能同时完成封建化的过程，完整地建立一个封建国家。当时就整个帝国来看，东部的经济情况比西部有利于封建化，因而在罗马帝国封建化过程中东西两部分的差别愈来愈大，东部在当地的经济条件下，较稳定地逐渐完成了封建化的过程，而西部则因罗马式奴隶制的崩溃，本身难以最后完成封建化的过程，所以始终陷于动乱中。君士坦丁选择了东部作为自己统治的基础，适应了帝国的经济发展趋势，造就了自己的成功。此后帝国东部即以新罗马—君士坦丁堡为中心逐渐形成为一个封建国家，而西部则系经过一次蛮族入侵的大变乱后，始较晚地完全进入了封建社会。但到那时，历史已经进入中古时代了。

三、帝国与教会之争及基督教之胜利

基督教本是贫苦人民的运动，故从其成立时起就与罗马帝国政府处在对立的地位，所以帝国政府也自其成立的最初就对它不断进行镇压，但两者之间的冲突始终不太激烈。可是到了公元三世纪时，基督教与帝国政府对立的情况特别严重起来，两者之间曾进行了生死的斗争。

何以此时帝国政府特别仇视基督教呢？如就基督教运动的人民性这一点来说，基督教与其他东方宗教是相同的，但发展到后来引起了统治者对它异常的敌视，则是因为它具有其他东方宗教所没有的一个特点，那就是组织上的特别严密与内部团结力的特别坚强。也正因此,所以它的发展特别快,基督教经过过去二百年间的发展,信徒愈来愈多,组织机构也就愈来愈庞大和完备,不仅每个地方的信徒都属于一个严密的组织,而且各地区教会之间也有着很密切的联系,故基督教在各地的声势日益浩大起来。三世纪时,普遍于帝国各地的基督教教会实已成为了与帝国政府相并行的机构,甚至被人视为是帝国内部的"国内之国",因而帝国政府到此时乃开始对基督教进行大规模的镇压,以期将之彻底扑灭。另方面,帝国政府此时特别迫害基督教的原因则是由于基督教因信徒之增加,在此时也拥有了相当大量的财富。而相对地,帝国政府财政却日益窘困,故而想没收基督教之财产,在短时期内解决帝国财政问题。由于这两个原因,所以在公元三世纪时不断发生大规模镇压基督教的事件。

皇帝狄其沃(Decius,公元二四九—二五一年)在位时曾以基督徒之拒拜皇帝为理由,对基督教进行了第一次大规模的镇压。基督教之拒拜皇帝在实质上的确不仅只是一个形式上和名义上的问题,而是根本的问题。因基督教初起时原是人民反抗帝国统治的运动,所以从其开始成立起,就在教义中规定了除上帝以外不拜任何的神,也不能将任何人当作神来崇拜。这实际是针对帝国成立后皇帝生时就塑像令人崇拜,死后又都被奉为神这情况而来的。基督教否定了这一点,就等于是否定了皇帝的权威,因而拒拜皇帝就成为了基督教与帝国政府对立的一个象征。在帝国政府看来,基督徒的这种行为当然是形同叛逆,以前个别基督徒之被迫害,就是因为这类事故。但狄其沃时的大规模镇压基督教并未奏效。

帝国政府对基督教最后也是最激烈的一次镇压是皇帝狄欧克利天诺所发动的一次。狄欧克利天诺曾正式宣布基督教为非法团体,禁止它的一切宗教活动,不论其公开的活动或秘密的活动皆算违法的。他没收了基督教的全部财产。最能代表这次镇压的规模和决心的是狄欧克利天诺曾下令强迫全帝国境内的基督徒和所有被指认为有信基督教嫌疑的人都要到皇帝像前礼拜，拒绝礼拜的人一律处死无赦。这个命令虽曾雷厉风行了一个时期，但最后还是失败了。因多数基督徒是视死如归，绝不屈服的，而大批屠杀基督徒的结果，反而引起了一般人民对基督徒的同情和敬崇，反过来却对帝国政府更加不满，到后来帝国政府乃不能不考虑这种大规模屠杀的严重后果。加以当时中上层分子——统治阶级中人信仰基督教的也非常多，他们有些就是地方官吏，当然不会去认真执行皇帝的命令，其他人也想尽办法影响帝国政府不要推行这个命令。所以，狄欧克利天诺最后只好承认失败，下令收回了成命。

帝国政府镇压基督教之遭到失败，显示了基督教在三世纪时已根深蒂固，已成为了一个无法消除的势力，因此狄欧克利天诺下一代的皇帝君士坦丁(公元三〇六—三二三—三三七年)就改变了对基督教进行镇压的政策，开始承认基督教为合法，并利用基督教使之成为自己有力的统治工具。

狄欧克利天诺死后，帝国一度混乱，发生了争皇帝位的内乱，当公元三一三年君士坦丁还未取得最后胜利时，就与另一个皇帝在(Mediolanum)米丢兰依联合发布了一个命令，即"米兰谕令"，承认了基督教为合法的宗教团体，准许其公开活动。公元三二三年君士坦丁再度统一了帝国后，即开始着手拉拢基督教——帝国内部最强大的一个势力，使之变成一个能与帝国合作的机构，以便利用这个势力来加强对人民的统治。君士坦丁达到这个目的的手段就是利用了当时基督教内部两个派别的斗争，首先以政治力量支持了其中对帝国统治者有利的一派，使之成为基督教的"正统"，然后再利用它来为帝国统治者服务。

三世纪时的基督教虽然在与帝国政府对立方面是一致的，但其内部也存在有斗争，因而给予了君士坦丁以可乘之机。这种内部斗争主要是源于基督教中一般社会上的中上层分子和贫苦人民的矛盾。这种矛盾突出地表现在两方面：其一是当社会上的中上层分子加入基督教后，从他们个人的阶级立场、阶级利益出发，必然要修改原来流行于基督教中的代表一般劳苦人民的一些思想，如"富人不能进天国"和"不劳动者不得食"之类的思想。其二是表现在信仰方面的分歧上。这种分歧虽然多少有些是由于宗教信仰在技术方面不断发展和变化的结果，但归根结底它仍然是基督教内部阶级分化、阶级对立的反映。基督教传入帝国各地后，首先是帝国东部——接受希腊文化影响的一带地方传布，因而在其流传间受到了希腊传统哲学的影响。在晚期希腊哲学中已认为宇宙间是有一种代表神的力量在活动的，并且有了"三位"的说法，即这种力量表现在三方面：一是神本身，一是神的力量——"道"(Logos)，一是神的智慧——"灵"(Paracletos)。这种说法为基督教所接受，基督徒认为耶稣就表现着这种神力的一方面，即"道"。但表现神力的这三个方面之间的关系如何，它们是否本是一个东西的三个方面抑或是有高低主从之分呢？关于这个问题则争论很多。具体到耶稣身上，最后就归结到耶稣的人神身份问题，耶稣是人还是神，抑是人又是神呢。这个问题，就是宗教理论上的耶稣化身的问题，这个争论到三世纪时严重起来，因为这时它已经不是一个技术问题，而是反映着基督教变质后其内部阶级对立的严重化了。

四世纪初时，在这个问题的争论上，基督教内部主要有两个派别：一派主要主张同性同体论(Homoousios)，此派在宗教史上被称为三位一体派，其领导人是亚塔那修(Athanasios)。他们认为神力的这三个方面完全是相等的，并无高低和主从之分，因此体现"道"的耶稣的地位也就同于上帝,因而耶稣就是神。另一派主张类性类体论(Homoiousioi),此派在宗教史上又被称为一神派,其领导人是亚里沃(Arius)。他们认为只有上帝是至高无上的神,"道"与"灵"都比上帝低,而后二者则是从属于前者的,所以耶稣只与上帝相类似,但不完全等同,这也就是说耶稣基本上与"人"接近。这两派的斗争反映了基督教内部的阶级分歧。主张同性同体论的大多是教会中属于上层社会的分子,他们想将耶稣彻底神秘化,以耶稣神的地位来提高自己在教会中的权威与地位。主张类性类体论者多是一般贫苦的教徒,在当时宗教信仰潮流之下,他们无法否认耶稣为神,但他们仍然希望耶稣是他们中间的一个——人。所以这两种信仰上的派别斗争——近人民的宗教意识与远人民的宗教意识的斗争,实质上是教会内部阶级斗争的具体反映。

君士坦丁要掌握和利用基督教,便以政治力量来支持其中有利于他的统治的那一种意见,从而使这派的主张在基督教中取得绝对地位,在这种情况下思想上统一起来了的基督教便会由与帝国政府对立转而与帝国政府站在一起了。公元三二五年,君士坦丁在小亚细亚西北角的尼基亚(Nicaea)地方召集了一次宗教大会,这种类型的宗教大会后来正式称为"公议会"。在尼基亚公议会上经过激烈的斗争,最后通过了一项决议案,即所谓"尼基亚信条",决定同性同体论是基督教信仰的正统,而斥类性类体论为异端。这就是说基督教中的上层分子战胜了基督教中的贫苦人民,无疑地,此后这些上层分子将要按照他们的阶级利益领导基督教了。这是基督教由一个人民的宗教运动转变为统治阶级的统治工具的一个转折点。

尼基亚信条订立后,"正统"基督教在帝国力量支持下开始迫害异端者——一神派,但它并未能将一神派扑灭,在罗马帝国各地,特别是东部,一神派信徒仍很多,他们与三位一体派之间仍有一相当长时期的斗争。

表现在宗教信仰上的两派斗争,除耶稣化身问题外,还有另一关于复活节的推算法问题。复活节那一天原是犹太教的一个节日,据后来信基督教的人的附会,说耶稣死后又复活的那一天恰是犹太教的那个节日,这一天是星期日,所以各年不能是同一天,因而有了许多推算的办法。到基督教内部有了阶级分别,内部发生斗争之后,斗争皆系在宗教口号的掩饰下来进行,因而复活节推算法的这种技术问题也就成为了两派斗争的象征之一。故尼基亚公议会也就附带决定了复活节的"正确"推算法,即三位一体派的推算法。

在公元三二五年尼基亚公议会举行后,基督教开始加速变质,开始依附于帝国政府成为其统治机构的一部分。

基督教自公元三一三年取得了合法地位后,即开始采取了排斥各种非基督教的宗教的手段来使得自己能在罗马帝国国内唯我独尊,所以在公元三一三至三九二年的八十年间,进行了一连串的排异运动。基督教在东方各宗教中,在组织方面本特别严密,故在与他教的斗争中,很容易地就取得了优势。它打击其他宗教的方法有几种,在其势力大的地方则组织教徒强占异教的财富为己有,或在其他教的教徒礼拜时,组织基督徒去扰乱,阻止异类教徒作礼拜,此外它还经过皇帝来打击其他宗教,如劝皇帝减少或根本停止所有基督教以外异教的津贴(罗马帝国对它所承认的合法宗教团体皆有津贴)。由于君士坦丁以后的许多罗马皇帝看到利用基督教来统治帝国人民非常便利,已大多信奉了基督教,故而接受了基督教的建议,消减或停止了帝国政府对异教的津贴。

此后基督教势力日益强大,甚至对皇帝都具有一种限制的力量，在某种情况下还可以作到使皇帝按照基督教的意旨来办事了。如皇帝儒连诺(Julianus,公元三六一一三六三年)本不赞助基督教,不管其动机、政策、目的如何,他曾想恢复罗马旧宗教,因而在其在位期间, 全帝国的基督教组织皆与之对立, 称他为"叛教者"(Apostata)。当时儒连诺虽想恢复罗马旧宗教,但也不敢公开压迫基督教,故当时基督教仍继续发展着。由此可见基督教势力之强大。基督教提出"叛教者"之名来攻击皇帝,除其表面意义外, 实在也还有较深刻的意义在内。因当时基督教虽已变质,但还保有一定的人民性,皇帝之企图恢复罗马旧宗教,多少是一种开倒车的行为,故"叛教者"也可理解为违反历史趋向者之意。在皇帝哥拉天诺 Gratianus,公元三七五一三八三年)在位时,基督教中很有威望的一个人,意大利北部米兰城的主教安伯娄舍(Ambrosius)曾请求他废掉罗马元老院中罗马旧教的"胜利神"神坛,哥拉天诺因而在公元三八二年下令取消了这个神坛。此事虽曾引起了许多不信基督教的元老的反对, 但皇帝依然如此做了。同时罗马帝国成立后,皇帝本仍沿袭旧制,兼罗马旧教的最高主祭人,享有"大宗伯"(Pontifex Maximus)称号,此时安伯娄舍也建议哥拉天诺不再兼此异教称号。哥拉天诺亦服从之,除"大宗伯"称号。再如皇帝提沃窦舍(Theodosius)在公元三九○年因一时愤怒,曾令军队在希腊一城屠杀了许多人民,在此事发生后皇帝去作礼拜时,安伯娄舍不允许他进礼拜堂,说他犯了流血大罪,只许他跪在礼拜堂外面。在他公开举行忏悔后,始准他进礼拜堂与公众一齐礼拜。由上述各事,可以看出这些皇帝不但利用基督教作为其统治工具, 而且他们本人也在某种程度上相信这种宗教了,足证此时基督教之势力已非常强大,故而能够影响了统治阶级的最上层分子。

公元三九二年, 提沃窦舍正式下令以基督教为罗马帝国国教,此后其他宗教,以及三位一体派以外的任何基督教的派别皆为非法宗教,再不准活动。事实上在其成为国教以前已经镇压了一神派,在公元三八〇年且曾大规模地屠杀了许多一神派的信徒。到公元三九二年,"正统"基督教彻底取得了胜利。

成为罗马帝国国教后的基督教享有许多特权,如教士免税免役,教会得自由接受信徒赠与的财产,教会财产一律不向国家纳税等。帝国政府并允许主教设立法庭,这种教会法庭受理两类案件,一类是牵涉到教士的案件,一类是与宗教道德有关的案件。自此,帝国内部乃有了两套司法系统。

基督教发展到这一阶段后,已完全丧失了初起时的人民性、进步性,但这种最后的妥协在其初时也不是没有线索可寻的。基督教在其初起时,有其代表人民的一面,但也有与现状妥协的一面,如它承认阶级制度,承认有主奴关系等。然而最初它的进步性是占主要方面的,由于早期基督教徒都是奴隶、贫民与小手工业者,他们都是劳动者,故基督教教义自始就提倡劳作。"不工作的人,不应当吃饭"这一口号,充分表现了奴隶社会人民对奴隶主的愤恨,又如基督教最初虽然就承认阶级制度,但却同时又以为从神的立场看,人都是一样的,实际上虽有阶级分别,但这不是主要问题,主要问题是个人的道德、修养与品格问题。他们认为只要是人,就应有人的地位,这点是与奴隶主之视奴隶为牲畜的思想相对立的。基督教既然传布这种思想,故自始就反对奴隶主以人民的性命为娱乐的角斗。在基督教势力强大后,曾多次影响皇帝使之禁止角斗。这种坚定的人民情绪,虽然在基督教已将要大大变质的公元四世纪初期,也终于迫使君士坦丁接受了基督教的意见,在三二五年正式下令禁止了角斗。一直到公元三二五年尼基亚公议会召开后,基督教开始被君士坦丁掌握了过去,渐变成了帝国统治工具之一,基督教所具有的这种人民性和进步性也因而很快地减削和冲淡了。到公元三九二年基督教成为了帝国国教,并对各异教取得了彻底的胜利后,其进步性和人民性乃完全丧失,只余下了它的妥协的一面了。

此后,基督教即开始成为帝国统治人民的有力武器。

四、文学之没落(哲学附)

公元三世纪时,帝国西部非常混乱,文学没有发展的可能,只东部说希腊语的地方有些文学。到公元四世纪时, 西部暂出现了安定局面,拉丁文学始有了一些发展,出现了少数的拉丁文作品。

公元二五〇年后,帝国东西两部的文化开始各自独立发展,这种独立发展就西部来说,并不意味着拉丁文学的发展,相反地意味着它的没落。因为拉丁文学在形式上一向都是摹仿自希腊文学形式的,故最初一般的拉丁作家皆通晓希腊文。到公元二五〇年以后,帝国西部渐渐很少有人懂希腊语了。这表现了当时西部文化水准之低。此外,在内容上以前的拉丁文学虽主要是仿古(希腊古代的作品),但还有一些新的创作,而到此时则已是完全变成仿古文学了。

三世纪时的希腊文学也无大发展,只在小说方面有些成就,较著名的小说家有赫留铎娄(Heliodoros,公元二七五年),著有 *Aethiopica*,朗果(Longos,公元三〇〇年前),著有 *Daphnis Kai Chloe*。在哲学方面,此时已完全走上宗教的神秘主义的唯心主义思想途径, 纯粹是少数旧知识分子闭门在家修行中写出的一些半宗教半哲学的东西, 作为自我陶醉的工具。此时研究哲学的人如狄欧基尼(Diogenes)、黎尔提沃(Laertios,公元二〇〇—二五〇年),其作品不过是一种札记性的东西,记述一些古代大哲学家,自答理直到希腊化时代的一些哲学家的掌故,根本不能算是哲学。此外,还有几个新柏拉图主义——神秘主义的唯心主义思想的哲学家,即浦娄提诺(Plotinos,公元二〇四—二七〇年)、波菲略(Porphyrios,公元二三三—三〇六年)和燕布里科(Iamblichos,公元三三三年死)。

四世纪时的拉丁文学较其前一时期的文学的文学意味还要少,可说完全是摹古抄袭之作,写作技术也非常坏。只其中某些历史作品有一定的史料价值。此时较著名的作家有奥叟尼沃(Ausonius,公元三一〇—三九五年)、西马科(Symmachus,公元三四五—四〇五年)、亚米安诺·马西里诺(Ammianos Marcellinos,其活动时代为公元三五〇—四〇〇年)、克罗颠诺(Claudianus,公元四〇〇年)、卢提略·那马天诺(Rutilius Namatianus,公元四〇〇年)和马克娄比沃(Macrobius,公元四〇〇年)等。就中亚米安诺·马西里诺的历史著作是研究这一时代历史的重要材料。

五、罗马帝国之开始崩溃

在公元三、四世纪间,帝国已日趋崩溃,因而到四世纪末帝国遭受到外来打击之时,就禁受不住,而开始四分五裂了。这个外来的打击就是帝国北部的蛮人——日耳曼人。

在帝国成立以前,罗马就与北部边境以外的蛮人经常发生接触,其时罗马曾时常打败这些蛮人,并俘虏其人为奴。帝国成立初期,其北部边疆上的蛮人势力虽已强大,但尚不足以构成为帝国的严重威胁,但到二世纪后帝国开始衰败,集聚在莱茵河与多瑙河上的蛮人就成为了对帝国的一种强大压力。随着帝国内部问题的日益严重化,蛮人问题也日益严重起来。这种形势发展到四世纪晚期,罗马帝国与其北部边疆上的蛮人之间的关系乃发生了一个根本性的变化。四世纪晚期时，自多瑙河下游以北直到黑海北岸都是日耳曼族(Germani)的哥特人(Gothus)所居住的地方。哥特人在此时已分为东西两部分，并已由游牧民转变为定居民族。而自一世纪末起即从亚欧大草原向西迁移的游牧民族——匈奴人(Hunnus)，在四世纪晚期之时也已到达了黑海，匈奴人首先在公元三七五年和东哥特人(Ostrogothi)发生了接触，将他们全部征服，强迫编入自己的队伍中。之后更向西压迫西哥特人(Visigothae)。西哥特人非常恐慌，深惧自己将遭受东哥特人同样的命运，为匈奴人所吞并，故向罗马帝国求援，请求罗马帝国允许他们渡过多瑙河，进入帝国内部避难，并声称愿与罗马帝国联合，共同防御匈奴人之西侵。罗马帝国当时应付这个问题颇费周折，因帝国此时已很虚弱，既怕西哥特人进入帝国内部成为引狼入室，又怕匈奴人吞并西哥特人之后，势力更形强大，成为罗马未来的大患。但权衡之下，还是在公元三七六年准许了西哥特人进入帝国内部，但有附带条件，即西哥特壮丁在渡过多瑙河时必须缴出武器。可是由于此时罗马帝国政府之腐败，其军队在监视西哥特人渡河之时，对有武器之壮丁并不敢将之缴械。西哥特人入居于罗马帝国东部后，帝国政府官吏又奴役这些西哥特人，克扣帝国政府发给他们的口粮，罗马人也不断拐卖西哥特妇孺，因而终于激起了西哥特人的反抗。在定居帝国东部两年后(三七八年)西哥特人就暴动起来，与帝国政府发生了直接冲突。双方在哈吉安诺堡(Hadrianopolis)打了一次大仗，西哥特人大败罗马军队，皇帝瓦伦斯(Valens)亦在此次战役阵亡。此后西哥特人乃横行于帝国内部，在东部地区骚扰了一个时期后，五世纪初时又转移到了帝国西部，且攻下了罗马城。自此以后，帝国的门户洞开，其他蛮人亦开始大批拥入帝国内部，主要是进入了帝国西部地区。本已虚弱不堪的罗马帝国在此打击下乃趋于分裂、崩溃。

由此可见，罗马帝国的分裂与崩溃的直接原因是北方边境以外蛮人的打击，但这些蛮人对帝国的进攻，则又是上古晚期整个亚欧大草原游牧民族活动的一个结果。我们在下面将特别讲解这个活动。

第十三章　上古中晚期亚欧大陆之游牧世界与土著世界
(公元前一○○○ — 公元六○○年)

　　上古时期的土著世界已在前几章中讲述了，故本章主要是讲自公元前一○○○年开始至公元六世纪期间，亦即上古中晚期亚欧大陆上的游牧世界以及它与土著世界的关系。

　　从很早时候起，在亚欧大陆上从东到西就有许多游牧民族在活动，亚欧大陆上的这些游牧民族本身活动的世界是一个大草原——亚欧大草原。这个世界就其自然条件，亦即就当时的生产力对这个地方的自然条件所能利用的情况来讲，这里不能经营农业，人类生活主要靠畜牧，并且在多数地方主要是靠游牧。当上古中晚期时，大草原世界的游牧民族不断地与土著世界发生接触，并在某些地区对当地土著民族的历史发展给予了重大的影响。所以这个大草原世界在全世界历史上有其相当重要的地位。

一、亚欧大陆游牧世界的地理范围与种族

　　欧亚大草原的地理范围很含混，不像土著地带那样各国都有着固定的界限，并且即使在整个游牧地带之内各个活动的种族之间也没有清楚的界限。大致上从蒙古以西直到南俄——今乌克兰地方，这一大片地区在过去就是这个大草原世界的总范

围。其主要地带大部在今日中国和苏联两国的国境之内，此外还包有今蒙古人民共和国的全部，以及阿富汗、伊朗的一部分。

在亚欧大草原上活动着的种族对这个大草原并没有留下一个固定的名称，后来所有的一些名称也多是土著地带的人给它起的。而各个土著地带的人们又各有各的称呼，因此在历史上一般地说它也没有一个固定的和统一的名称。如中国称中国北方及西北以外的游牧地带为"西域"。但"西域"一名在中国历史上应用时，其含义又有所不同：狭义的比较固定的范围是指葱岭以东的地方，此狭义的"西域"，大体上等于今日之新疆省；广义的意义则完全不固定，可大可小，任何一个时期中国所知道的，或曾发生过一些关系的中国西北边疆以外的地方，都被中国笼统地称为"西域"。印度虽然与这个世界关系很密切，常被这个世界的游牧民族所侵害，但对这个世界并没有一定的名称。希腊罗马则称此地为塞其提亚(Scythia)。希腊罗马人可能是根据此草原上与他们关系较密切的种族对自己的称呼，而以之称其所活动的地区为塞其提亚的。希腊罗马人用此名时也有二种不同的含义：狭义的是指喀尔帕提(Carpates)山脉以东直至顿河(Tanais)之间的草原，这一带是与希腊、罗马人关系最密切的大草原的一部分；广义的是指再往东的远近不等的塞其提亚的世界。

在此亚欧大草原上活动的游牧民族，其中有许多曾与中国发生过关系，中国曾给予他们以各种不同的名称，就中则以匈奴人与中国关系最密切。中国历史上对匈奴人也有种种称谓，但这不过是字的写法不同，音则都与"匈奴"相近。距离中国较远地方的各游牧民族，中国则笼统地称之为"塞人"，大约就是那些被希腊罗马称之为"塞其提人"(Scythae)的人。

历史这门科学所研究的对象主要是土著地带，因为从新石器时代晚期以下，即从氏族社会转入有阶级社会以后，土著地带是人类历史发展的中心。不过,游牧地带也不能被忽略,因它在某些时期、某些地方对历史的发展也曾发生了很大影响。

关于游牧世界与土著世界的分化大体上是发生在公元前三千年左右,在公元前三〇〇〇年以后,就旧大陆讲,偏北的一部分是游牧世界,偏南的部分渐变为土著世界。土著世界很快就转入了有阶级社会,而游牧世界则仍较长期地停留在氏族社会。这些还处在氏族社会的游牧世界中的人常侵掠土著地带,因土著地带开发较高,生活较优裕。游牧者对土著地带边界地方的经常抢掠行为,有时也发展成为大规模的侵略行动,从而使自己定居在土著地带。在上古史阶段中曾发生过三次游牧民族对土著世界的大规模的侵略,前两次已在第五章中讲过,第三次就是本章中所要提到的。

在公元四、五世纪之间,东西方几乎是同时,发生了游牧民族向土著地带的大规模的侵略活动,东方主要是以匈奴人为主,西方则以日耳曼人为主。就游牧世界——亚欧大草原的自然环境看,南北皆有天然的屏障:北边是无法穿越的寒带与半寒带的原始森林,南边则为许多大山脉所阻挡,山脉以南就是土著地带。但在这些区界游牧与土著地带的大山脉之内却有着几个天然的山隘,可使游牧民族长驱直入土著地带。在中国方面,从正北,匈奴人可以经过今内蒙古与山西之间的阴山、雁门冲入晋北,或从西北经由阳关、玉门关进入今蒙古平原及黄河流域。在波斯、印度方面,游牧民族可以经过印度高加索山(即印度库施山)的山路进入伊朗高原及印度河流域。由此再往西,游牧民族可以经过高加索山的出口进入亚美尼亚高原。再西,至欧洲,游牧民族则可经过多瑙河下游的河谷进入巴尔干半岛,并可穿过赫列斯滂沱海峡进入小亚细亚。

同时在游牧世界的生活条件下,有一个为游牧民族加以很好利用了的条件,那就是关于马的使用。马能为人所利用后,不但对游牧民族的历史和生活发生了重大的影响,而且对上古甚至中古时代土著地带的历史和生活也发生了重大的影响。马基本上是游牧地带的牲畜,最早驯服马的是游牧地带的某一个地方。马最初的功用与其他的牲畜一样,也是用来驮物载重,后又用以挽车。但游牧地带之用马挽车与土著地带不同,它所挽的车主要是游牧者的"行屋"。再后,游牧民族更改变了车的制作方法,将之变成战车,以马挽之,作为一种作战的工具。最早知道以马拖战车作战的是游牧民族,特别是西方的游牧民族,时间约在公元前一八〇〇年左右时。不过在其同时或稍晚,中国也有了同样的方法,西周时候开始有了清楚的记载,在周灭殷的大战中,即已"檀车煌煌"(《大雅·大明》)。但中国绝不是从游牧民族学来的,因当时与中国有关的游牧民族都还不知使用战车。关于马的利用,更晚一步的发展便是"乘马"。"乘马"也是游牧民族的贡献,并且也将之用在作战上,发明了骑射。至此,游牧民族与土著地带的关系乃发生了重大变化。

在近代科学发达以前,马是陆地上最快的交通工具。在人能"乘马"以前,游牧地带地旷人稀(因为生产力低下,故人口稀少),而且彼此间的交通又大成问题,故不可能在政治上结成一个有联系的较大整体。人能骑马后,游牧地区各地之间的交通问题才解决了,各地之间在政治上乃有了大规模的合作,这不但促进了游牧种族自己内部经济和文化的发展,而且自此以后,尤其在骑射成为一种战术之后,游牧种族间只要出现一个军事天才,即可组织起来一支人数较多的队伍,轻而易举地向土著世界发动侵掠和进攻。土著世界很难抵挡。并且如当土著世界的阶级社会中阶级矛盾正激烈而致大乱,从而削弱了土著世界对游牧种族的抵抗时,游牧种族就能乘虚而入,倾覆了土著世界的国家,占领一块土地,使自己成为当地的统治者。这种情况曾同时发生在旧大陆的东西两部分。以下就东、西方分开来讲。

二、塞人与希腊罗马

亚欧大草原上,上古中晚期西方的游牧民族主要是塞人。塞人也是印度欧罗巴人的一种。塞人的部族很多,最早与希腊人发生关系的塞人部族也不止一个。在公元前八〇〇年以前,希腊人称与之接触的游牧民族为其美里人。公元前七世纪以下,希腊人又称这种与之接触的游牧民族为塞其提人,公元前三世纪以下则称他们为萨马提人(Sarmatae),一般的泛称则都是用"塞其提人"一词。

关于塞人的生活,据希腊人的记载可知完全是游牧式的。他们的主要财产就是马、牛、羊,他们的生活必需的一切都出自此:牛羊的粪便是他们习用的燃料;牲畜的皮或牲畜的毛压成的呢便是他们作衣服的料子,同时也是搭制他们的房屋——营帐的原料;饮食更不必说。作战在塞人生活中占很重要的地位,战争性质除向外侵略外,各部族之间也经常发生战争。马是他们作战时的重要工具,他们很善于骑射。同时每人皆佩有短刀,在短距离内交锋时则以短刀相接。塞人的全部服装都与骑马有关,主要有绔、长靴马褂和小帽。游牧民族要骑马必须先解决服装问题,而骑马服装的首要问题则在"绔"上。人知道用马拉车代步之后,在有紧急事情来不及套车或无车之时往往也"坐马",但坐马不能疾驶,疾驶则必须骑马,而骑马必须先解决绔的问题。最初人穿的衣服,无论东、西方,都是分上衣与下衣两部分,上衣约长至膝,下衣则是一块布作的裙,两者在中国合称"衣裳"。天冷时则往往用布片或皮片裹在腿上,以后乃作成两只筒状物套在腿上,

称"套绔"，再后又在其上加上一横腰将两只绔腿联起，就成为了
"开裆绔"，世界各地区都曾发展到这一步。大约在公元前一〇〇
〇年左右，大草原西部的塞人最先进一步解决了"裆"的问题，变
开裆绔为合裆绔，即中国古代所谓"裈"或"穷绔"。这是为骑马而
准备的服装。解决了这个问题以后，人就可以骑马了。马不但能
走长途，而且是古代最快的交通工具，游牧民族会骑马后，解决
了大草原地区长距离之间交通的大问题，各地区人的交往和商
业关系密切起来了。但在骑射发明后，游牧民族侵略土著世界
的事也严重起来，所以就从发明骑射的上古中期起，直到上古晚
期，游牧民族乃开始大规模地侵略土著世界。在此时期中最早在
西方活动的主要就是塞人。

　　希腊人最早在公元前八世纪时与塞人发生了接触。当时塞
人仍处在氏族社会，生产水平很低，不过他们已征服了一些土著
地方，故能以土著地区的物产以补其不足。塞人与希腊人之间曾
保持着密切的商业关系：他们曾在黑海北岸与希腊人进行贸易，
以粮食(主要是麦)来交换希腊的各种手工业品，特别是纺织品。
但他们用以进行交换的粮食并不是他们自己的出产，而是由被
其征服的土著地方的人入贡来的。这些粮食曾成为希腊商业城
市粮食的一个重要来源。

　　塞人的活动范围很广，从南俄直到今蒙古高原以西皆属其
活动范围。在此范围以西，亦即今西欧一带活动的则是科尔提
人。科尔提人是公元前一六〇〇年以后第二批大迁徙的印度欧
罗巴人的一支，后来的高卢人即是科尔提人中的一种。在此范围
以东活动的则是大月氏人。塞人活动范围中东部的塞人又被称
为"塞卡"(Saca,Sacae 是一个波斯名词)人，西部的塞人则被称
为"塞其提"人。塞其提人又可分为三部分。最早与希腊人接触的
这部分塞其提人，在征服了南俄地方原来经营农业的土人后，即

以此为其政治中心。他们中间有一部分人到后来也开始过土著生活了。这些塞其提人曾以南俄为中心向外发展,向西南与希腊发生了接触,特别是与马其顿争夺特拉其(Thrace)东部地方,双方战争很多。后来这些塞其提人曾在黑海以北建立起了一个强大的塞人国家。此外,黑海以东的一部分塞其提人,曾越过高加索山到达了黑海的东南岸,开始定居下来过着土著生活,但他们并不以农业为主,而主要是经营畜牧,特别是养马来大批出卖。这些塞其提人建立的国家即是公元前一世纪时曾与罗马发生过冲突的滂沱国。黑海以南的塞其提人,则曾与波斯发生接触,双方时起冲突,曾成为波斯历史上的严重边患。到公元前三世纪时,黑海以北的塞人国家内部政治情况发生了变化,另一种被称为"萨马提"的塞人将当地的塞人——塞其提打败,此后此塞人国家即行分裂:一部分人向南逃迁,进入克里米亚半岛;一部分投降了萨马提人,到后来逐渐与萨马提人混合起来,演化为后来之斯拉夫人,主要为东斯拉夫人——俄罗斯人。当这批塞人再见于历史时,已是属俄国史范围之内了。

东部靠近中亚地方的塞人,即波斯史上的塞卡人,占有药杀水和乌浒水流域,建立了大夏国。后此国为亚历山大所征服,接受了希腊的文化。亚历山大死后,此地属叙利亚(条支)国。到公元前三世纪中期,此地又脱离叙利亚国独立。公元前二世纪末此国又为受匈奴人压迫自中国西北边疆向西迁移的大月氏人所并。大月氏人曾在这里建立起了贵霜帝国,并一度向南发展,过印度河征服了印度西北部,是即印度历史上之贵霜王朝(公元四五—二二五年)。

上古世界游牧民族,特别是塞人对世界文化的贡献主要是马的驯服与使用。马的驯服最早是以大草原地带为主的。马的使用步骤则是先只用以载重和挽车,再进一步发展为挽战车,最后则以马为乘骑。而骑马又首先是在草原上活动的塞人发明的。人会骑马后，不但解决了游牧世界及土著世界的交通问题，并且促使了这两个世界的关系日益密切。在土著世界，马的使用更使得大帝国成立有了可能，如波斯(公元前五五〇年左右)和中国(公元前二二一年)，这两个大帝国成立后，中央政府要想能够控制辽阔的地区，必须要解决交通问题，而当时交通则主要靠马来解决。因此说，马的被人乘骑给予了土著世界的历史发展以很大影响。此外，人能骑马以后，特别是发明了骑射以后，作战的技术有了很大改变。马给人的印象非常深，故而后来有"马力"这一名词出现。

　　游牧民族的另一贡献是他们的骑马服装。这种服装后来全部传至土著世界。中国较晚约在战国初期至公元前四〇〇年左右时即开始接受了这种服装。西方则更早一些，科尔提人最先接受了塞人的影响，开始穿绔、骑马，后科尔提人又影响了日耳曼人、希腊人和罗马人，使得土著世界的服装发生了一个根本性的变化。直到今日整个世界的服装，尤其是男子的服装，基本上还是游牧世界的色彩。在此以前男子服装中的长袍到中古时候已基本上消灭了，如果穿长袍也只是一种装饰而已，如欧洲只教士穿长袍，中国只统治阶级穿长袍。在女子服装上，今日在多数地方尚较多的保留了古代服装的装饰性作用，如裳即始终保留着。

　　亚欧大草原在很长时间中曾是亚欧大陆东西之间的交通特别是商业交通的必经地带，因而也就成为了东西文化交流的必然媒介。游牧世界在远东和泰西之间的文化和经济交流上的重要地位直到公元十六世纪时始发生了变化。由于十六世纪后发现了新航路，经过印度洋、大西洋，远东和泰西可以直接交通了，因而大草原地带在这方面不再占居重要地位。

三、中国历史上的游牧民族

中国历史上的游牧民族问题，在上古时代基本上就是匈奴人的问题。过去中国历史上所谓的"匈奴"究竟是什么种族？今日尚无足够材料来证明，因为古代既没有留下关于这方面的材料，而现在匈奴人作为一个有组织的部族来看又已经消灭了，过去匈奴的血统基本上已分散到了各种族之中去，所以无法考证。据西方记载说匈奴人的像貌很特别，可见他不是印度欧罗巴种族。今日一般意见大致认为匈奴或者是蒙古人，或者是突厥人。

匈奴自古以来就是中国西北边疆的大患。中国历史称匈奴虽有各种不同的名字，但其音则大致相同。如殷代称之为鬼方，殷周之际称之为鬼戎、混夷、犬夷、昆夷、串夷或畎夷，西周时则称之为犬夷、西戎或猃狁，到东周春秋时代，与匈奴关系密切的一些国家，如秦国称之为西戎，晋国称之为狄，齐国与燕国则以山戎名之。但春秋以前的匈奴人尚不是会骑射的部族，因此对中国威胁不大。匈奴之成为中国的大威胁是自战国时代开始的，此时才出现了"匈奴"之名，或亦称"胡"。因为此时游牧世界西部的骑射已传至了游牧世界的东部，所以在战国初年匈奴人已学会了骑射，从而对中国的进攻加紧了。中国为抵御匈奴，于是也只好学骑射。在公元前四〇〇年左右中国开始骑射作战。(后中国历史学家曾误认为中国是在赵武灵王时至公元前三〇七年始胡服骑射，这种误解主要是由于《战国策》的错误记载所致。赵武灵王胡服骑射一事，只可能说明赵国在这一年开始大规模扩充骑兵。)防御匈奴入侵的第二个办法就是筑长城，因为除了天然的地形外，只有长城才有效地遏止疾冲的骑兵的长线堡垒。所以在战国时代，北方的三个国家——秦、赵、燕都修建了长城。

骑射传入中国后,使得中国内部的战术也有了很大的改变,首先是骑射之后战争不再是春秋时代的那种斯文战争——坐在战车上很斯文地射箭了,现在则是疾捷地以骑兵为主的战争了,同时各国之间为了防御彼此的骑兵的奇袭,除非有天然的屏障,都要修筑长城以资对付了。秦始皇统一天下后,才拆除了中国内地的长城,而加强了北方边境上的长城。

秦汉之际匈奴的势力中心约在后日历史上的内蒙一带 (包括今内蒙及以南一小部地方),其活动范围南达陕北与晋北。秦始皇认为这种错综辽阔的与匈奴为界的边疆太不易守, 故在公元前二一五年令蒙恬率军攻取了 "河南之地"(今河套地方),基本上与匈奴人的接触线拉平了。翌年又在这条接触线上加修了长城,将战国时秦、赵、燕三国的长城联接起来,同时将河南之地全部圈入了长城。从此以后长城以内便成了中国的固定边疆。这是土著对游牧部族的一大胜利。而中国只有当此之时才能做到这一点,则是因为中国在此时才达到了全国的统一,而只有在统一之后,才可能集中中国的全部力量来解决边疆的问题。但在秦末汉初时匈奴人更加强大起来, 与中国长期地在边疆上进行着斗争。冒顿单于(约公元前二〇九—公元前一七四年)在位时,匈奴人以冒顿作中心建立起了一个大帝国。冒顿曾向西发展吞并了大月氏(使大月氏人被迫离开湟中地方向西逃迁),并自大月氏地方继续向西发展,控制了西域地方,向东则吞并了东湖之地(今热河一带与辽宁),向北占据了漠北,向南则乘中国秦汉之间大乱之际进入长城线,重又夺回了河套——河南之地。

汉高帝统一了中国后,注意到北边匈奴的严重问题,并曾亲自率军征讨匈奴, 但在公元前二〇〇年那一年其军队反被匈奴包围于平城达七日。因此自公元前一九八年起,汉乃不得不用和亲政策来缓和边疆问题。此后,历文景时代的六七十年,中国对匈奴始终实行着和亲政策,这是迫不得已的,因当时中国历经大乱之后,国内经济尚未获得恢复,因此无力用武力来解决这个问题。直到汉武帝时(公元前一四〇—公元前八七年),中国始有力量主动攻击匈奴,最后在卫青、霍去病领军时候才屡败匈奴(公元前一二九—公元前一一九年),首先重又占领了河套地方。继而在公元前一二一年断匈奴之右臂,即攻占了过去大月氏地方,切断了匈奴与今甘、新、青一带的氐、羌游牧民族的联系,然后继续向西北发展,以求控制西域地方。公元前一一九年又断匈奴之左臂,即攻占了原匈奴所夺取的东胡地方。从战略观点上看,中国只有控制了西域和东胡地方,才能完成对匈奴的反包围攻势,所以当断匈奴左右臂的战略取得胜利之后不久,中国即将匈奴驱逐到了大漠以北,确保了中国边疆的安全。此后匈奴问题始不再像过去那样严重了。武帝以后,匈奴因受到外来打击,内部混乱起来。公元前五七年匈奴内部有五人争作单于,互相混战,削弱了自己的实力。公元前五三年乃正式向中国投降。在公元前五一年和公元前四九年匈奴呼韩邪单于曾两次亲到长安朝见中国皇帝。在此以后的西汉时代,北部边疆的匈奴问题等于彻底解决了。

但到西汉末王莽时期,中国内部混乱起来,匈奴又开始扰边。由于此时中国对西域已无力控制,西域也独立起来,并且西域一部分小国又被匈奴征服,匈奴对中国重新形成包围之势。中国北部边疆问题又严重化了。但匈奴却始终未能再像以前那样强大,内部也时常发生内乱。到公元四八年时,匈奴内部大乱后分成为南、北两部分。南匈奴单于自称为呼韩邪,因其力量较弱,抵御不住北匈奴,故投降了中国,请共御北匈奴。中国乃令南匈奴守其本土,并将中国北方一些据点(今内蒙自治区之呼和浩特一带)交与南匈奴防守。公元六二年北匈奴曾南侵,结果为南匈奴与中国的联合力量打败。此后中国即利用匈奴人的分裂,与南匈奴一起一步步地压迫北匈奴, 企图解决中国北部及西北的边疆问题。公元七三年窦固与南匈奴联合进攻北匈奴,占领了西域东部当地称为伊吾卢的地方(今哈密一带)。当中国占领了此地后,西域各国由于北匈奴压迫太甚,亦于公元七四年脱离了北匈奴的控制,并派质子到中国来,表示与中国亲善。匈奴的右臂又被切断。公元八九至九一年窦宪乃大规模征伐北匈奴,大破之。中国西北边疆重形稳定。公元九一年班超为西域都护,中国彻底控制了西域地方。此后北匈奴即开始向西迁徙,不再见于中国历史。

南匈奴在此后的长时期内, 大体上是代中国防守着北部边疆, 并且其本身也由游牧生活逐渐变为半游牧半农业生活的民族。当中国内乱时,南匈奴虽也间或附乱,但始终并不成为中国的忧患,直到西晋末年,由于中国的统治阶级对人民以及少数民族压榨过甚,并且统治阶级内部也发生了内乱至八王之乱(公元三〇〇年),南匈奴始乘机起来。公元三〇四年刘渊自称汉王,脱离了中国政府的控制,并自晋北向晋南发展,之后渡过了黄河,灭亡了西晋,造成了中国史上"五胡乱华"的局面。

在南匈奴引起的"五胡乱华"后不久,北匈奴在其长期向西迁移的过程中最后到达了黑海,吞并了先已在当地定居的东哥特人,并压迫西哥特人,使其退入罗马帝国内部,因而如前章所述,间接地促成了罗马帝国的崩溃分裂。

四、日耳曼人与罗马帝国西部罗马政权之颠覆

"日耳曼人"一词并非日耳曼人的自称。日耳曼人的许多部族虽各有自己的名称, 但因他们始终没有一个统一的或联合的

组织,所以也始终没有一个总称。"Germani"之名是最早和他们发生接触的高卢人称呼他们的名字,其所居地则称为"Germamia"。

日耳曼人的早期历史很不清楚,但可推知他们就是公元前一六〇〇年左右时向外迁徙的印度欧罗巴人中的一支,是由东(里海西北)向西(欧洲)迁徙的一批人数较多的印度欧罗巴人。大约在公元前一〇〇〇年左右时,他们已移动到了斯堪的那维亚半岛南部(丹麦)及易北河与奥得河之间地方(今德国中东部)。当时易北河以西为科尔提人——高卢人,故高卢人最先与他们发生了接触。

日耳曼人在其继续向外发展的过程中,内部亦开始分化,渐分裂为三支:西支、东支和北支。西支在公元前一〇〇〇年后即开始与易北河以西的科尔提人争夺土地,将科尔提人压迫到了莱茵河以西的地方。莱茵河以东、斯堪的那维亚以南地区成为了西支日耳曼人的活动区域。到公元前二〇〇年时,他们已发展到了麦因河流域。公元前一〇〇年时又占据了今日南德地方。至此为止,今日德国地方基本上已成为了他们的势力范围。此后西支日耳曼人且曾企图向西渡过莱茵河与科尔提人——高卢人争夺高卢,但在此时罗马人也正计划攻取高卢,因而两者间发生了争夺高卢的战争。后恺撒将西支日耳曼人打败,罗马征服了全部高卢。

西支日耳曼人最初原是畜牧与农业兼营的部族。罗马人塔其屠(公元五五——一一七年)在公元一世纪末时曾在他们中间生活了一时期,仔细地考察了这些日耳曼人的生活,后著了 *Germania* 一书,述及他们的社会情况。按照他的记载,此时西支日耳曼人已完全发展成为农业部族了。

东支日耳曼人在公元前六〇〇年至二〇〇年间,越过了波罗的海,沿维斯吐拉河逆流而上,至喀尔帕提山附近,开始定居下来。这一支日耳曼人到后来即发展成为后日之阿兰(Alani)、伯根第(Burgundi)和哥特人。东支日耳曼人的最东一部分人最后又迁移到了黑海沿岸，在公元二一四年始见到有关于这批人的记载，这批日耳曼人主要即后之哥特人。

北支日耳曼人是仍然停留在斯堪的那维亚半岛上，并长期定居下来的那一支日耳曼人。到后发展成为后日之冰岛人、挪威人、瑞典人和丹麦人。北支日耳曼人始终未与罗马直接接触过。

希腊人与罗马人很早就知道了日耳曼人。据希腊人的记载，在公元前三五〇年左右，希腊商人 Pythea 到波罗的海去经商时曾遇到过他们，这是希腊最早的有关日耳曼人的记载。罗马人最早知道这种人则是在公元前二二五年左右之时，此时日耳曼人已与罗马发生了接触，后更逐渐对罗马形成为一种强大的压力和威胁。罗马人也曾注意到这个边患问题，公元九年奥古斯督曾派罗马大将 Quintilius Varus 统率大军渡过莱茵河深入日耳曼人的内地去征服他们，但结果反而在今日德国西部一个地方(Teutoburger Wald)被日耳曼首领亚敏尼沃(Arminius)打得大败。从此，罗马乃放弃了征服日耳曼人的计划，而日耳曼人却日益严重地成为罗马整个欧洲边疆的大问题。这种形势一直发展为公元三七六年西哥特人正式进入罗马帝国，并在三七八年与罗马帝国发生直接冲突的事件。

公元三七八年罗马帝国为西哥特打败后，内部曾一度混乱。到提沃窦舍于公元三七九年即位为皇帝 (公元三七九—三九五年)后，乃开始一面极力克服国内蛮人之扰乱，一面镇压内部之人民起义，至公元三九四年基本上平定了混乱局面，成为统治罗马全国的唯一皇帝。但他在位时罗马帝国的统一只是暂时的，这完全是靠提沃窦舍个人一时的才干，故在他死后帝国即又分裂。

而这次分裂是最后的,也是无可挽回的。事实上,统一的罗马大帝国分崩了。此后帝国大体上分为了东西两部分,由其二子分别统治。东帝为阿卡底沃(Arcadius,公元三九五—四〇八年),在其统治之时,东部帝国无甚大事发生,能够维持其正常的统治。西帝为赫诺略(Honorius,公元三九五—四二三年)。以前罗马帝国的西方的皇帝为抵御蛮人的侵袭,多居住在意大利北部的米丢兰侬(米兰),西帝最初亦以此地为都,但此地海上交通虽便利,却距内陆较远,对统治整个西部帝国则不甚方便,故公元四〇二年后,西帝乃迁都于意大利东北岸之拉分那(Ravenna)。此后拉分那始终是一个重要城市。至此时,西部帝国境内罗马统治势力与蛮族势力的对比已发生了很大变化,日耳曼人已大批拥入西部帝国境内,有许多日耳曼人在名义上投降了帝国,代其防守边境,同时西部帝国的军队也大多是由这些日耳曼人为其主干,故日耳曼人已控制了西部帝国的军队。西帝赫诺略即位时年岁甚幼,最初政权即实际掌握在一个汪达里(Vandali)武人——将军斯提里科(Stilicho)之手。后西帝虽曾将斯提里科杀死,但并不能从此摆脱日耳曼武人的控制。为了维持其帝国之继续存在,仍然不得不依靠这个或那个握有军事实力的日耳曼武人作为其政治支柱,甚至不能不承认在西部帝国境内割据起来的许多日耳曼人的小王国。这样一来,不管在政权内部或地方上日耳曼人的势力都已远盖过了罗马统治者的势力,可以说自此以后西部帝国境内的实际统治者是日耳曼人。

公元三九五年后罗马帝国实际虽已为东西两部分,但在名义上、形式上、制度上却仍为一个统一的大帝国,东西并非对立的两部分,帝国政府所发布之命令皆系由两帝共同署名,甚至仍然保持着共和国的虚名,如元老院仍然存在,东西两帝国首都除各有一个皇帝外,仍有一个执政。西部帝国的执政且始终按照传统习惯住在罗马城。直到公元四七二年西部执政始被废除,而公元四七六年西帝亦被日耳曼武人通过元老院废掉。后来东部执政在公元五四一年亦被废除。此后帝国最高统治者在名义上始只有东帝一人了。

公元三九五年后罗马帝国的最后分治,以及此后东、西两部分发展途径不同的根本原因,还在于帝国东西两部分经济发展的不平衡。东部原比西部发展高,故在帝国波斯化之后,能够在比较稳定的基础上逐渐转入封建社会,并有力量克服了蛮人的扰乱,维持了自己的存在。东部帝国此后继续维持了一千余年,直到十五世纪时始为土耳其人所灭亡。西部则因在罗马帝国成立后,由于建立在对外掠夺基础上的奴隶制度逐渐崩溃,使帝国临于瘫痪状态,因而无力抵御蛮人的侵扰,终于在蛮人的打击下逐渐四分五裂起来。公元三七八年后,西部帝国境内即在服从帝国政府的形式下建立起了许多日耳曼人的小王国,这种形势最后导致了公元四七六年西部帝国罗马政权的最后被颠覆,使西部帝国完全成为了日耳曼人统治的世界,开始了所谓"黑暗时代"。然而此后西部帝国也即逐渐转入了封建社会。

公元三七八年后存在西部帝国内部的日耳曼人和日耳曼国有如下几个:

(一) 西哥特　西哥特人自公元三七八年打败罗马帝国后,先在东部骚扰了一个时期,但因东部政权较稳固,不易得手,故到五世纪初,在其首领亚拉利克(Alaricus)领导下,又由东向西侵扰,首先进入了意大利半岛。在公元四一○年轻易地攻下了罗马城。西哥特人之轻易取得罗马城主要是得力于罗马城内奴隶的应接。此时日耳曼人内部虽已有了奴隶,但他们待遇奴隶较罗马人好得多,并且罗马奴隶中有相当大数量的日耳曼人,故罗马城内的奴隶乘午后奴隶主都在睡午觉之时,打开了城门,欢迎日耳曼人入城解放他们。所以罗马城被攻陷一事,实已含有奴隶起义的性质。

罗马城的陷落,对罗马人心发生了极大的震动作用,因罗马人特别是罗马统治阶级一向把罗马的统治看作是"永恒"的,称罗马城为"永恒城",现在这种思想猛然被打破了,因而激起了罗马人心的极度的不安。在这种情况下,基督教北非西波(Hippo)城的主教奥斯丁(Augustinus)发表了一种理论,认为罗马帝国之历史使命已经完结,而教会则将要代替罗马帝国成为世界上之最高统治机构。

此后西哥特人继续向西进入了高卢(公元四一二年),停留不久后又南下进入西班牙,在公元四一五—四一九年间与先已到达西班牙并已定居了的日耳曼族汪达里人争夺土地。最后西哥特人将汪达里人逐出了西班牙,自己在此地建立了一个国家,而罗马帝国只好承认既成事实,在公元四一九年承认了此西哥特王国。不过在名义上西班牙地方仍算是罗马帝国的土地,而西哥特人仅是"奉"皇帝之命令,代其统治此地方而已。所以从"帝国"这个概念上讲,蛮人在帝国境内之割据,在理论上并不意味着罗马帝国的灭亡,不过实际统治者在西部来说则将易手了。

(二) 汪达里 汪达里人在公元四〇〇年后首先进入高卢地方,继而又自此南下到了西班牙,开始定居下来。公元四二九年为西哥特所逐,乃逾海进入北非,在北非建立了国家(公元四一九—四三一年)。公元四三五年罗马帝国亦承认了他们是代皇帝统治北非地方。公元四三九年汪达里人又攻占了原迦太基地方,开始建都于此地,并逐渐成为了航海民族,活跃在西地中海上,作海盗生涯,抢劫过往的商船。其中有一批汪达里人且曾在公元四五五年越海在意大利登陆,洗劫了罗马城。经过这次洗劫,罗马城破坏的情形还较公元四一〇年西哥特人攻陷罗马城时来得更严重,不少贵重物品被抢劫一空,并且城内在文化、历史上有价值的古代建筑、雕刻、图书等物也多被毁坏。因此在欧洲留下了一个汪达里人的典故, 即对野蛮的破坏文化的系统活动称之为"汪达里主义",此字德文为 Vandalismus,法文为 Vandalisme,英文为 Vandalism,俄文为 ВанAaли3м。

(三) 伯根第　伯根第人亦于公元四〇〇年后进入高卢,他们在罗丹诺河(隆河)流域建立了国家。

(四) 盎格娄(Angli)、萨克森(Saxo)、犹提(Jutae)盎格娄、萨克森和犹提原是在今日德国北部的日耳曼人的三个部族。在公元四〇七—四四二年间, 罗马帝国因腹地需要军队防御日耳曼人之入侵,故由皇帝下令陆续撤退罗马帝国在不列颠岛(罗马西北边疆偏远的一省)上驻守的防军,自动放弃了这块土地。当罗马军队撤守后,日耳曼人即时侵入不列颠岛,公元四四一年萨克森人首先进入了不列颠, 之后在一百五十年之内 (公元四四一—六〇〇年),上述三族相继进占了不列颠岛的主要部分——英格兰。

进入公元五世纪后,本身正在逐渐衰亡中的西部罗马帝国,其存在已完全依靠日耳曼武人来维持了。日耳曼武人与其领导之以日耳曼人为主干组成的军队是西部帝国的支柱力量。由于日耳曼人此时方才进入阶级社会, 因此各部族之间尚未有一种统一的观念和要求,他们并想不到联合起来推翻罗马帝国,建立一个日耳曼人的帝国,反而愿意保持西部罗马帝国的政权、法统来作为维持自己个人或部族的势力、地盘的手段,并且彼此之间也互相争夺得很厉害,到西帝罗穆卢·小奥古斯督(Romulus Augustulus,公元四七五—四七六年)时, 西部帝国当权之武人奥窦瓦卡(Odoacer)在公元四七六年取得了罗马元老院的同意,废掉了西帝,但西部帝国政权的全套机构在名义上却仍保留未变。奥窦瓦卡并经由元老院向东帝国请求罗马帝国此后只有东部一个皇帝已足,不必再有两个皇帝,至于西方可以由奥窦瓦卡作罗马主(Patricius)来对其统治。东帝也只好承认既成事实,同意奥窦瓦卡为罗马主。

公元四七六年所发生的这一次事变,一向为历史学家所特别重视,认为自此以后西欧历史无论在法统上和在社会性质上都发生了根本的变化。一般意见往往认为自公元四七六年始,维持了五百年的统一的罗马大帝国即不复存在了,至少也是覆亡了一半,故称这次事变为"西罗马帝国的灭亡",同时认为西欧之转入封建社会亦自此时开始。我们认为这两个意见是值得重新考虑和明确的。

首先就理论上和法统意义上讲,统一的罗马大帝国在形式上并未因西帝的被废而消失。西部罗马帝国境内的日耳曼人所割据的一些小王国,在法统上仍然是罗马帝国的组成部分。罗马帝国的一切机构和制度在公元四七六年后依然如旧,帝国并未发生任何突出的变化,至少与过去由公元三九五年东西分治以来的几十年间的形势相比并没有任何的突出变化,唯一不同的地方就是两个皇帝现在只剩下一个了而已。但这种事在当时罗马人中间也并未发生异常的震动,认为帝国是灭亡了一半。因为在他们的意识里始终就没有所谓"东帝国"和"西帝国"的观念,因此对一个皇帝和两个皇帝的问题也不太重视,并且两个皇帝的存在本系一时权衡之计,原非定制。所以在西帝被废而代之以一个"罗马主"后,东帝仍然是整个帝国的元首,在理论上、法统上罗马国家仍然是一个统一的大帝国。故所谓"西罗马帝国灭亡"的说法值得考虑。

就社会性质而言,罗马帝国之西部由奴隶社会完全转入封建社会自然是一个长期过程,决不是可以拿哪一年来截然划分的。帝国西部之向封建社会转化的过程早已开始，而到公元四七六年还在继续。因为罗马帝国自三世纪以来在奴隶制度面临崩溃的时期即已在经济上萌芽了封建因素，并在政治上以波斯化来适应了它的发展。不过，这个封建化的过程只有在东部才得到了稳定的发展，而在西部却发展得比较缓慢，而且后来西部封建制度真正地出现，并不是像东部地区那样独立发展出来的，而是和日耳曼人的进入帝国西部境内有关。只有当日耳曼人在罗马奴隶社会末期的社会生产力基础之上结合着自己的末期氏族社会制度，由部族内的贵族们占有着土地，而把原来罗马的奴隶，甚至某些倒霉的奴隶主和本族的奴隶以及氏族成员变成了农奴之后，才出现了如后来历史家所称的那种典型的封建剥削制度——西欧型的封建制度。这样看来，无论就西部罗马帝国本身封建化的过程来说，抑或就日耳曼人促成西部真正封建制度的出现的作用说，公元四七六年都不是一个开始的阶段。

公元四七六年的事变，实际远不如四一〇年罗马城的陷落那样重要，自三七八年以来的一个世纪间，帝国曾经受到了多次的打击，任何一次打击都可看作是帝国崩裂过程中的重要标志，后来历史学家不过是习惯于把四七六年的事变看作最醒目的标志而已。

五、最后百年之拉丁文学

公元五世纪时期，实际上可说已没有文学了。在此时期中唯有作品传留下来的人是西窦尼沃·亚波林那理 (Sidonius Apollinaris，公元四三一—四八四年)。西窦尼沃·亚波林那理是高卢地方的拉丁人，出身于统治阶级。他喜欢写诗和写信，这些诗和信的唯一特点就是极端考究修辞，可是并没有什么文学价值。但是由于他一生都经历着帝国最后的崩溃阶段，作为罗马帝国统治阶级的一个代表，他的作品真实而清晰地反映了末日穷途的罗马统治阶级的绝望心情。所以，他的作品可以作为崩溃时期的补充史料。

六、罗马帝国倾覆中之基督教教会

公元三九二年罗马帝国正式承认基督教为国教，这是基督教发展史上的极其重要的关键，决定了它成为帝国统治机构的一部分。至此基督教已经全部完成了它的变质过程，最初所具有的人民性和进步性已完全消失了。与其彻底变质相适应，为了使教会能成为一个完整的有效的统治机构，公元三九二年后基督教在宗教经典的修订、教会的组织、宗教礼节和仪式以及宗教理论——神道学等方面都有着一些与此前不同的整顿和创造。

在宗教经典方面，这时有了公认的宗教经典——《圣经》(希腊文为 Biblia，拉丁文为 Canon)。此《圣经》分为两部分，一部分是犹太教的经典，即中国天主教称之为《古经》，耶稣教称之为《旧约》(*Vetus Testamentum*)的。但当时被据以为《圣经》的这部分犹太教经典已不是犹太文的原本，而是由一些分散在罗马帝国境内各地的犹太人，特别是在地中海区域以亚历山大里亚城为中心的一些已经希腊化了的犹太人所翻译的希腊文译本，此希腊文译本因是由七十二人分别译出的，故又总称"七十"(Septu-aginta)。除犹太教经典外，另一部分的基督教《圣经》则是公元一世纪最早的一些基督徒所写下来的东西，这些文献一直在基督教内部流传着，到公元四世纪时经教会之审订，亦被公认为基督教的经典。这部分经典，中国天主教称之为《新经》，耶稣教称之为《新约》(*Novum Testamentum*)。最初基督教的《圣经》，无论《旧

经》《新经》都只有希腊文本，稍晚才又有了耶娄尼摩(Hierony-
mos,公元三四八—四二〇年) 所译的拉丁文本出现，流行于西
方。这种拉丁文本的《圣经》被称为"Vulgata"，后来变成为西方
教会所用的标准本。今日天主教的《圣经》仍以此拉丁文本为准。

在教会组织方面,此时出现了几种新制度。其中以主教掌握
"神权"的制度最足以说明基督教之变质与教会之统治机构化。
教会中的统治阶级——教士中本以主教地位最重要，而此时主
教集团不但已完全变成基督教内部的最高统治者，并且又被认
为是具有神权的人。主教具有神权的理论是说，耶稣曾将其神权
亲自授予了他的十二个弟子(中国天主教称之为十二宗徒,耶稣
教称之为十二使徒)，而主教则又自十二宗徒处继承了这种神
权。这就等于说主教就是耶稣的人间代表，主教有支配教徒的
绝对权力,所以主教具有神权的统治理论成立后，主教甚至在形
式上也不再是早期基督教内部为信徒服务的教徒内部的一分子
了,而是以其神权来绝对支配所有信徒的统治者了。主教神权的
实际内容有三:一是关于教会信条和制度的决定权。二是《圣经》
的解释权。因《圣经》内容非常庞杂,特别是犹太教经典的那一部
分,包括有种种与宗教无关的文学、历史、哲学等方面的内容,因
而在用基督教观点来牵强附会时，就往往会发生许多不同的解
释。当然,出身于不同社会阶层的信徒和教会内部各种地位的教
士都要提出有利于自己的解释,在这种时候,主教有权决定《圣
经》的"正确"解释,也就是说此后对《圣经》的解释绝对只能有利
于教会中的统治阶级,也就是有利于社会上的统治阶级。三是基
督教内部长期口传下来的一些不见于明文的传统 (traditio)，这
种传统要由主教决定其是否有效。从上述种种说法可以看出此
时教会机构已完全把持在少数主教手中。此外,与主教神权确立
之同时,主教派立方法也有了改变。最初主教的派立完全是由信

徒群众选举的,此时这种传统虽不能废除,但是由信徒群众的选举并不能将神权给予主教,所以信徒的选举,只被当作是公众所表示的意见,而被选举出来的主教必须由邻区的主教给他"祝圣"——即传授神权后,始能正式作主教。

每个主教有自己管理的一定的"教区"(dioecesis),在这个区域内他有权处理一切有关教会的事务。有关整个教会的大问题,亦即各教区之间的共同问题则需召开公议会来决定。这种公议会制度的创始就是公元三二五年君士坦丁大帝所召开的尼基亚公议会。公议会的召开没有一定规定的期限,有需要讨论的问题就随时召集。

此时在教士阶级中又出现了一种特殊的人物——修士。修士起源于修道制度的建立,而修道制度之成为教会制度的一部分与修士之成为教士阶级的一分子则经过一个由人民运动发展为统治机构的过程。修道这种办法原是基督教内部的反对教会变质的一个人民运动。在公元二世纪初期许多中上层阶级中人加入基督教后,基督教即开始变质,于是一些反对教会制度化和统治化的信徒便脱离团体开始在家修行,但在家修行不免有许多琐事烦扰,故到二世纪末三世纪初时,最先在叙利亚、埃及等地有许多基督徒离家到旷野中去修行,过一种苦修生活。到三世纪末、四世纪时,修道已成为一种广泛的运动。当时出家苦修的多是一般贫苦信徒,他们以修道的办法来反对主教对教会的控制,所以修道运动实际是基督教内部反对基督教变质的一种运动。主教集团最初曾反对和禁止这种运动,甚至诬蔑它为"异端"。但是他们的反对和禁止并不能发生作用,相反地参加这个运动的信徒反而日益增多。因此主教集团到后只好改变了手段,由压迫转而为软化,即承认了这个运动的合法性,使这个自发的运动变成为由他们所控制和领导的有组织的运动。四世纪时乃由教会出来设立了一些修道院,组织信徒在内修行,同时承认修士为教士,即基督教统治阶级中的一分子。这等于是瓦解了这个信徒群众的反教会运动。此后修道院就成为了基督教内部统治机构之一。修道院成立后教士阶级(elericus)开始分为世务(saecularis)教士——主教、神父等和入会(regularis)教士——修士两种。

在宗教礼节和仪式方面,有礼拜日制度的规定。这种制度原系继承自犹太教的安息日制度。犹太教本以每周的第七天(星期六)为安息日,基督教摹仿此制度设立了礼拜日的制度,但因传说耶稣复活那一日是星期日,故基督徒乃选定此日作礼拜,而不用犹太教的星期六。此外,基督徒又有必须举行的圣事(sacramentum,意即宗教礼节),在四、五世纪时,此圣事包括四种礼节:一是圣洗,即洗礼,每个人参加基督教和信徒小儿初生时都要举行一次圣洗,表示洗去过去罪孽,重新作人;二是坚振,小孩生下后先受一次洗礼,到十二岁左右时再由教士重新给他行一次礼,称坚振,即坚定其信仰之意;三是圣体,即东方宗教中原有圣餐,基督教接受了东方宗教中的一种说法,认为圣饼圣酒在教士祷祝后即变成了神的血肉,人吃了以后就可以获得神力;四是告解,即信徒先向教士忏悔自己所犯的罪行(告),然后由教士用神的名义赦免他的罪恶(解)。在此时,由于教士阶级故意发展迷信,以利于他们对教徒的统治,圣像(icon)的崇拜乃逐渐流行起来。基督教最初并没有任何物质的崇拜对象,因为他们认为神是无影踪可寻的。后来在耶稣受难事迹的传说下,为表示他们对耶稣的信仰,开始崇拜起十字架来,架上有时还雕有耶稣受难的形象。后又崇拜所谓宗徒们的圣骨。到基督教成为统治机构后,乃故意加强迷信信仰,制造和附会出许多神和圣徒出现或示意的奇迹,于是便无中生有地绘制出了许多圣人、天使、耶稣、圣母等的所谓真容像来,使之成为信徒的崇拜对象。

公元三九二年以后,适应着基督教完全变质的另一重要发展,就是一套系统完整的宗教理论——神道学的完成。神道学不同于基督教最初产自人民当中的朴素的宗教信仰和传说——原始教义,而是企图从基督教的立场出发,像一般哲学思想一样地来解释整个的宇宙和人生的宗教理论。就这种宗教理论的哲学部分来说,系源于希腊哲学,当基督教传入罗马帝国后,即大量地吸收了希腊哲学的唯心部分,主要是柏拉图以来的唯心哲学。神道学的出现,早在公元三九二年以前,并且种类繁多,这种不易为一般信徒群众所理解的烦琐的宗教哲学的出现,有两方面的背景:一个就是意味着基督教早期阶段的变质,因为把显明的一般人民易懂的朴素的宗教信仰复杂化,有利于当时在基督教团体内部逐渐增多的社会中上层的教徒为了本身利益对原始教义的曲解;一个就是为了吸收知识分子来参加基督教,因为当时罗马帝国的知识分子都多少懂得一些希腊哲学,如要他们把自己哲学的宇宙观和人生观改为基督教的宇宙观和人生观,那起码得把宗教哲学化,否则他们便认为基督教没有哲学理论,过于简单,而许多知识分子加入基督教后自然地又促进了神道学的发展。但公元三九二年以前基督教中还没有一套系统而完整的占统治地位的神道学。三九二年以后,随着基督教的完全变质,教会完全成为统治机构,一套目的在于说明教会统治的合理化以及维持现世秩序的神道学成熟了,并且以罗马城的陷落(公元四一〇年)为契机,通过奥斯丁(S.Aure lius Augustinus,公元三五四—四三〇年)正式出现了。

奥斯丁最初并不信基督教,他曾涉猎各家哲学,对希腊罗马的各种哲学思想皆有研究,是一个大知识分子,到三十余岁时始信基督教,于是就成为了基督教中的神道学大师,因而也就受到教会内部统治阶级的青睐,地位上升很快,不久就作了北非地方西波城的主教。公元四一〇年罗马城陷落之时,他仍在西波城任主教。罗马城的陷落对罗马人心震动极大,特别是罗马的统治阶级,因为他们一向就陶醉在罗马永恒城的迷梦中,一时很难清醒,于是许多不信基督教的罗马元老就归罪于基督教,认为这全是由于罗马人不信罗马旧教而信了异教之故。当时奥斯丁就在西波城的礼拜堂中,作了一系列的演讲,用一套宗教哲学的理论,主要是有关历史哲学方面的理论来反驳那些非难基督教的罗马元老的说法。这套演讲后汇集成书,名《上帝国》(*De Civitate Dei*)。这是一整套的从基督教会立场出发的历史哲学,就是以基督教为中心,从人类的起源讲起,一直到人类的末日为止,对人类过去、现在和将来的整个历史过程进行了一番解释和预言。全书总的精神与最终结论有二:一是教会应该是现世世界上的最高统治机构,一切国家机构都要从属于教会,顺便也就否定了罗马人认为了不起的罗马城陷落的意义。二是不要触动现世的社会秩序,这样就完全否定了基督教原始的革命思想。而这两个论点后来一直是基督教以及直到今日为止的天主教会的根本精神。因此奥斯丁的宗教理论也就成为了直到今日为止的天主教教会方面的官方理论。所以我们说奥斯丁的宗教历史哲学是过去许多神道学理论的一个总结,是适应着基督教的完全变质而出现的。

　　奥斯丁的《上帝国》在说明上述两个论点的时候,主要就是根据他在曲解基督教原始教义中附会出来的"天堂"说。他首先从犹太教,亦即基督教的神话讲起。按犹太教的神话,人类本来是永远不会死的,只是由于后来犯了罪被上帝处罚了才会死的,并且死后灵魂还要下地狱。然而上帝怜悯人类,不愿人类死后都下地狱,于是就选中了犹太人为"选民",使教主在犹太人中间降生,犹太人皆信仰之,便可得救。然后其他国家的人再信犹太教便都可得救,这样地上便会出现了"天国",也就是奥斯丁称为的"上帝国"。显然按照原始教义,这个"天国"是在地上的。但奥斯丁由此又进一步发挥,他认为上帝本来想先把犹太变成上帝国,但因为犹太人不信教主,反而把耶稣杀死了,所以上帝最初的计划也就落空了。至于现在"上帝国"的解释,奥斯丁便把它分成了两部分,他说真正的上帝国是在天上,亦即"天堂",但要想进入真正的上帝国,则又必须要先通过一个地上的上帝国,只有到人们全加入了地上的上帝国之后,真正的上帝国才会实现,所以地上的上帝国是为真正的天上上帝国的最后实现作准备的。

首先奥斯丁说现在地上的上帝国不是别的什么,而是现世的教会,因此只有当教会成为世界上最高的统治机构,亦即人们都信了基督教之后,天堂才可能实现。所以罗马城的陷落并不是不幸的事,相反地,它正表示了罗马世俗国家的历史使命已然终结,新的世界已来临了,教会将代替罗马帝国控制统一全世界,以完成实现上帝交付与它的使命。一切国家今后最主要的任务就是促使上帝国早日实现,所以它们应该属于教会,为教会服务。这套理论说明了教会成为一个统治机构的合理合法性,所以以后中古时代西欧的教会在这个理论支配下,不是压倒了国家机构,就是与统治者携手合作。

教会后来能够和统治者密切合作,或是统治者有时能够真正从属于教会之下的原因,就在于奥斯丁理论的另一个根本论点是大大有利于世俗统治阶级的,因为他否定了基督教原始教义中来自人民中间的革命思想。人民最初所理想的 "天国",本来是指现实世界的太平世界而言。原始的"天国"一词原是人民中间所流行的一句口语"救主复临"(此字在犹太人所熟用的亚兰米语中为 Maranatha),传至希腊罗马后,希腊文译为(Parousia,拉丁文译为 Adventus)，两人见面打招呼，或写信时在信的结尾皆用此语。此语的含意有此世的"千年太平"之意，绝不是企望来世的快乐。对现实生活来说，他们希望耶稣再回来("救主复临")，把旧的统治机构完全摧毁，耶稣成为人民之王，于是"千年太平"的"天国"也就实现了。直到公元二、三世纪时，基督教中的"天国"思想仍是这样为一般信徒所理解的，但到三世纪末四世纪初时，教会的变质严重化了，教士阶级中人开始反对这种说法，甚至说这种思想是异端，而认为现世的社会秩序是不可推翻的，但尚未能建立一整套的理论来代替原始天国的说法，直到奥斯丁的《上帝国》发表后，才正式用宗教理论的形式把此世天国曲解为来世天堂，因而对现世世界的社会秩序主张完全接受，因为基督徒的希望是在来生而非今世。奥斯丁并用上帝的名义肯定了奴隶制度，他说："奴隶制度是上帝所命定的，谁要取消奴隶制度，就是背叛上帝。"不但承认了奴隶制度，而且还认为它是万世不变的。所以这种形而上的宗教哲学，无怪它不但为当时的统治阶级——奴隶主所欢迎，而且一直到封建社会资本主义社会时也为封建主和资本家所热烈拥护了。

自此之后，这种反原始教义的神道学既然成为了基督教会的正统理论，从而为现世的统治阶级服务，那么奥斯丁以后各个时代在基督教内部所产生的人民意识便不能不以企图恢复原始基督教义的形式表现出来。但这种类型的基督教内部的人民运动首先便被教会宣布为异端，然后再在世俗统治者支持下利用政治力量进行残酷的镇压，以至大规模的屠杀。所以"异端"运动很少有成功的，即使有个别有所成就的，也很快就被统治者收买和利用，与原来的教会合流了。

七、匈奴人及其他游牧部族的下场

我们曾经讲过的上古世界中所有的游牧部族和土著种族相比较都具有一处弱点,即生产水平低,经济基础薄弱,同时人口较少,故而不能形成一个稳定的强大力量。所以他们虽然具有较强的战斗力,不断地对土著种族进行侵略,但他们和土著种族斗争的结果,只是在较弱的土著地区才能另创新局面,以本族为主消灭、驱逐或是同化了当地的土著人口,重新创造出一种当地的文明,如闪人之在巴比伦,雅利安人之在古印度(身毒),阿卡亚人与铎利亚人之在爱琴文化地区。然而在较强的土著地区则不能有所作为, 虽然当这些土著国家极端混乱和衰弱之际也能乘虚而入,但最后则必然会造成自己的失败,那就是被这些土著种族驱逐、消灭或同化。如喜克沙苏人之见逐于埃及,北匈奴之见逐于中国, 以及我们在这里就要谈到北匈奴西迁后又次第见逐于罗马、波斯和印度(笈多王朝时代),日耳曼人之同化于罗马,南匈奴、羯、鲜卑及氐、羌等五胡之被消灭或同化于中国。

匈奴人在中国东汉时代被击溃之后, 此后的活动大致可分成三部分:一部分是向西最后移到黑海沿岸的北匈奴人的活动;一部分是在向西迁移过程中留在中央亚细亚一带的北匈奴人的活动;再一部分就是留在中国境内的南匈奴人的活动。

到达黑海沿岸的北匈奴人在公元三七五年吞并了东哥特人后,又自黑海沿岸继续向西发展,首先占据了匈牙利高原,以此为中心,在东欧与中欧大规模地进行征服活动,先后征服了许多日耳曼部族,在罗马帝国之北建立起了一个匈奴大帝国。公元五世纪匈奴帝国名王亚提拉(Attila,公元四二三—四五三年)在位时,是其国之极盛时期。亚提拉曾继续向四方开拓疆土,向东发展到南俄(今乌克兰),在公元四三五年将此地全部占领。公元四四五年且曾南下围困了罗马帝国东部首都君士坦丁堡,迫使罗马帝国允许每年向之入贡后始行退兵。公元四五〇—四五一年间曾向西渡过莱茵河进入高卢地方,公元四五一年匈奴人与罗马日耳曼人的联军在今日法国东部的一个名城 Troyes 附近的卡塔罗尼地方打了一个大仗,结果匈奴人大败。今日一般人皆称此次有名的战役为"马恩河上的沙浪战争",因为沙浪也是战场附近的一个城。这次战争决定了匈奴人在西欧地方的劣势。此后亚提拉虽仍能在高卢地方立足两年,且在公元四五二年时一度侵入意大利,但在公元四五三年亚提拉死后,这个欧洲部分的匈奴大帝国即行瓦解。这一部分的北匈奴人乃多集中在匈牙利高原地方,政治中心亦移至南俄,其势已局促于东欧了。此后虽仍陆续不断地有一些匈奴人自东方进入匈牙利高原,稍微强化了一下匈奴人的势力,使之能以南俄为政治中心在东欧又重新建立起了一个匈奴帝国,但显然这是强弩之末,所以这个帝国仅维持了一个很短的时期即又行分裂了。这个北匈奴人西方的后期帝国分裂的原因和经过已不可得知了。

　　亚提拉王晚年匈奴人在西方遭到失败的时期,在向西迁移过程中留在中央亚细亚药杀水和乌浒水流域的北匈奴人仍很强大,公元四五五年这部分匈奴人开始南下,一支渡过了印度河进入印度,灭亡了印度的笈多王朝,停留在印度北部,直到六世纪初期才为印度人逐出。另一支则一直进入伊朗高原,打败了波斯,波斯国虽未灭亡,但许多地方皆为匈奴人所占领。但至六世纪初期时,波斯人也把匈奴人驱逐了出去,并且和当时进入中亚的另一种游牧部族突厥人联合在一起,在中世纪中期反攻到这部分北匈奴人的根据地——乌浒水和药杀水流域,灭亡了这个匈奴国家。

北匈奴在西方和中央亚细亚先后失败后，在欧洲和中央亚细亚的历史上即不再见强大的匈奴人集团出现。此后在中央亚细亚地方的一些零散的北匈奴人在中古时期陆续向西迁移，和原来西方后期匈奴帝国瓦解后的北匈奴人结合在一起，分别在东欧和北欧建立起了几个以匈奴人为主干的小国，如在匈奴人较集中的匈牙利高原建立了匈牙利国。有一批匈奴人则渡过了多瑙河，进入巴尔干半岛，征服了当地的斯拉夫人，建立了保加利亚国。一批则进入了北欧，在波罗的海岸建立了芬兰国。又一批则在芬兰之南建立了爱沙尼亚国。其中除保加利亚国外，匈牙利、芬兰、爱沙尼亚三国直到今日基本上仍或多或少地保存着古匈奴人的语言。只有保加利亚，因匈奴人进入其地时人数较少，所以他们虽然成为了政治上的征服者，但后来却终于被当地的斯拉夫人所同化，所以今日保加利亚仍是斯拉夫文化。

在北匈奴西迁后仍留居在中国境内的南匈奴人，在公元三〇四年乘西晋衰乱之际，脱离了中国政府的控制后更与羯人联合在一起，于公元三一六年灭亡了西晋，开始了五胡十六国的局面。自公元三〇四—三五一年的几十年间，南匈奴和羯人的刘姓和石姓在黄河流域中下游地方先后建立了前赵(汉)、后赵两个国家。因他们对当地汉人统治极为残暴，公元三五〇年时汉人冉闵起义，在汉人报复下匈奴人和羯人大部被杀，余下的或逃走的少数匈奴人就逐渐为汉人或当时活动在黄河流域的其他游牧部族同化。此后匈奴人即不再见于中国历史。

至于西方日耳曼人的下场则有三种类型：第一种是进入了拉丁人居住地区的日耳曼人，后来都被拉丁人同化了，此后即失去了独立的日耳曼人的风貌。第二种就是进入了不列颠岛——英格兰的日耳曼人。因为在他们入居不列颠岛之前原在岛上的拉丁居民已随罗马驻军撤退，下余的少数拉丁人和当地的土人大部分被日耳曼人屠杀了,少数人则或向北逃往苏格兰,或向西逃到威尔斯,或逾海逃到今日法国西北角的地方,所以后来英格兰岛上全部是日耳曼人。因此这些日耳曼人能够在其原有的文化基础上吸收了拉丁文化,逐渐发展成了一种独立的文化系统。他们是日耳曼人进入拉丁文化区未被同化唯一例外。第三种是居住在今德国境内的日耳曼人,由于这块地区拉丁文化最初未能深入,所以这里的日耳曼人也和不列颠岛上的日耳曼人一样,在西欧大陆上发展出了一种拉丁文化以外的德意志文化系统。

在中国"五胡乱华"时代,除上述之匈奴人和羯人外,所谓"五胡"还有另外三种游牧部族,即氏、羌和鲜卑人。公元四三九年鲜卑人统一了中国的黄河流域,建立了鲜卑人的北魏王朝,开始了北朝时代。自此以后,鲜卑人成了统治阶级,而氏、羌等游牧部族和汉人一样处于北魏王朝统治之下。但是包括鲜卑人在内的这些游牧部族原来的社会生活本极简单,进入了中原并且成为了中国北部的统治者后,由于逐渐接受了中国封建社会的生活方式,便感到自己的文化不能适应这个复杂的新环境,于是便有意识地逐渐接受了汉人的文化,到魏孝文帝拓跋宏(公元四一七—四九九年)时又以国家的法令规定了所有的胡族从语言到风俗必须全部汉化。此后这些游牧部族即迅速而彻底的同化于汉族了。到了北齐、北周时,虽然仍然是鲜卑人的王朝,但皇室都已是汉化的鲜卑人。至公元五八一年杨坚建立隋朝时,杨坚皇室的血统则更难考证了。所以公元五八九年杨坚灭陈之时,基本上已经是以一个汉族王朝的身份来统一中国的。

第十四章　世界上古史总结

上古史的基本性质,就范围讲,是世界较为先进地区的人类由原始社会,经过或长或短的奴隶社会阶段,或早或迟地转入封建社会的一大段发展史,前后的时间约为三千五百年。在这三千五百年间,各地都是各自独立地分别发展,并且由于条件的不同,由于生产力的不同,各地的发展极不平衡。

一、奴隶社会之总的分析

在这一大段历史中,我们可以看到奴隶社会的三种不同地区与奴隶制度的两种不同类型。三种不同地区之一,就是草原沙漠地区,以畜牧或游牧为主要的生活方式。二为土地辽阔、土壤肥沃、以农业为主要生活方式的地区,中国、印度、埃及都属此类。三为可耕地有限,临海或近海,虽有农业,农业亦可能重要或相当重要,但商业自始即占一定重要地位的地区,例如两河流域、希腊、罗马以及整个地中海世界。其中两河流域地位含混,整个流域中各区多有不同,有的是纯农业区,有的是纯商业城,有的则农商兼有。

在以上三种不同的地区中,我们可发现奴隶制度的两种类型,即家长奴隶制或家庭奴隶制与生产奴隶制。所谓家庭奴隶,主要的是在家庭中服役,生产劳动不占重要的地位;在阶级社会初期,这是奴隶制度的一般类型。所谓生产奴隶,主要的是从事生产劳动,家庭服役只占附属地位;这是个别地区奴隶制度的发展形式。

两种类型的奴隶制度在三种地区中的发展是相当错综复杂的。在阶级社会的初期,在世界所有的地方,奴隶都是以家庭奴隶为主。当时奴隶的数目仍然不多,也只有少数长老之家才有奴隶,虽然其中少数可能已开始或多或少地从事生产,但大部是在长老的家中服役;奴隶与其说是有增加主人财富的作用,不如说主要的是有提高主人社会威望的作用。奴役现象是一个内在的发展,首先被奴役的是本族的人,不管这些被奴役的本族人名义上是否为奴隶;只有在本族人被奴役之后,外族的人,特别是战争俘虏才开始被役为奴。本族的奴隶始终不多,也不可能太多,世界史上没有一个本族人多数为奴的例;只有在有条件大量奴役外人的情况下,奴隶制度才可能有极度的发展。奴隶制度的高度发展,在世界史上并非当然的现象,倒不如说是间或有之的短期现象。

在理论上讲,阶级出现、国家成立之后,战争日多,胜利国所得战俘日多,奴隶的数目可以无限增加与随时增加。但实际的情形并不如此简单,除罗马历史中很短的一段外,我们并不确知任何其他的此类例证。首先,在游牧地区,奴隶制度是根本不会有什么发展的。草原世界地广人稀,逃亡甚易,一个奴隶并可席卷主人全部的财产(牲畜)而逃亡。在草原上,一般贫民,即或是在法理上不自由或不完全自由的贫民,实际上也只能是雇牧(等于农区的雇农)或保有少量牲畜的部民(等于农区之农奴或佃农),自由身份的小牧民甚多,占人口的多数,历史上所知的游牧地区无不如此。游牧地区也可有少量的奴隶,但一般的都是在酋长及其他长老的家庭中服役，只有极少数夹杂在部民或雇牧中劳动,不占重要的地位。在这类地区，奴隶社会阶段甚短,甚至可能根本没有奴隶社会阶段,阶级社会出现后,很快地就进入封建社会。

其次,在地广人稠的大陆农业区,如中国、印度、埃及,奴隶制度也没有高度发展的可能。在阶级社会初期,生产工具粗糙,生产技术低下,农业方面的剩余生产极为有限,如基本上靠奴隶劳动,奴隶必然发动的破坏及怠工一定使奴隶主无利可图:罗马共和国晚期及帝国初期的情况绝非例外，凡大规模用奴隶劳动从事农业生产的地方，结果必均如此。并且也只有在一国不断胜利,不断大量掳人为奴,奴隶在经济上较牛马还要低贱的情形下,农业生产才可能主要地依靠奴隶劳动。但这只能是个别地方的短期现象,如世界多数地方长期如此继续下去,人类就要趋于灭亡! 实际在历史上只有罗马一例,时间虽然很短,地中海世界的人口所受的摧残已经是非常惨痛惊人了。所以在广大的农业区,奴隶社会阶段必定甚短,且无高度发展。如曾试用奴隶劳动为主要劳动,必定立即发现它的不经济、不合算,奴隶必定很早就转为农奴,或虽名为奴隶而实际等于农奴。以全世界而论,奴隶身份的农奴在封建社会阶段是相当普遍的现象。

另外,在一切古国中,特别是在广土众民的大陆农业国中,自由农民是相当多的。连在一般所认为奴隶制度典型发展的雅典或罗马,自由农民不仅始终存在,在大部时期中占的比例并且很高。奴隶社会如此,封建社会也是如此。在多数封建国家的大部时期,自由农民是不可忽视的一个因素。

关于大陆农业国,最后还有一个问题,就是工商业问题。主要交换对象即食粮,在此类地方没有重要的交换问题。食粮一般是充足的,除地方性的小交换外,没有对外交换问题,没有向外售粮或自外购粮问题，所以也就没有因缺粮而刺激手工业发展的现象发生，所以商业不发达，仅有地方性的小交换。手工业基本上属于农业，无独立发展，而为农民之家庭手工业。只有少数需要较高技术的手工业为例外，有比较独立的发展，但一般的是以奢侈品为主，如珠宝、装饰品等。在此方面，只有中国到上古晚期有突出的发展：战国秦汉间在生产力高度发展的基础上，手工业与商业大盛，奠定了中国统一及长久统一的经济基础。

第三种就是邻近可航海洋的地区。首先我们须要了解海洋在历史上的地位。大海为最经济最便利的通路。古代如此，至今犹然；也可换一个方式说，在科学发达的今日如此，在过去难以克服陆地上的高山、大水、荒沙以及敌国的情形下，尤其如此。于近代陆上交通工具发明前，海船为唯一比较安全、比较可靠、比较经常的长距离及广面积的交通工具。所以在科学知识和科学技术较低的时代，凡能利用大海的地方，都是在交通上及与交通有关的种种发展上特别占优势的地方：它们毫不费力，或只费很小的力，就有了长距离和广面积的交通便利。

海洋地区又可分为两种。一种是可耕地少，食粮生产有限，结果是必向海洋上谋出路，腓尼基各城、雅典及一些其他希腊城邦都属此类。二是可耕地尚多，食粮及一般产品尚属充足的地区，没有向海上发展的绝对需要，但既有现成的四通八达的海洋道路，势必向海上发展；况其形势既然如此，他处的人必来经商，所以本地人即或不主动地出海，亦必被动地与海洋发生联系。像埃及、像罗马，就都是此类的古国。

贸易、商品交换在海洋国家的发展上，是有重要的地位的。因食粮缺乏，必发展手工业，以成品交换远方食粮及其他生活用品，同时也必向外在各地间贩买贩卖的营利。当初或者只是为解决国内食粮问题而贩买贩卖，后则超过这个目的，为营利而营利,营得之利成为统治阶级重要的统治基础,如克里特、腓尼基、迦太基都有此种发展。食粮及一般生活资料无需外地供应的国家,如埃及和罗马,到后来也从事海上经商的活动。

工商业与奴隶制度的关系就密切了。手工业作坊中的制作,往往大部靠奴工,但同时也有雇用的自由身份工人夹杂其间,奴工与自由人的地位全视技术及经验,一个奴工任"工头"而领导甚至管理自由工人的现象,最少在雅典经常见到。奴隶主自己也要直接管理监督,实际往往与工人合同工作,一般地并不发生奴工生产不经济或不合算的问题,这是与农业上大量使用奴隶劳动时的情况基本不同的。经商的人也时常依靠奴隶,特别受信任的奴隶甚至可以全权地代替主人经营大规模的商业。海上的航行几乎完全依靠奴工,摇桨的船奴为自古即有的制度,在欧洲及地中海世界并且一直维持到中古晚期及近代初期帆船盛行后,方才自然淘汰。

由以上我们可以看到,在三种地区中,海洋区是唯一奴隶社会为时较长及奴隶制度发展较高的地区,工商业一直为维持奴隶制度及发展奴隶制度之基础。畜牧业不必说,在农业生产中,奴隶劳动一般地并不占重要地位。罗马帝国成立后,立即发现奴工经营之大田庄不经济不合算,因而很快地就转入封建的生产方式。这在世界史上恐怕不是初次,仅是末次而已(说是末次,恐怕也不妥当,最多只能说在较大范围内这是末次)。前此每当一个掠夺性的大帝国出现,如亚述或古波斯,一时都可能大量以奴隶业农,但只要掠夺一停,只要无地无人可再供掠夺,必立即发现大群奴工业农的根本不能维持,只有改行近乎封建的生产方式。希腊世界重要农业国的斯巴达,它的奴隶身份的希洛人,实际地位近乎农奴,所以恩格斯在《家族、私有财产及国家的起源》中就称他们为"希洛农奴",这是在历史研究中从实际出发的经典范例。至于近年才大致搞清楚的希腊时代的克里特岛各邦,其农民的更与农奴难以分别,在今日已是无可否认的事实。雅典在奴隶制度最盛时期,农民人口中绝大多数为自耕农,一般自耕农无奴隶或有极少奴隶辅助劳动;即在大地主之田庄上,也非如罗马短期间的全靠奴工,而也部分地靠雇工,或出租于小农经营,其剥削方式也是近乎封建性的。再如一般所认为仍在奴隶社会阶段的今日大凉山的彝族,其奴隶也都趋向于转化为农奴。所以专就农民而论,人口的大多数一般的是自耕农或农奴,奴隶反占少数;大量农田奴隶受着非人、且低于牛马的待遇的一个农业社会而能持久,在经济上是不可想象的事,在历史上是没有见过的事。

所以要了解奴隶制度,不妨少注意农业,多注意工商业,而工商业的奴隶又与我们一般意识中生活不如牛马的农田奴隶群的想法不相吻合。他们的身份是不自由的,是可以买卖的,但不能说是低于牛马。我们从地下发掘出来的上古各国的器物及制成品,其细致精美往往是令人自叹弗如的,我们不能想象那是生活低于牛马、劳动情绪低落、时刻寻机破坏或怠工的人的工作成果。所以对于奴隶制度和奴隶社会,我们尚待更深刻的研究和更科学的解释;在此以前,就今日所已知的来讲,我们暂时可以说,奴隶社会与封建社会之间的差别,还不如氏族社会与奴隶社会或封建社会与资本主义社会之间的差别那样巨大,奴隶社会与封建社会之间多有交错,各地情况也多歧异,整个的问题仍待历史学者彻底的分析研究。

二、三大疑难问题

至此,我们可以试图钻研一下上古史中的几个疑难问题。第一，就是地中海世界于三至五世纪间由奴隶社会转入封建社会的问题。这个问题我们只能提出，现在尚不能解决。今后如果各方多作科学的努力，这个问题方有具体地而不是笼统地解答的可能。其中关于生产力与生产关系，我们下面可以作为一个独立的问题加以研究。

第二，生产力生产关系与社会转化问题，是历史科学中的一个基本问题。在此方面，氏族社会转入奴隶社会，封建社会转入资本主义社会，资本主义社会转入社会主义社会，都有清楚明显的生产工具进步，生产力提高，旧生产关系成了阻碍，非突破不可的现象发生：金属工具代替石器，氏族社会于是转入奴隶社会；机器代替手工工具，封建社会于是转入资本主义社会；集中之大机器工厂代替分散之小工厂，资本主义社会于是转入社会主义社会。这都是再清楚不过的历史事实。只有在奴隶社会转入封建社会的过程中，我们看不到此类的历史事实。以大家最注意、过去研究最多的三至五世纪间西欧的转化为例，我们并没有见到生产工具的改善或生产技术的提高。我们所见到的是生产破坏和生产锐减，绝无生产力突破生产关系可言。与此相同的还有一点，就是在这一转化中没有真正的阶级关系出现，阶级关系实际仍旧。原始社会转入奴隶社会，是无阶级的社会分化为两个对立阶级的过程；封建社会转入资本主义社会和资本主义社会转入社会主义社会，都要经过新兴阶级打倒旧统治阶级的一番革命。只有奴隶社会转入封建社会时无此现象，个别的人虽有升降，但基本上不过是旧的奴隶主变为封建领主而已，被统治阶级也只是把奴隶身份换成农奴身份，根本没有新兴阶级打倒旧阶级的丝毫痕迹。这或者也可作为奴隶社会与封建社会之间距离不大的一个反证。

第三个问题就是奴隶社会转入封建社会早迟的问题。在上述的各种问题尚未解决前,这个问题很难彻底解决。问题的大致情形,从前已经讲过,现在只再简单总述一下即可。中国到西周已入封建社会,今日已无很大问题,问题倒在殷商的社会性质。中国究竟何时有阶级及国家出现,仍然待考,在没有更多和更清楚的地下发现之前,这个问题很难解决。假定殷商以前一千年中国地方已有阶级及国家,殷商很可能已是封建社会。

关于印度,身毒时代因史料缺乏,情形不详。雅利安人入侵时期(公元前二○○○—公元前一○○○年)奴隶制度可能大盛一时,但主要的恐怕都是家庭奴隶。五百年后,公元前五○○年前后,印度开始转入封建社会,到孔雀王朝统一印度时(公元前三二一年)封建生产方式已完全成立。

西亚与埃及,史料虽多,问题最不清楚,整个问题仍待今后认真研究。希腊罗马与地中海沿岸及岛屿,由于工商业的发展,长期地维持了奴隶制度的成长与奴隶社会的存在,最后到公元三至五世纪间方才开始转入封建社会。

三、公元五○○年左右之世界

最后,我们可以鸟瞰一下上古末期整个世界的历史景象。

就东半球而论,整个土著世界都已进入封建社会阶段。中国、印度早已封建化,波斯至迟到新波斯帝国成立时已是封建局面。至于地中海世界以及欧洲,过去三百年奴隶减少与农奴增加的趋势仍在继续发展,农奴已成社会日愈重要的生产者;但罗马帝国东西两部的情况不同:西部在日耳曼人割据占领下长期混乱,形成所谓"黑暗时代";东部则大体稳定,不久之后斯拉夫人大批渗入拜占廷帝国,比较和平地吸取其文化,渐渐成为帝国的基本人口。

亚欧大陆的游牧区,基本上都已进入游牧封建社会,但仍保留了较多的原始社会痕迹,同时也仍有一些家庭奴隶。在世界史整个的下一阶段,即中古时代,游牧地区与土著世界各大国的关系仍极复杂,这种关系仍为历史的一个重要方面,情形大致与上古时代相同。

在以上两种地区之外的世界其他地方,都是发展较为迟缓的落后地区,基本上尚未超越氏族社会阶段。亚洲的一些偏僻地方、非洲的中部和南部、整个的大洋洲、整个的西半球都属这一类地区,它们到中古时代,有的甚至到近代方始有阶级及国家出现,才成为有原始社会一般发展之外个别发展的历史研究对象。这一类地区,在上古史可以从略,在中古史或近代史中再予追述。